Das neue iPad für Dummies – Schummelseite

Sie können es nicht erwarten, Ihr neues iPad zu nutzen? Das Apple iPad vereint in einem Gehäuse einen Audio- und Video-iPod, ein Lesegerät für eBooks, ein leistungsfähiges Gerät für die Kommunikation im Internet, ein Spielgerät, das in der Hand gehalten werden kann, und eine Plattform für Apps. Damit Sie das iPad benutzen können, sollten Sie wissen, was die Tasten und Bedienelemente bewirken und wie der Multi-Touch-Bildschirm bedient wird. Und wenn Sie Ihr iPad einmal dabei erwischen, dass es sich ungezogen verhält, schauen Sie sich die fünf Tipps an, um Ihr iPad wieder in die Spur zu bekommen.

Wie die Tasten und Schaltflächen des iPads funktionieren

Das Apple iPad kann ziemlich intuitiv verwendet werden – wenn Sie aber Zeit sparen wollen, sollten Sie einen Blick auf diese iPad-Tasten werfen, die Sie oft benutzen werden:

✔ **Standby-, Ein/Aus-Taste:** Diese Taste befindet sich oben an Ihrem iPad, und Sie benutzen sie, um den Bildschirm des iPads schlafen zu legen oder wieder aufzuwecken.

✔ **Home-Taste:** Unabhängig davon, was Sie gerade machen, können Sie jederzeit die Home-Taste drücken, um auf dem iPad den Home-Bildschirm anzuzeigen.

✔ **Anwendungssymbole:** Jedes Symbol auf dem Bildschirm startet eine iPad-Anwendung. Das ursprüngliche iPad wird mit 13, das iPad 2 mit 17, das neue iPad mit 20 Apps ausgeliefert, und Sie können weitere Apps hinzufügen, indem Sie sie aus dem App Store herunterladen.

✔ **Lautstärketasten:** Der obere Teil der Taste erhöht die Lautstärke, der untere Teil verringert sie.

✔ **Stummschalter:** Wenn sich der Schalter in der »Ton aus«-Position befindet, gibt das iPad keinen Ton von sich, wenn Sie eine neue E-Mail erhalten oder eine Meldung auf dem Bildschirm erscheint. Denken Sie daran, dass der Schalter keine Töne unterdrückt, die »zu erwarten« sind, wenn es sich also um Töne handelt, mit denen Sie bei bestimmten Apps rechnen. So werden weder Töne der Apps iTunes und Videos unterdrückt noch die von Spielen und anderen Apps, die Geräusche von sich geben. Der Stummschalter schaltet nur Töne stumm, die »unerwartet« zu hören sind, zum Beispiel diejenigen, die zu Benachrichtigungen von Apps oder des iPad-Betriebssystems (iOS) gehören.

• Wenn der Schalter Töne von Benachrichtigungen nicht stumm schaltet, wenn Sie ihn in die entsprechende Position gebracht haben (was bedeutet, dass Sie am Schalter den kleinen orangefarbenen Punkt sehen können), halten Sie am oberen Rand des Bildschirms links vom Batteriesymbol nach dem Symbol für die Ausrichtungssperre Ausschau.

• Wenn Sie dieses Symbol beim Betätigen des Stummschalters sehen, kann es zwei Gründe dafür geben. Grund 1: Auf Ihrem iPad läuft eine ältere Version (Version 3) des iOS. Grund 2: Auf Ihrem iPad läuft zwar Version 4 oder höher des iOS, aber Sie haben im Bereich ALLGEMEIN der App Einstellungen die Option AUSRICHTUNGSSPERRE aktiviert.

• Zu Grund 1 kommt es, weil iOS 3 den Schalter als Ausrichtungssperre behandelt, ohne dass Sie die Möglichkeit haben, ihn als Stummschalter zu verwenden. In diesem Fall schlagen wir vor, dass Sie Ihr iPad mit Ihrem Computer verbinden und iTunes einsetzen, um das aktuelle Betriebssystem auf Ihr iPad zu laden, indem Sie auf der Registerkarte ÜBERSICHT auf die Schaltfläche NACH UPDATE SUCHEN klicken und dann den Anweisungen für eine Aktualisierung folgen (die bei Apple *Update* heißt).

• Die aktuelle Version iOS 5.1 behandelt den Schalter standardmäßig als Stummschalter, aber Sie können ihn im Bereich ALLGEMEIN der App Einstellungen zur Ausrichtungssperre machen.

Das neue iPad für Dummies – Schummelseite

Was Sie mit dem Multi-Touch-Bildschirm machen können

Um sich auf dem Apple iPad zu bewegen, benutzen Sie den Multi-Touch-Bildschirm. Das iPad hat keine Maus und keine reale Tastatur. Der Multi-Touch-Bildschirm zeigt bei Bedarf virtuelle Versionen von Schaltflächen und Bedienelementen an. Bereiten Sie Ihre Finger auf Folgendes vor:

✔ Wischen Sie mit einem Finger über den iPad-Bildschirm, um durch Musik, Bilder, E-Mails, Kontakte und mehr zu scrollen.

✔ Drücken Sie zwei Finger zusammen oder spreizen Sie sie, um Webseiten und Bilder zu verkleinern beziehungsweise zu vergrößern. Benutzen Sie für diese Aktion am besten Daumen und Zeigefinger einer Hand und platzieren Sie beide Finger auf dem Bildschirm. Belassen Sie den Daumen dort auf dem Bildschirm, wo er sich gerade befindet, und verschieben Sie nur Ihren Zeigefinger.

✔ Vertrauen Sie auf die virtuelle Tastatur des iPads. Sie macht Vorschläge und korrigiert Fehler auf die Schnelle.

✔ Korrigieren Sie in einer Notiz oder einer E-Mail Fehler, indem Sie Ihren Finger auf den iPad-Bildschirm gedrückt halten, bis ein Vergrößerungsglas erscheint, das Sie die Schreibmarke genau dort positionieren lässt, wo Sie nacharbeiten müssen.

Fünf Dinge, die Sie ausprobieren sollten, wenn sich Ihr iPad nicht so verhält, wie Sie wollen

1. Starten Sie das iPad neu.

   Halten Sie die Standby-Taste gedrückt und schieben Sie den roten Gleiter nach rechts, um das Gerät auszuschalten. Warten Sie ein paar Sekunden. Drücken Sie die Standby-Taste, um das iPad wieder einzuschalten.

2. Zwingen Sie eine Anwendung, die sich aufgehängt hat, sich zu beenden.

   Halten Sie vorn am iPad die Home-Taste sechs bis zehn Sekunden lang gedrückt. Starten Sie dann das iPad neu (siehe Punkt 1).

3. Setzen Sie Ihr iPad zurück.

   Halten Sie die Standby-Taste gedrückt, während Sie gleichzeitig die Home-Taste gedrückt halten. Dies erzwingt einen Neustart des Geräts.

4. Setzen Sie die Einstellungen des iPads zurück.

   Tippen Sie auf dem Home-Bildschirm auf das Symbol EINSTELLUNGEN und tippen Sie dann auf ALLGEMEIN|ZURÜCKSETZEN|ALLE EINSTELLUNGEN. Das Zurücksetzen der Einstellungen des iPads löscht keine Daten, aber Sie müssen anschließend mit ziemlicher Sicherheit einige Einstellungen neu vornehmen.

5. Stellen Sie das iPad wieder her.

   Verbinden Sie das iPad so mit Ihrem Computer, als wenn Sie es synchronisieren wollten. Wählen Sie dann in der Geräteliste von iTunes das iPad aus und klicken Sie auf der Registerkarte ÜBERSICHT auf die Schaltfläche WIEDERHERSTELLEN.

   Das Wiederherstellen des iPads löscht alle Daten und Medien und setzt alle Einstellungen zurück.

   Da Ihre Daten und Medien (außer den Kontakten, Kalenderereignissen und Wiedergabelisten, die Sie seit dem letzten Synchronisieren des iPads erstellt oder geändert haben) noch auf Ihrem Computer existieren, sollten Sie eigentlich nichts verlieren. Das nächste Synchronisieren wird länger als bisher dauern, und Sie werden die Einstellungen, die Sie geändert haben, neu vornehmen müssen. Aber es sollten weder Medien- noch Datendateien beschädigt worden sein.

Das neue iPad
für Dummies

Edward C. Baig und Bob LeVitus

Das neue iPad
für Dummies

Übersetzung aus dem Amerikanischen
von Jutta Schmidt und Britta Kremke

WILEY-
VCH

WILEY-VCH Verlag GmbH & Co. KGaA

Bibliografische Information der Deutschen Nationalbibliothek
Die Deutsche Nationalbibliothek verzeichnet diese Publikation
in der Deutschen Nationalbibliografie; detaillierte bibliografische
Daten sind im Internet über http://dnb.d-nb.de abrufbar.

1. Auflage 2012

© 2012 WILEY-VCH Verlag GmbH & Co. KGaA, Weinheim

Printed in Germany

Gedruckt auf säurefreiem Papier

Coverfoto © pace, Fotolia
Korrektur: Petra Heubach-Erdmann und Jürgen Erdmann, Düsseldorf
Satz: Mitterweger und Partner, Plankstadt
Druck und Bindung: M.P. Media-Print Informationstechnologie GmbH, 33100 Paderborn

Print ISBN: 978-3-527-70876-5

Über die Autoren

Edward C. Baig schreibt in *USA TODAY* die wöchentliche Kolumne *Personal Technology* und ist mitverantwortlich für den *USA TODAY*-Podcast *Talking Tech* mit Jefferson Graham. Des Weiteren ist Ed Baig Autor der zehnten Auflage von *Macs für Dummies* (Wiley-VCH) und Mitautor von *iPhone For Dummies*. Bevor Ed Baig 1999 als Kolumnist und Reporter zu *USA Today* ging, verbrachte er sechs Jahre bei *Business Week*, wo er unter anderem Berichte über Hausgeräte, private Finanzierungen, Fanartikel, Reisen und Weinverkostungen verfasste und bearbeitete. 1999 erhielt er den *Medill School of Journalism 1999 Financial Writers and Editors Award* für seine Arbeit am *Business Week Investor Guide to Online Investing*. Es folgte ein dreijähriger Abstecher zum *U.S. News & World Report*, bei dem Ed Baig für den technischen Bereich von *News You Can Use* verantwortlich war, sich aber auch erfolgreich an anderen Themen versuchte.

Edward C. Baig begann seine journalistische Laufbahn beim *Fortune*-Magazin, wo er während der ersten Jahre die beste Ausbildung als Faktensucher und Mitarbeiter an der *Fortune-500*-Liste erhielt, die man sich vorstellen kann. Während der gut zwölf Jahre, die Ed Baig für das Magazin gearbeitet hat, beackerte er Felder wie die Freizeitindustrie, den lukrativen Markt der Partnersuche und die Auswirkungen von Religion auf Firmenmanager. Darüber hinaus war er stark in das Projekt *Most Admired Companies* eingebunden. Und er hat die Fortunes-Kolumne *Products to Watch* begründet, in der technische Produkte aller Preiskategorien besprochen werden.

Bob LeVitus, der oft auch *Dr. Mac* genannt wird, hat mehr als 50 beliebte Computerbücher geschrieben oder an ihnen als Co-Autor mitgewirkt. Dazu gehören *Mac OS X Leopard für Dummies*, *iPhone For Dummies*, *Incredible iPhone Apps For Dummies* und *Microsoft Office 2008 For Mac For Dummies* (alle Wiley Publishing Inc. beziehungsweise Wiley-VCH), *Stupid Mac Tricks* und *Dr. Macintosh* (Addison-Wesley), die 3. Auflage von *The Little iTunes Book* und die 2. Auflage von *The Little iDVD Book* (Peachpit Press). Von seinen Büchern wurden weltweit mehr als eine Million Exemplare verkauft. Bob LeVitus hat für den *Houston Chronicle* mehr als zehn Jahre lang die bekannte Kolumne *Dr. Mac* geschrieben und ist in so gut wie jeder Zeitschrift zu finden, die *Mac* in ihrem Titel führt. Seine Leistungen sind in den wichtigsten Medien weltweit dokumentiert worden.

Bob LeVitus ist für seine Analysen bekannt, pflegt einen humorvollen Stil und besitzt die Fähigkeit, technisches Kauderwelsch humorvoll in eine von jedermann lesbare Sprache zu übersetzen. Bob LeVitus ist auch als Redner produktiv, indem er in den Vereinigten Staaten und im Ausland mehr als 100 Macworld-Expo-Trainings, in drei Ländern Grundsatzreferate und in vielen Städten der USA Macintosh-Schulungen durchgeführt beziehungsweise gehalten hat.

Über die Übersetzerin

Britta Kremke, 1963 in Hamburg geboren, ist gelernte Bankkauffrau, hat dann am Institute of Linguists, London, ihr Diplom als Übersetzerin erworben und anschließend ihr Diplom in Betriebswirtschaft an der Fernuniversität Hagen. Nachdem sie mit ihrem Mann Carsten 1992 nach Mecklenburg-Vorpommern zog, um dort ein Seminarzentrum und eine Marketingagentur aufzubauen (www.kremke.de), ist sie seit 1999 als Projektmanagerin für Regionalentwicklungsprojekte sowie als Unternehmensberaterin im Bereich Marketing tätig.

Seit 1992 übersetzt Britta Kremke Bücher aus dem Englischen. In der ... *Dummies*-Reihe sind von ihr – teilweise unter ihrem Mädchennamen Britta Wisser – unter anderem bisher erschienen: *Existenzgründung online für Dummies*, *Businesspläne für Dummies*, *Marathon-Training für Dummies*, *Projektmanagement für Dummies*.

Cartoons im Überblick

von Rich Tennant

The 5th Wave — By Rich Tennant

„Wenn man von dieser kleinen Macke mit dem Querformat absieht, liebe ich mein iPad."

Seite 25

The 5th Wave — By Rich Tennant

„Sie können mir glauben, es hat einen Kompass."

Seite 91

The 5th Wave — By Rich Tennant

„Ist dir eigentlich aufgefallen, wie viele Medien heutzutage per Livestream an einem vorüberziehen?"

Seite 189

The 5th Wave — By Rich Tennant

„Was ich hier mache, sollte Ihre Nebenhöhlen frei machen, Ihre Kopfschmerzen verschwinden lassen und Ihr iPad aufladen."

Seite 285

The 5th Wave — By Rich Tennant

Zubehör

„Das ist ein Docking-System für das iPad. Es hat drei Schlafzimmer, zwei Badezimmer und eine Garage."

Seite 339

Fax: 001-978-546-7747
Internet: www.the5thwave.com
E-Mail: richtennant @ the5thwave.com

Inhaltsverzeichnis

Kapitel 6
Im Web surfen – ohne Board (und sogar ohne Safari)   143

Kapitel 7
Alles über iPad-Apps herausfinden   169

Kapitel 11
Sich mit einem guten iBook die Zeit vertreiben   247

Kapitel 12
Das iPad am Arbeitsplatz   263

Teil IV
Das unentdeckte iPad   285

Kapitel 13
Einstellungssache   287

Einführung

Wie Yogi Berra sagen würde: »Alles schon mal da gewesen.« Schlagzeilen auf den ersten Seiten, Reklame im Fernsehen und in den Netzwerken und Stammkunden, die sich schon Tage vor dem Eintreffen eines neuen heiß begehrten Produkts von Apple vor den Läden in Warteschlangen einreihten. Das Produkt, das dieses Mal diesen bemerkenswerten Ansturm ausgelöst hat, war nicht das iPhone oder das erste iPad, sondern das dritte, das so genannte »neue iPad«. Wir gehen hier davon aus, dass der Grund für den Kauf dieses Buches nicht die Sehnsucht gewesen ist, herauszufinden, warum der Verkaufsstart des iPhones, gefolgt von dem des iPads, der wiederum gefolgt wurde von dem des iPads 2 und des »neuen iPads« im Jahr 2012 jeweils ein epochales Ereignis waren. Wir sind der festen Überzeugung, dass Sie dieses Buch gekauft haben, weil Sie herausfinden wollen, wie Sie das Optimum aus Ihrem bemerkenswerten Gerät herausholen können, und das gilt nicht nur für das ursprüngliche iPad, sondern auch für seine Nachfolger, das iPad 2 und das »neue iPad« (das viele der Einfachheit halber auch iPad 3 nennen). Unser Ziel ist, diese Informationen leicht und flott zu vermitteln. Wir unterstellen einfach, dass Sie Spaß daran haben, Ihr iPad zu benutzen. Und wir hoffen gleichzeitig, dass es Ihnen auch Spaß macht, Ihre Zeit mit uns zu verbringen.

Über dieses Buch

Lassen Sie uns gleich zu Beginn eine Sache klarstellen: Wir glauben, dass es eine ziemlich clevere Entscheidung von Ihnen gewesen ist, ein … *für Dummies*-Buch zu erwerben. Das zeigt uns, dass Sie intelligent genug sind, zu wissen, was Sie nicht wissen. Die … *für Dummies*-Reihe ist für alle gedacht, die sich unsicher fühlen, wenn sie zum ersten Mal ein Thema anpacken, und zwar ganz besonders dann, wenn es sich dabei um ein technologisches Thema handelt.

Die iPads haben, wie die meisten Apple-Produkte, ein wunderbares Design und können intuitiv bedient werden. Und obwohl es unser Verleger gar nicht gerne sieht, dass wir dieses kleine Geheimnis verraten (und dann auch noch auf der ersten Seite), sieht die Wahrheit so aus, dass Sie ziemlich weit kommen, wenn Sie die vielen Funktionen und Möglichkeiten Ihres iPads ohne die Hilfe eines (auch dieses) Buches auf eigene Faust erkunden.

Nachdem wir nun die Katze aus dem Sack gelassen haben, wollen wir Ihnen aber doch erzählen, warum Sie nicht in die Buchhandlung laufen und sich Ihr Geld zurückholen sollen. Dieses Buch ist randvoll mit nützlichen Tipps, Ratschlägen und anderen Schmankerln, die Ihr Leben mit dem iPad viel angenehmer gestalten können. Wir gehen sogar so weit zu behaupten, dass Sie vieles davon nirgendwo sonst finden werden. Halten Sie dieses Buch also griffbereit und scheuen Sie sich nicht, dort oft nachzuschlagen.

Konventionen in diesem Buch

Wir möchten Ihnen als Erstes etwas darüber sagen, was wir uns unter unserem Job vorstellen. *iPad für Dummies* macht ausgesprochen großzügig Gebrauch von Schritt-für-Schritt-Anleitungen, Listen und Bildern. Webadressen werden in einer speziellen Schriftart `wie dieser` dargestellt.

Da Namensgleichheiten das Unterscheiden von Programmnamen und Programmfunktionen etwas erschweren, sind die Namen normal und die Funktionen in Kapitälchen gesetzt, wie das folgende Beispiel zeigt: »Um in der App Karten Landkarten anzuzeigen, tippen Sie auf das Symbol KARTEN.«

Wir haben auch ein paar Randbemerkungen in Form von grau unterlegten »Kästen« eingebaut, die Sie nicht unbedingt lesen müssen, von denen wir aber hoffen, dass sie bei bestimmten Themen für ein besseres Verständnis sorgen. Wir haben ohnehin versucht, technisches Kauderwelsch auf ein Minimum zu reduzieren, weil wir grundsätzlich davon ausgehen, dass Sie bis auf wenige Ausnahmen sowieso nicht wissen müssen, was sich dahinter verbirgt.

Wie dieses Buch aufgebaut ist

Vielleicht haben Sie zufällig schon einmal davon gehört: Die meisten Bücher haben einen Anfang, einen Mittelteil und ein Ende, und Sie tun gut daran, sich an diese lineare Struktur zu halten – außer Sie sind einer dieser gemeinen Zeitgenossen, die verraten, dass es doch der Gärtner gewesen ist.

Glücklicherweise gibt es bei einem … *für Dummies*-Buch keinen Schluss, den man verraten kann. Wir hoffen zwar, dass Sie das Bedürfnis haben mögen, dieses Buch von Anfang bis Ende zu lesen, aber wir werden Sie nicht vor den Richter zerren, wenn Sie sich die Textpassagen vornehmen, die Sie vorrangig interessieren. Wir haben *iPad für Dummies* in einer Reihenfolge aufgebaut, die unserer Meinung nach am sinnvollsten ist und so aussieht:

Teil I: Das iPad kennen lernen

In den ersten Kapiteln von Teil I machen Sie eine Tour durch Ihr iPad, finden heraus, was die ganzen Schalter und das nicht virtuelle Gedöns alles machen, und sammeln (mit Ihren Fingern) praktische Erfahrungen auf dem einzigartigen virtuellen Multi-Touch-Display, wie der Bildschirm dieses Geräts offiziell genannt wird.

Teil II: Das Internet-iPad

Teil II beschäftigt sich damit, wie Sie mit Ihrem iPad Verbindungen herstellen. Sie entdecken dabei, wie es ist, mit dem Webbrowser *Safari* im Internet zu surfen, wie E-Mail-Konten eingerichtet werden, wie Sie E-Mails versenden und empfangen, wie Sie mit *Karten*, *YouTube* und Anwendungen für soziale Medien umgehen und wie Sie Apps im iTunes App Store erwerben können.

Teil III: Mit dem iPad arbeiten und spielen

In Teil III beginnt der Spaß erst richtig – wir zeigen Ihnen aber auch, wie Sie Ihr iPad für ernsthaftes Arbeiten einsetzen können. Sie entdecken, wie Sie Ihr iPad für das Abspielen von Musik, Videos, Filmen und Fotos benutzen und wie Sie iBooks im iBookstore kaufen können. Wenn Sie ein iPad 2 oder das neue iPad besitzen, finden Sie in diesem Teil alles über die Front- und die Rückkamera des Tablet-PCs. Außerdem verbringen Sie einige Zeit mit den Apps *Kalender* und *Kontakte* und finden (optional) ein wenig über Apples produktive *iWork*-Apps heraus – *Dokumente*, *Tabellen* und *Präsentationen*.

Teil IV: Das unentdeckte iPad

In Teil IV finden Sie heraus, wie Sie statt der internen Voreinstellungen des iPads eigene Vorgaben festlegen können. Sie entdecken, wo es Hilfe gibt, wenn sich Ihr iPad schlecht benimmt, und Sie lernen Zubehör kennen, das man haben muss – wie Sie bald glauben werden.

Teil V: Der Top-Ten-Teil

Die Listen, die Ihnen in Teil V vorgestellt werden, machen Sie nicht nur mit einigen unserer Lieblingsapps bekannt, sondern liefern auch praktische Tipps und Kurzbefehle.

Symbole, die in diesem Buch verwendet werden

An den Seitenrändern dieses Buches können Sie ab und an kleine Bilder (Symbole) finden. Betrachten Sie diese Symbole als Ministraßenschilder, die Ihnen zusätzliche Informationen zum Thema liefern oder einen Punkt in Ihr Gedächtnis einprägen sollen.

Und dies sind die vier Symbole, die es in diesem Buch gibt:

 Das sind interessante Informationen, Kurzbefehle und Empfehlungen, die eine Aufgabe schneller oder einfacher erledigen lassen.

 Dieses Symbol hebt den Stoff hervor, von dem wir meinen, dass Sie ihn sich einprägen sollten. Vielleicht notieren Sie sich das sogar in Ihrem iPad.

 Ziehen Sie sich Schutzkleidung an. Dieser Text enthält technische Informationen. Sie können dieses Material problemlos ignorieren, aber wenn es nicht informativ oder interessant wäre, hätten wir uns nicht damit abgeplagt, es niederzuschreiben.

 Würden Sie wirklich ein Stoppschild überfahren? Und genauso kann das Ignorieren von Warnungen für Ihr iPad und (indirekt) Ihre Geldbörse gefährlich werden. Jetzt wissen Sie, wozu es dieses Symbol gibt, und damit haben Sie gerade Ihre erste Warnung erhalten.

 Dieses Symbol weißt Sie auf coole Neuerungen beim neuen iPad oder bei iOS 5 hin.

Wie es weitergeht

Nun, geradewegs zu Kapitel 1 (ohne über »Los« zu gehen).

Aber im Ernst, wir haben dieses Buch für Sie geschrieben, weshalb Sie uns bitte wissen lassen, was Sie darüber denken. Wenn wir Mist gebaut haben, Sie verwirrt haben, etwas vergessen haben oder – Gott bewahre! – Sie verärgert haben, schicken Sie uns eine Nachricht. Und wenn wir einen dummen Scherz zu viel gemacht haben, hilft es uns, auch das zu wissen.

Am meisten wollen wir Ihnen dafür danken, dass Sie unser Buch erworben haben. Genießen Sie es zusammen mit Ihrem iPad.

 Die Informationen, die dieses Buch enthält, beziehen sich auf folgende zum Zeitpunkt des Schreibens beziehungsweise Übersetzens gültige Versionsstände: Wi-Fi und Wi-Fi + 3G iPads und iPads 2, Wi-Fi und Wi-Fi + 4G neue iPads, Version 5.1 von iOS (des Betriebssystems, das das iPad verwendet) und iTunes Version 10.6.1. Es kann sein, dass Apple seitdem neue iPad-Modelle und neue Versionen des iPad-Betriebssystems und von iTunes auf den Markt gebracht hat. Wenn Sie ein neues iPad und zusätzliche Hardware gekauft haben, kann es sein, dass die Bedienoberfläche und iTunes auf Ihrem Computer etwas anders aussehen. In diesem Fall sollten Sie unter `www.apple.de/ipad` nachschauen, was Apple dazu zu sagen hat. Auf jeden Fall können Sie von dort die aktuellsten Softwareversionen herunterladen.

Teil I

Das iPad kennen lernen

»Wenn man von dieser kleinen Macke mit dem Querformat absieht,
liebe ich mein iPad.«

Sie müssen krabbeln lernen, bevor Sie gehen können. Betrachten Sie diesen Teil als Krabbeltraining. Die drei Kapitel, aus denen Teil I besteht, dienen als Einführung in Ihr iPad.

Wir fangen in Kapitel 1 schön einfach mit einem groß bebilderten Überblick an und lassen Sie sogar wissen, was in dem Paket steckt (falls Sie noch nicht nachgesehen haben). Dann beschäftigen wir uns mit einigen der coolen Dinge, die Ihr iPad kann. Wir hören mit einem kurzen Überblick über die Hardware und die Software auf, damit Sie wissen, wo was ist.

Nachdem Sie sich ein wenig damit auskennen, wo die verschiedenen Dinge zu finden sind, gehen wir direkt zu einigen nützlichen Fähigkeiten des iPads über, zum Beispiel wie Sie das verflixte Ding ein- und ausschalten (was sehr wichtig ist) und wie Sie es sperren und entsperren können (was ebenfalls sehr wichtig ist). Kapitel 2 behandelt nützliche Tipps und Tricks, die Ihnen helfen sollen, mit dem einzigartigen Multi-Touch-Display des iPads umzugehen, damit Sie das Gerät effizient und effektiv nutzen können.

In Kapitel 3 beschäftigen wir uns dann mit dem Synchronisieren und damit, wie Sie Daten – Kontakte, Verabredungen, Filme, Musiktitel, Podcasts, Bücher und so weiter – schnell und problemlos von Ihrem Computer auf Ihr iPad bekommen.

Den Vorhang lüften

In diesem Kapitel

▶ Sich das große Ganze anschauen

▶ Das iPad erkunden

▶ Die Anwendungen des iPads ausprobieren

Herzlichen Glückwunsch! Sie haben sich für einen der unglaublichsten Taschencomputer entschieden, den wir je gesehen haben. Das iPad ist eine Mischung aus Killer-iPod für Audio und Video, Lesegerät für elektronische Bücher (auch *E-Books* genannt), einem leistungsstarken Gerät für die Kommunikation über das Internet, einem erstklassigen Gerät für Spiele, einer Foto- und Videokamera (nur ab iPad 2) und eine Plattform für – zum Zeitpunkt des Schreibens – mehr als 425.000 Apps, deren Zahl heute, wenn Sie das Buch lesen, sicherlich weiter gewachsen ist.

Wir bieten in diesem Kapitel eine behutsame Einführung in die Teile, die Ihr iPad ausmachen, und einen Überblick über seine revolutionären Hardware- und Softwarefunktionen.

Das große Ganze entdecken

Das iPad besitzt viele Funktionen, die es zum Klassenprimus machen, aber die ungewöhnlichste ist wohl das Fehlen einer »echten« Tastatur. Stattdessen hat es einen 9,7 Zoll (24,6 cm) großen superhochauflösenden berührungsempfindlichen Bildschirm (der im Jargon von Apple *Multi-Touch-Display* genannt wird). (Der Bildschirm des iPad 2 hatte schon eine sehr hohe Auflösung von 132 ppi – Pixel pro Zoll –, das neue iPad glänzt mit 264 ppi.) Als Zeigegerät benutzen Sie etwas, das Sie eigentlich schon sehr gut kennen: Ihren Finger.

Und was das für ein Bildschirm ist! Wir wagen zu behaupten, dass Sie noch nie einen schöneren Bildschirm bei einem mobilen Handgerät (so etwas ist auch unter seiner englischen Bezeichnung *Handheld* bekannt) gesehen haben. Wobei das »neue iPad« mit dem gestochen scharfen Retina-Display wiederum eine Steigerung im Vergleich zu den beiden ersten iPads bietet.

Eine andere Funktion, die uns fast aus den Socken gehauen hätte, ist der iPad-interne Sensor. Ein Schwingungssensor entdeckt, ob Sie das Gerät vom Hochformat ins Querformat drehen, und passt die Darstellung auf dem Bildschirm sofort entsprechend an.

Das Drehen des Bildschirms geschieht, sofern Sie die automatische Bildschirmausrichtung nicht gesperrt haben. Wir erzählen Ihnen über diese Hardwarefunktion bald mehr.

Und ein Lichtsensor passt die Helligkeit des Bildschirms an die Lichtverhältnisse der Umgebung an.

Seit dem iPad 2 verfügen iPads zusätzlich zu den oben erwähnten Sensoren über einen dreiachsigen Kreiselsensor, der mit dem Schwingungssensor und dem eingebauten Kompass zusammenarbeitet. Es sind zwar alle iPads in der Lage, ihre Ausrichtung zu erkennen, aber die neueren iPads können dies besser und schneller.

In den folgenden Abschnitten machen wir ein wenig mehr, als nur den Bildschirm wie kleine Kinder zu bewundern. Wir werfen einen kurzen Blick auf einige der Funktionen des iPads, wobei dies anhand von Produktkategorien geschieht.

Was ist im Karton?

Irgendwie haben wir das Gefühl, dass Sie den weißen Karton schon geöffnet haben, in dem das iPad ausgeliefert wird. Falls das nicht der Fall ist, erwartet Sie dies:

✔ **Dock-Connector-auf-USB-Kabel:** (Als *Dock* wird die breite Anschlussmöglichkeit am iPad bezeichnet, in die der Nicht-USB-Teil des Kabels passt.) Benutzen Sie dieses praktische Kabel, um Ihr iPad zu synchronisieren oder aufzuladen. Sie können für das Synchronisieren den USB-Stecker an Ihren PC oder Macintosh anschließen, oder Sie stecken ihn in das USB-Netzteil, das als Nächstes beschrieben wird.

Anmerkung: Wenn Sie das USB-Kabel mit einem USB-Anschluss mit Ihrer Tastatur, einem USB-Hub, einem Bildschirm, einem anderen externen Gerät oder einem USB-Anschluss (der auch USB-*Port* genannt wird) eines älteren PCs oder Macs verbinden, können Sie darüber vielleicht noch synchronisieren, das Gerät aber nicht aufladen. Meistens haben nur die computerinternen USB-Anschlüsse genügend Saft, um die Batterie wieder aufzuladen. Wenn Sie einen externen USB-Anschluss benutzen, sehen Sie eventuell im oberen Teil des Bildschirms neben dem Batteriesymbol eine Nachricht, die besagt, dass die Batterie nicht geladen wird.

✔ **USB-Netzteil:** Benutzen Sie dieses Netzteil, um Ihr iPad über einen normalen Stromanschluss aufzuladen.

✔ **Ein paar Apple-Aufkleber:** Versteht sich von selbst.

✔ **Kurzanleitung für das iPad:** Unglücklicherweise (oder, falls Sie der Autor eines Buches über die Bedienung des iPads sind, glücklicherweise) enthält dieses kleine, aus einer beidseitig bedruckten Seite bestehende »Handbuch« herzlich wenig brauchbare Informationen über das neue Objekt Ihrer Begierde.

✔ **Etwas Flugblattartiges, das sich *Wichtige Produktinformationen* nennt:** Das muss wichtig sein, weil es ja schon so heißt. Hier finden Sie Sicherheitswarnungen, eine Menge Juristendeutsch, Garantie-Informationen und Informationen darüber, wie Sie das iPad entsorgen oder der Wiederverwertung zuführen können. *Was! Wir sollen es schon wieder loswerden?* Und dann gibt es noch Ratschläge wie: Lassen Sie das iPad nicht fallen, lassen Sie es nicht nass werden und – was für alle mobilen Handgeräte gilt – achten Sie auf den Verkehr, während Sie Auto fahren (oder als Fußgänger unterwegs sind).

✔ **Werkzeug zum Auswerfen der SIM-Karte (nur iPad mit 3G/4G):** Ein kleines Metallteil, das genau das tut, was sein Name vermuten lässt. Die meisten Menschen werden in ihrem gesamten Leben keine SIM-Karte auswerfen müssen.

Die Besitzer eines iPads mit 3G/4G können auch eine aufgebogene Büroklammer nehmen, um die SIM-Karte auszuwerfen. Das ist zwar nicht ganz so cool wie ein eigenes Werkzeug, aber es funktioniert problemlos.

✔ **iPad:** Vielleicht fangen Sie schon an, unruhig zu werden, aber in dem Karton gibt es auch ein iPad.

Stereokopfhörer suchen Sie vergebens. Wenn Sie für Musik, Filme, Spiele oder etwas anderes Kopfhörer benötigen, müssen Sie sich die erst noch besorgen. Wir würden Ihnen einen mit eingebautem Mikrofon empfehlen. Wenn Sie ein iPhone oder iPod touch besitzen, genügt der dort mitgelieferte voll und ganz. Das iPad kommt ohne die Diktiergerät-Funktion des iPhones daher, aber es ist in der Lage, mit diversen Apps aus dem App Store zusammenzuarbeiten, die mit dem Thema zu tun haben, wie der kostenlose iTalk Recorder von Groffin Technology, die kostenlose App Dragon Dictation von Nuance Communications oder Voice Memos for iPad von KendiTech Inc, das für nur 0,79 Euro erhältlich ist.

Nur, um das noch mal deutlich zu machen: Die Kopfhörer, die beim iPhone oder iPod touch mitgeliefert werden, funktionieren mit dem iPad wunderbar, genau wie jeder andere Kopfhörer, der beim iPhone oder iPod touch funktioniert. Und glauben Sie uns: Audio und Video-Chats mit Apps wie FaceTime oder Skype machen mit Kopfhörer viel mehr Spaß und die Qualität ist auch besser.

Das iPad als iPod

Hier stimmen wir mit dem leider inzwischen verstorbenen Steve Jobs überein: Das iPad ist mehr als toll – und der beste iPod, den Apple jemals hergestellt hat. Sie können auf dem großartigen hochauflösenden Farbbildschirm des iPads Ihren gesamten iPod-Inhalt genießen – Musik, Hörbücher, Audio- und Videopodcasts, Musikvideos, Fernsehsendungen, Filme und iTunes-U-Kurse. Dieser Bildschirm ist größer, heller und prächtiger als es jeder Bildschirm eines iPods oder iPhones bislang war.

Unterm Strich gilt: Wenn Sie auf Ihrem Computer Inhalte – seien es Filme, Audio oder was auch immer – in iTunes hineinbekommen, können Sie die Geräte synchronisieren und die Inhalte auf Ihrem iPad anschauen oder ihnen dort zuhören.

Kapitel 3 behandelt das Synchronisieren. Im Moment reicht es aus, dass Sie wissen, dass einige Videoinhalte in ein zum iPad kompatibles Format umgewandelt werden müssen (mit der richtigen Auflösung, einer sauberen Bildwiederholungsrate und dem entsprechenden Dateiformat), damit sie auf Ihrem iPad abgespielt werden können. Wenn Sie versuchen, eine inkompatible Filmdatei zu synchronisieren, erhalten Sie eine entsprechende Fehlermeldung.

Wenn Sie wegen einer inkompatiblen Videodatei eine Fehlermeldung erhalten, wählen Sie in iTunes ERWEITERT|VERSION FÜR IPAD ODER APPLE TV ERSTELLEN. Wenn die Umwandlung beendet worden ist, starten Sie das Synchronisieren erneut. Kapitel 9 geht tiefer auf Filme und Kompatibilitätsgeschichten ein.

Das iPad als Kommunikationsgerät für das Internet

Warten Sie – es gibt noch mehr! Das iPad ist nicht nur ein brillanter iPod, es ist auch ein voll ausgestattetes Kommunikationsgerät für das Internet. Das iPad verfügt über – um einmal ein wenig technische Sprache auf Sie niederprasseln zu lassen – einen HTML-E-Mail-Client, der mit den meisten POP- und IMAP-Maildiensten zurechtkommt, und es unterstützt Microsoft Exchange ActiveSync. (Sie finden in Kapitel 5 mehr zu diesem Thema.) Mit an Bord ist auch ein erstklassiger Webbrowser (Safari), der – anders als bei den meisten mobilen Geräten – das Surfen im Web zu einem wirklichen Vergnügen macht. Kapitel 4 erklärt, wie Sie das Web mit Safari durchsuchen können.

Eine andere coole Internetfunktion ist Karten, eine Killeranwendung für Landkarten, die auf Google Maps basiert. Indem GPS (das Modell *Wi-Fi + 3G/4G*) oder Triangulation (das Modell *Wi-Fi*) verwendet wird, kann das iPad Ihren Standort herausfinden, Ihnen Karten und Satellitenbilder zeigen und unabhängig davon, wo Sie sich gerade befinden, Fahrtrichtungen und Verkehrsinformationen erhalten. (Lesen Sie in Kapitel 6, wie Sie die Kartenfunktionen ausschöpfen können.) Sie können mit wenigen Fingerbewegungen auch Ziele wie Tankstellen, Pizzerien, Krankenhäuser und Apple-Händler finden.

Wir wagen zu behaupten, dass das, was Sie mit einem iPad im Internet veranstalten können, weit über das hinausgeht, wozu andere mobile Handgeräte in der Lage sind.

Das iPad zum Lesen von elektronischen Büchern

Laden Sie die kostenlose App iBooks herunter, und Sie werden einen ganz neuen Weg kennen lernen, Bücher zu finden und zu lesen. Der iBookstore sowie der Apple-Zeitungskiosk (ab iOS 5), die in Kapitel 11 behandelt werden, sind randvoll mit guter Lektüre, die es zu Preisen gibt, die niedriger als die gedruckten Ausgaben sind. Im Zeitungskiosk werden dann automatisch alle Zeitschriften-Abos angezeigt. Besser noch ist, dass Sie der Umwelt helfen und Bäume retten, wenn Sie ein elektronisches Buch (das hier *E-Book* genannt wird) lesen. Außerdem enthalten einige (wenn auch nicht allzu viele) Audio-, Video- oder grafische Inhalte, die in gedruckten Versionen nicht verfügbar sind. Und das Beste ist, dass es viele Bücher kostenlos gibt. Wenn Sie bisher auf Ihrem iPad noch kein E-Book gelesen haben, sollten Sie es einmal versuchen. Wir glauben, dass Sie davon schnell überzeugt sein (und es sogar lieben) werden.

Das iPad als Multimediazentrum

Der spektakuläre Bildschirm der drei iPad-Modelle eignet sich hervorragend, um Videos anzusehen. Mit dem in Kapitel 15 näher beschriebenen Adapterkabel machen Sie daraus das perfekte Gerät, um Videos auf einem HDTV (oder auch nicht-HD-fähigen Fernseher) zu betrachten, wobei Bildschirmauflösungen von bis zu 1080p (seit iPad 2) unterstützt werden.

 Wenn Sie Apple TV (ab 110,- Euro erhältlich) besitzen, ein sehr cleveres kleines Gerät, mit dem Sie Audio- und Videodateien kabellos auf Ihren HDTV streamen können, benötigen Sie nicht einmal ein Adapterkabel.

Und das neue iPad mit seinen zwei Kameras und der App FaceTime führt die Multimedia-Eigenschaften des iPads noch zu ganz neuen Höhen. In Kapitel 9 erfahren Sie, wie Sie FaceTime nutzen können.

Das iPad als Plattform für Apps, die nicht von Apple sind

Zum Zeitpunkt des Schreibens dieses Buches gab es mehr als 500.000 Apps für das iPhone, die in Kategorien wie Spiele, Geschäftliches, Ausbildung, Unterhaltung, Gesundheit und Fitness, Musik, Fotografie, Produktivität, Reise, Sport und viele mehr unterteilt sind. Das Coole ist, dass die meisten dieser iPhone-Apps auch problemlos auf dem iPad laufen. Inzwischen gibt es weit mehr als 140.000 Apps, die speziell für den großen Bildschirm des iPads entwickelt worden sind, und viele neue Apps sind auf dem Weg. Kapitel 7 hilft Ihnen dabei, Ihr iPad mit den coolen Apps zu füllen, die Ihr Herz begehrt. Unsere Lieblingsapps (kostenlos oder zu kaufen) stellen wir in den Kapiteln 16 und 17 vor.

Was ist erforderlich, um ein iPad benutzen zu können?

Um Ihr iPad auch wirklich *benutzen* zu können, benötigen Sie nur diese paar Dinge:

✔ Ein iPad

✔ Ein Konto beim iTunes Store (wobei wir unterstellen, dass Sie Apps, Filme, Musik, iBooks, Podcasts und so weiter erhalten wollen)

✔ Einen Internetzugang – empfohlen wird ein drahtloser Breitbandanschluss

 In den älteren Auflagen dieses Buches haben wir noch darauf hingewiesen, dass Sie eines der folgenden Dinge benötigen. Doch da Sie ein iPad unter iOS 5 kabellos aktivieren, einrichten, aktualisieren, sichern und wiederherstellen können und dafür keinen Computer benötigen, haben wir unseren Rat an Sie überarbeitet. Sie brauchen zwar aus technischer Sicht nicht unbedingt einen Computer, um Ihr iPad benutzen zu können, doch viele Funktionen lassen sich auf einem Computer mit iTunes viel schneller und einfacher ausführen als auf dem iPad.

Falls Sie beschließen, Ihr iPad Ihrem Computer vorzustellen (und wir sind der Meinung, dass Sie das tun sollten), dann benötigen Sie Folgendes:

Apple bezeichnet Filme manchmal als Videos, dann wieder als Filme – lassen Sie sich dadurch nicht irritieren, es ist immer dasselbe gemeint.

✔ Einen Mac mit einem USB-2.0-Anschluss und Mac OS X Version 10.5.8 oder neuer und iTunes 10.5 oder neuer

✔ Einen PC mit einem USB-2.0-Anschluss, Windows 7, Windows Vista oder Windows XP Home oder Professional Edition mit Service Pack 3 oder neuer und iTunes 10.5 oder neuer

Das iPad erkunden

Das iPad ist eine harmonische Kombination aus Hardware und Software. Wir werfen in den folgenden Abschnitten einen kurzen Blick auf die Hardware – und zwar auf das Äußere des Geräts.

Oben

Oben am iPad finden Sie den Anschluss für Kopfhörer, Mikrofon und die Taste RUHEZUSTAND STARTEN/BEENDEN (siehe Abbildung 1.1):

✔ **Ruhezustand starten/beenden:** Diese Taste wird benutzt, um den Bildschirm Ihres iPads in den Schlaf zu versetzen oder wieder aufzuwecken. Sie dient auch dazu, Ihr iPad aus- und wieder einzuschalten. Um das Gerät einschlafen zu lassen oder aufzuwecken, drücken Sie diese Taste. Um es auszuschalten, halten Sie die Taste einige Sekunden lang gedrückt.

Die Batterie Ihres iPads leert sich schneller, wenn das Gerät wach ist, weshalb wir vorschlagen, dass Sie sich angewöhnen sollten, das Gerät in den Schlafmodus zu versetzen, wenn Sie es nicht benötigen.

Wenn Ihr iPad schläft, passiert nichts, wenn Sie seinen Bildschirm berühren. Um es aufzuwecken, müssen Sie lediglich die Taste erneut drücken, oder Sie drücken vorn am Gerät die Home-Taste (die weiter hinten in diesem Kapitel beschrieben wird). Besitzer eines iPads mit Smart Cover können einfach den Deckel öffnen, um ihr iPad aufzuwecken, und ihn schließen, um es wieder in den Ruhezustand zu versetzen.

In Kapitel 13 können Sie herausfinden, was Sie machen müssen, damit sich Ihr iPad nach einiger Zeit der Inaktivität automatisch schlafen legt.

✔ **Kopfhöreranschluss:** Hier können Sie einen Kopfhörer einstecken. Sie können das Headset von Apple oder die Kopfhörer benutzen, die es zusammen mit einem iPhone oder iPod gibt. Sie können eigentlich jeden Kopfhörer und jedes Headset benutzen, das in einen 3,5-mm-Stereo-Kopfhöreranschluss passt.

Wir benutzen in diesem Buch die Begriffe Kopfhörer, Headset und Ohrhörer synonym. Genau genommen enthält ein Headset ein Mikrofon, damit Sie nicht nur zuhören, sondern auch sprechen (oder aufzeichnen) können. Kopfhörer oder Ohrhörer eignen sich nur zum Zuhören. Beide Arten funktionieren mit Ihrem iPad.

✔ **Mikrofon:** Der kleine Punkt neben dem Kopfhöreranschluss ist ein richtig gutes Mikrofon.

Kopfhöreranschluss   Mikrofon   Ruhezustand starten/beenden

     Mikrofon   Ruhezustand starten/beenden
Kopfhöreranschluss

Abbildung 1.1: Die Oberkanten von iPad 2 beziehungsweise dem neuen iPad (oben) und dem iPad 1 (unten)

Unten

Am unteren Rand Ihres iPads befinden sich der Lautsprecher und der Dock-Anschluss (siehe Abbildung 1.2):

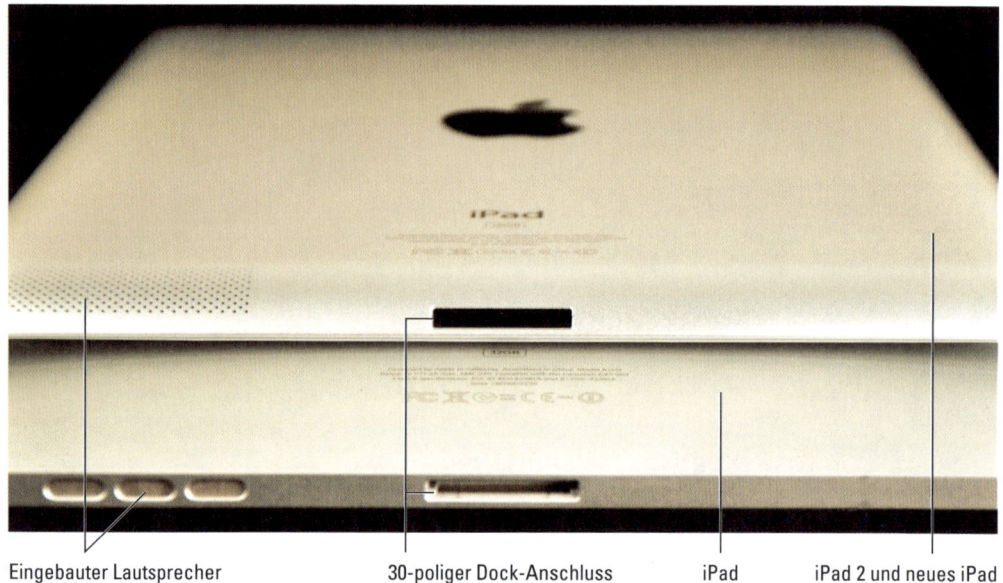

Eingebauter Lautsprecher   30-poliger Dock-Anschluss   iPad   iPad 2 und neues iPad

*Abbildung 1.2: Die Unterkanten von iPad 2 beziehungsweise dem neuen iPad (oben)
und dem älteren iPad 1 (unten)*

✔ **Lautsprecher:** Der Lautsprecher gibt, wenn keine Kopfhörer angeschlossen sind, Musik oder Tonspuren von Filmen wieder.

✔ **30-poliger Dock-Anschluss:** Dieser Anschluss (der bei Apple *Connector* heißt) hat drei Funktionen. Sie können ihn zum einen benutzen, um den Akku Ihres iPads wieder aufzuladen. Verbinden Sie dazu einfach das eine Ende des Verbindungskabels Dock-Connector-auf-USB mit dem Dock-Anschluss und das andere Ende mit dem USB-Netzteil. Zum anderen haben Sie die Möglichkeit, Ihr iPad über den Dock-Anschluss nicht nur aufzuladen, sondern es auch zu synchronisieren. Verbinden Sie zu diesem Zweck das eine Ende desselben Kabels mit dem Dock-Anschluss und das andere Ende mit einem USB-Anschluss an Ihrem Mac oder PC oder mit dem USB-Strom-Adapter. Und schließlich können Sie ihn verwenden, um Ihr iPad mit Hilfe eines Adapters, wie zum Beispiel das Kameraverbindungs-Set oder die anderen in Kapitel 15 noch ausführlich beschriebenen Adapterkabel mit Kameras oder Fernsehern zu verbinden.

Lesen Sie weiter vorn in diesem Kapitel im Kasten *Was ist in der Kiste?* die Anmerkung darüber durch, was es mit dem Gebrauch des USB-Anschlusses an anderen Geräten als Ihrem PC oder Mac – zum Beispiel an Tastaturen, Monitoren und Hubs – auf sich hat.

Rechts

An der rechten Seite Ihres iPads befinden sich die Steuerelemente für lauter und leiser und die Ausrichtungssperre (siehe Abbildung 1.3):

✔ **Seitenschalter:** Wenn dieser Schalter nach unten geschoben worden ist – es wird am Schalter ein orangefarbener Punkt sichtbar –, schweigt Ihr iPad, wenn Sie eine neue E-Mail erhalten oder auf dem Bildschirm eine Meldung erscheint. Beachten Sie, dass der Seitenschalter die Töne, die zum Beispiel Apps von sich geben, nicht unterdrückt. Weder die Apps iTunes oder Videos noch Spiele oder andere Apps, die »Lärm« machen, werden durch den Schalter stumm geschaltet. Zu den Dingen, die der Seitenschalter unterdrückt, gehören »überraschende« Töne wie die, die Apps bei Benachrichtigungen oder das iPad beim Starten des Betriebssystems von sich geben.

 Wenn Ihr Seitenschalter nach dem Einschalten (wenn Sie also den kleinen orangefarbenen Punkt sehen können) Meldungstöne nicht unterdrückt, schauen Sie einmal nach, ob es oben im Bildschirm links neben dem Batteriesymbol das Symbol für Bildschirmausrichtung gibt (das hier am Seitenrand abgebildet ist).

Wenn dieses Symbol erscheint, kann das zwei Gründe haben. Grund 1: Auf Ihrem iPad wird eine ältere Version (zum Beispiel Version 3 oder älter) von iOS eingesetzt. Grund 2: Auf Ihrem iPad läuft Version 4 oder höher von iOS, und Sie haben im Fensterelement ALLGEMEIN der App Einstellungen die Option AUSRICHTUNGSSPERRE aktiviert.

Zu Grund 1 kommt es, weil iOS 3 den Schalter immer als Ausrichtungssperre ansieht. Sie haben keine Chance, ihn als Stummschalter zu verwenden. In diesem Fall schlagen wir vor, dass Sie Ihr iPad mit Ihrem Computer verbinden und iTunes einsetzen, um das Betriebssystem Ihres iPads zu aktualisieren. Klicken Sie dafür bei angeschlossenem iPad auf der Registerkarte ÜBERSICHT von iTunes auf die Schaltfläche NACH UPDATE SUCHEN (siehe hierzu auch Kapitel 3) und folgen Sie dann den Anweisungen zum Aktualisieren Ihres iPads.

✔ **Lautstärkeregler:** Der Lautstärkeregler ist ein Schalter, der sich direkt neben der Sperre der Bildschirmausrichtung befindet. Der obere Teil des Schalters erhöht die Lautstärke, der untere Teil verringert sie.

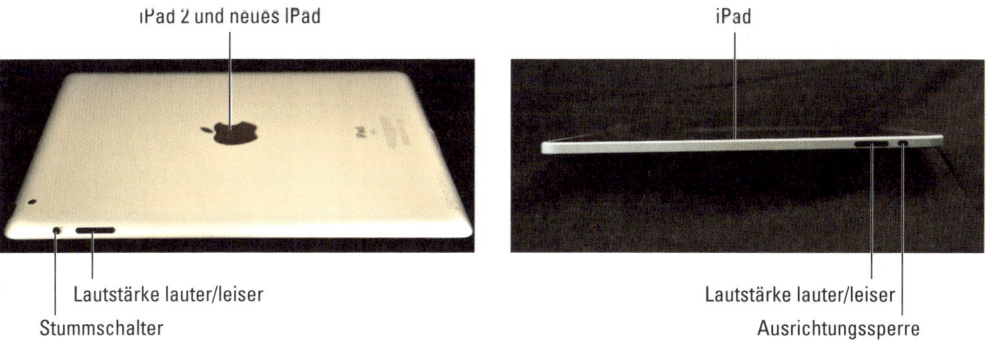

iPad 2 und neues iPad

iPad

Lautstärke lauter/leiser

Stummschalter

Lautstärke lauter/leiser

Ausrichtungssperre

Abbildung 1.3: Auf der rechten Seite des iPads gibt es zwei Schaltflächen.

Vorder- und Rückseite

Auf der Vorderseite Ihres iPads finden Sie diese (in Abbildung 1.4 bezeichneten) Elemente:

✔ **Berührungsempfindlicher Bildschirm (Touchscreen):** In Kapitel 2 finden Sie heraus, wie Sie den tollen hochauflösenden und berührungsempfindlichen Farbbildschirm des iPads benutzen können. Ein solcher Bildschirm wird auch *Touchscreen* genannt (von *to touch* – berühren – und *screen* – Bildschirm). Im Moment können wir Ihnen nur den Tipp geben, darüber in nicht allzu große Verzückung zu verfallen.

✔ **Home-Taste:** Egal was Sie gerade tun, die Home-Taste können Sie jederzeit drücken, um wieder auf den Home-Bildschirm (siehe Abbildung 1.4) zu gelangen.

✔ **Frontkamera (ab iPad 2):** Das ist nicht die beste Kamera der Welt, aber sie macht ordentliche Bilder und anständige Videos.

✔ **Anwendungsschaltflächen:** Jede der 17 beziehungsweise 20 auf dem iPad 2 und dem neuen iPad in Abbildung 1.4 zu sehenden Schaltflächen (Symbole) startet eine der zum iPad gehörenden Standardanwendungen. Sie erfahren weiter hinten in diesem Kapitel und im Verlauf des Buches mehr über diese Anwendungen.

✔ **Rückseitige Kamera** (nur ab iPad 2): Das iPad 2 und das neue iPad haben eine zweite Kamera an der Rückseite, direkt unter dem Ruhezustand/Wecken-Knopf. Seit dem neuen iPad kann man mit der rückseitigen Kamera sehr gut aufgelöste (1080p) Aufnahmen machen.

Abbildung 1.4: Das iPad ist eine Studie eleganter Einfachheit.

Statusleiste

Die Statusleiste, die sich am oberen Rand des Bildschirms befindet, enthält winzige Symbole, die für viele Informationen über den aktuellen Zustand Ihres iPads sorgen:

 Flugmodus (nur das Modell Wi-Fi + 3G/4G): Sie dürfen Ihr iPad in einem Flugzeug einsetzen, nachdem der Kapitän die entsprechende Erlaubnis gegeben hat. Ein Handy oder ein iPad Wi-Fi + 3G/4G können Sie nur vor dem Abflug und nach der Landung im Bereich der Flughafengates benutzen. Glücklicherweise kennt Ihr iPad einen so genannten Flugmodus, der alle drahtlosen Funktionen des iPads ausschaltet – die 3G-, GPRS(General Packet Radio Service)- und EDGE(Enhanced Datarate for GSM Evolution)-Netzwerke, WLAN und Bluetooth – und es damit möglich macht, dass Sie während des Flugs Musik oder Filme genießen.

Auf einigen Flügen ist inzwischen on-board WLAN verfügbar. Wenn Sie sich auf einem solchen Flug befinden, können Sie den Flugmodus ausschalten und das WLAN Ihres iPads benutzen (allerdings erst, nachdem der Kapitän dazu die Erlaubnis erteilt hat).

3G **3G (nur bei den Modellen Wi-Fi + 3G/4G):** Dieses Symbol informiert Sie darüber, dass das 3G-Hochgeschwindigkeitsnetzwerk Ihres Providers verfügbar ist und dass sich Ihr iPad über 3G mit dem Internet verbinden kann. Zwar lässt die Bezeichnung Wi-Fi + 4G den Schluss zu, dass das iPad auch das 4G/LTE-Netzwerk nutzen kann, doch da in Deutschland mit anderen Frequenzen als in den USA gearbeitet wird, ist dies leider (noch) nicht möglich. (Sie fragen sich, was 3G bedeutet? Schauen Sie sich einmal in diesem Kapitel den Kasten *WLAN, 3G, GPRS und EDGE im Vergleich* an.)

O **GPRS (nur bei den Modellen Wi-Fi + 3G/4G):** Dieses Symbol sagt Ihnen, dass Sie auf das drahtlose GPRS-Netzwerk Ihres Providers zugreifen können und dass Ihr iPad es nutzen kann, um sich mit dem Internet zu verbinden.

E **EDGE (nur bei den Modellen Wi-Fi + 3G/4G):** Über dieses Symbol erfahren Sie, dass Sie auf das EDGE-Netzwerk Ihres Providers zugreifen können und dass Ihr iPad es nutzen kann, um sich mit dem Internet zu verbinden.

WLAN: Wenn Sie das WLAN-Symbol sehen, bedeutet das, dass Ihr iPad mit einem *drahtlosen Netzwerk* verbunden ist. (*WLAN* ist die Abkürzung für *wireless local area network,* der drahtlosen Übertragung.) Je mehr Bogenlinien Sie sehen (bis zu drei gibt es), desto stärker ist das WLAN-Signal. Wenn Sie nur eine oder zwei Bogenlinien haben, sollten Sie einen anderen Standort ausprobieren. Wenn Sie in der Statusleiste kein WLAN-Symbol sehen, haben Sie aktuell keinen Zugriff auf das Internet.

WLAN, 3G, GPRS und EDGE im Vergleich

Ihr Mobilfunkanbieter kann für Ihr iPad zum Zeitpunkt, als dieses Buch verfasst wurde, drei verschiedene Datennetzwerke bereitstellen. Bis jetzt ist das schnellste, nämlich das 4G-Netzwerk, das sich immer mehr ausbreitet, nicht mit dem iPad kompatibel. Auch LTE funktioniert hierzulande nicht. Somit ist das schnellste ein 3G-Datennetzwerk, mit dem – wie Sie sich vielleicht vorstellen können – die iPads mit 3G, 3G S und auch das iPad mit 4G umgehen können. Das Gerät hält zuerst Ausschau nach einem 3G-Netzwerk; wenn es keines findet, versucht es, auf ein langsameres EDGE- oder GPRS-Netzwerk zuzugreifen.

Drahtlose Netzwerke (WLAN-Netzwerke) sind immer schneller als Handy-Netzwerke wie 3G, EDGE oder GPRS. Deshalb versuchen alle iPads, sich mit einem WLAN-Netzwerk zu verbinden, wenn eines verfügbar ist, und zwar selbst dann, wenn auch 3G-, GPRS- oder EDGE-Netzwerke in Reichweite sind.

Und nicht zuletzt gibt es noch die Information, dass Sie keinen Internetzugang haben, wenn Sie keines der Symbole 3G, GPRS oder EDGE sehen. In Kapitel 2 erfahren Sie mehr über die verschiedenen Netzwerke.

 Aktivität: Dieses Symbol sagt Ihnen, dass das Netzwerk oder etwas anderes aktiv ist, zum Beispiel eine drahtlose Synchronisation, das Senden oder Empfangen von E-Mails oder das Laden einer Webseite. Dieses Symbol wird auch von einigen Drittherstellern benutzt, um auf Netzwerk- oder andere Aktivitäten hinzuweisen.

 **VPN:** Dieses Symbol zeigt an, dass Sie aktuell mit einem virtuellen privaten Netzwerk (VPN) verbunden sind.

 Gesperrt: Dieses Symbol weist Sie darauf hin, dass Ihr iPad gesperrt ist. In Kapitel 2 finden Sie Informationen über das Sperren und Entsperren eines iPads.

 Bildschirmausrichtungssperre: Dieses Symbol erscheint, wenn die Ausrichtungssperre eingeschaltet worden ist.

 Wiedergabe: Dieses Symbol informiert Sie darüber, dass gerade ein Musiktitel wiedergegeben wird. In Kapitel 8 können Sie mehr über das Abspielen von Musiktiteln erfahren.

 **Bluetooth:** Dieses Symbol gibt den aktuellen Zustand der Bluetooth-Verbindung des iPads wieder. Wenn Sie dieses Symbol im Statusbalken sehen, ist Bluetooth eingeschaltet und ein Gerät (wie ein drahtloses Headset oder eine drahtlose Tastatur) hat sich mit dem iPad verbunden. Wenn das Symbol grau ist (wie es der rechte Teil der Abbildung am Seitenrand zeigt), ist Bluetooth zwar eingeschaltet, es gibt aber keine verbundenen Geräte. Wenn das Symbol weiß ist (wie es der linke Teil der Abbildung am Seitenrand zeigt), ist Bluetooth eingeschaltet und es gibt eines oder mehrere verbundene Geräte. Wenn Sie das Bluetooth-Symbol nicht sehen können, ist Bluetooth ausgeschaltet. In Kapitel 13 finden Sie Einzelheiten zu Bluetooth.

 **Batterie:** Dieses Symbol zeigt den Batterieladezustand an. Es ist vollständig gefüllt, wenn das Gerät nicht mit einer Stromquelle verbunden und die Batterie vollständig aufgeladen ist (wie das bei der Abbildung hier am Seitenrand der Fall ist). Das Symbol leert sich in dem Verhältnis, in dem Batteriestrom verbraucht wird. Das Symbol zeigt an, ob das iPad mit einer Stromquelle verbunden ist und die Batterie geladen wird. Sie erhalten eine Nachricht auf dem Bildschirm, wenn der Ladezustand der Batterie unter 20 Prozent fällt, und eine weitere Nachricht, wenn er zehn Prozent erreicht hat.

Die sagenhaften siebzehn beziehungsweise fantastischen zwanzig: die Symbole des Home-Bildschirms

Der Home-Bildschirm enthält siebzehn (iPad 1) beziehungsweise 20 Symbole (ab iPad 2), die entweder für ein vorinstalliertes Programm oder eine Funktion stehen. Da sich der Rest des Buches lang und breit und in allen liebenswerten Einzelheiten mit jedem dieser Babys beschäftigt, gibt es jetzt nur einen kurzen Überblick.

Um zum Home-Bildschirm zu gelangen, tippen Sie auf die Taste HOME. Wenn Ihr iPad schläft, während Sie tippen, erscheint das Angebot, den Bildschirm zu entsperren. Wenn das geschehen ist, sehen Sie die Seite mit Symbolen, die aktiv war, bevor sich das iPad zur Ruhe gelegt hat. Wenn also als Letztes der Home-Bildschirm aktiv war, sind Sie goldrichtig. Ansonsten tippen Sie noch einmal auf die Taste HOME, um den Home-Bildschirm aufzurufen.

 Es sind drei Schritte erforderlich, um die Symbole Ihres iPads neu anzuordnen:

1. **Halten Sie ein Symbol so lange gedrückt, bis es anfängt zu »wackeln«.**

2. **Ziehen Sie das Symbol an seine neue Position.**

3. **Drücken Sie die Taste HOME, um die neue Ordnung zu speichern und das »Wackeln« zu beenden.**

Wenn Sie die Symbole noch nicht neu angeordnet haben, finden Sie auf Ihrem Home-Bildschirm die folgenden Symbole (von links oben):

✔ **Nachrichten:** iOS 5 enthält inzwischen einen einheitlichen Nachrichten-Dienst, so dass Sie mit jedem anderen Gerät, das unter iOS 5 läuft (aktuell sind das iPad, iPhone oder iPod touch), Nachrichten austauschen können. In Kapitel 5 finden Sie alle faszinierenden Details zur Verwendung dieser hypnotisierenden neuen (jedenfalls auf dem iPad) Funktion.

✔ **Kalender:** Unabhängig davon, welche Kalenderanwendung Sie auf Ihrem PC oder Mac bevorzugen, können Sie Ereignisse und Meldungen zwischen Ihrem Computer und dem iPad synchronisieren (solange Sie iCal, Microsoft Entourage, Microsoft Outlook oder Online-Kalender wie Google oder iCloud verwenden). Erstellen Sie auf einem Gerät ein Ereignis, und das Ereignis wird automatisch mit dem anderen Gerät synchronisiert, wenn die beiden Geräte wieder miteinander verbunden werden.

✔ **Notizen:** Dieses Programm gibt Ihnen die Möglichkeit, Notizen zu schreiben, während Sie unterwegs sind. Sie können diese Notizen per E-Mail an sich selbst oder an andere senden, oder Sie speichern sie auf Ihrem iPad, bis Sie sie brauchen. Wenn Sie beim Arbeiten mit Notizen Hilfe benötigen, gehen Sie zu Kapitel 12.

✔ **Erinnerungen:** Diese App ist neu in iOS 5 und möglicherweise die einzige To-Do-Liste, die Sie in Zukunft brauchen werden. Sie lässt sich mit iCal, Outlook und iCloud integrieren, so dass Aufgaben und Erinnerungen automatisch mit Ihren anderen mobilen und stationären Geräten synchronisiert werden. Über diese großartige neue App und ihre faszinierenden ortsbezogenen Erinnerungen erfahren Sie leider erst in Kapitel 12 mehr.

✔ **Karten:** Diese Anwendung zählt zu unseren Favoriten. Schauen Sie sich Straßenkarten oder Satellitenbilder von Orten auf der ganzen Welt an oder fragen Sie nach einer Fahrroute, nach Verkehrsbedingungen oder einfach nur nach der nächsten Pizzeria. Mit den praktischen Tipps aus Kapitel 6 finden Sie sich in der App Karten zurecht.

✔ **YouTube:** Diese Anwendung lässt Sie Videos der beliebten Website YouTube anschauen. Sie können ein bestimmtes Video suchen oder Tausende von Angeboten durchstöbern. Das ist ein erstklassiger Weg, um viel Zeit zu verschwenden. Kapitel 6 erklärt auch den Spaß, den Sie mit YouTube haben können.

✔ **Videos:** Diese praktische Anwendung ist der Lagerplatz für Ihre Filme, Fernsehsendungen und Musikvideos. Sie holen Filme über iTunes auf Ihren Mac oder PC oder Sie kaufen sie im iTunes Store, indem Sie die App iTunes Ihres iPads benutzen. Mehr zu diesem Thema gibt es in Kapitel 9.

✔ **Kontakte:** Diese praktische kleine App enthält Informationen über Menschen, die Sie kennen. Genau wie die Kalender-App synchronisiert sie sich mit den Kontakten auf Ihrem Mac oder PC (sofern Sie Ihre Kontakte in Adressbuch, Microsoft Entourage oder Microsoft Outlook pflegen) und Sie können die Kontakte zwischen Ihrem Computer und Ihrem iPad synchronisieren. Wenn Sie auf einem Gerät einen neuen Kontakt anlegen, wird dieser Kontakt auf dem anderen Gerät automatisch synchronisiert, sobald Sie dieses verbinden. In Kapitel 12 erklären wir, wie man die Kalender- und Kontakte-Apps startet und benutzt.

✔ **Game Center:** Dies ist Apples App der sozialen Netzwerke für die Liebhaber von Spielen. Vergleichen Sie Ihre Erfolge, prahlen Sie mit Ihren Eroberungen und Wahnsinnsspielständen und fordern Sie Ihre Freunde zum Kampf heraus. Sie können am Ende von Kapitel 6 mehr über soziale Netzwerke und die App Game Center erfahren.

✔ **iTunes:** Tippen Sie auf dieses Symbol, um Musik, Filme Fernsehsendungen, Hörbücher und mehr zu erwerben und kostenlose Podcasts und Kurse von iTunes U herunterzuladen. In Kapitel 8 gibt es mehr Informationen zu iTunes (und der iPod-App).

✔ **App Store:** Diese App gibt Ihnen die Möglichkeit, sich mit dem iTunes App Store zu verbinden und dort nach iPad-Anwendungen zu suchen, die Sie dann kaufen oder kostenlos über eine drahtlose oder eine mobile Netzwerkverbindung aus dem App Store herunterladen können.

✔ **Zeitungskiosk:** In dieser (in iOS 5) neuen App Zeitungskiosk finden Sie die iPad-Ausgaben von Zeitschriften und Zeitungen, die Sie bereits abonniert haben. Die Abos können Sie beim oben erwähnten App Store beziehen; mehr über den Zeitungskiosk erfahren Sie in Kapitel 11.

✔ Symbole ab iPad 2: Wenn Sie ein iPad 2 oder das neue iPad besitzen, finden Sie zwischen den Symbolen des Zeitungskiosks und Einstellungen diese drei zusätzlichen Apps:

- **FaceTime:** Verwenden Sie diese App, um am Face-Time-Videochat teilzunehmen. Mehr darüber in Kapitel 9

- **Kamera:** Mit dieser App können Sie die beiden Kameras des iPads 2 verwenden, um Fotos und Videos aufzunehmen.

- **Photo Booth:** Diese App hat viel Ähnlichkeit mit einem Automaten für Passfotos, nur dass Sie keine Münzen einwerfen müssen.

Wenn Sie es nicht mehr erwarten können, lesen Sie mehr über Face Time in Kapitel 9 und Photo Booth in Kapitel 10.

✔ **Einstellungen:** Hier nehmen Sie die Einstellungen für Ihr iPad und die Apps vor. Oje! Bei so vielen verschiedenen Einstellungen sind Sie sicher erfreut zu hören, dass wir uns in Kapitel 13 ausschließlich diesen Einstellungen widmen.

✔ **Safari:** Safari ist Ihr Webbrowser. Wenn Sie Mac-Benutzer sind, kennen Sie ihn bereits. Wenn Sie Windows-Benutzer sind und den wunderbaren Safari für Windows noch nicht entdeckt haben, sollten Sie sich den Internet Explorer gedopt vorstellen. Kapitel 4 zeigt Ihnen, was Sie mit Safari auf Ihrem iPad anfangen können.

✔ **Mail:** Diese Anwendung lässt Sie E-Mails senden und empfangen, und Sie können sowohl eine Verbindung zu den meisten POP3- und IMAP-Systemen als auch zu Microsoft Exchange Server herstellen, wenn Sie von Ihrer Firma die entsprechenden Berechtigungen erhalten haben. Kapitel 5 hilft Ihnen dabei, mit jedem, den Sie kennen, von Ihrem iPad aus per E-Mail in Kontakt zu treten.

✔ **Fotos:** Bei dieser Anwendung handelt es sich um das wunderbare iPad-Verwaltungsprogramm für Fotos. Sie können sich Bilder anschauen, die Sie (mit dem optional erhältlichen Camera Connection Kit) von Ihrer Kamera oder einem SD-Kartenleser oder von Ihrem Computer übertragen haben. Sie können Bilder vergrößern oder verkleinern, Diashows erstellen, Fotos per E-Mail an Freunde versenden, Fotos bearbeiten und vieles mehr. Schauen Sie sich doch einmal Kapitel 10 an.

✔ **Musik:** Kommen wir als Letztes zu diesem Symbol, das die geballte Kraft eines iPods direkt auf Ihrem iPad loslässt, so dass Sie sich Musik oder Podcasts anhören können. In Kapitel 8 erfahren Sie, wie diese App funktioniert.

Ach, da ist noch eine Sache: Die in iOS 5 neu eingeführte Mitteilungszentrale. Für sie gibt es kein Symbol, doch es ist eine großartige Funktion, die hier auf jeden Fall erwähnt werden muss, auch wenn Sie mehr darüber erst in Kapitel 12 erfahren.

iPad-Grundlagen

In diesem Kapitel

▶ Laufen lernen

▶ Das Gerät ein- und ausschalten

▶ Das iPad sperren

▶ Multi-Touch beherrschen

▶ Ausschneiden, Kopieren und Einfügen

▶ Multitasking auf dem iPad

▶ Mit dem iPad drucken

▶ Mit Spotlight suchen

B is jetzt haben Sie nur erfahren, dass sich das iPad – egal ob ein älteres oder das neueste Modell – stark von anderen Computern unterscheidet. Außerdem wissen Sie, dass diese wie eine Schiefertafel aussehenden Maschinen das Regelwerk für das Arbeiten mit Computern neu schreiben. Wieso? Für Einsteiger: iPads haben keine Maus oder irgendeine andere Art von Zeigegerät. Es fehlen alle traditionellen Schnittstellen eines Computers wie USB. Und sie besitzen keine tatsächlich vorhandene Tastatur.

Sie unterscheiden sich sogar von anderen Flachcomputern (auch bekannt als *Tablet-PCs*), von denen einige einen Stift haben, mit dem Sie mit digitaler Tinte schreiben können. Wie wir in Kapitel 1 betonen, verlässt sich das iPad auf ein Gerät, das Sie immer dabeihaben: Ihren Finger.

Flachcomputer gibt es in der einen oder anderen Form bereits seit dem letzten Jahrhundert. Sie haben nie die Aufmerksamkeit der Masse auf sich ziehen können. Auch Apples Eigenentwicklung *Newton*, ein vom Unglück verfolgter persönlicher digitaler Assistent (PDA) aus den 1990er-Jahren, gehörte zu den Maschinen, die im Markt so gut wie keine Spuren hinterlassen haben.

Aber vorbei ist vorbei, und seit dieser Zeit hat es beim technologischen Fortschritt – ganz zu schweigen von Apple selbst – sicher keinen Stillstand gegeben. Es reicht, wenn wir feststellen können, dass Flachcomputer (so die offizielle deutsche Bezeichnung für Tablet-PCs) nach vorn stürmen, dabei von den iPads angeführt werden und viel Vergnügen in einer rosigeren

Zukunft versprechen. Und seitdem das iPad anfing, den Markt zu erobern, haben viele Technologieriesen (und auch kleinere Unternehmen) ihre eigenen Tablets mit berührungsempfindlicher Oberfläche vorgestellt. Viele dieser Geräte nutzen dabei das Google-Betriebssystem für mobile Geräte, *Android*. Und einige sind sogar gar nicht schlecht. Aber das iPad bleibt der Marktführer und ist in diesem Sektor ein echter Pionier.

Vielleicht sind auch Sie vom anfänglichen Rummel um das iPad nicht ganz unbeeindruckt geblieben und haben schon Wochen vorher eines vorbestellt. Letzten Endes entwickelte sich das iPad, wie sein Cousin, das iPhone, sehr schnell zum angesagtesten Computer auf dem Markt.

Da wir gerade vom iPhone sprechen – falls Sie eines oder seinen nahen Verwandten, Apples iPod, besitzen, haben Sie bei der Bedienung des *Multi-Touch-Displays* (wie der Bildschirm des iPads in der Fachsprache heißt) mit Ihren Fingern einen Riesenvorsprung. Sie haben unsere Erlaubnis, den Rest des Kapitels nur zu überfliegen, wobei Sie aber wissen sollten, dass beim iPad einige Dinge ein wenig anders funktionieren. Wenn Sie ein echter Neuling sind, müssen Sie sich keine Gedanken machen. Nichts an Multi-Touch tut weh.

Laufen lernen

In früheren Auflagen dieses Buches haben wir immer gesagt, dass Sie die folgenden vier Dinge unbedingt brauchen, um Ihr neues iPad richtig nutzen zu können, aber seit iOS 5 brauchen Sie nicht mehr unbedingt einen Computer (mit der Verbindung zu iTunes und dem Adressverwaltungsprogramm, das Sie für Ihre Kontakte verwenden), um ein iPad, iPhone oder einen iPod touch zu benutzen. iOS 5 ist nämlich das erste Betriebssystem, mit dem Sie drahtlos, ohne eine Verbindung zu einem Computer, ein iPad aktivieren und einrichten und iOS-Aktualisierungen vornehmen können.

Aber ... auch wenn Sie nicht unbedingt einen Computer brauchen, denken wir, dass Sie Ihr iPad wahrscheinlich lieber mit als ohne Computer nutzen werden. Wir empfehlen Ihnen also nicht unbedingt, Ihr iPad »total unplugged« zu benutzen, es sei denn, dass Ihnen kein Computer zur Verfügung steht.

 Nach unserer Erfahrung sind viele Aufgaben wie iOS-Softwareaktualisierungen oder auch das Umsortieren von Programmsymbolen, um nur einige zu nennen, mit iTunes auf einem Mac oder PC viel schneller erledigt als auf dem iPad.

Das sind also die vier Dinge, die Sie benötigen, um Ihr iPad nutzen zu können:

✔ **Einen Computer:** Das kann entweder ein Macintosh mit Mac OS X Version 10.5.8 oder neuer oder ein PC mit Windows 7, Windows Vista oder Windows XP Home oder Professional mit Service Pack 3 oder neuer sein. Das sind die offiziellen Aussagen von Apple. Wir haben es problemlos geschafft, das ursprüngliche iPad an einem Laptop mit XP Pro und Service Pack 2 zu benutzen, und wir wissen von XP-Home-Systemen, wo das auch sehr gut geklappt hat.

Der iCloud-Dienst hat allerdings höhere Anforderungen: Mac OS X Lion (10.7) oder neuer für Macs und Windows Vista oder Windows 7 für PCs. In Kapitel 3 finden Sie weitere Informationen zu iCloud.

✔ **iTunes-Software:** Hier benötigen Sie ganz konkret iTunes in der Version 10.5 oder neuer – wobei die Betonung auf *neuer* liegt, weil alles zu dem Zeitpunkt, an dem Sie dies lesen, sicherlich neuer sein wird. Apple schraubt ständig an iTunes herum, um es zu verbessern. Da iTunes nicht mit dem iPad ausgeliefert wird, besuchen Sie www. itunes.com/download, um eine Kopie des Programms zu erhalten. Oder Sie starten eine vorhandene Version von iTunes und wählen NACH UPDATES SUCHEN. Sie finden diesen Befehl auf einer Windows-Maschine im Menü HILFE und auf dem Mac im Menü ITUNES.

Für die Nichteingeweihten: iTunes ist die schicke Jukebox in Softwareform von Apple, die die Eigentümer von iPods und iPhones benutzen, um Musiktitel, Filme, Apps und mehr zu verwalten. iTunes gehört auch zu den zentralen Elementen des iPads, weil ein iPod in das iPad eingebaut ist. Sie können mit iTunes alle möglichen Dinge vom Mac oder PC mit dem iPad synchronisieren. Dazu gehören (ohne Anspruch auf Vollständigkeit) Apps, Fotos, Filme, Fernsehsendungen, Podcasts, Angebote der iTunes University und – natürlich – Musik.

Das Synchronisieren ist von so zentraler Bedeutung, dass wir ihm ein ganzes Kapitel widmen (siehe Kapitel 3).

✔ **Ein Apple-ID-Benutzerkonto:** In Kapitel 8 finden Sie Einzelheiten darüber, wie ein solches Konto eingerichtet wird. Wie das meistens bei Apple der Fall ist, geht dieser Vorgang ganz einfach.

✔ **Internetzugang:** Ihr iPad kann sich über WLAN oder 3G mit dem Internet verbinden. (Voraussetzung für 3G ist, dass Sie ein iPad mit 3G-Funktionen erworben und das Gerät mit einem 3G-Dienst verbunden haben.) Über WLAN können Sie Ihr iPad zu Hause, im Büro, in der Schule, in Ihrem Lieblingscafé, im Buchladen oder an unzähligen anderen Stellen mit dem Cyberspace verbinden.

Bei Drucklegung waren kabellose (wireless) 3G-Datenverbindungen (der 3. Generation) von zu vielen Anbietern erhältlich, um sie hier alle aufzuführen. Hier in Deutschland zum Beispiel von T-Mobile, Vodafone oder O2.

Im Gegensatz zu den gängigen Handyverträgen muss man sich nicht unbedingt langfristig vertraglich binden, um mit dem iPad ins Internet gehen zu können.

Die monatlichen Kosten für den mobilen Internetzugang sind moderat. Bei Vodafone kostete der MobileInternet-Basic-Tarif bei einer Datenflatrate von maximal 7,2 MBit/s 24,95 Euro im Monat, wobei ab 3 GB eine Drosselung auf 64 KBit/s erfolgt. Bei der Telekom gibt es keine Drosselung. Hier liegen die monatlichen Kosten je nach Datenvolumen zwischen 39,95 Euro und 69,95 Euro bei einer Vertragsdauer von 24 Monaten. Auch O2 bietet einen Tarif für das iPad an.

Wenn Sie Filme kaufen, mieten oder ansehen möchten, sollten Sie sich ein kostenloses WLAN suchen.

Das iPad ein- und ausschalten

Apple hat sich die Zeit genommen, Ihr iPad wenigstens teilweise zu laden, damit der Spaß sofort anfangen kann. Nachdem Sie das Gerät aus dem Karton herausgenommen haben, halten Sie in der oberen rechten Ecke die Taste für den Ruhezustand gedrückt. (In Kapitel 1 wird die Platzierung der Tasten beschrieben.) Als Erstes sehen Sie wahrscheinlich den Bildschirm zur Einrichtung des iPads. Wenn das iPad in einem Geschäft für Sie eingerichtet wurde, sehen Sie das bekannte Apple-Logo, dem dann nach weniger als einer Minute oder so ein Bild folgt, das wie graues Glas aussieht, auf dem Regentropfen liegen. (Sie können diese Szene durch ein eigenes Bild ersetzen, was wir in Kapitel 10 beschreiben.)

Um das Gerät vollständig auszuschalten, halten Sie die Standby-Taste so lange gedrückt, bis im oberen Teil des Bildschirms ein roter Pfeil erscheint. Ziehen Sie den Pfeil mit Ihrem Finger von links nach rechts. Tippen Sie im unteren Teil des Bildschirms auf ABBRECHEN, wenn Sie Ihre Meinung geändert haben.

Das iPad sperren

Wenn Sie ein ungeschütztes Handy in der Hosentasche oder Handtasche mit sich herumtragen, sind Schwierigkeiten vorprogrammiert. Solange am Telefon kein Sperrmechanismus eingeschaltet worden ist, können Sie zu den unmöglichsten Zeiten unabsichtlich eine Telefonnummer anwählen.

Sie müssen sich keine Gedanken darüber machen, dass Sie Ihren Chef um vier Uhr morgens anrufen könnten – wir reden natürlich vom iPad, nicht von einem Telefon (obwohl das iPad von Apps wie Line2 oder Skype in ein Telefon verwandelt werden kann). Es gibt aber gewichtige Gründe, ein iPad zu sperren:

✔ Sie können es nicht mehr unbeabsichtigt einschalten.

✔ Sie halten Neugierige fern.

✔ Sie sparen Batteriestrom.

Apple hat das Sperren des iPads einfach gemacht.

 In Wirklichkeit ist es sogar so, dass Sie nichts unternehmen müssen, um das iPad zu sperren. Das geschieht automatisch, wenn Sie den Bildschirm eine oder zwei Minuten lang nicht berühren. Wie Sie in Kapitel 13 herausfinden, können Sie die Zeitspanne bis zum Sperren des Geräts einstellen.

Sie können es nicht erwarten? Um das iPad sofort zu sperren, halten Sie die Standby-Taste gedrückt.

 Wenn Sie ein iPad 2 oder das neue iPad mit Smart Cover besitzen, wird das iPad durch das Öffnen und Schließen der Abdeckung entsperrt beziehungsweise gesperrt, aber das Smart Cover hat außerdem noch den Vorteil, dass Ihr iPad aus dem Ruhezustand erwacht, ohne dass Sie den Schieberegler bewegen müssen (allerdings müssen Sie möglicherweise noch ein Passwort eingeben).

Auch das Entsperren des iPads ist einfach. Es geht so:

1. **Drücken Sie die Standby-Taste oder drücken Sie vorn am Bildschirm die Home-Taste.**

   In beiden Fällen erscheint auf dem Bildschirm ein Schieberegler.

2. **Ziehen Sie den Schieberegler mit Ihrem Finger nach rechts.**

3. **In einigen Fällen müssen Sie einen Code eingeben.**

   Siehe Kapitel 13, um herauszufinden, wie Sie Ihr iPad mit einem Kennwort schützen können.

Die Multi-Touch-Display meistern

Vor dem iPhone und iPad hatten Computer (mit wenigen Ausnahmen) eine Maus und die QWERTZ-Tastatur einer Schreibmaschine, die echt vorhanden waren und bei den meisten Dingen helfen konnten, die sich mit einem Computer machen lassen. (Der Begriff *QWERTZ* leitet sich von den ersten sechs Buchstaben ab, die es auf einer normalen Schreibmaschine oder Tastatur gibt.)

Das iPad verzichtet wie das iPhone auf physisch vorhandene Maus und Tastatur. Apple lässt (wie das die Gepflogenheit des Unternehmens ist) einen alten Slogan wieder aufleben: »Think Different« (Denke anders).

Das iPad (und das iPhone) haben die klassischen Schalter entfernt und gegen ein *Multi-Touch-Display* ausgetauscht. Dieser schöne und reaktionsschnelle (berührungsempfindliche) Bildschirm, den Sie mit den Fingern steuern, ist das Herzstück der vielen Dinge, die Sie mit dem iPad veranstalten können.

In den folgenden Abschnitten erfahren Sie, wie Sie sich ganz einfach auf dem Multi-Touch-Display bewegen können.

Grundbegriffe

Rice Krispies haben *Snap! Kräck! Pop!* Apples Antwort für das iPad ist: *Tipp! Wisch! Drück!* (Himmel, ist das ein Marketing.) Und nicht zu vergessen: *Zieh!*

Glücklicherweise handelt es sich beim Tippen, Wischen, Zusammendrücken, Auseinanderziehen und Ziehen nicht um Gesten, die eine große Herausforderung darstellen, weshalb Sie sehr schnell in der Lage sind, viele der Funktionen des iPads zu beherrschen.

✔ **Tippen:** Tippen erfüllt mehrere Zwecke. Tippen Sie auf ein Symbol, um im Home-Bildschirm eine Anwendung zu öffnen. Tippen Sie, um einen Musiktitel abzuspielen oder um das Fotoalbum auszuwählen, in dem Sie blättern wollen. Manchmal machen Sie ein Doppeltippen (Sie tippen zweimal schnell hintereinander), was dazu führt, dass Sie in Webseiten, Karten und E-Mails hinein- oder herauszoomen.

✔ **Wischen:** Wischen ist genau das, wonach es sich anhört. Wenn Sie schnell mit dem Finger über den Bildschirm wischen, scrollen Sie schnell durch eine Liste mit Musiktiteln, E-Mails und Bildern im Miniaturformat (die manchmal auch *Thumbnails* genannt werden). Tippen Sie auf den Bildschirm, um das Scrollen anzuhalten, oder warten Sie einfach darauf, dass das Scrollen der Liste von selbst aufhört.

✔ **Zusammendrücken/Auseinanderziehen:** Platzieren Sie zwei Finger (am besten Daumen und Zeigefinger) auf die Ecken einer Webseite oder Karte oder eines Bildes und ziehen Sie Ihre Finger auseinander, um die Abbildungen zu vergrößern. Oder Sie drücken die Finger zusammen, um die Karte oder das Bild zu verkleinern. Das Zusammendrücken und Auseinanderziehen sind coole Gesten, die einfach zu beherrschen sind und sehr beeindruckend aussehen.

✔ **Ziehen:** Jetzt ist es an der Zeit, dass Sie Ihren Finger langsam auf den berührungsempfindlichen Bildschirm drücken, ohne den Finger wieder anzuheben. Sie können dann ziehen, um eine Webseite oder eine Karte zu verschieben, die für den Wiedergabebereich des iPad-Bildschirms zu groß ist.

✔ **Vom obersten Ende des Bildschirms nach unten ziehen:** Bei dieser Geste erscheint die Mitteilungszentrale (über die Sie in Kapitel 12 noch mehr erfahren). Drücken Sie den Finger ganz oben auf den Bildschirm und ziehen Sie nach unten.

✔ **Wischen und Tippen mit vier oder fünf Fingern:** Um ganz schnell die Multitasking-Leiste zu öffnen, wischen Sie mit vier oder fünf Fingern nach oben. Um zwischen kürzlich verwendeten Apps hin und her zu springen, wischen Sie mit vier oder fünf Fingern nach rechts oder links. Und um zurück zum Home-Bildschirm zu springen, tippen Sie mit vier oder fünf Fingern auf den Bildschirm. Um diese Gesten mit vier oder fünf Fingern benutzen zu können, müssen Sie in den Einstellungen unter ALLGEMEIN die Multitasking-Gesten aktivieren.

Über den Home-Bildschirm hinausnavigieren

Der Home-Bildschirm, auf den wir im vorherigen Kapitel eingehen, ist nicht der einzige Bildschirm auf Ihrem Tablet-PC, der Symbole enthält. Wenn Sie anfangen, Apps aus dem iTunes App Store hinzuzufügen (was wir in Kapitel 7 beschreiben), können Sie zwischen den Symbolen von Safari, Mail, Fotos und Musik und den darüber liegenden Symbolen einen oder zwei kleine Punkte und eine kleine Lupe sehen. Diese Punkte weisen auf weitere Bildschirme hin, von denen jeder zwanzig Symbole aufnehmen kann, zu denen vier bis sechs separate Symbole kommen, die unten an jeden dieser Home-Bildschirme angedockt werden (mehr dazu weiter hinten in diesem Kapitel). (Man kann auch weniger als vier angedockte Symbole anzeigen, aber wir sehen eigentlich keinen vernünftigen Grund, warum Sie das tun sollten. Mehr dazu erfahren Sie gleich.)

Und das müssen Sie über das Navigieren zwischen Bildschirmen wissen:

✔ Um von einem Bildschirm zum nächsten zu navigieren, wischen Sie mit dem Finger von links nach rechts mitten über den Bildschirm oder Sie tippen direkt auf die Punkte. Die Anzahl der Punkte, die Sie sehen, steht für die aktuelle Anzahl von Bildschirmen auf Ihrem iPad. Ein ganz weißer Punkt steht für den Bildschirm, den Sie sich gerade ansehen.

✔ Sie können Ihren Finger aber auch an einer beliebigen Stelle senkrecht ziehen, um zu einem anderen Bildschirm zu gelangen. Anders als beim Wischen bedeutet das Ziehen des Fingers, dass Sie den Finger gegen den Bildschirm gedrückt halten, bis Sie bei der gewünschten Seite angekommen sind.

✔ Achten Sie darauf, dass Sie wirklich wischen und nicht tippen, weil Sie ansonsten eines der Anwendungssymbole öffnen, statt den Bildschirm zu wechseln.

✔ Drücken Sie auf den Home-Knopf, um wieder auf den Home-Bildschirm zu gelangen.

✔ Das Dock, also die Symbole für Safari, Mail, Foto und Musik am unteren Bildschirmrand, bleiben sichtbar, während Sie zwischen den Bildschirmen hin und her springen. Mit anderen Worten, nur die ersten 20 Symbole auf dem Bildschirm ändern sich, wenn Sie von einem Bildschirm zum nächsten wechseln.

Wenn Sie wollen, können Sie dem Dockbereich des Home-Bildschirms ein oder zwei weitere Symbole hinzufügen, oder schieben Sie eines der voreingestellten Symbole in den Haupt-Bereich des Home-Bildschirms, um Platz für zusätzliche Apps zu schaffen, die Sie öfter benötigen.

Die unglaubliche, intelligente und virtuelle iPad-Tastatur

Statt einer echten Tastatur gleiten verschiedene »virtuelle« Tastaturen aus dem unteren Teil des iPad-Bildschirms nach oben, die alphabetische, numerische und Tastaturvariationen mit Interpunktion beziehungsweise einer erweiterten Interpunktion und mit Symbolen abdecken.

Das Gute an einer Softwaretastatur ist, dass Sie nur die Tasten zu Gesicht bekommen, die für die aktuelle Aufgabe benötigt werden. Das Layout, das Sie sehen, hängt von der Anwendung ab. Die Tastatur unter Safari unterscheidet sich von der Tastatur, die es in Notizen gibt. So macht es zum Beispiel Sinn, im Browser Safari eine Taste zu haben, die mit ».com« vorbelegt ist (und auch Adressierungen wie ».de«, ».org« und so weiter enthält), während eine solche Taste beim Schreiben von Notizen in der Regel nur selten benötigt wird.

Abbildung 2.1 zeigt den Unterschied zwischen den Tastaturen für Notizen (oben) und Safari (unten) bei einem iPad 2. Beim neuen iPad enthält die Tastatur noch eine Taste mit einem Mikrofon, mit der Sie Sprachnotizen aufnehmen können.

Bevor Sie jetzt anfangen, darüber nachzudenken, wie Sie die Tastatur benutzen können, möchten wir ein wenig auf die Philosophie hinter ihrer so genannten *Intelligenz* eingehen. Das Wissen, das diese Tastatur *smart* macht, kann Ihnen dabei helfen, sie bei der Benutzung noch smarter werden zu lassen.

✔ Sie hat ein eingebautes deutsches Wörterbuch, das sogar ganz aktuelle Begriffe enthält. Darüber hinaus kennt sie auch Wörterbücher in anderen Sprachen, die automatisch aktiviert werden, wenn Sie eine der internationalen Tastaturen benutzen, die weiter hinten in diesem Kapitel im Kasten *Eine Tastatur für alle Länder* beschrieben werden.

✔ Sie fügt Ihre Kontakte automatisch dem Wörterbuch hinzu.

✔ Sie benutzt komplizierte Algorithmen, um die Wörter vorherzusagen, die Sie eingeben.

Tastaturen der App Notizen

Tastaturen der App Safari

Abbildung 2.1: Die untere Tastenreihe auf der Notizen-Tastatur (oben)
und der Safari-Tastatur (unten).

✔ Sie macht schon beim Schreiben Korrekturvorschläge. Sie bietet in solch einem Fall das vorgeschlagene Wort direkt unter dem falsch geschriebenen an. Wenn Sie einen Vorschlag ablehnen und sich das Wort, das Sie schreiben, *nicht* im Wörterbuch des iPads befindet, fügt das iPad es seinem Wörterbuch hinzu und bietet es beim nächsten Mal, wenn Sie ein ähnliches Wort falsch schreiben, als Korrekturmöglichkeit an.

 Denken Sie daran, falsche Vorschläge abzulehnen (indem Sie auf die Buchstaben tippen, die Sie geschrieben haben, wodurch Sie auf die vorgeschlagenen Wörter verzichten, die unterhalb des Wortes erscheinen, das Sie schreiben). Das führt dazu, dass Ihre intelligente Tastatur noch smarter wird.

✔ Sie verringert die Zahl der Fehler, die Sie beim Schreiben machen, indem bei bestimmten Tasten der berührungsempfindliche Bereich intelligent und dynamisch in seiner Größe geändert wird. Sie werden es kaum wahrnehmen, aber die Tastatur vergrößert Bereiche mit Tasten, von denen sie glaubt, dass sie als Nächstes gebraucht werden, und verkleinert Bereiche mit Tasten, die kaum erforderlich sein werden.

Tasten mit besonderen Funktionen

Die iPad-Tastatur enthält einige Tasten, über die Sie nicht unmittelbar ein Zeichen eingeben. Hier ein Überblick über diese Tasten:

Umschalttaste (Shift): Wenn Sie die alphabetische Tastatur benutzen, wechselt die Taste ⌂ zwischen Groß- und Kleinbuchstaben. Sie können auf die Taste tippen, um den Wechsel zu erreichen, oder Sie halten ⌂ gedrückt und gleiten zu dem Buchstaben, den Sie als Großbuchstaben benötigen.

Feststelltaste (Caps Lock): Um alles in Großbuchstaben schreiben zu können, müssen Sie die virtuelle Feststelltaste erst einmal aktivieren (falls das nicht bereits über die Voreinstellungen geschehen ist). Sie tippen zu diesem Zweck auf das Symbol EINSTELLUNGEN (das sich normalerweise auf dem ersten Home-Bildschirm befindet), tippen dann auf ALLGEMEIN und danach auf TASTATUR. Sollte der Schalter neben FESTSTELLTASTE vollständig grau sein, tippen Sie ihn einmal an, um ihn zu aktivieren (die linke Hälfte des Schalters wird blau). Wenn Sie von nun an zweimal kurz hintereinander auf ⌂ tippen (die Taste wird blau), werden die folgenden Buchstaben so lange großgeschrieben, bis Sie diesen Modus durch erneutes Antippen von ⌂ wieder ausschalten. Sie schalten die Feststelltaste wieder vollständig aus, indem Sie den Vorgang des Einschaltens umkehren (tippen Sie auf EINSTELLUNGEN|ALLGEMEIN|TASTATUR).

Aktivieren Sie die Funktion TASTATUR TEILEN (tippen Sie auf EINSTELLUNGEN|ALLGEMEIN|TASTATUR) und Sie können die Tastatur wie in Abbildung 2.2 dargestellt für eine bequemere Handhabung für alle, die mit dem Daumen tippen, teilen.

#+= oder 123: Wenn Sie eine Tastatur benutzen, die nur Ziffern und Symbole anzeigt, wird die traditionelle Umschalttaste (⌂) durch eine Taste ersetzt, die als Aufschrift #+= oder .?123 (manchmal auch 123) trägt. Ein Drücken dieser Taste führt zum Wechsel zwischen Tastaturen, die entweder nur Symbole oder nur Ziffern enthalten.

Tastatur-Taste: Springt zwischen verschiedenen Tastatur-Optionen hin und her.
Internationale Tastatur: Dieses Symbol zeigt sich nur, wenn Sie mehr als eine internationale Tastatur geladen haben (was wir gleich im Kasten *Eine Tastatur für alle Länder* erklären).

Löschen (Rückschritttaste): Wenn Sie auf diese Taste tippen, löschen Sie das Zeichen, das direkt links vor dem Cursor steht. (Als *Cursor* wird der blinkende Markierungsstrich bezeichnet, der anzeigt, wo Sie gerade zum Beispiel Text eingeben.)

Mikrofon: Seit dem neuen iPad enthält die Tastatur links neben der Leertaste eine Taste mit einem Mikrofon drauf. Wenn Sie diese Taste drücken, können Sie zum Beispiel in den Apps Notizen oder Mail Nachrichten diktieren. Diese Funktion funktioniert erstaunlich gut und ist ein Geschenk für alle, die unterwegs Mails schreiben und diese nicht mühsam über die Tastatur eingeben möchten.

Return: Verschiebt den Cursor an den Anfang einer neuen Zeile.

Tastatur ausblenden: Tippen Sie in die Anwendung, um die Tastatur auszublenden. Tippen Sie in der Anwendung erneut auf den Bildschirm, um die Tastatur zurückzuholen.

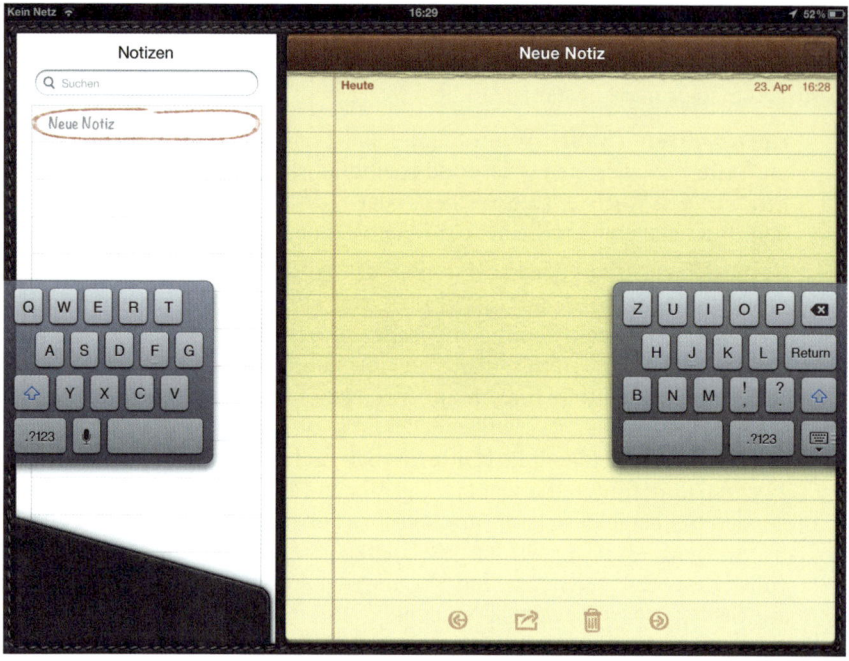

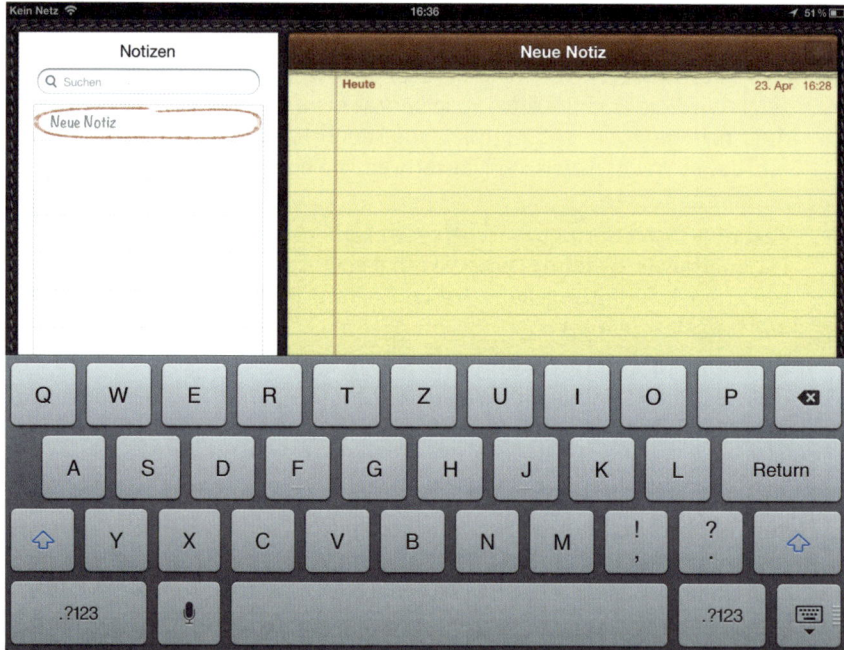

Abbildung 2.2: Drücken Sie etwas länger auf die Schreibmaschinen-Taste, um die Tastatur zu teilen (oben) oder wieder zusammenzufügen (unten).

Wenn Sie ein iPhone oder einen iPod touch besitzen, fällt Ihnen vielleicht auf, dass die Tastatur des iPads viel mehr einer Computertastatur ähnelt als bei den kleinen Geräten. So ist zum Beispiel die Rückschritttaste oben rechts platziert, die Taste ⎾Return⏋ finden Sie direkt darunter, und an jeder Seite gibt es eine ⎾⇧⏋-Taste. Damit werden die Vorteile des Schreibens durch Berühren verbessert.

Eine Tastatur für alle Länder

Apple hat die Reichweite des iPads auf mehr als vier Dutzend Sprachen erweitert. Um auf eine Tastatur zuzugreifen, die nicht an Deutsch angepasst ist, tippen Sie auf EINSTELLUNGEN|ALLGEMEIN|TASTATUR|INTERNATIONALE TASTATUREN|TASTATUR HINZUFÜGEN. Dann wischen Sie über die Liste, um die Tastaturen auszuwählen, die Sie verwenden möchten. Es erscheint die Liste, die hier abgebildet ist und die Tastaturen für Japanisch, Englisch, Russisch und so weiter enthält. Apple stellt sogar zwei französische Tastaturen zur Auswahl zur Verfügung (von denen eine für kanadische Benutzer gedacht ist). Und es gibt nicht nur zwei chinesische Versionen, sondern sogar auch eine mit amerikanischem und eine mit britischem Englisch.

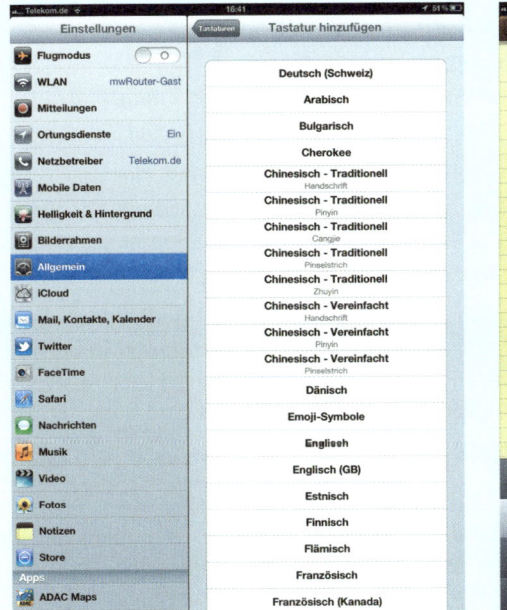

Sie leben in einem mehrsprachigen Haushalt? Sie können so viele dieser internationalen Tastaturen auswählen, wie Sie wollen, indem Sie in der Liste auf die entsprechenden Sprachen tippen. Natürlich können Sie immer nur mit einer Sprache gleichzeitig arbeiten. Wenn Sie mit einer Anwendung arbeiten, die eine Tastatur aufruft, tippen Sie so lange auf die kleine Schaltfläche für die internationale Tastatur (die aussieht wie eine Weltkugel), die zwischen der ⎾#+=⏋- oder ⎾123⏋-Taste und der Leertaste angesiedelt ist (siehe Abbildung 2.1), bis die Tastatur, die Sie momentan brauchen, auftaucht. Tippen Sie

noch einmal, um die nächste Tastatur der Liste anzuzeigen, die Sie in EINSTELLUNGEN ausgewählt haben. Wenn Sie weitertippen, gelangen Sie wieder zu Ihrer ursprünglichen
deutschen Tastatur zurück. Um eine Tastatur, die Sie der Liste hinzugefügt haben, wieder
aus ihr zu entfernen, gehen Sie in EINSTELLUNGEN wieder zur Liste mit den Tastaturen und
tippen in der rechten oberen Ecke des Bildschirms auf BEARBEITEN. Tippen Sie dann bei der
Sprache, der Sie Adieu sagen wollen, auf den roten Kreis mit dem weißen Querbalken, der
vor der Sprache erschienen ist.

Eine Anmerkung zu den chinesischen Tastaturen: Sie können für vereinfachtes und für
traditionelles Chinesisch eine Handschriftenerkennung benutzen, wie es hier in der Abbildung gezeigt wird. »Malen« Sie einfach mit Ihrem Finger das Zeichen in das so genannte *Touchpad*, das dann angezeigt wird. Wir bitten vorsorglich dafür um Entschuldi-
gung, dass wir nicht wissen, was das Zeichen in der Abbildung besagt (da wir Chinesisch
weder sprechen noch lesen können).

Tippende Finger auf virtuellen Tastaturen

Die virtuellen Tastaturen der Multi-Touch-Oberfläche von Apple können auf der einen Seite
als Geniestreich angesehen werden. Sie können Sie aber genauso gut auch auf die Palme bringen – zumindest zu Anfang.

Wenn Sie Geduld und Vertrauen haben, sollten Sie spätestens nach einer Woche oder so den
Bogen raushaben, wie Sie mit Hilfe der Finger schreiben können – was unbedingt erforderlich
ist, wenn es weitergehen soll, weil Sie auf eine virtuelle Tastatur angewiesen sind, wenn Sie
einen Text tippen, Notizen eingeben, die Namen neuer Kontakte und so weiter schreiben wollen.

Wie schon weiter vorne in diesem Kapitel erwähnt, hat Apple eine Menge Intelligenz in die virtuellen Tastaturen gesteckt hat, wodurch sie auf die Schnelle Fehler korrigieren und erraten
können, was Sie als Nächstes schreiben werden. Die Tastatur ist nicht hundertprozentig Nostra-
damus, aber sie schafft es erstaunlich gut, die Wörter vorzuschlagen, die Ihnen vorschweben.

Wenn Sie mit dem Schreiben auf der virtuellen Tastatur anfangen, könnten die
folgenden Tipps nützlich sein:

✔ **Schauen Sie, welchen Buchstaben Sie drücken.** Wenn Sie auf dem Bildschirm Ihren Finger auf einen Buchstaben oder eine Zahl legen, verdunkelt
sich die entsprechende Taste, bis Sie Ihren Finger wieder anheben (siehe Abbildung 2.3). Dadurch wissen Sie, ob Sie den richtigen Buchstaben oder die
richtige Zahl erwischt haben.

✔ **Sollten Sie das falsche Zeichen erwischt haben, gleiten Sie mit dem Finger
zum richtigen.** Sie müssen sich keine Gedanken darüber machen, wenn Sie
auf der falschen Taste gelandet sind. Gleiten Sie einfach mit Ihrem Finger zur
richtigen Taste, weil der Buchstabe erst übernommen wird, wenn Sie Ihren
Finger vom Bildschirm (von der Tastatur) abheben.

Abbildung 2.3: Das ABC des virtuellen Schreibens – hier auf einer englischen Tastatur

✔ **Halten Sie den Finger auf bestimmten Tasten gedrückt, um Sonderzeichen (oder in Safari URL-Endungen) angeboten zu bekommen.** Sie benötigen ein Ü, ein Ä, ein é oder ein ß? Halten Sie Ihren Finger auf zum Beispiel dem E gedrückt, und es erscheint eine Reihe mit Sonderformen des Buchstabens E, zu denen auch das é gehört (siehe Abbildung 2.4). Gleiten Sie einfach mit Ihrem Finger, bis Sie die richtige Taste drücken können.

Wenn Sie eine dieser Tasten lange genug gedrückt halten, bis Sie Akzente, andere Punktierungen oder URL-Endungen sehen, können Sie mit dem Finger nicht mehr auf eine andere Taste gleiten.

Wenn Sie die Taste `.com` in Safari gedrückt halten, bietet Ihr iPad die Tasten `.com`, `.de`, `.net`, `.edu` und `.org` an. Wenn Sie internationale Tastaturen benutzen, erhalten Sie weitere Auswahlmöglichkeiten. Nicht schlecht, oder?

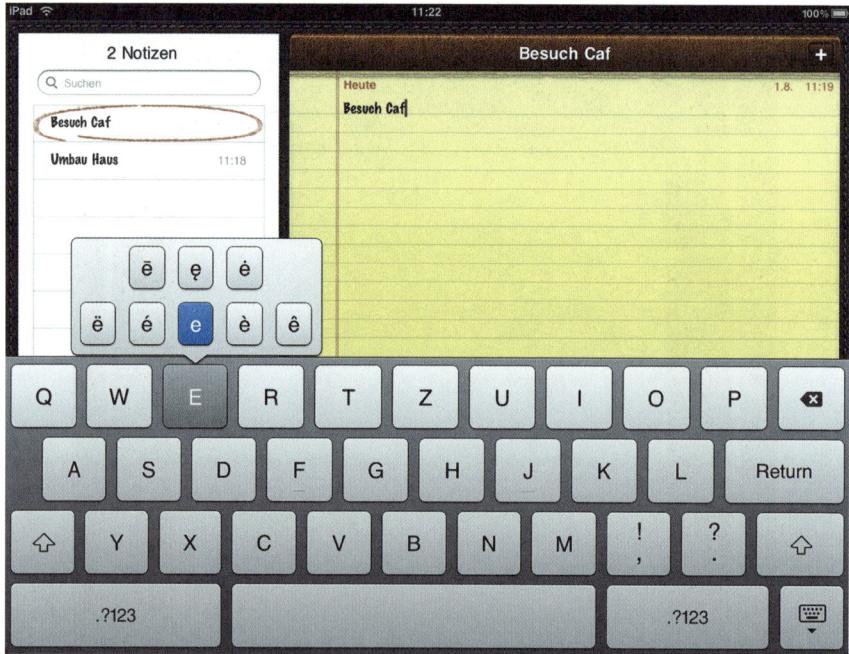

Abbildung 2.4: Der richtige Akzent für Ihre Buchstaben

✔ **Tippen Sie auf die Leertaste, um ein vorgeschlagenes Wort zu akzeptieren, oder tippen Sie auf das vorgeschlagene Wort, um den Vorschlag abzulehnen.** Nun ja, Fehler sind am Anfang normal. Angenommen, Sie wollen in der Anwendung Notizen den Satz »Ich schreibe einen wichtigen …« eingeben. Da sich aber Ihre Finger auf der virtuellen Tastatur verknoten, geben Sie »Ich schreibe eine _wichtoge_ …« ein. Glücklicherweise weiß Apple, dass das _i_, das Sie drücken wollten, auf der Tastatur direkt neben dem _o_ liegt, das Sie erwischt haben. Die Software geht jetzt davon aus, dass _wichtigen_ das Wort war, das Sie schreiben wollten, und setzt es rot geschrieben unter das verdächtige Wort. Um das vorgeschlagene Wort zu akzeptieren, tippen Sie einfach auf die Leertaste. Und wenn Sie aus irgendeinem Grund wirklich _wichtogen_ schreiben wollten (entschuldigen Sie bitte, aber das ist ein Beispiel in einem Buch), tippen Sie auf das vorgeschlagene Wort (in diesem Fall _wichtigen_), um es abzulehnen.

Wenn Sie diese Funktion nicht mögen, können Sie die automatische Korrektur in Einstellungen ausschalten. Einzelheiten hierzu finden Sie in Kapitel 13.

Da Apple vorausgesehen hat, was Sie machen möchten, ist die virtuelle Tastatur für die anstehenden Aufgaben optimiert worden. Das gilt besonders für Situationen, in denen Sie Zahlen, Interpunktion oder Symbole eingeben müssen. Die folgenden Tipps sollen Ihnen helfen, bestimmte Zeichen und besondere Tasten zu finden, von denen wir wissen, dass sie öfter gebraucht werden:

✔ **Tasten für Webadressen:** Wenn Sie eine Webadresse eingeben, enthält die Tastatur im Browser Safari (siehe Kapitel 4) einen Punkt, den Schrägstrich und `.com`-Tasten, aber keine Leertaste.

✔ **Das @ in eine E-Mail-Adresse einfügen:** Wenn Sie eine E-Mail-Nachricht verfassen (siehe Kapitel 5), gibt es plötzlich auf Ihrer Tastatur die Taste `@`.

✔ **Von Buchstaben zu Ziffern wechseln:** Wenn Sie Notizen schreiben oder E-Mails versenden und Ziffern, Symbole oder Interpunktionszeichen im Text unterbringen wollen, tippen Sie auf die Taste `.?123`, um eine alternative virtuelle Tastatur erscheinen zu lassen. Tippen Sie auf die Taste `ABC`, um zur ersten Tastatur zurückzukehren. Es ist nicht schwierig, sich an diese Vorgehensweise zu gewöhnen, obwohl sie am Anfang irritierend wirken kann.

✔ **Einen Apostroph hinzufügen:** Wenn Sie die Taste für Ausrufezeichen und Komma drücken, erscheint ein Menü, in dem Sie den Apostroph auswählen können.

Fehler korrigieren

Sie sollten einfach drauflosschreiben und sich nicht von Fehlern stoppen lassen. Die selbstkorrigierende Tastatur kann viele Fehler beheben (und manchmal eigene Fehler einfügen). Am Anfang werden Sie sicherlich viele Schreibfehler machen, von denen Sie eine ganze Reihe manuell korrigieren müssen.

Halten Sie dazu Ihren Finger gegen den Bildschirm gedrückt, um das Vergrößerungsglas aus Abbildung 2.5 anzuzeigen. Benutzen Sie es, um die Zeigemarke an die Stelle zu bekommen, an der Sie die Korrektur vornehmen müssen. Benutzen Sie die Taste `←`, um den Fehler zu löschen, und drücken Sie dann die entsprechenden Tasten, um den Text richtig zu schreiben.

Markieren, ausschneiden, kopieren und einfügen

In der Lage zu sein, Text (und Bilder) zu markieren und dann zu kopieren und einzufügen, ist anscheinend ein göttliches Recht seit Moses, und das gilt genauso für den Apple-Tablet-PC. Sie können elegant kopieren (und ausschneiden) und einfügen.

Auf dem iPad möchten Sie vielleicht Text oder eine URL aus einer Webseite kopieren und in eine Mail oder Notiz einfügen. Oder Sie möchten mehrere Fotos oder einen Film in eine E-Mail kopieren.

Nehmen wir einmal an, dass Sie in der App Notizen Gedanken niederschreiben, die Sie in eine E-Mail kopieren möchten. Benutzen wir dieses Szenario als Beispiel dafür, wie Sie die Funktion Kopieren-und-Einfügen einsetzen können:

1. **Tippen Sie doppelt auf ein Wort, um es zu markieren.**

2. **Tippen Sie auf AUSWÄHLEN, um das markierte Wort (siehe Abbildung 2.5) auszuwählen, oder tippen Sie auf das in bestimmten Situationen erscheinende ALLES, um den gesamten Text auszuwählen.**

Abbildung 2.5: Vergrößern Sie Fehler in Notizen.

Sie können aber auch die kleinen blauen Anfasserpunkte ziehen, um einen größeren Textblock zu markieren oder um bei einem bereits markierten größeren Bereich die Markierung wieder aufzuheben, wie in Abbildung 2.6 dargestellt. Denken Sie daran, dass erst
Übung den Meister macht.

3. **Wenn Sie den Text markiert haben, tippen Sie auf** Kopieren. **Wenn Sie den Textblock
   nach dem Kopieren löschen möchten, tippen Sie stattdessen auf** Ausschneiden.

   Sie können aber auch auf Ersetzen tippen, um die Wörter, die Sie markiert haben, gegen
   andere auszutauschen.

4. **Öffnen Sie jetzt die App Mail (siehe Kapitel 5) und geben Sie eine Nachricht ein.**

5. **Wenn Sie wissen, wo der Text, den Sie gerade kopiert haben, eingefügt werden soll, tippen Sie auf den Cursor (das ist die blinkende Schreibmarke).**

   Es erscheinen die Befehle Auswählen, Alles und Einsetzen (siehe Abbildung 2.7).

6. **Tippen Sie auf** Einsetzen, **um den Text in die Nachricht einzufügen.**

Abbildung 2.6: Ziehen Sie die Anfasserpunkte, um Text zu markieren.

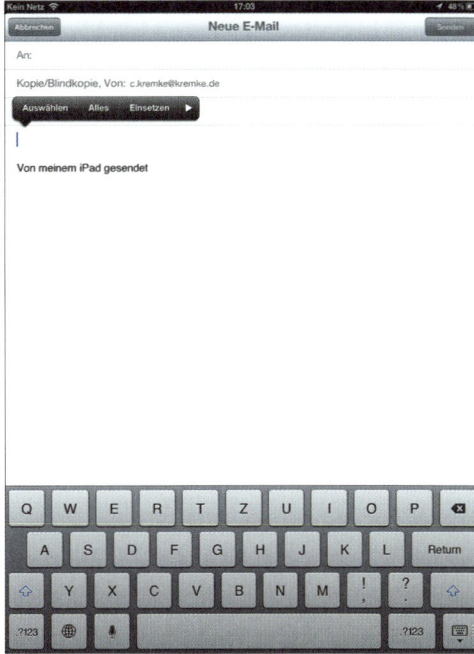

Abbildung 2.7: Tippen Sie auf EINSETZEN, damit Text wie aus dem Nichts erscheint.

Und jetzt kommt das Besondere. Wenn Sie beim Ausschneiden, Einfügen oder Schreiben einen Fehler gemacht haben, schütteln Sie das iPad. Es macht dann den letzten Bearbeitungsschritt rückgängig (vorausgesetzt, dass Sie auf die Option TIPPEN RÜCKGÄNGIG MACHEN tippen, sobald sie erscheint).

Falls Sie ein Wort mit einem Tippfehler auswählen, haben Sie nicht nur die Möglichkeit, es durch Ausschneiden, Kopieren und Einfügen zu korrigieren, sondern Sie können es auch ersetzen. Tippen Sie auf ERSETZEN und das iPad zeigt Ihnen mögliche Ersetzungen. Die Ersetzungen für *Test* sind möglicherweise *Fest*, *Rest* oder *Text*. Tippen Sie auf das entsprechende Wort, um das ursprünglich geschriebene zu ersetzen.

Multitasking

Multitasking wurde mit iOS 4 erstmals eingeführt und mit iOS 5 umfangreich verbessert. Diese Funktion ermöglicht es Ihnen, mehrere Apps gleichzeitig im Hintergrund laufen zu lassen und ganz einfach von einer App zur anderen zu springen. (Schon früher konnte das iPad mehrere Funktionen gleichzeitig ausführen, zum Beispiel in Hintergrund in iTunes Musik hören. Doch damals war das Multitasking auf Apple-eigene Apps beschränkt, funktionierte also bei Apps von Drittanbietern noch nicht).

Folgende Beispiele zeigen, was Sie mit Hilfe von Multitasking auf Ihrem iPad alles erledigen können:

✔ Die App eines Drittherstellers wie beispielsweise Raaadio kann Musik abspielen, während Sie im Web surfen, sich Bilder anschauen oder E-Mails lesen. Ohne Multitasking würde Raaadio in dem Augenblick beendet werden, in dem Sie eine andere App öffnen.

✔ Eine Navigationsapp kann nun Ihre Position aktualisieren, während Sie zum Beispiel SWR 3 Internetradio hören. Ab und an meldet sich dann Ihre Navigationsapp mit neuen Richtungsanweisungen, indem sie die Lautstärke der Musik herabsetzt, damit Sie die Hinweise verstehen können.

✔ Wenn Sie Bilder auf eine Fotowebsite hochladen und der Vorgang länger dauert, als Ihnen lieb ist, können Sie zu einer anderen App wechseln und sicher sein, dass das Hochladen der Bilder im Hintergrund weitergeht.

✔ Wir waren sogar in der Lage, in der App Evernotes gesprochene Nachrichten zu hinterlassen, während wir eine Webseite besuchten.

Um zwischen Multitasking-Anwendungen hin und her zu springen, gehen Sie folgendermaßen vor:

✔ **Drücken Sie die Home-Taste zwei Mal kurz hintereinander.** Unten auf dem Bildschirm erscheint eine Symbolleiste wie in Abbildung 2.8 dargestellt. Diese Leiste wird Multitasking-Leiste genannt und sie enthält die Symbole der Anwendungen, die gerade im Hintergrund laufen. Gleiten Sie mit dem Finger von rechts nach links über diesen Bereich, um weitere Apps angezeigt zu bekommen. Tippen Sie auf die App, zu der Sie wechseln möchten, und die App wird genau an der Stelle geöffnet, an der Sie sie verlassen haben.

Oder Sie gehen folgendermaßen vor, wenn die Multitasking-Leiste angezeigt wird:

✔ **Wichtige Einstellungen bequem erreichen.** Gleiten Sie von links nach rechts mit dem Finger über den Bereich, und Ihr iPad zeigt sofort die iPod-Audio-Bedienelemente (LAUTSTÄRKE, WIEDERGABE/PAUSE und NÄCHSTER/VORHERIGER TITEL), die Helligkeit und die Ausrichtungssperre (oder LAUTLOS, falls Sie den Knopf an der Seite auf BILDSCHIRMAUSRICHTUNG SPERREN gestellt haben).

Hier finden Sie auch die Einstellmöglichkeiten für das Streamen von Inhalten auf Geräte wie Apples AirPort Express Basisstation und Apple TV 2 oder AirPlay-fähige Geräte von Drittanbietern wie Denon, Marantz, B&W und iHome, um nur einige zu nennen.

Eine App aus der Multitasking-Leiste entfernen: Wenn Sie eine App aus diesem Bereich entfernen, läuft sie nicht mehr im Hintergrund und ruht auch nicht mehr. Drücken Sie auf eine der Apps in der Leiste, bis alle Apps zu wackeln beginnen. Tippen Sie dann bei der App, die Sie entfernen möchten, auf den roten Kreis mit der weißen Linie, der in der oberen linken Ecke der Apps in der Leiste erscheint. Und weg ist sie.

Abbildung 2.8: Eine Leiste mit den zuletzt benutzten Apps

Multitasking unterscheidet sich auf dem iPad stark von Multitasking auf einem PC oder Mac. Sie können niemals mehr als einen Bildschirm gleichzeitig anzeigen. Darüber hinaus gibt es eine philosophisch angehauchte Diskussion darüber, ob man diese Funktion wirklich Multitasking nennen darf oder ob es nicht einfach nur ein schneller Anwendungswechsel oder eine Kombination aus beidem ist. Wir halten uns aus diesem Streit um die Wortbedeutung heraus und freuen uns einfach nur darüber, dass es Multitasking – oder wie Sie das auch immer nennen möchten – gibt.

Symbole in Ordnern verwalten

Es kann zu einer gewaltigen Aufgabe werden, eine bestimmte App zu suchen, die sich irgendwo auf einem von elf Bildschirmen versteckt hat. Da sich Apple aber in Ihre Probleme hineinversetzt hat, wurde ein praktisches Werkzeug mit dem Namen *Ordner* entwickelt. Das Objekt Ordner gibt Ihnen die Möglichkeit, Ordnersymbole anzulegen, von denen jedes bis zu 20 Apps aufnehmen kann.

Um einen Ordner zu erstellen, gehen Sie so vor:

1. **Halten Sie den Finger so lange auf ein Symbol gedrückt, bis alle Symbole wackeln.**

2. **Überlegen Sie sich, welche Apps Sie in einem Ordner zusammenfassen wollen, und ziehen Sie das Symbol der ersten App auf das Symbol der zweiten App.**

   Die beiden Apps teilen sich nun ein neues Zuhause in einem neu erstellten Ordner. Apple benennt den Ordner nach der Kategorie, zu der die Apps gehören, die sich in diesem Ordner befinden.

3. **(Optional) Ändern Sie den Namen des Ordners, indem Sie in der Zeile, in der sich der Ordnername befindet, auf das X in der Leiste, in der der Ordnername erscheint, tippen und dann einen neuen Namen eingeben.**

Um eine App zu starten, die sich in einem Ordner befindet, tippen Sie auf das Symbol des Ordners und dann auf das Symbol der App, die Sie öffnen möchten.

Sie können Apps so lange in Ordner hinein- oder aus ihnen herausziehen, wie es dort Platz gibt.

Wenn Sie alle Symbole aus einem Ordner herausgezogen haben, verschwindet dieser Ordner automatisch.

Drucken

Als das iPad ursprünglich auf den Markt kam, besaß es keine Druckfunktionen. Dritthersteller-apps halfen, diese Lücke zumindest teilweise zu schließen, aber viele warteten vertrauensvoll darauf, dass Apple eine eigenständige Lösung anbot. Diese gab es dann in Form der Funktion AirPrint, die mit iOS 4.2 kam. Sie können damit drahtlos über einen AirPrint-fähigen Drucker drucken. Die ersten dieser kompatiblen Funktionen gab es auf mehr als einem Dutzend HP-Drucker. Inzwischen haben andere Hersteller wie zum Beispiel Epson nachgezogen. AirPrint funktioniert (zu dem Zeitpunkt, als dieses Buch geschrieben wurde) mit den Apps Mail, Fotos, Safari und iBooks (PDFs). Sie können aber auch aus der Apple-Suite iWork (die Sie käuflich erwerben können) und aus bestimmten Apps von Drittherstellern heraus drucken.

Um auf Druckern von Drittanbietern drucken zu können, testen Sie die entsprechenden Apps wie AirPrint, Printopia 2 oder Print n Touch.

 AirPrint-fähige Drucker benötigen keine besondere Software, müssen aber mit demselben WLAN-Netzwerk verbunden sein wie das iPad.

Wenn Sie drucken möchten, gehen Sie so vor:

1. **Tippen Sie auf den Befehl** DRUCKEN**, den Sie in jeder App individuell suchen müssen.**

2. **Tippen Sie auf** DRUCKER AUSWÄHLEN**, um einen Drucker auszuwählen.**

3. Geben Sie abhängig vom Drucker die Anzahl der Kopien, die Anzahl doppelseitiger Kopien oder einen Druckbereich an, die beziehungsweise der gedruckt werden soll(en).

4. Wenn Sie mit Ihrer Auswahl zufrieden sind, tippen Sie auf DRUCKEN.

Wenn Sie aus Versehen die Multitasking-Leiste anwählen, während ein Druckauftrag unterwegs ist, erscheint im Multitaskingbereich zusammen mit anderen zuletzt benutzten Apps das Symbol PRINT CENTER. Ein rotes Kennzeichen weist darauf hin, wie viele Dokumente sich noch zusammen mit dem aktuellen Ausdruck in der Druckerwarteschlange befinden.

Auf dem iPad nach Inhalten suchen

Wenn Sie den Browser Safari benutzen, können Sie das Web mit den Suchmaschinen von Google, Yahoo! oder Bing durchstöbern.

Sie können aber auch in Ihrem iPad und in Anwendungen nach Personen und Programmen suchen. Wie das Suchen im Einzelnen funktioniert, zeigen wir in den entsprechenden Kapiteln, die mit Mail, Kontakte, Kalender und iPod zu tun haben.

Die Suche im iPad basiert auf der mächtigen Funktion *Spotlight*, die Mac-Besitzern bekannt vorkommen sollte. Und so funktioniert sie:

1. Um auf *Spotlight* zuzugreifen, wischen Sie auf dem Home-Bildschirm nach rechts (oder Sie drücken, wie weiter vorn in diesem Kapitel beschrieben, im Home-Bildschirm die Taste HOME).

2. Geben Sie oben in dem Bildschirm, der in Ihr Sichtfeld gleitet, mit der virtuellen Tastatur Ihre Suchanfrage ein.

   In dem Augenblick, in dem Sie einen Buchstaben tippen, beginnt das iPad damit, Ergebnisse auszuspucken, und je mehr Zeichen Sie eingeben, desto mehr schränken Sie die Liste ein.

   Die Ergebnisse sind ziemlich genau. Gehen wir einmal davon aus, dass Sie anfangen, Text einzugeben – zum Beispiel und (siehe Abbildung 2.9). Kontakte, in deren Nachnamen und vorkommt, werden genauso angezeigt wie Termine, Apps, Filme, Hörbücher, Ereignisse und Notizen, in denen das Wort »und« vorkommt.

3. Tippen Sie in der Liste auf einen Eintrag, um zu dem Kontakt, dem Liedchen oder der Anwendung zu gelangen, die Sie gesucht haben.

Sie können unter EINSTELLUNGEN (siehe Kapitel 13) die Reihenfolge der Suchergebnisse festlegen, damit zum Beispiel Apps als Erstes, Kontakte als Zweites, Musiktitel als Drittes und so weiter erscheinen.

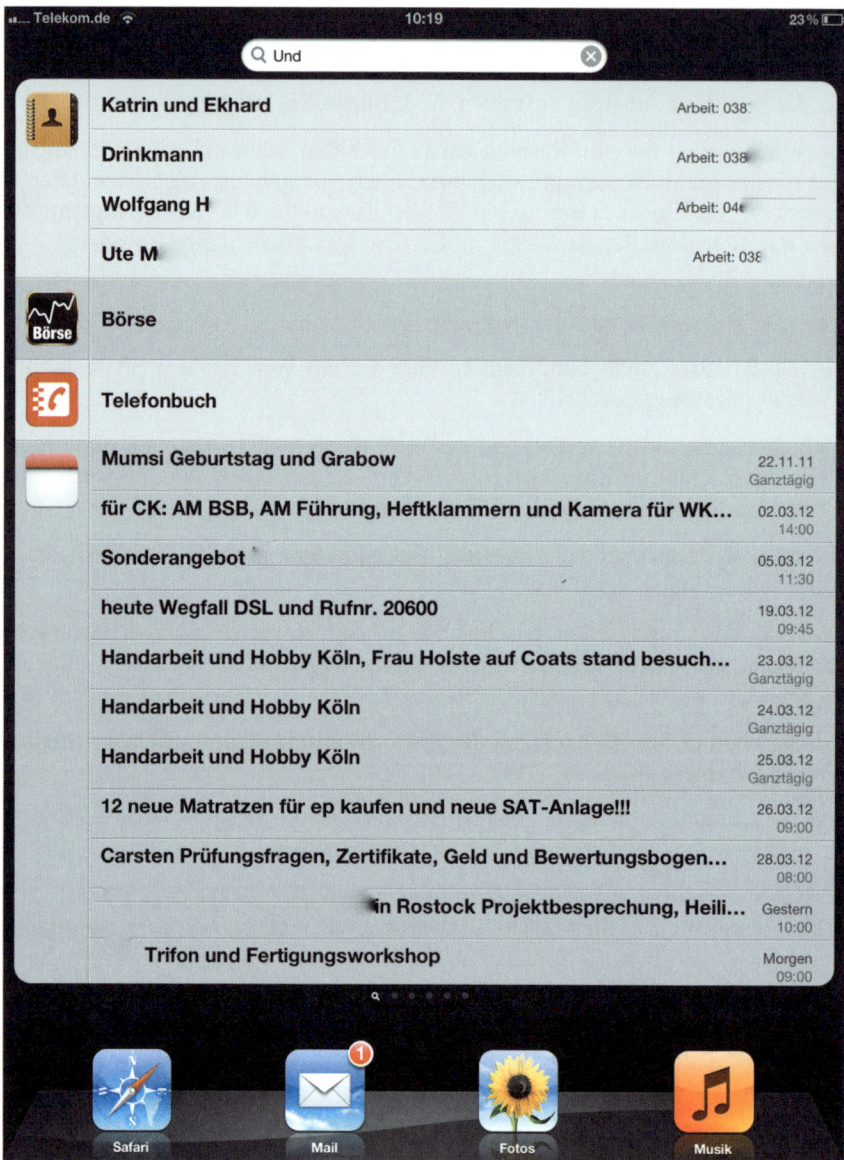

Abbildung 2.9: Suchen

Synchronisieren: Material auf das iPad draufpacken und von dort herunterholen

3

In diesem Kapitel

▶ Den Kopf in die iClouds stecken

▶ Das erste Synchronisieren starten

▶ Die Verbindung während des Synchronisierens trennen

▶ Kontakte, Kalender, E-Mail-Konten und Lesezeichen synchronisieren

▶ Musik, Podcasts, Videos, Fotos, Bücher und Anwendungen synchronisieren

*W*ir haben gute Nachrichten … und mehr als gute Nachrichten. Die erste gute Nachricht ist, dass Sie Ihr iPad so einrichten können, dass Sie einzelne oder alle Kontakte, Termine, Ereignisse, Maileinstellungen, Lesezeichen, Bücher, Musik, Filme, Fernsehsendungen, Podcasts, Fotos und Anwendungen zwischen Ihrem Computer und Ihrem iPad (oder anderen i-Geräten) synchronisieren können. Und die mehr als gute Nachricht ist, dass, wenn Sie die entsprechende Einstellung gewählt haben, Ihre Kontakte, Termine und Ereignisse so synchronisiert werden, dass sie an allen Orten – auf Ihren Computern, iPads, iPhones und iPod touches – automatisch aktualisiert werden, wenn Sie an einem dieser Orte etwas ändern.

Und noch mehr gute Nachrichten: Immer wenn Sie an einem Ort eine Veränderung vornehmen, wird diese praktisch sofort auch auf allen anderen Geräten vorgenommen. Wenn Sie also auf Ihrem iPad einen Termin, ein Ereignis oder einen Kontakt hinzufügen, erscheinen diese Informationen automatisch auf Ihren Computern und andere i-Geräten, ohne dass Sie dazu noch irgendetwas tun müssen.

Diese Kommunikation zwischen iPad und Computer wird *Synchronisieren* genannt. Sie müssen sich keine Sorgen machen, es ist ganz einfach, und wir führen Sie in diesem Kapitel durch den gesamten Vorgang.

Aber warten Sie, es gibt noch mehr gute Nachrichten. Elemente wie Filme, Fernsehsendungen, Podcasts und E-Mail-Kontoeinstellungen, die Sie auf Ihrem Computer verwalten möchten, werden nur in eine Richtung synchronisiert: vom Computer auf das iPad.

In diesem Kapitel erfahren Sie, wie Sie alle digitalen Daten, die Ihr iPad verarbeiten kann, synchronisieren können. Und weil iOS 5 die erste »Computer-freie« Version ist (Sie also nicht unbedingt einen Computer mit iTunes benötigen, um Ihr iPad zu synchronisieren), erfahren Sie, wie Sie sowohl mit als auch ohne iTunes Ihr iPad synchronisieren können. Aber wie schon in Kapitel 2 erwähnt lassen sich einige Dinge mit Computer leichter bewerkstelligen als ohne.

Die Informationen in diesem Kapitel basieren auf iTunes 10.5 und iOS 5.1, bei denen es sich zum Zeitpunkt der Drucklegung dieses Buches um die aktuellen Versionen handelte. Wenn Ihr Bildschirm anders als der hier abgebildete aussieht, aktualisieren Sie Ihre Software auf iTunes 10.5 und iOS 5.1 (oder neuer). (Klicken Sie auf den Knopf Nach Updates suchen in dem Tab Übersicht wie in Abbildung 3.2 dargestellt und folgen Sie der Anleitung zur Aktualisierung Ihres iPads.) Übrigens: Die Aktualisierungen sind kostenlos, und beide bieten im Vergleich zu ihren Vorgängern viele nützliche neue Funktionen und große Vorteile.

Apple aktualisiert iTunes und iOS relativ häufig und es ist durchaus ein zweischneidiges Schwert, immer die neueste und tollste Version zu haben. Es kann nämlich passieren, dass Sie in diesem Buch etwas sehen, das auf Ihrem iPad ganz anders aussieht. Wenn das passiert und Sie sicher sind, dass Sie die neuesten Versionen von iTunes und iOS 5 verwenden, schicken Sie uns eine kurze Nachricht und wir berücksichtigen das beim nächsten Mal. Unsere Mail-Adresse finden Sie am Ende der Einleitung zu diesem Buch.

Ein iPad ohne Computer einrichten

In diesem Abschnitt erfahren Sie, wie Sie ein iPad einrichten und benutzen, ohne dazu einen Computer zu benutzen, denn ab sofort ist das möglich.

Sofern Ihr iPad nicht brandneu ist und gerade taufrisch aus dem Karton kommt, ist die Wahrscheinlichkeit groß, dass Sie die nun folgenden Schritte bereits durchgeführt haben. Wir gehen trotzdem darauf ein, denn wenn Sie Ihr iPad »Computer-frei« verwenden möchten, finden Sie hier den gesamten Einrichtungsprozess beschrieben.

Außerdem möchten wir Ihnen ans Herz legen, das gesamte Kapitel zu lesen, auch wenn Sie ganz sicher sind, dass Sie Ihr iPad ohne Computer nutzen möchten. Wie Sie auf den nächsten paar Seiten erfahren, gibt es einige Funktionen, die mit iTunes auf einem Mac oder PC ganz einfach sind, ohne PC aber sehr schwierig oder gar unmöglich.

Dies vorangestellt, lassen Sie uns nun die Schritte erläutern, die Sie durchführen müssen, um ein neues iPad ohne Verbindung zu einem Mac oder PC einzurichten:

1. **Schalten Sie das iPad ein beziehungsweise wecken Sie es aus dem Ruhezustand.**

   Das Erste, was Sie auf Ihrem neuen iPad sehen, ist der Bildschirm, auf dem die Sprache ausgewählt wird.

2. **Geben Sie ein, welche Sprache Sie verwenden möchten, und gehen Sie zum nächsten Bildschirm.**

   Tippen Sie auf den blauen Pfeil in der oberen rechten Ecke, um zum nächsten Bildschirm zu gelangen.

3. **Geben Sie Ihr Land oder Ihre Region ein und gehen Sie auf W**EITER**.**

4. **Tippen Sie auf O**RTUNGSDIENSTE **und dann auf W**EITER**.**

   Ortungsdienste hilft Ihrem iPad zu wissen, wo genau Sie sich befinden. Die App Maps beispielsweise, auf die wir in Kapitel 6 näher eingehen, zieht ihre Daten aus Ortungsdienste, um zu berechnen, wo in der Welt Sie sich befinden.

 Sie können die Ortungsdienste generell oder nur für einzelne Apps ein- oder ausschalten. Dies geschieht, wie Sie in Kapitel 13 noch erfahren werden, in den Einstellungen.

5. **Tippen Sie auf WLAN** WÄHLEN**, geben Sie, falls erforderlich, ein Passwort ein und dann klicken Sie auf V**ERBINDEN**. Dann tippen Sie auf W**EITER**.**

6. **Tippen Sie auf A**NMELDEN MIT **A**PPLE**-ID oder K**OSTENLOSE **A**PPLE**-ID** EINRICHTEN**. Dann tippen Sie (mal wieder) auf W**EITER**.**

   Wenn Sie schon eine Apple-ID besitzen, melden Sie sich an dieser Stelle mit Ihrer Apple-ID an. Wenn Sie diesen Schritt überspringen wollen und ohne Einrichtung einer Apple-ID fortfahren, können Sie nicht die Fülle hervorragender, kostenloser Funktionen nutzen, die hier und in den folgenden Kapiteln beschrieben werden. Besorgen Sie sich also eine Apple-ID, falls Sie noch keine haben, denn Sie benötigen sie beispielsweise für iCloud. Im nächsten Abschnitt erfahren Sie mehr über diesen neuen Dienst.

 Wenn Sie bereits einen MobileMe-Account besitzen (den Vorgänger von iCloud), müssen Sie zunächst Ihre vorhandenen Mails, Kontakte, Kalender und Lesezeichen von MobileMe auf iCloud verschieben, indem Sie auf `www.me.com` gehen und sich dort einloggen.

7. **Tippen Sie auf den blauen Knopf A**KZEPTIEREN **in der unteren rechten Ecke, um den Allgemeinen Geschäftsbedingungen zuzustimmen.**

   Was passiert, wenn Sie nicht akzeptieren? Das wollen Sie nicht wissen. Und natürlich können Sie Ihr iPad dann nicht nutzen.

8. **Tippen Sie auf S**ENDEN **oder N**ICHT SENDEN**, um anonym Diagnose- und Nutzungsdaten an Apple zu senden oder nicht zu senden. Dann klicken Sie auf W**EITER**.**

9. **Tippen Sie auf** IPAD JETZT NUTZEN**, um, na ja, Ihr iPad jetzt zu benutzen.**

   Es erscheint der Home-Bildschirm Ihres iPads in seiner ganzen Schönheit.

Wenn Sie Ihr iPad ohne Computer nutzen wollen, ist das schon alles. Anstatt wie im nächsten Abschnitt beschrieben iTunes auf Ihrem Mac oder PC zu benutzen, müssen Sie sich mit den verfügbaren Apps in den Einstellungen (siehe Kapitel 3) zufriedengeben.

iCloud: Apples kostenloser und praktischer kabelloser Service

Apples iCloud-Dienst ist mehr als nur eine drahtlose Festplatte im Himmel. iCloud ist eine komplette drahtlose Speicher- und Datensynchronisierung. Kurz gesagt ist iCloud dazu gedacht, Ihren digitalen Krimskrams, Ihre Musik, Fotos, Kontakte, Ereignisse und so weiter, zu speichern und zu verwalten und alles auf allen Computern und i-Geräten ohne physische Verbindung (also drahtlos) und ohne Ihr Zutun zu aktualisieren. Wie bei so vielen Dingen, die von Apple kommen, funktioniert iCloud einfach.

iCloud »schiebt« Informationen wie E-Mails, Kalender, Kontakte und Lesezeichen zwischen Ihrem Computer, Ihren i-Geräten und Ihrem iPad hin und her und hält alle Objekte ohne menschliches Zutun drahtlos aktuell. Dazu gehören auch Optionen, die nichts mit dem Synchronisieren zu tun haben, zum Beispiel Photo-Streams (siehe Kapitel 10), E-Mail (Kapitel 5) und fünf Gigabyte Online-Speicherkapazität.

Ihr kostenloses iCloud-Konto enthält 5 GB kostenlosen Speicherplatz, mehr brauchen viele (vielleicht die meisten) Nutzer nicht. Wenn Sie feststellen, dass Sie mehr Speicherplatz benötigen, können Sie für 16, 32 beziehungsweise 80 Euro pro Jahr 10, 20 oder auch 50 Gigabyte Upgrades bekommen.

Nett ist, dass Musik, Apps, Abos, Filme und TV-Sendungen, die Sie im iTunes Store gekauft haben, ebenso wie Ihr Photo-Stream bei den 5 GB nicht mitgerechnet werden. Sie werden feststellen, dass die Objekte, die hier gezählt werden, wie Mails, Dokumente, Fotos, die mit der iPad-Kamera aufgenommen wurden, Kontodaten, Einstellungen und andere Apps nicht so viel Platz benötigen, wodurch die 5 GB recht lange ausreichen sollten.

Wenn Sie möchten, dass Ihre Mails, Kalender, Kontakte und Lesezeichen automatisch drahtlos synchronisiert werden (und glauben Sie uns, das wollen Sie), gehen Sie folgendermaßen vor, um iCloud für das Synchronisieren Ihres iPads zu aktivieren:

1. **Tippen Sie auf dem Home-Bildschirm auf EINSTELLUNGEN.**
2. **Tippen Sie in der Liste der Einstellungen links auf ICLOUD.**
3. **Tippen Sie auf ACCOUNT und geben Sie Ihre Apple-ID und Ihr Kennwort ein.**
4. **Tippen Sie auf FERTIG.**

Jetzt können Sie jeden einzelnen Knopf für folgende Optionen ein- oder ausschalten:

✔ Mail

✔ Kontakte

✔ Kalender

✔ Erinnerungen

✔ Lesezeichen

✔ Notizen

✔ Fotostream

✔ Dokumente & Daten

✔ Mein iPad suchen

Beachten Sie, dass Sie mit iCloud zwar Filme, TV-Sendungen, Lieder, Podcasts oder andere Media-Dateien streamen oder herunterladen können, aber wenn Sie eine langsame Internetverbindung haben, können Sie diese Funktionen möglicherweise nicht genießen.

Glücklicherweise werden Sie dafür gleich die Lösung erfahren – das Synchronisieren Ihres iPads mit iTunes auf Ihrem Mac oder PC.

Mit iTunes synchronisieren

Das Synchronisieren Ihres iPads mit iTunes auf einem Mac oder PC hat zwei entscheidende Vorteile: Erstens ist es mit iTunes viel einfacher, Medien, Musik, Filme, Apps und so weiter zu verwalten, als direkt auf dem iPad. Und zweitens bietet iTunes eine Vielzahl von Optionen, die Sie auf dem iPad nicht finden werden.

Das Synchronisieren eines iPads mit einem Computer ist wie das Synchronisieren eines iPods oder iPhones mit dem Computer. Wenn Sie Besitzer eines iPods oder iPhones sind, beherrschen Sie den Vorgang blind. Er ist aber auch für diejenigen alles andere als schwierig, die noch nie einen iPod, ein iPhone oder iTunes benutzt haben. Gehen Sie so vor:

1. **Verbinden Sie zunächst einmal Ihr iPad mit dem USB-Kabel, das mit Ihrem iPad ausgeliefert worden ist.**

   Wenn Sie Ihr iPad mit Ihrem Computer verbinden, sollte iTunes automatisch starten. Sollte das nicht der Fall sein, ist die Wahrscheinlichkeit groß, dass Sie das Kabel in einen USB-Anschluss an Ihrer Tastatur, dem Monitor oder einem Hub angeschlossen haben. Stecken Sie es stattdessen in einen USB-Anschluss Ihres Computers. Warum? Weil die USB-Anschlüsse Ihres Computers ein angeschlossenes Gerät mit mehr Strom versorgen, als das die Anschlüsse einer Tastatur, eines Monitors oder eines Hubs können, und weil das iPad stromhungrig ist – hungriger als ein iPod oder ein iPhone.

   Möglicherweise erscheint ein Warn-Fenster und Sie werden gefragt, ob Sie möchten, dass automatisch iTunes geöffnet wird, wenn dieses iPad verbunden wird. Klicken Sie je nach Wunsch auf JA oder NEIN. Sie können diese Einstellung in Schritt 4b wieder ändern, falls Sie das möchten, also denken Sie nicht zu lange darüber nach.

   Wenn iTunes immer noch nicht automatisch startet, versuchen Sie, das Programm manuell zu öffnen.

   Wenn Sie lieber kabellos synchronisieren (das geht allerdings spürbar langsamer), starten Sie iTunes einfach manuell.

2. **Markieren Sie Ihr iPad in der Liste GERÄTE links im iTunes-Fenster.**

   Sie sehen einen Bildschirm, mit dessen Hilfe Sie Ihr iPad Schritt für Schritt einrichten und benennen können (siehe Abbildung 3.1). Dieser kann – je nach iPad-Modell unterschiedlich aussehen. Wenn Sie das schon erledigt haben, können Sie die Schritte 3 und 4a überspringen und mit Schritt 4b weitermachen.

Abbildung 3.1: Richten Sie Ihr iPad ein.

Wenn Sie in der Geräteliste von iTunes kein iPad sehen, sich aber sicher sind, dass das Gerät über einen USB-Anschluss (und nicht über Tastatur, Monitor oder Hub) mit dem Computer verbunden ist, sollten Sie Ihren Computer neu starten. Wenn Sie kabellos synchronisieren, müssen sich Ihr iPad und der Computer in demselben WLAN-Netzwerk befinden.

3. **Geben Sie Ihrem iPad einen Namen, indem Sie auf der zweiten Seite des Einrichtungsdialogs in das Textfeld Name einen Namen schreiben (siehe Abbildung 3.1).**

Wir haben unser iPad einfach `MeiniPad` genannt.

4a. **Legen Sie fest, ob iTunes jedes Mal, wenn Sie Ihr iPad mit Ihrem Computer verbinden, die Elemente Ihrer iTunes-Mediathek automatisch synchronisieren soll.**

- Wenn Sie möchten, dass iTunes dies automatisch erledigt, aktivieren Sie das entsprechende Kontrollkästchen und klicken auf Fertig. Machen Sie dann hinten in diesem Kapitel mit dem Abschnitt *Medien synchronisieren* weiter.

- Wenn Sie das Synchronisieren manuell durchführen wollen, müssen alle drei Kontrollkästchen der Einrichtungsseite deaktiviert sein, wie das in Abbildung 3.1 der Fall ist. Klicken Sie auf Fertig. Der Abschnitt *Die Daten synchronisieren*, den Sie weiter hinten in diesem Kapitel finden, erklärt Ihnen alles darüber, wie Sie Ihre Kontakte, Kalender, Lesezeichen, Notizen, E-Mail-Konten und Anwendungen manuell konfigurieren. Der Abschnitt *Medien synchronisieren* zeigt Ihnen, wie Sie Musik und so weiter synchronisieren können.

Sie müssen sich jetzt noch nicht festlegen. Wenn Sie unsicher sein sollten, lassen Sie alle drei Kontrollkästchen leer. Sie können später problemlos eines oder alle drei aktivieren.

Wir haben uns dazu entschlossen, keines der drei Kontrollkästchen zu aktivieren, damit wir Ihnen in den nächsten Abschnitten zeigen können, wie sich das noch zu einem späteren Zeitpunkt erledigen lässt.

4b. (Nur für diejenigen, die die Schritte 3 und 4a durchgeführt haben.) Wenn Sie auf die Schaltfläche FERTIG geklickt haben, sollte die Seite ÜBERSICHT erscheinen. Wenn das nicht der Fall ist, prüfen Sie nach, ob das iPad links in der Geräteliste in iTunes noch markiert ist, und klicken Sie auf den Knopf ÜBERSICHT, der sich oben im Fenster befindet (siehe Abbildung 3.2).

Abbildung 3.2: Die Seite ÜBERSICHT ist glücklicherweise problemlos zu betrachten und zeigt in diesem Fall an, dass die Systemsoftware den Versionsstand 5.1 hat und momentan auf dem neuesten Stand ist.

5. **(Optional) Wenn Sie möchten, dass iTunes jedes Mal automatisch startet, wenn Sie Ihr iPad mit dem Computer verbinden, klicken Sie in das Kontrollkästchen vor** iTunes öffnen, wenn dieses iPad angeschlossen wird **(unten im Bereich** Optionen**).**

Welchen Grund gäbe es, diese Einstellung nicht zu aktivieren? Wenn Sie zum Beispiel Ihr iPad nur mit Ihrem Computer verbinden, um es aufzuladen, macht es wenig Sinn, dass gleichzeitig auch iTunes startet.

Wenn Sie diese Einstellung aktivieren, startet iTunes jedes Mal automatisch, wenn Sie Ihr iPad an den Computer anschließen, und synchronisiert Ihr iPad.

Machen Sie sich im Moment darüber nicht allzu viele Gedanken. Wenn Sie Ihre Meinung ändern sollten, können Sie jederzeit zur Seite Übersicht zurückkehren und das Kontrollkästchen iTunes öffnen, wenn dieses iPad angeschlossen wird aktivieren oder deaktivieren.

 Wenn Sie das Kontrollkästchen iTunes öffnen, wenn dieses iPad angeschlossen wird aktiviert haben, aber nicht wollen, dass iTunes bei jeder Verbindung das automatische Synchronisieren startet, öffnen Sie iTunes und wählen Sie iTunes|Einstellungen (Mac) beziehungsweise Bearbeiten|Einstellungen (Windows). Klicken Sie oben im Fenster auf die Registerkarte Geräte und wählen Sie Automatische Synchronisierung von iPods, iPhones und iPads verhindern. Diese Methode verhindert, dass Ihr iPad selbst dann automatisch synchronisiert wird, wenn iTunes öffnen, wenn dieses iPad angeschlossen wird eingeschaltet ist. Wenn Sie sich für diese Einstellung entscheiden, können Sie Ihr iPad manuell synchronisieren, indem Sie rechts unten im iTunes-Fenster auf die Schaltfläche Synchronisieren beziehungsweise Anwenden klicken, wenn Ihr iPad im iTunes-Fenster markiert ist.

6. **(Optional) Wenn Sie nur Elemente synchronisieren wollen, die in Ihrer iTunes-Mediathek links vor dem Namen ein Häkchen haben, aktivieren Sie das Kontrollkästchen** Nur markierte Titel und Videos synchronisieren**.**

7. **(Optional) Wenn Sie nur Objekte synchronisieren möchten, die in Ihrer iTunes-Bibliothek markiert wurden, wählen Sie das Kästchen** Nur markierte Titel und Videos synchronisieren**.**

8. **(Optional) Wenn Sie wollen, dass hochauflösende Videos (so genannte High-Definition- oder HD-Videos), die Sie importiert haben, beim Übertragen auf Ihr iPad automatisch in kleinere Videodateien mit einer Standardauflösung umgewandelt werden sollen, aktivieren Sie das Kontrollkästchen vor** SD-Videos bevorzugen**.**

Videodateien mit einer Standardauflösung sind merklich kleiner als hochauflösende Videodateien. Wenn Sie Videos auf Ihrem iPad anschauen, werden Sie den Unterschied kaum bemerken, aber Sie sind in der Lage, mehr Videodateien auf Ihrem iPad unterzubringen, weil diese weniger Platz einnehmen.

 Die Umwandlung von HD in eine Standardauflösung kostet *viel* Zeit. Richten Sie sich also auf lange Synchronisierungszeiten ein, wenn Sie diese Einstellungsmöglichkeit aktiviert haben und neue HD-Filme synchronisieren wollen.

 Wenn Sie vorhaben, Apples Digital-AV-Adapter, das Component-AV-Kabel oder Apple TV zu verwenden, um Filme auf einem HD-TV-Gerät wiederzugeben, wäre die Idee nicht schlecht, mit einer hohen Auflösung zu arbeiten. Auch wenn die Dateien größer sind und Ihr iPad damit weniger davon aufnehmen kann, sehen die HD-Versionen auf einem großen Bildschirm spektakulär aus.

9. **(Optional) Wenn Sie möchten, dass Musiktitel, die eine Datenrate von mehr als 128 kBit/s haben, beim Übertragen auf Ihr iPad in die kleineren 128-kBit/s-AAC-Dateien umgewandelt werden sollen, aktivieren Sie das Kontrollkästchen vor** TITEL MIT HÖHERER DATENRATE IN 128 KBIT/S KONVERTIEREN.

Eine höhere Datenrate bedeutet, dass die Musiktitel zwar eine bessere Tonqualität haben, dafür aber viel mehr Speicherplatz benötigen. Musiktitel, die Sie beispielsweise im iTunes Store oder bei Amazon.de gekauft haben, weisen Datenraten von ungefähr 256 kBit/s auf. Ein Titel von vier Minuten Länge ist bei einer Datenrate von 256 kBit/s ungefähr 8 MB groß. Wenn Sie ihn in 128 kBit/s ACC umwandeln, ist er – grob geschätzt – nur noch halb so groß (also ungefähr 4 MB), wobei die Klangqualität immer noch ziemlich gut ist.

Die meisten Menschen erkennen so gut wie keinen Unterschied in der Tonqualität, wenn sie Musik auf normalen Audiogeräten hören. Solange Sie also Ihr iPad nicht an einen fantastischen Verstärker mit Superlautsprechern oder erstklassigen Kopfhörern anschließen, werden Sie kaum etwas davon mitbekommen, dass Ihr iPad ungefähr doppelt so viele Musiktitel aufnehmen kann, wenn Sie diese Option einstellen. Keinem von uns ist bei den Lautsprechern und Kopfhörern, die wir bei unseren iPads benutzen, ein besonderer Qualitätsverlust aufgefallen.

10. **(Optional) Wenn Sie auf den Registerkarten** MUSIK **und** FILME **das automatische Synchronisieren ausschalten wollen, aktivieren Sie das Kontrollkästchen** MUSIK UND VIDEOS MANUELL VERWALTEN.

11. **(Optional) Wenn Sie die Datensicherungen Ihres iPads mit einem Kennwort schützen wollen, markieren Sie das Kontrollkästchen** IPAD-BACKUP VERSCHLÜSSELN.

Natürlich können Sie Ihr iPad auch dann noch manuell synchronisieren, wenn Sie in der Liste GERÄTE des iTunes-Menüs EINSTELLUNGEN die Option AUTOMATISCHE SYNCHRONISIERUNG VON IPODS, IPHONES UND IPADS VERHINDERN aktiviert haben, indem Sie in der rechten unteren Ecke des Fensters auf die Schaltfläche SYNCHRONISIEREN klicken.

Wenn Sie seit dem letzten Synchronisieren irgendeine Synchronisierungseinstellung geändert haben, wird aus der Schaltfläche SYNCHRONISIEREN die Schaltfläche ANWENDEN.

Das iPad vom Computer trennen

Solange sich das iPad mit Ihrem Computer synchronisiert, zeigt der iPad-Bildschirm eine Meldung an, die besagt, dass das Synchronisieren läuft. Wenn das Synchronisieren beendet ist, wird eine iTunes-Meldung mit dem Inhalt angezeigt, dass das Synchronisieren abgeschlossen wurde und dass es in Ordnung ist, wenn Sie Ihr iPad jetzt vom Computer trennen.

 Wenn Sie Ihr iPad vom Computer trennen, bevor das Synchronisieren abgeschlossen worden ist, können Teile des Synchronisierens oder das gesamte Synchronisieren scheitern.

Um das Synchronisieren abzubrechen, damit Sie Ihr iPad *sicher* trennen können, ziehen Sie während des Synchronisierens auf dem iPad den Schieberegler (das ist der, neben dem ABBRECHEN steht) oder klicken Sie in iTunes auf das kleine x.

Abbildung 3.3: Klicken Sie auf das X, um eine Synchronisierung abzubrechen.

Die Daten synchronisieren

Haben Sie im Einrichtungsdialog aus Abbildung 3.1 eingestellt, dass Sie die Synchronisierung Ihrer Daten manuell durchführen wollen? Wenn das so ist, müssen Sie als Nächstes iTunes mitteilen, welche Daten zwischen Ihrem iPad und Ihrem Computer synchronisiert werden sollen. Markieren Sie hierzu in der Geräteliste von iTunes das iPad und klicken Sie dann rechts neben dem Knopf ÜBERSICHT auf den Knopf INFOS.

Die Registerkarte INFO besteht aus sechs Bereichen: KONTAKTE, KALENDER, E-MAIL-ACCOUNTS, ANDERE und ERWEITERT.

 Sofern Ihr Mac oder PC nicht über einen riesigen Bildschirm verfügt, sehen Sie nur ein oder zwei Bereiche gleichzeitig und Sie müssen scrollen, um zu den anderen zu gelangen.

Eine Sache noch: Um Ihr iPad mit Ihrem Google- oder Yahoo!-Konto nutzen zu können, müssen Sie zunächst, wie in Kapitel 5 beschrieben, ein Konto auf Ihrem iPad einrichten. Sobald Sie ein Yahoo!- oder Google-Konto auf Ihrem iPad eingerichtet haben, können Sie das Synchronisieren Ihrer Kontakte oder Kalender in den Einstellungen bei Mail, Kontakte oder Kalender aktivieren.

Kontakte

 In Abbildung 3.4 sehen Sie, dass der Bereich hier ADRESSBUCHKONTAKTE SYNCHRONISIEREN heißt, weil dieses Bild auf einem Mac gemacht wurde. Wie bereits weiter vorn erwähnt, ist Adressbuch das Mac-Programm, mit dem die Kontakte auf Ihrem iPad synchronisiert werden.

Wenn Sie einen PC verwenden, sehen Sie eine Aufklapp-Liste, aus der Sie aus folgenden Optionen wählen können: Outlook, Google Contacts, Windows Adress Book oder Yahoo! Adress Book. Keine Sorge, die Synchronisierung erfolgt bei allen gleich.

Das iPad kann zum Synchronisieren auf diese Adressbuchprogramme zugreifen:

✔ **Mac:** Adressbuch

✔ **PC:** Outlook und Windows Address Book

✔ **Mac und PC:** Yahoo! Address Book und Google Contacts

Sie können mehrere Adressbücher gleichzeitig synchronisieren.

Hier sehen Sie, welche Optionen zur Verfügung stehen:

✔ **Alle Kontakte:** Eine Möglichkeit besteht darin, alle Kontakte wie in Abbildung 3.4 dargestellt zu synchronisieren. Dabei wird jeder Kontakt, den Sie in Ihrem Mac- oder PC-Ad-
ressbuch haben, mit den Kontakten auf Ihrem iPad synchronisiert.

✔ **Ausgewählte Gruppen:** Sie können einige oder alle Gruppen mit Kontakten synchronisie-
ren, falls Sie diese in dem Adressbuch-Programm auf Ihrem Computer angelegt haben.
Markieren Sie einfach die gewünschten Gruppen in der Gruppen-Liste und nur diese
Gruppen werden synchronisiert.

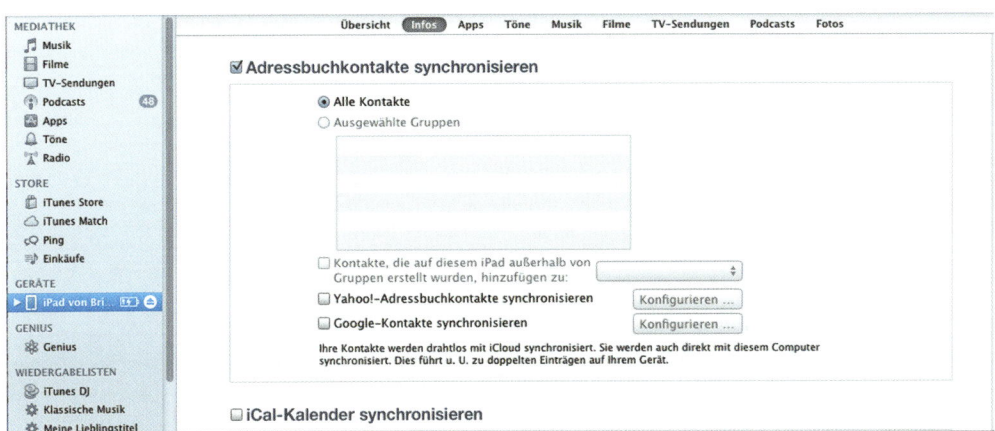

*Abbildung 3.4: Sie möchten Ihre Kontakte synchronisieren? Hier nehmen Sie die
notwendigen Einstellungen vor.*

✔ **Yahoo!- oder Google-Kontakte:** Wenn Sie Yahoo! Address Book benutzen, markieren Sie
auf dem Mac das Kontrollkästchen vor YAHOO! ADDRESS BOOK CONTACTS SYNCHRONISIEREN und
klicken dann auf die Schaltfläche KONFIGURIEREN, um Ihre Yahoo!-ID und Ihr Kennwort
einzugeben. Auf einem Windows-PC wählen Sie in der Dropdown-Liste YAHOO! ADDRESS
BOOK aus und geben dann im Dialogfeld YAHOO!-ADRESSBUCH Ihre Yahoo!-ID und Ihr Kennwort ein.

Wenn Sie Yahoo! verwenden, bedenken Sie, dass Kontakte, die eine Yahoo!-Messenger-ID
besitzen, nicht gelöscht werden, selbst wenn Sie diesen Kontakt auf Ihrem iPad oder Computer löschen. Wenn Sie einen Kontakt löschen wollen, der eine Yahoo!-Messenger-ID besitzt, melden Sie sich mit einem Webbrowser an Ihrem Yahoo!-Konto an und löschen den
Kontakt in Ihrem Yahoo!-Adressbuch.

 Wenn Sie mit dem Kalender oder dem Adressbuch von Microsoft Exchange Server synchronisieren, werden alle eventuell vorhandenen persönlichen Kontakte oder Kalender auf Ihrem iPad gelöscht.

 Sehen Sie den Text unten auf dem Bildschirm in Abbildung 3.2? Wenn Sie auf der Registerkarte ÜBERSICHT das Feld MIT DIESEM IPAD ÜBER WLAN SYNCHRONISIEREN markiert haben und über iTunes synchronisieren, kann das dazu führen, dass Daten doppelt erfasst werden. Wählen Sie also entweder das eine oder das andere.

Kalender

Der Abschnitt KALENDER der Registerkarte INFO legt fest, wie die Synchronisation Ihrer Termine und Ereignisse abläuft. Sie können, wie in Abbildung 3.5 gezeigt, alle Kalender synchronisieren. Oder Sie synchronisieren nur einzelne Kalender, die Sie mit dem Kalenderprogramm Ihres Computers angelegt haben. Markieren Sie in diesem Fall nur die entsprechenden Kontrollkästchen unter AUSGEWÄHLTE KALENDER.

Abbildung 3.5: Hier legen Sie das Synchronisieren von Kalenderereignissen fest.

 Der Bereich KALENDER heißt in Abbildung 3.5 KALENDER SYNCHRONISIEREN, und als Kalender steht Outlook zur Verfügung, weil es sich um einen Windows-PC handelt. Auf dem Mac heißt der Bereich ICAL-KALENDER SYNCHRONISIEREN. Machen Sie sich darüber keine Gedanken – unabhängig vom Namen ist die Arbeitsweise auf beiden Plattformen dieselbe.

Das iPad kann mit diesen Kalenderprogrammen synchronisiert werden:

✔ **Mac:** iCal

✔ **PC:** Microsoft Outlook 2003, 2007 und 2010

✔ **Mac und PC:** Google- und Yahoo!-Kalender

Sehen Sie den Text unten auf dem Bildschirm in Abbildung 3.2? Wenn Sie in der Registerkarte ÜBERSICHT das Feld MIT DIESEM IPAD ÜBER WLAN SYNCHRONISIEREN markiert haben und mit iTunes synchronisieren, kann das dazu führen, dass Daten doppelt erfasst werden. Wählen Sie also entweder das eine (WLAN) oder das andere (iTunes).

E-Mail-Konten

Sie können die Einstellungen Ihrer E-Mail-Konten auf der Registerkarte INFO im Bereich MAIL-ACCOUNTS synchronisieren. Wenn Sie mehr als ein E-Mail-Konto haben, können Sie alle oder nur einzelne Konten synchronisieren (siehe Abbildung 3.6). Markieren Sie zu diesem Zweck einfach die entsprechenden Kontrollkästchen.

Abbildung 3.6: Übertragen Sie hier Einstellungen von E-Mail-Konten auf Ihr iPad.

Das iPad kann sich mit folgenden E-Mail-Programmen synchronisieren:

✔ **Mac:** Mail

✔ **PC:** Microsoft Outlook 2003, 2007 und 2010

✔ **Mac und PC:** Gmail und Yahoo! Mail

 Das Synchronisieren von E-Mail-Kontoeinstellungen geht nur in eine Richtung: von Ihrem Computer auf das iPad. Wenn Sie auf dem iPad Änderungen an Kontoeinstellungen vornehmen, werden diese *nicht* auf den Computer zurücksynchronisiert. Sie können uns glauben, das ist gut so.

Sie können das Kennwort für Ihr E-Mail-Konto auf Ihrem Computer speichern. Wenn Sie ein E-Mail-Konto synchronisieren und das iPad beim Senden oder Empfangen von Mails nach einem Kennwort fragt, gehen Sie so vor: Tippen Sie auf dem Home-Bildschirm auf EINSTELLUNGEN, tippen Sie auf MAIL, tippen Sie auf den Namen Ihres E-Mail-Kontos und geben Sie dann in dem entsprechenden Feld Ihr Kennwort ein.

Andere

Der Bereich ANDERE enthält zwei Unterkategorien: Safari-Lesezeichen und Notizen synchronisieren (siehe Abbildung 3.7).

Aktivieren Sie das Kontrollkästchen vor LESEZEICHEN SYNCHRONISIEREN, wenn Sie Ihre Safari-Lesezeichen synchronisieren möchten. Andernfalls lassen Sie das Kontrollkästchen leer.

Das iPad kann Lesezeichen folgender Browser synchronisieren:

✔ **Mac:** Safari

✔ **PC:** Microsoft Internet Explorer und Safari

Aktivieren Sie das Kontrollkästchen vor NOTIZEN SYNCHRONISIEREN, um die Notizen Ihrer iPad-Anwendung Notizen mit den Notizen in Apple Mail (Mac) oder Microsoft Outlook (Windows) zu synchronisieren.

Damit Sie auf einem Mac Notizen synchronisieren können, müssen Sie Mac OS 10.5.8 oder neuer installiert haben.

Auch bei NOTIZEN SYNCHRONISIEREN müssen Sie aufpassen, dass Sie in der Registerkarte ÜBERSICHT das Feld MIT DIESEM IPAD ÜBER WLAN SYNCHRONISIEREN nicht markiert haben, wenn Sie mit iTunes synchronisieren (siehe Abbildung 3.2), denn dann kann es zu doppelten Datensätzen kommen. Entscheiden Sie sich also für das eine (WLAN) oder das andere (iTunes).

Erweitert

Wenn die Kontakte, Kalender, Mail-Konten oder Lesezeichen richtig durcheinandergeraten sind, ist es am einfachsten, diese Informationen auf dem iPad zu löschen und durch die auf Ihrem Computer zu ersetzen. Gehen Sie in diesem Fall auf den Bereich ERWEITERT in dem Dialogfeld INFORMATIONEN und klicken Sie zum Markieren auf die entsprechenden Kontrollkästchen (siehe Abbildung 3.7). Wenn Sie dann das nächste Mal synchronisieren, werden die Informationen auf Ihrem iPad durch die Informationen auf Ihrem Computer ersetzt.

 Da sich der Bereich ERWEITERT ganz am Ende der Registerkarte INFO befindet und Sie ganz nach unten scrollen müssen, kann es leicht passieren, dass Sie diesen Bereich übersehen. Sie werden diese Funktion nicht sehr häufig (wenn überhaupt jemals) benötigen, aber irgendwann einmal werden Sie glücklich sein, sich daran zu erinnern, dass es sie gibt.

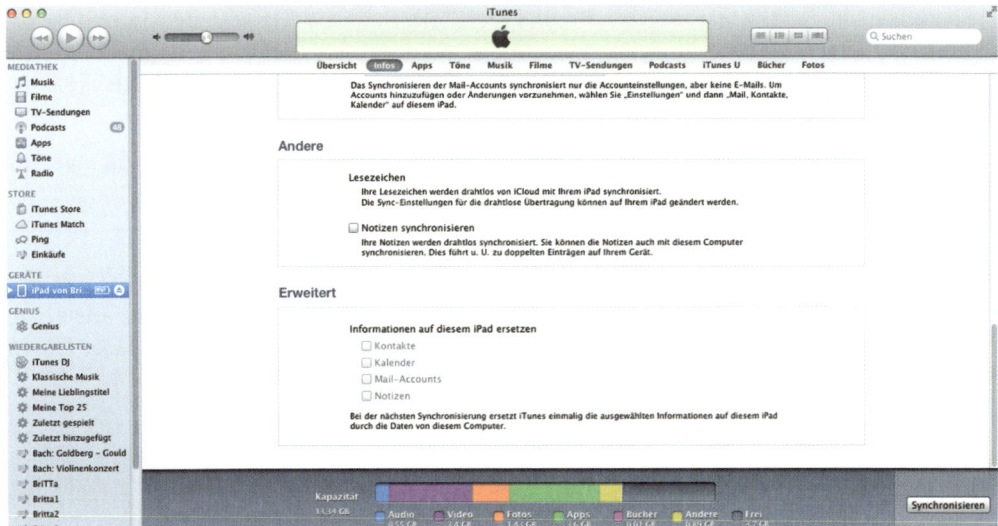

Abbildung 3.7: Ersetzen Sie die Informationen auf Ihrem iPad durch die Informationen auf Ihrem Computer.

Medien synchronisieren

Wenn Sie sich dafür entschieden haben, dass sich iTunes darum kümmern soll, dass Ihre Daten automatisch synchronisiert werden, herzlich willkommen im Klub. Dieser Abschnitt beschäftigt sich damit, wie Sie Ihre Medien – Ihre Musiktitel, Podcasts, Filme und Fotos – von Ihrem Computer auf Ihr iPad bekommen.

Podcasts und Filme (aber keine Fotos) werden nur in eine Richtung synchronisiert: von Ihrem Computer auf Ihr iPad. Wenn Sie eines dieser Elemente auf Ihrem iPad löschen, löschen Sie es durch das Synchronisieren nicht auch auf Ihrem Computer. Die Ausnahme von dieser Regel betrifft Musiktitel, Podcasts, Filme, iBooks und Apps auf Ihrem iPad, die Sie über die iPad-Apps iTunes, App Store oder iBooks gekauft oder heruntergeladen haben, und Wiedergabelisten, die auf dem iPad angelegt worden sind. Diese Elemente werden beim Synchronisieren automatisch auf den Computer zurückkopiert. Und wenn Sie Bilder haben, sei es aus E-Mails, der Kamera des iPads, von Webseiten (indem Sie den Finger auf einem Bild gedrückt halten und die Schaltfläche SPEICHERN drücken) oder als Bildschirmfotos (so genannte *Screenshots,* die Sie durch gleichzeitiges Drücken der Home- und der Standby-Taste machen), können diese ebenfalls synchronisiert werden.

Ein Bildschirmfoto enthält das, was auf Ihrem Bildschirm zu sehen ist. Das ist eine praktische Funktion, und so haben wir beispielsweise fast alle Abbildungen erstellt, die es in diesem Buch gibt.

Sie benutzen die Registerkarten APPS, MUSIK, FILME, TV-SENDUNGEN, ITUNES U, BÜCHER und FOTOS, um die Medien anzugeben, die Sie von Ihrem Computer auf Ihr iPad kopieren möchten. Die folgenden Abschnitte erklären die Einstellungsmöglichkeiten, die Sie auf den Registerkarten vorfinden.

Damit Sie diese Registerkarten sehen können, müssen Sie darauf achten, dass Ihr iPad links in der Geräteliste von iTunes markiert ist. Klicken Sie dann oben im Fenster auf den entsprechenden Knopf.

Die folgenden Abschnitte beschäftigen sich hauptsächlich mit dem Synchronisieren. Wenn Sie Hilfe benötigen, um Apps, Musik, Filme, Podcasts oder irgendetwas anderes zu erwerben, enthält dieses Buch Kapitel, die sich genau mit diesen Themen beschäftigen. Schlagen Sie in solch einem Fall einfach in dem entsprechenden Kapitel nach.

Der letzte Schritt in allen Abschnitten lautet: »Klicken Sie in der rechten unteren Ecke des Fensters auf die Schaltfläche SYNCHRONISIEREN beziehungsweise ANWENDEN.« Sie müssen dies nur dann durchführen, wenn Sie das Element zum ersten Mal aktivieren und wenn Sie es danach ändern.

Apps

Wenn Sie iPad-Apps im iTunes App Store heruntergeladen oder erworben haben, richten Sie das automatische Synchronisieren so ein:

1. **Klicken Sie auf den Knopf APPS und aktivieren Sie dort das Kontrollkästchen APPS SYNCHRONISIEREN.**

2. **Wählen Sie die Apps aus, die Sie auf Ihr iPad übertragen möchten, indem Sie die entsprechenden Kontrollkästchen markieren.**

   Damit Sie es einfacher haben, können Sie Ihre Anwendungen nach Namen, Kategorie oder Empfangsdatum sortieren. Oder Sie geben (in das Suchfeld mit dem Vergrößerungsglas rechts neben APPS SYNCHRONISIEREN) ein Wort oder einen Ausdruck ein, um nach einer bestimmten App zu suchen.

3. **(Optional) Ordnen Sie Ihre Apps in iTunes neu, indem Sie sie dorthin ziehen, wo sie auf Ihrem iPad zu finden sein sollen (siehe Abbildung 3.8).**

   Ihr iPad wurde mit 13 (iPad), 16 (iPad 2 und neues iPad) Apps auf dem Home-Bildschirm ausgeliefert sowie vier weiteren Apps im Dock am unteren Bildschirmrand. Wenn Sie neue Apps erwerben, erzeugt iPad automatisch neue Home-Screens – bis zu neun –, um die Fülle der Apps darstellen zu können.

   In iTunes sehen Sie die Anzahl der Screens rechts (in Abbildung 3.8 sind das zwei).

   Achten Sie auf Ihrem iPad auf die kleinen Punkte oberhalb des Docks. Sie stehen für die Anzahl der Home-Bildschirme. Die zwei in Abbildung 3.8 abgebildeten Punkte stehen also für zwei Home-Bildschirme. Beachten Sie, dass der rechte (zweite) Punkt weiß dargestellt ist, womit angezeigt wird, welchen Home-Bildschirm Sie sich gerade ansehen (in Abbildung 3.8 ist das die Nr. 2).

Home-Bildschirm 2

Home-Bildschirm 1

Ziehen

Abbildung 3.8: Wir ziehen das Symbol von Telefonbuch von Bildschirm 2 nach Bildschirm 1, um einfacher darauf zugreifen zu können.

Und weil die Apps so unglaublich cool sind, haben wir ihnen ein ganz eigenes Kapitel gewidmet, nämlich Kapitel 7. Dort erfahren Sie, wie Sie Apps finden, sortieren, verwalten und löschen und noch viel mehr.

 Wenn Sie viele Apps besitzen, werden Sie diese Funktion (die es seit iTunes 9 gibt) genauso lieben wie wir.

4. **Klicken Sie in der rechten unteren Ecke des Fensters auf die Schaltfläche S**YNCHRONISIE-**REN beziehungsweise A**NWENDEN**.**

Ihre Apps werden synchronisiert, und die Symbole werden auf Ihrem iPad so angeordnet, wie Sie das in iTunes festgelegt haben.

Musiktitel, Musikvideos und Sprachmemos

Um Musiktitel auf Ihr iPad zu übertragen, gehen Sie so vor:

1. **Klicken Sie auf den Knopf MUSIK und aktivieren Sie das Kontrollkästchen MUSIK SYNCHRONISIEREN.**

2. **Entscheiden Sie sich entweder für den Knopf DIE GANZE MUSIKMEDIATHEK oder für AUSGEWÄHLTE WIEDERGABELISTEN, INTERPRETEN, ALBEN UND GENRES.**

   Wenn Sie die zweite dieser Optionen auswählen, aktivieren Sie die Kontrollkästchen vor den Wiedergabelisten, Interpreten, Alben und Genres, die Sie übertragen möchten. Sie können in das Übertragen auch Musikvideos und Sprachmemos aufnehmen, indem Sie oben auf der Registerkarte die entsprechenden Kontrollkästchen aktivieren (siehe Abbildung 3.9).

   Wenn Sie das Kontrollkästchen FREIEN SPEICHERPLATZ AUTOMATISCH MIT TITELN FÜLLEN aktivieren, füllt iTunes den freien Platz auf Ihrem iPad mit Musik auf.

Abbildung 3.9: Benutzen Sie die Registerkarte MUSIK, um Musiktitel, Musikvideos und Sprachmemos von Ihrem Computer auf Ihr iPad zu kopieren.

 Wenn Sie sich für diese Option entscheiden, müssen Sie möglicherweise feststellen, dass Sie zu wenig freien Speicherplatz auf Ihrem iPad haben, um neue Fotos oder Filme abzuspeichern, neue Apps herunterzuladen oder auf dem iPad erzeugte Dokumente abzuspeichern.

3. **Klicken Sie in der rechten unteren Ecke des Fensters auf die Schaltfläche** Synchronisieren **beziehungsweise** Anwenden.

Ihre Musiktitel, Musikvideos und Sprachmemos werden synchronisiert.

Musik, Podcasts und Filme sind bekannt dafür, dass sie auf Ihrem iPad Speicher-
platzfresser sind. Wenn Sie versuchen, zu viele Medien zu synchronisieren, erhalten Sie Fehlermeldungen, die Sie davor warnen, dass es auf Ihrem iPad nicht
genug Platz für all das gibt, was Sie synchronisieren möchten. Gefahr erkannt –
Gefahr gebannt. Um dieses Problem zu vermeiden, wählen Sie Wiedergabelisten,
Interpreten und/oder Genres so aus, dass sie weniger Speicherplatz benötigen, als
auf Ihrem iPad noch zur Verfügung steht.

Wie viel freien Platz es noch auf dem iPad gibt? Gut, dass Sie fragen. Schauen Sie in den unteren Teil des iTunes-Fensters, während Ihr iPad markiert ist. Sie sehen ein Schaubild, das die
Inhalte Ihres iPads farblich hervorgehoben darstellt. Sie finden in Kapitel 18 Tipps zum Um-
gang mit diesem Bild.

Filme

Wenn Sie Filme auf Ihr iPad übertragen möchten, gehen Sie so vor:

1. **Klicken Sie auf den Knopf** Filme **und aktivieren Sie das Kontrollkästchen** Filme synchronisieren.

2. **Wählen Sie im Pop-Up-Menü** Automatisch einbeziehen **eine Option aus (siehe Abbildung 3.10) oder wählen Sie einzelne Filme aus, indem Sie die entsprechenden Kontrollkästchen markieren.**

Abbildung 3.10: Ihre Auswahl auf der Registerkarte Filme *legt fest, welche Filme
auf Ihr iPad kopiert werden.*

 Sie können immer einzelne Filme unabhängig von dem, was Sie im Pop-Up-Menü auswählen, übertragen, indem Sie deren Kontrollkästchen markieren.

3. **Klicken Sie in der rechten unteren Ecke des Fensters auf die Schaltfläche** SYNCHRONISIEREN **beziehungsweise** ANWENDEN**.**

Ihre Filme werden synchronisiert.

TV-Sendungen

Die Vorgehensweise beim Synchronisieren von TV-Sendungen ist ein wenig anders als die beim Synchronisieren von Filmen. Und so geht es:

1. **Klicken Sie auf den Knopf** TV-SENDUNGEN **und aktivieren Sie das Kontrollkästchen** TV-SENDUNGEN SYNCHRONISIEREN**, um diesen Vorgang zu ermöglichen.**

2. **Wählen Sie im Pop-Up-Menü** AUTOMATISCH EINBEZIEHEN **aus, welche Folgen in das Synchronisieren einbezogen werden (siehe Abbildung 3.11).**

3. **Wählen Sie außerdem aus, ob Sie alle Sendungen oder nur ausgewählte Sendungen synchronisieren wollen (siehe Abbildung 3.11).**

Abbildung 3.11: Sie legen in diesem Menü fest, wie TV-Sendungen mit Ihrem iPad synchronisiert werden.

4. **Wenn Sie einzelne Folgen oder Folgen aus Wiedergabelisten einbeziehen wollen, markieren Sie die entsprechenden Kontrollkästchen im Bereich** FOLGEN VON **und/oder** FOLGEN VON WIEDERGABELISTEN**.**

5. Klicken Sie in der rechten unteren Ecke des Fensters auf den Knopf SYNCHRONISIEREN beziehungsweise ANWENDEN.

Ihre TV-Sendungen werden synchronisiert.

Sie können immer unabhängig von dem, was Sie im Pop-Up-Menü auswählen, einzelne Folgen übertragen, indem Sie deren Kontrollkästchen markieren.

Podcasts

Um Podcasts auf Ihr iPad zu übertragen, gehen Sie so vor:

1. Klicken Sie auf den Knopf PODCASTS und aktivieren Sie das Kontrollkästchen PODCASTS SYNCHRONISIEREN.

   Zwei Pop-Up-Menüs lassen Sie festlegen, welche Podcasts und welche Folgen davon synchronisiert werden sollen.

2. Legen Sie zunächst im linken Pop-Up-Menü fest, wie viele Folgen eines Podcasts Sie synchronisieren wollen.

3. Wählen Sie dann im rechten Pop-Up-Menü aus, ob alle oder nur ausgewählte Podcasts synchronisiert werden sollen.

4. Wenn Sie Folgen von Podcasts in Wiedergabelisten aufgenommen haben, können Sie diese in das Synchronisieren aufnehmen, indem Sie die entsprechenden Kontrollkästchen unter FOLGEN AUS WIEDERGABELISTEN EINBEZIEHEN aktivieren.

5. Klicken Sie in der rechten unteren Ecke des Fensters auf die Schaltfläche SYNCHRONISIEREN beziehungsweise ANWENDEN.

Ihre Podcasts werden synchronisiert.

Sie können immer unabhängig von dem, was Sie im Pop-Up-Menü auswählen, einzelne Folgen übertragen, indem Sie deren Kontrollkästchen markieren.

iTunes U

Um die weiterbildenden Inhalte von iTunes U zu synchronisieren, gehen Sie so vor:

1. Klicken Sie auf den Knopf ITUNES U und aktivieren Sie das Kontrollkästchen vor ITUNES U SYNCHRONISIEREN, um das Synchronisieren von iTunes U einzuschalten.

2. Wählen Sie aus, wie viele Folgen synchronisiert werden sollen.

3. Wählen Sie in den beiden Pop-Up-Menüs aus, ob Sie alle Sammlungen oder nur bestimmte Objekte bestimmter Sammlungen einbinden wollen.

4. **Wenn nur einzelne Folgen oder Folgen aus Wiedergabelisten in das Synchronisieren eingebunden werden sollen, aktivieren Sie auf der Registerkarte ITUNES U die Kontrollkästchen vor den entsprechenden Einträgen in dem Bereich, in dem Sie SAMMLUNGEN und OBJEKTE VON finden.**

5. **Klicken Sie in der rechten unteren Ecke des Fensters auf die Schaltfläche SYNCHRONISIEREN beziehungsweise ANWENDEN.**

    Ihre iTunes-U-Folgen werden synchronisiert.

Sie können immer unabhängig von dem, was Sie im Pop-Up-Menü auswählen, einzelne Folgen übertragen, indem Sie deren Kontrollkästchen markieren.

Bücher

Um iBooks und Hörbücher zu synchronisieren, gehen Sie so vor:

1. **Klicken Sie auf den Knopf BÜCHER und aktivieren Sie das Kontrollkästchen vor BÜCHER SYNCHRONISIEREN, um das Synchronisieren von Büchern zu ermöglichen.**

    Zwei Aufklappmenüs oben in dem Bereich BÜCHER erleichtern das Verwalten Ihrer Büchersammlung. In dem ersten Aufklappmenü sehen Sie BÜCHER UND PDF-DATEIEN, NUR BÜCHER oder NUR PDF-DATEIEN. Mit dem zweiten Aufklappmenü können Sie die Bücher entweder nach Titel oder nach Autor sortieren.

2. **Wählen Sie ALLE BÜCHER oder AUSGEWÄHLTE BÜCHER.**

3. **Wenn Sie sich für AUSGEWÄHLTE BÜCHER entschieden haben, aktivieren Sie die Kontrollkästchen der Bücher, die Sie synchronisieren möchten.**

4. **Scrollen Sie auf der Seite ein wenig nach unten und aktivieren Sie das Kontrollkästchen HÖRBÜCHER SYNCHRONISIEREN, um auch das Synchronisieren von Hörbüchern einzuschalten.**

5. **Wählen Sie ALLE HÖRBÜCHER oder AUSGEWÄHLTE HÖRBÜCHER.**

6. **Wenn Sie sich für AUSGEWÄHLTE HÖRBÜCHER entschieden haben, aktivieren Sie die Kontrollkästchen der Hörbücher, die Sie synchronisieren möchten.**

    Wenn ein Buch in Kapitel aufgeteilt ist, können Sie über Kontrollkästchen die gewünschten Kapitel auswählen.

7. **Klicken Sie in der rechten unteren Ecke des Fensters auf die Schaltfläche SYNCHRONISIEREN beziehungsweise ANWENDEN.**

    Ihre Bücher werden synchronisiert.

Fotos

Das iPad kann Fotos mit folgenden Programmen synchronisieren:

✔ **Mac:** iPhoto 9.2 oder später oder Aperture 3 oder später

✔ **PC:** Adobe Photoshop Elements 8 oder später

Außerdem können Sie Fotos synchronisieren, die in einem beliebigen Ordner Ihres Computers liegen. Wenn Sie Fotos synchronisieren möchten, gehen Sie so vor:

1. **Klicken Sie auf den Knopf** FOTOS **und aktivieren Sie das Kontrollkästchen vor** FOTOS SYN-CHRONISIEREN**, um das Synchronisieren von Fotos zu ermöglichen.**

2. **Wählen Sie in dem Pop-Up-Menü, das in Abbildung 3.12** IPHOTO **anzeigt, eine Anwendung oder einen Ordner aus.**

3. **Sie können über die folgenden Einstellungsmöglichkeiten genauer festlegen, welche Fotos synchronisiert werden sollen:**

   - *Ausgewählte Alben:* Wenn Sie eine Anwendung ausgewählt haben, die das Anlegen von Fotoalben unterstützt (siehe Abbildung 3.12), können Sie die Kontrollkästchen einzelner Alben aktivieren, um nur diese Alben zu synchronisieren. Auf dem Mac haben Sie hier die Möglichkeit, nicht nur nach Fotos, sondern auch nach Ereignissen zu suchen.

   - *Fotos suchen:* Wenn Sie mit iPhoto arbeiten, können Sie in das Suchfeld (das Feld mit dem Vergrößerungsglas) ein Wort oder einen Ausdruck eingeben, um nach einem Ereignis oder nach Ereignissen zu suchen.

   - *Einen Ordner mit Bildern auswählen:* Wenn Sie einen Ordner voller Bilder auswählen, können Sie in ihm Unterordner erstellen, die auf Ihrem iPad als Alben auftauchen.

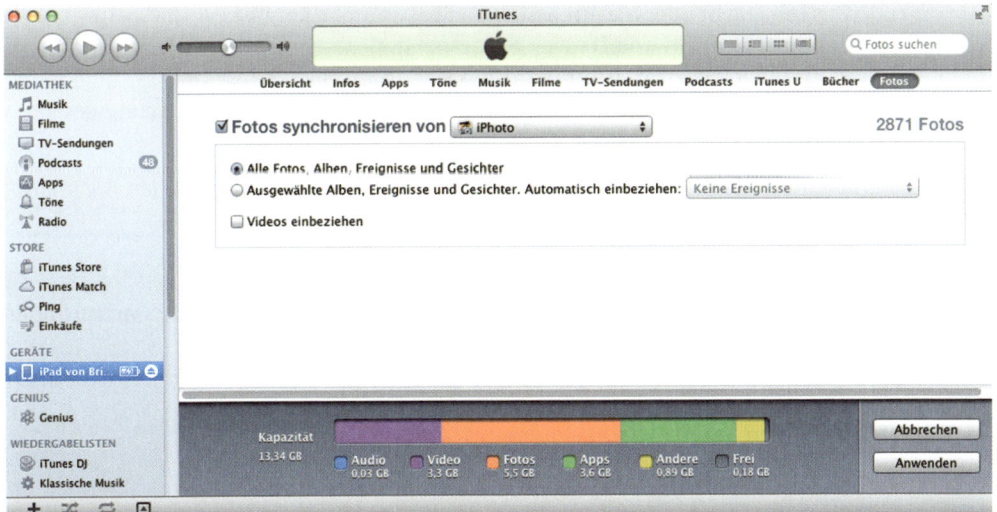

Abbildung 3.12: Sie legen auf der Registerkarte FOTOS *fest, welche Fotos mit Ihrem iPad synchronisiert werden sollen.*

Wenn Sie eine Anwendung auswählen, die weder Alben noch Ereignisse oder einen Ordner mit Bildern ohne Unterordner unterstützt, können Sie entweder alles oder nichts übertragen.

Da iPhoto 09 und 11, die beiden neuesten Versionen, neben Alben auch Ereignisse und Gesichter unterstützen, haben Sie auch die Möglichkeit, Ereignisse, Alben, Gesichter oder alle drei zu synchronisieren.

4. **Klicken Sie in der rechten unteren Ecke des Fensters auf die Schaltfläche** SYNCHRONISIE-REN **beziehungsweise** ANWENDEN.

   Ihre Fotos werden synchronisiert.

iPad-Backups

Ob Sie es wissen oder nicht: Ihr iPad sichert Ihre Einstellungen, App-Daten und andere Informationen auf Ihrem iPad immer, wenn Sie es mit einem Computer verbinden und iTunes nutzen, um:

✔ ihn mit dem iPad zu synchronisieren

✔ Ihr iPad zu aktualisieren

✔ Ihr iPad wiederherzustellen

 Backups werden per Voreinstellung automatisch auf Ihrem Computer gesichert und gespeichert. Bei iOS 5 gibt es nun auch die Möglichkeit, auf iCloud zu sichern.

Falls irgendetwas schiefgeht oder Sie ein neues iPad bekommen, können Sie die meisten (vielleicht sogar alle) Einstellungen und Dateien wiederherstellen, die nicht mit iTunes auf Ihrem Computer oder in iCloud synchronisiert wurden. Oder, wenn Sie ein iPhone oder iPod touch oder ein anderes iPad gesichert haben, können Sie das neue iPad aus der Sicherung des alten Gerätes wiederherstellen.

Um zum Backup auf iCloud über iTunes und Ihren Computer zu wechseln, gehen Sie folgendermaßen vor:

1. **Verbinden Sie Ihr iPad mit dem Computer.**

   Wenn sich iTunes nicht automatisch beim Anschließen des iPads öffnet, starten Sie es jetzt.

2. **Wählen Sie in der Geräteliste links in iTunes Ihr iPad an.**

3. **Klicken Sie auf den Tab** ÜBERSICHT.

4. **Klicken Sie auf** BACKUP IN DER ICLOUD **oder** BACKUP AUF DIESEM COMPUTER.

Wenn Sie ein iPad ohne Computer verwenden, können Sie das Backup über iCloud folgendermaßen sichern (und wir empfehlen Ihnen dringend, das unverzüglich zu tun):

1. **Gehen Sie auf** Einstellungen|iCloud|Speicher & Backup.

2. **Tippen Sie auf** iCloud-Backup, **um es zu aktivieren.**

 Wenn Sie diese Option aktivieren, führt das dazu, dass Ihr iPad nicht mehr automatisch gesichert wird, sobald Sie es mit einem Computer verbinden.

Wenn Sie ein »Computer-freier« iPad-Benutzer sind, ist Ihnen das egal, weil Sie Ihr iPad ja sowieso nie an einen Computer anschließen. Aber wenn Sie Ihr iPad mit Ihrem Computer synchronisieren, wie es die meisten von uns tun, überlegen Sie gut, welche Option Ihren Bedürfnissen am besten gerecht wird. Das Wiederherstellen von einem Computer-Backup erfordert eine Kabelverbindung oder einen WLAN-Zugang zu dem Computer, aber man benötigt keinen Internetzugang. Beim Wiederherstellen über iCloud benötigt man einen Internetzugang und kann somit sein iPad auf der ganzen Welt wiederherstellen, sofern ein Internetzugang vorhanden ist.

Backups sind etwas Gutes; entscheiden Sie sich für eine Option und weiter geht's!

Teil II

Das Internet-iPad

The 5th Wave   By Rich Tennant

»Sie können mir glauben, es hat einen Kompass.«

In diesem Teil ...

Das Erste, was die meisten Menschen sofort mit einem iPad machen möchten, ist, das Internet mit dem wunderbar großen und farbenfrohen Multi-Touch-Display zu durchsuchen. Der Ort, von dem aus Sie starten, ist der iPad-Webbrowser Safari, und hier beginnt auch dieser Teil – mit einer Einführung in das Surfen im Web mit Safari.

Dann suchen wir das Programm Mail auf und sehen, wie einfach es ist, E-Mail-Konten einzurichten und grundsolide E-Mail-Nachrichten und Mail-Anhänge zu versenden und zu empfangen.

In Kapitel 6 kümmern wir uns um ein paar großartige Webanwendungen. Sie können in der App Karten die Geschäfte und Restaurants vorgeben, die Sie besuchen möchten, Routen planen und die Fähigkeit des iPads testen, sie zu finden. Und da jeder soziale Medien liebt, können Sie die beste Art herausfinden, auch Facebook, Twitter und YouTube von Ihrem iPad aus zu nutzen.

Wir lieben Einkaufstouren. Kapitel 7 enthält alles, was Sie wissen müssen, um im App Store, einem Geschäft mit einer mehr als überreichen Auswahl an netten kleinen Programmen und Anwendungen, shoppen zu können. Und anders als in den meisten Geschäften, in denen Sie sonst einkaufen, gibt es hier viele Dinge umsonst.

Auf eine mobile Safari gehen

4

In diesem Kapitel

▶ Im Netz surfen

▶ Webseiten öffnen und anzeigen

▶ Ein drahtloses Netzwerk benutzen

▶ Sich mit Verknüpfungen, Lesezeichen und Verlaufslisten vergnügen

▶ Safari sicher machen

Sie fühlen sich, als hielten Sie das Web direkt in Ihrer Hand.

Marketingleute benutzen Aussagen wie diese, weil sie eben Werbung machen. Nur wenn ein Marketingmensch von Apple eine solche Aussage tätigt, um das Surfen im Web mit einem iPad zu beschreiben, steckt viel Wahres dahinter. Der grandiose Bildschirm des neuen iPads macht zusammen mit dem flotten, von Apple entwickelten Quad-Core-A5-Chip in seinem Inneren das Stöbern im Netz mit dem Apple-Tablet-PC zu einem echten Genuss.

Sie entdecken in diesem Kapitel das Vergnügen – und ein paar Straßensperren – beim Steuern durch den Cyberspace mit Ihrem iPad.

Drahtlos leben

Wi-Fi (*Wireless Fidelity*, das drahtlose Funknetzwerk) oder WLAN (*wireless local area network*, das Computernetzwerk mit Funktechnik), wie es in Deutschland heißt – und wie selbst Apple seit der iOS-Version 5 für seine deutschen Kunden eingesehen hat –, ist die Hauptstraße, auf der Sie mit einem iPad die virtuellen Korridore des Cyberspace durchstreifen (oder E-Mails versenden, auf den App Store oder den iTunes Store zugreifen oder sich um YouTube kümmern). Aber auch wenn Sie heutzutage an vielen Stellen – wie Flughäfen, Universitäten, Cafés, Büros, Schulen und Privathaushalten – drahtlose Internetzugriffspunkte (so genannte *Hotspots*) finden, ist WLAN doch nicht überall verfügbar.

Wenn Sie das iPad-Modell Wi-Fi + 3G oder 4G kaufen (bei der Namensgebung ist Apple international, hier heißt es Wi-Fi und nicht WLAN), steht Ihnen häufig eine brauchbare Alternative zur Verfügung, wenn Sie keinen Zugriff auf ein Funknetzwerk haben. Diese Modelle können WLAN, EDGE und 3G benutzen. (Sie können auch auf eine weitere drahtlose Technologie, *Bluetooth*, zugreifen, die aber einem anderen Zweck dient und in Kapitel 13 beschrieben wird.)

Mobilfunkbenutzer können für relativ wenig Geld Prepaid-Karten oder monatlich kündbare Tarife (Vodafone) benutzen. Wenn Sie also einmal für einen Monat durch die Alpen touren, müssen Sie keinen Zwei-Jahres-Tarif bei T-Mobile abschließen, um Zugriff auf das Internet zu bekommen.

Das iPad schnappt sich automatisch das schnellste verfügbare Netzwerk, bei dem es sich meistens um WLAN handelt, der netten Umschreibung der technischen Bezeichnung 802.11. Und dem »acht-null-zwei-Punkt-elf« (wie es ausgesprochen wird) folgt ein Buchstabe – in der Regel (aber nicht immer) *b*, *g* oder *n*. Geschrieben wird das dann 802.11b, 802.11g und so weiter. Der Buchstabe bezeichnet unterschiedliche technische Standards, die mit der Geschwindigkeit und der Reichweite zu tun haben, die Sie von der WLAN-Konfiguration erwarten können. Sie sollten aber keine Albträume bekommen, nur weil Sie sich nicht sonderlich für dieses Alphabet für Computerverrückte interessieren.

Nur für die Akten: Das iPad kann mit 802.11a, b, g und n umgehen, so dass Sie eigentlich überall WLAN nutzen können. Wenn Sie ein Kennwort eingeben müssen, um auf einen kostenpflichtigen Hotspot zuzugreifen, können Sie das mit der virtuellen Tastatur des iPads erledigen.

Das Problem bei WLAN ist, dass es nicht allgegenwärtig ist, was uns direkt zum Datennetzwerk von Mobilfunkanbietern bringt, zu EDGE oder 3G.

Falls Sie einmal in einer Eine-Million-Euro-Show vor der alles entscheidenden Frage stehen, was EDGE bedeutet, hier die Antwort: EDGE ist die Abkürzung von *Enhanced Datarate for GSM Evolution*. Es basiert auf dem weltweiten Telefonstandard GPRS, was wiederum *General Packet Radio Service* heißt und ein weiterer, nicht allzu schneller Datenübertragungsdienst ist.

3G, das für »dritte Generation« steht, vom iPad 2 und 4G (4. Generation, auch LTE) vom neuen iPad bezeichnen die Mobilfunkstandards. 3G öffnet Webseiten normalerweise doppelt so schnell wie das alte EDGE und 4G-Verbindungen toppen diese Geschwindigkeit noch einmal. Zu weltweiten Irritationen hat die Werbung von Apple geführt, in der die LTE-Fähigkeit der neuen iPads betont wird. Bei LTE handelt es sich aber leider nicht um eine fest definierte Technologie, so dass auf der Welt unterschiedliche Standards (Frequenzen) verwendet werden. Das zurzeit in Deutschland installierte LTE kann von den iPads NICHT genutzt werden. Das neue iPad ist allerdings auch in einigen 3G-Netzen (HSPA+ oder Zweikanal-HSPA) schneller als das iPad 2. Ob 3G oder 4G: Auf jeden Fall ist das Herunterladen über WLAN durch nichts zu überbieten.

Zusammenfassend lässt sich festhalten, dass das Netzwerk, mit dem Sie vorliebnehmen müssen, davon abhängt, wo Sie leben, arbeiten oder reisen. Wenn WLAN und 3G außerhalb der Reichweite Ihres Geräts sind, bleibt Ihnen nichts anderes übrig, als die Langsamkeit des Seins mit EDGE zu entdecken. Wir sind schon an Stellen gewesen, an denen Verbindungen mit Einwahlmodems schneller gewesen wären.

Aber es wird immer besser. 3G steht an immer mehr Orten zur Verfügung – was auch für WLAN gilt.

Noch eine Sache zum Schluss: Auch auf die Gefahr hin, dass wir uns wiederholen, bedenken Sie, dass das Streamen von Filmen und das Herunterladen von riesigen Dateien Ihre Megabytes oder Gigabytes nur so wegfuttert, so dass Ihr Kapazitätsbudget oftmals schon vor Monatsende aufgebraucht ist. Suchen Sie sich einen Ort, wo es WLAN gibt, wenn Sie Filme sehen oder andere große Dateien streamen möchten.

Um den Verbrauch an Speicherplatz zu überwachen, gehen Sie auf EINSTELLUNGEN|ALLGEMEIN|BENUTZUNG. Wir empfehlen, an dem Tag, an dem Ihre monatliche Abrechnung beginnt, im Bereich MOBILE DATENNUTZUNG den Knopf STATISTIKEN ZURÜCKSETZEN unten in dem Menüfenster anzutippen (möglicherweise müssen Sie scrollen, um den Knopf zu finden).

Ein Kumpel zum Surfen

Einer der Gründe, warum das Netz auf einem iPad dem Netz auf Ihrem herkömmlichen Computer so stark ähnelt, ist der Webbrowser Safari. Wenn man es sich recht überlegt, sieht das Netz dank des wunderbaren Bildschirms auf dem iPad häufig sogar viel besser aus. Safari für den Mac und für Windows ist einer der besten Webbrowser, die es gibt. Unserer Meinung nach hat Safari als Browser für Handys keine Konkurrenz zu fürchten. Und Sie können sich vielleicht vorstellen, dass Safari auf dem iPad ähnlich ansprechend ist.

Bereits bei iOS 4.3 hat Apple in Safari etwas eingebaut, um die Leistung zu steigern, das Apple *Nitro JavaScript Engine* nennt. Selbst eine so benutzerfreundliche Firma wie Apple kann dann und wann nicht auf Computerfachchinesisch verzichten.

Den Browser entdecken

Wir starten unsere Expedition in den Cyberspace mit einer schnellen Tour durch den Browser Safari. Werfen Sie einmal einen Blick auf Abbildung 4.1. Es gibt zwar nicht alle Steuerelemente, die der Browser auf einem PC oder Mac aufweist, trotzdem schaut Safari auf dem iPad bekannt aus. Wir beschreiben die Steuerelemente und andere Funktionen von Safari im Laufe dieses Kapitels.

Bevor wir aber in die Tiefe gehen, empfehlen wir Ihnen, einen kleinen Umweg zu machen und in diesem Kapitel den Kasten *Drahtlos leben* zu lesen, um mehr über die drahtlosen Netzwerke zu erfahren, die es Ihnen möglich machen, mit dem iPad im Web zu surfen.

Vorherige

Nächste Seite

Lesezeichen

Gehe zu

Adressfeld

Webseite aktualisieren

In Google, Bing oder Yahoo suchen

Abbildung 4.1: Der Browser des iPads: Safari

Auf geht's in den Cyberspace

Das Surfen im Web beginnt natürlich mit einer Webadresse. Wenn Sie auf dem iPad in das Adressfeld von Safari tippen, erscheint die virtuelle Tastatur. Hier ein paar Tipps zum Benutzen der Tastatur in Safari (weitere Informationen dazu, was Sie mit der virtuellen Tastatur machen können, finden Sie in Kapitel 2):

✔ Da sehr viele Webadressen mit dem Suffix .com enden (was *dot kom* ausgesprochen wird), hat die Tastatur eine extra dafür vorgesehene Taste `.com`. Um weitere häufig benutzte Suffixe – zum Beispiel .de, .net, .edu oder.org, .us, .ro, .eu und so weiter – einzugeben, halten Sie die Taste `.com` gedrückt und gleiten dann mit dem Finger auf den entsprechenden Domänentyp, um ihn auszuwählen.

✔ Genauso wichtig ist, dass sowohl der Punkt (.) als auch der Schrägstrich (/) auf der Tastatur zu finden sind, weil Sie diese Tasten häufig benutzen, wenn Sie Webadressen eingeben.

✔ In dem Augenblick, in dem Sie einen Buchstaben eingeben, sehen Sie eine Liste der Webadressen, die Sie irgendwann einmal aufgesucht haben und die zu den Buchstaben passen. Wenn Sie ein S eingeben, könnten Sie zum Beispiel Webadressen der Süddeutschen Zeitung, des Spiegels und so weiter sehen. Geben Sie stattdessen ein W ein, erscheint unter anderem auch die Adresse des Verlags Wiley-VCH.

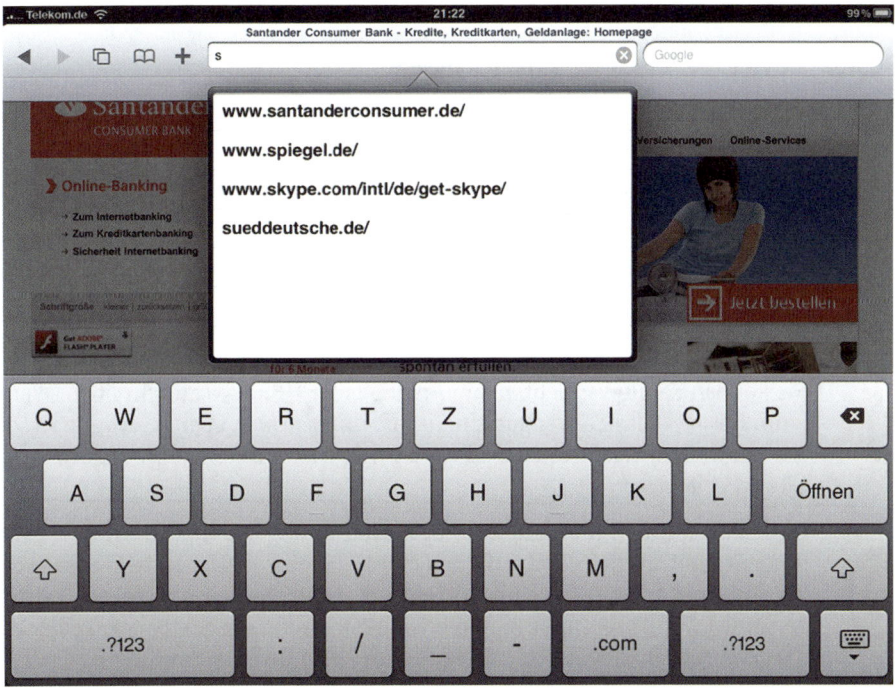

Abbildung 4.2: Webseiten, die zu dem von Ihnen eingegebenen Buchstaben passen

Das iPad kennt zwei Wege, um Websites zu finden, wenn Sie einen bestimmten Buchstaben tippen:

✔ **Lesezeichen:** Eine Methode verwendet die Websites, die Sie bereits auf Ihrem Computer als Lesezeichen in Safari oder Internet Explorer eingetragen haben und die (so, wie wir es in Kapitel 3 beschreiben) synchronisiert worden sind. Sie finden weiter hinten in diesem Kapitel mehr über Lesezeichen.

✔ **Verlauf:** Die zweite Methode, die das iPad für seine Vorschläge bei Ihrer Eingabe eines Buchstabens verwendet, hat mit der Verlaufsliste Ihres Browsers zu tun. Beim Verlauf handelt es sich um eine Übersicht über die Orte im Cyberspace, an denen Sie in letzter Zeit ein Tässchen Kaffee getrunken habe. (Auch auf dieses Thema gehen wir weiter hinten in diesem Kapitel noch einmal ein.)

Vielleicht haben Sie jetzt Lust, Ihre erste Webseite zu öffnen – und das ist eine echte *HTML-Seite*, um wieder einmal einen technischen Ausdruck einzuflechten:

1. **Tippen Sie im unteren Teil des Home-Bildschirms auf das Symbol Safari.**

   Das ist einer der Fantastischen Vier (zusammen mit Mail, Fotos und Musik). Kapitel 1 stellt den Home-Bildschirm vor.

2. **Tippen Sie in das Adressfeld (siehe Abbildung 4.1).**

3. **Fangen Sie an, die Webadresse, auch *URL* (Uniform Ressource Locator, für die Fans wissenswerter Kleinigkeiten) genannt, auf der virtuellen Tastatur einzugeben, die sich von unten in den Bildschirm hineingeschoben hat.**

4. **Führen Sie eine der folgenden Aktionen durch:**

   • Um die eine (oder andere) mit einem Lesezeichen gekennzeichnete Site aus der Liste zu übernehmen, tippen Sie auf den entsprechenden Namen.

   • Safari ergänzt im Adressfeld automatisch die URL und bringt Sie zu der Seite, die Sie besuchen wollen.

   • Schreiben Sie so lange weiter, bis Sie die gesamte Webadresse der Site eingegeben haben, die Ihnen vorschwebte. Tippen Sie dann auf der rechten Seite der Tastatur auf die Taste ⌈Öffnen⌉.

Sie können darauf verzichten, am Anfang einer URL www zu schreiben. Wenn Sie (zum Beispiel) das Satiremagazin Titanic unter `www.titanic-magazin.de` besuchen wollen, reicht es aus, `titanic-magazin.de` einzugeben, um zu dieser Site zu gelangen.

Da Safari auf dem iPad unter einer Variation des mobilen Betriebssystems des iPhones läuft, treffen Sie häufig auf Sites, die eine abgespeckte – oder mobile – Version einer Website anzeigen. (Diese Version einer Website wird auch *WAP-Site* genannt.) Auf diesen Sites sind die Grafiken häufig ausgeschaltet. Leider diskriminieren die Inhaber dieser Sites Sie unwissentlich, wenn Sie mit einem iPad darauf zugreifen. Besser wäre es, auswählen zu können, welche Art von Site angezeigt werden soll – die abgespeckte oder die komplette Variante. Wenn es so etwas nicht gibt, bleibt Ihnen nur übrig, die Inhaber dieser Sites so lange mit Briefen, E-Mails und Anrufen zuzuschütten, bis sie die Anwendung ändern.

Mit Safari im Web surfen

In den folgenden Abschnitten erfahren Sie, wie Sie mit den vielen wunderbaren Funktionen von Safari im Web surfen können. Sie erfahren, wie Sie zoomen und die mit iOS 5 eingeführten Safari-Optionen Reader, Leseliste und Tabbed Browsing nutzen. Sie erfahren auch alles Wissenswerte über Lesezeichen, Verlauf, Druckoptionen und vieles mehr.

Jetzt habe ich den Durchblick

Wenn Sie wissen, wie eine Webseite geöffnet wird (anderenfalls lesen Sie den vorherigen Abschnitt), können wir Ihnen zeigen, wie einfach es ist, die Seiten so zu vergrößern, dass Sie ohne die Hilfe eines Vergrößerungsglases lesen können, was Sie lesen möchten, und erkennen können, was Sie sehen möchten. Das Vergrößern wird auch *Hineinzoomen* und das Verkleinern *Herauszoomen* genannt.

Probieren Sie fürs Erste einmal diese netten, kleinen Tricks aus:

✔ **Tippen Sie doppelt auf den Bildschirm, damit er vom Text ausgefüllt wird.** Es dauert nur eine Sekunde, bis der Bildschirm scharf wird. Schauen Sie sich einmal das Beispiel in Abbildung 4.3 an. Es zeigt zwei Ansichten derselben Webseite der Zeitschrift *Kicker*. Links sehen Sie, wie die Seite dargestellt wird, wenn Sie sie öffnen. Rechts füllt der Bereich mit den Top Stories fast den gesamten Bildschirm aus, nachdem Sie doppelt darauf getippt habe. Um wieder zur ersten Darstellung zurückzukehren, tippen Sie noch einmal doppelt auf den Bildschirm.

✔ **Drücken Sie die Seite zusammen.** Drücken Sie auf dem Bildschirm Daumen und Zeigefinger zusammen oder spreizen Sie sie, um Seiteninhalte zu verkleinern beziehungsweise zu vergrößern. Auch hier müssen Sie einen Augenblick warten, damit sich der Bildschirm scharf stellt.

✔ **Halten Sie den Finger auf eine Seite gedrückt und verschieben Sie ihn oder streichen Sie von oben nach unten über die Seite.** Dadurch verschieben Sie ein Objekt und scrollen.

✔ **Drehen Sie das iPad auf die Seite.** Dadurch wird aus dem Hochformat ein breites Querformat. Auch die Tastatur, die in dieser Abbildung nicht zu sehen ist, wird breiter, was es einfacher macht, eine neue URL einzugeben.

Dieses kleine Wunder geschieht nicht, wenn Sie die Bildschirmausrichtung wie in Kapitel 1 beschrieben deaktiviert haben.

Reader

Die hervorragende Reader-Funktion in Safari gibt es als Mac- und Windows-Version schon eine ganze Weile. Mit iOS 5 steht sie nun auch für Safari auf dem iPad zur Verfügung und ist wirklich eine feine Sache.

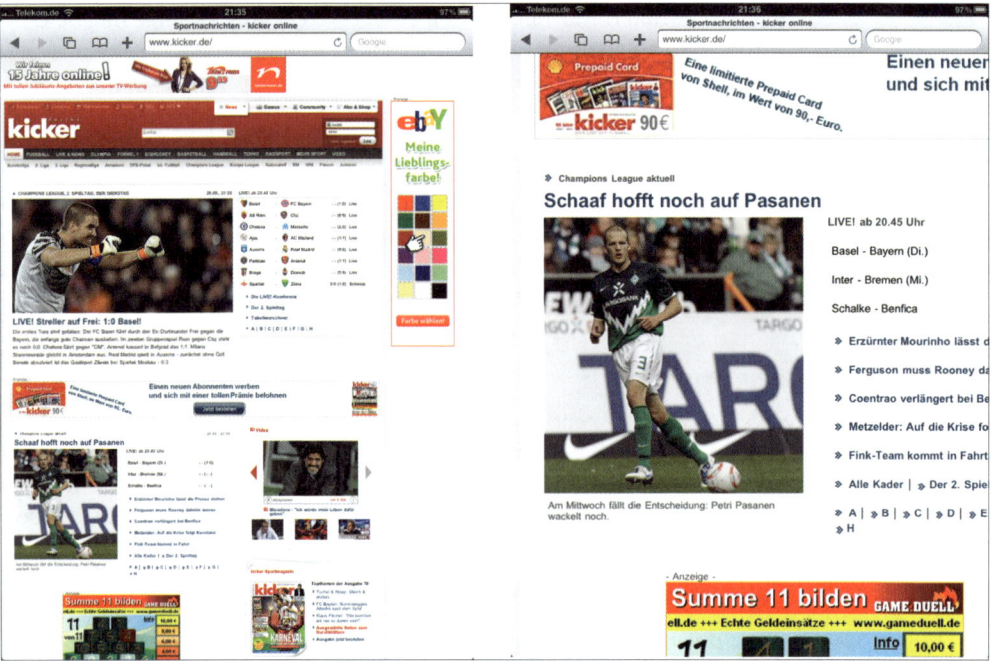

Abbildung 4.3: Doppeltes Tippen vergrößert oder verkleinert das Dargestellte.

Stellen Sie sich den Reader wie einen Müllschlucker vor. Tippen Sie einfach auf den Reader-Knopf oben in dem URL-Feld und Sie können den betreffenden Artikel ohne überflüssigen Schnickschnack lesen. Und weil Bilder mehr als tausend Worte sagen, schauen Sie sich einfach Abbildung 4.4 an und vergleichen Sie die beiden Ansichten, bei denen es sich um dieselbe Seite, einmal mit und einmal ohne aktivierte Reader-Funktion handelt.

Liebliche Links lieben lernen

Das Surfen im Web würde Ewigkeiten dauern, wenn Sie bei jedem Wechsel von einer Seite zu einer anderen deren URL neu eingeben müssten. Aus diesem Grund sind Lesezeichen so wertvoll. Und deshalb sind auch praktische Verknüpfungen (die im Web auch *Links* genannt werden) so gerne gesehen. Da Safari auf dem iPad genauso funktioniert wie Webbrowser auf Ihrem PC oder Mac, verhalten sich auch Links genauso.

Textverknüpfungen, die Sie von einer Site zu einer anderen bringen, sind normalerweise unterstrichen, werden in Fettschrift dargestellt oder sind einfach nur Elemente einer Liste. Tippen Sie auf eine solche Verknüpfung, um direkt zu der entsprechenden Site oder Seite zu gelangen.

Das Tippen auf andere Verknüpfungen führt zu anderen Ergebnissen:

✔ **Eine Karte öffnen:** Indem Sie auf eine Karte tippen, starten Sie Google Maps, auf das in Kapitel 6 eingegangen wird.

Abbildung 4.4: Eine Website einmal ohne und einmal mit aktivierter Reader-Funktion

✔ **Eine E-Mail erstellen:** Tippen Sie auf eine E-Mail-Adresse, und das iPad öffnet die App Mail (siehe Kapitel 5) und füllt das Feld AN mit dieser Adresse. Außerdem erscheint die virtuelle Tastatur, damit Sie weitere E-Mail-Adressen eingeben und eine Betreffzeile und die Nachricht zusammenstellen können. Dieser Kurzbefehl funktioniert nicht überall dort, wo im Web eine Mail-Adresse erscheint.

 Wenn Sie die URL eines *Links*, also das, was sich dahinter verbirgt, sehen möchten, halten Sie Ihren Finger auf der URL gedrückt, bis die in Abbildung 4.5 dargestellte Liste mit Optionen erscheint.

Verwenden Sie diese Methode auch, um herauszufinden, ob es zu einem bestimmten Bild einen Link gibt. Halten Sie Ihren Finger einfach auf dem Bild gedrückt und wenn es verlinkt ist, sehen Sie die Webadresse, die zu dem Bild führt.

Mit den anderen beiden in Abbildung 4.5 dargestellten Link-Optionen können Sie Folgendes tun:

✔ **Öffnen:** Öffnet die Seite in diesem Tab.

✔ **Kopieren:** Kopiert die URL des Links in den Zwischenspeicher Ihres iPads, so dass Sie ihn woanders einfügen können.

Über die anderen beiden Optionen IN NEUEM TAB ÖFFNEN und ZUR LESELISTE HINZUFÜGEN erfahren Sie ein bisschen weiter hinten in diesem Kapitel mehr.

Nicht jeder Weblink funktioniert auf dem iPad. Als wir dieses Buch geschrieben haben, unterstützte das iPad einige Webstandards nicht – bemerkenswerterweise gehört dazu auch Adobe Flash. Wenn Sie einen inkompatiblen Link sehen, passiert entweder gar nichts oder es erscheint eine Meldung, mit der Sie aufgefordert werden, ein Plug-in zu installieren. Mehr Informationen über die Verwendung von Flash auf Ihrem iPad erfahren Sie in dem Kasten *Hilfe für alle Flash-losen.*

Abbildung 4.5: Halten Sie Ihren Finger auf einem Link gedrückt und es erscheint eine Liste mit Optionen.

Hilfe für alle Flash-losen

Die Tatsache, dass iPad keine Adobe-Flash-Videos unterstützt, ist schade und wir hoffen, dass sich das in Zukunft ändern wird, denn Flash ist nun mal das Hauptwerkzeug für Videos und Animationen im Internet. Doch noch ist nicht alles verloren, denn selbst wenn Flash nicht funktioniert, bietet Apple unter anderem einen immer beliebter werdenden Standard für Audio- und Video-Dateien, nämlich *HTML5*. Bis Flash unterstützt wird, sollten Sie mit einem so genannten Workaround in der Lage sein, Flash-Videos auf dem iPad zu öffnen: Skyfire Labs vertreibt für 3,99 Euro eine App, die Flash auf vielen Sites unterstützt. Aber die Browseralternative von Skyfire ist auf Videos begrenzt; die App unterstützt weder Flash-Spiele noch Flash-Animationen. Hier verspricht das (noch) kostenlose iSwifter, diese Lücke zu schließen. Dieser Browser kann nicht nur Videos, sondern auch Flash-Spiele übertragen.

Außerdem hat Adobe kürzlich neue Technologien angekündigt, die Adobe Flash Media Server und Adobe Flash Access heißen und wahrscheinlich die Verwendung von Flash-Videoinhalten auf iPads und iPhones ermöglichen werden. Wir hatten bisher nicht die Möglichkeit, eine dieser Technologien auszuprobieren, aber für uns hört sich das nach einer Win-win-Lösung an.

Lesezeichen

Sie haben schon gehört, wie nützlich Lesezeichen sind und wie Sie sie mit denen der Browser auf Ihrem Computer synchronisieren können. Es ist überhaupt nicht schwer, eine Webseite direkt auf Ihrem iPad mit einem Lesezeichen zu versehen. Gehen Sie dazu folgendermaßen vor:

1. **Sorgen Sie dafür, dass die Seite, auf der Sie ein Lesezeichen setzen wollen, geöffnet ist, und tippen Sie oben im Bildschirm auf den Aktionsknopf. Er sieht wie ein Pfeil aus, der versucht, aus einem Rechteck zu entkommen.**

2. **Tippen Sie auf LESEZEICHEN.**

   Es öffnet sich ein neues Fenster mit einem Standardnamen für das Lesezeichen – seiner Webadresse – und einem Ablageordner.

3. **Wenn Sie den Standardnamen und den Standardablageort des Lesezeichens akzeptieren können, tippen Sie auf SICHERN.**

4. **Um den Standardnamen des Lesezeichens zu ändern, tippen Sie neben dem Namen auf das X im Kreis, geben (über die virtuelle Tastatur) eine neue Bezeichnung ein und tippen dann auf SICHERN.**

5. **Um den Ordner zu ändern, in dem das Lesezeichen abgelegt wird, tippen Sie im Dialogfeld LESEZEICHEN zunächst auf das Zeichen >. Tippen Sie dann auf den Ordner, der das Lesezeichen aufnehmen soll, und anschließend auf SICHERN.**

Um ein Lesezeichen zu öffnen, tippen Sie links oben auf dem Bildschirm auf das Symbol LESE-ZEICHEN (siehe Abbildung 4.1) und dann auf das entsprechende Lesezeichen. Wenn das Lesezeichen, das Sie suchen, in einem Ordner vergraben ist, tippen Sie zuerst auf den Namen des Ordners und dann auf das Lesezeichen. Wenn Sie VERLAUF oder LESELISTE (worüber Sie weiter hinten in diesem Kapitel noch mehr erfahren werden) anstatt LESEZEICHEN sehen, klicken Sie auf den Knopf LESEZEICHEN oben in der Liste und dann auf das gewünschte Lesezeichen.

 Wenn Sie in Schritt 1 der vorstehenden Anleitung statt auf LESEZEICHEN auf ZUM HOME-BILDSCHIRM getippt haben, fügt Ihr iPad dem Home-Bildschirm ein Symbol hinzu, damit Sie schnell auf die Site zugreifen können. Wir behandeln diesen Punkt im Einzelnen weiter hinten in diesem Kapitel im Abschnitt *Eine Webseite einkleben*. Wenn Sie auf URL DER SEITE SENDEN getippt haben, öffnet sich die App Mail mit dem Link im Nachrichtentext und dem Namen der Site in der Betreffzeile. Mehr über die App Mail erfahren Sie in Kapitel 5.

Lesezeichen ändern

Wenn eine mit einem Lesezeichen versehene Adresse ihre Bedeutung verloren hat, können Sie das Lesezeichen entweder ändern oder es ganz loswerden:

✔ **Um ein Lesezeichen (oder einen Ordner) zu löschen,** tippen Sie rechts oben im Dialogfeld LESEZEICHEN auf BEARBEITEN. Tippen Sie dann neben dem Lesezeichen, das Sie aus der Liste entfernen wollen, auf den roten Kreis und anschließend auf LÖSCHEN.

 Um ein einzelnes Lesezeichen oder einen einzelnen Ordner zu entfernen, wischen Sie von links nach rechts über den Namen und tippen Sie dann auf den Löschen-Knopf.

✔ **Um den Namen eines Lesezeichens oder eines Ordners zu ändern,** tippen Sie auf BEARBEITEN und dann auf das Lesezeichen. Es erscheint das Dialogfeld LESEZEICHEN BEARBEITEN mit dem Namen, der URL und dem Ablageort des Lesezeichens. Tippen Sie auf die Felder, die Sie ändern möchten. Tippen Sie im Feld für den Namen auf das X im grauen Kreis und benutzen Sie die Tastatur, um eine neue Bezeichnung einzugeben. Tippen Sie im Feld für den Ordner auf das Symbol > und scrollen Sie in der Liste mit Ihren Lesezeichenordnern nach oben oder nach unten, um einen neuen Platz für das Lesezeichen zu finden.

✔ **Um einen neuen Ordner für Ihre Lesezeichen anzulegen,** tippen Sie auf BEARBEITEN und dann auf die Schaltfläche NEUER ORDNER. Geben Sie einen Namen für den neuen Ordner ein und wählen Sie aus, wo er abgelegt werden soll.

✔ **Um ein Lesezeichen in einer Liste nach oben oder nach unten zu verschieben,** tippen Sie auf BEARBEITEN und ziehen die drei Balken, die sich rechts neben dem Namen des Lesezeichens befinden, an die neue Position.

Tabbed browsen

Wenn wir auf einem Mac oder PC im Internet surfen, kommt es kaum vor, dass wir auf eine einzige Seite gehen und diese den ganzen Tag über aufgerufen lassen. Häufig haben wir sogar mehrere Webseiten gleichzeitig geöffnet. Manchmal springen wir hin und her, ohne die Seiten, die wir besucht haben, zu schließen. Manchmal wird durch einen Link auch ein neues Fenster geöffnet, ohne dass das alte geschlossen wird. (Wenn es sich bei diesen zusätzlichen Seiten um Werbung handelt, wird das nicht immer begrüßt.)

Mit Safari auf dem iPad können Sie bis zu neun Seiten gleichzeitig öffnen, aber mit iOS 5 wurde diese umständliche Option abgeschafft und stattdessen das brillante Tabbed Browsing eingeführt, ähnlich wie bei den Desktop-Versionen von Browsern wie beispielsweise Safari.

Nachdem Sie eine Seite geöffnet haben, gibt es zwei Möglichkeiten, zusätzliche Webseiten in Safari zu öffnen, so dass sie in der Tab-Leiste am oberen Bildschirmrand zu sehen sind (anstatt immer die Seite, die man sich gerade ansieht, zu ersetzen):

✔ **Tippen Sie auf den +-Knopf (siehe Abbildung 4.6) rechts neben der Tab-Leiste am oberen Bildschirmrand.** Es erscheint ein leerer Tab mit dem Namen OHNE TITEL, wie in Abbildung 4.6 dargestellt. Geben Sie jetzt eine URL ein, tippen Sie auf ein Lesezeichen oder führen Sie eine Suche durch und die URL wird in diesem Tab erscheinen.

✔ **Halten Sie Ihren Finger auf einem Link gedrückt, bis eine Liste mit Optionen erscheint (siehe Abbildung 4.5), und dann tippen Sie auf** IN NEUEM TAB ÖFFNEN.

Um zwischen Tabs hin und her zu springen, tippen Sie einfach auf den Tab. Um einen Tab zu schließen, tippen Sie auf das graue X, das oben links in dem aktiven Tab erscheint.

Abbildung 4.6: Ein neuer Tab, bereit, jede gewünschte Webseite anzuzeigen

Mit der Leseliste für später aufsparen

 Wenn Sie eine Webseite besuchen, die Sie zwar lesen möchten, aber nicht jetzt in diesem Moment, dann bietet die mit iOS 5 neu eingeführte Leseliste praktische Hilfestellung. Und so funktioniert sie:

✔ **Eine Seite für später aufsparen:** Tippen Sie auf den Aktionsknopf und dann auf ZUR LESELISTE HINZUFÜGEN. Oder, wenn Sie einen Link auf eine Seite sehen, die Sie später gerne besuchen möchten, drücken Sie mit dem Finger auf den Link, bis eine Liste mit Optionen erscheint (wie in Abbildung 4.5 dargestellt), und dann tippen Sie auf ZUR LESELISTE HINZUFÜGEN.

✔ **Eine Seite auf der Leseliste lesen:** Tippen Sie auf das Lesezeichen-Symbol und dann auf die gewünschte Seite auf der Leseliste wie in Abbildung 4.7 dargestellt.

✔ **Speichern, was man gelesen hat:** Wenn der Tab ALLE wie in Abbildung 4.7 dargestellt markiert ist, sehen Sie, dass das zweite bis vierte Objekt graue Überschriften haben, was anzeigt, dass sie bereits gelesen wurden. In dem Tab UNGELESEN würde nur das erste (ungelesene) Objekt erscheinen.

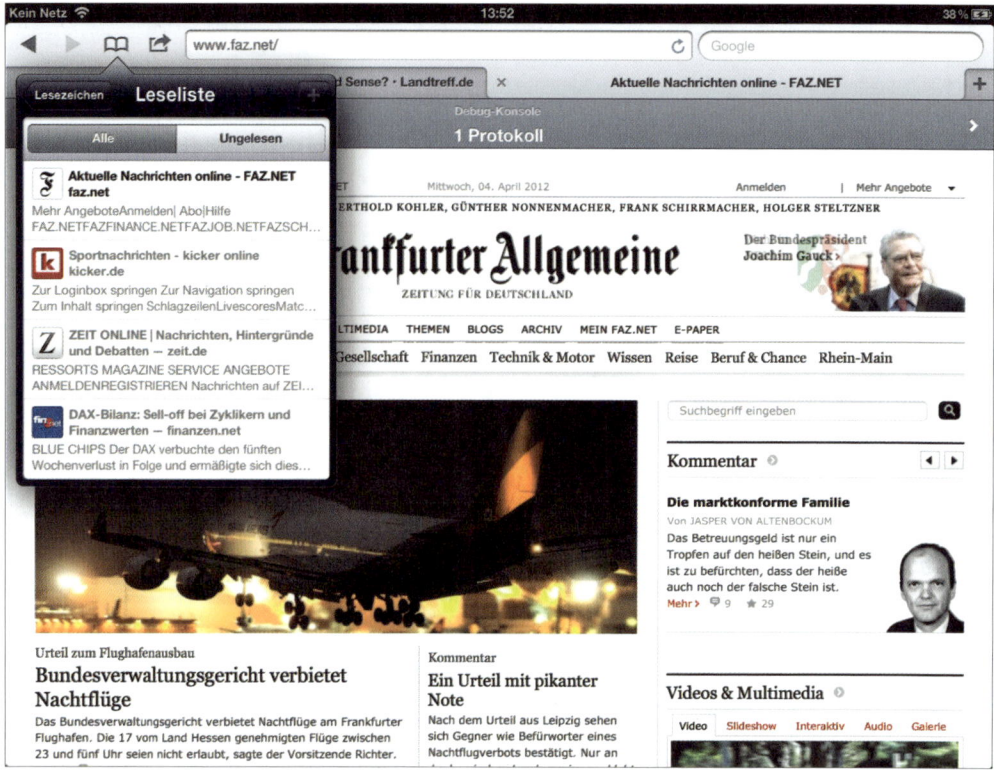

Abbildung 4.7: Tippen Sie auf eine Seite in der Leseliste, um sie zu lesen.

✔ **Objekte aus der Leseliste entfernen:** Wischen Sie von links nach rechts über das Objekt und dann tippen Sie auf den roten Löschen-Knopf.

 Für die Leselisten-Funktion benötigen Sie eine aktive Internetverbindung. Wenn Sie Leselisten *ohne* Internetverbindung nutzen möchten, schauen Sie sich mal die hervorragende App Instapaper von Marco Arment an. Sie bekommen sie für 3,99 Euro im App Store. Mehr über Instapaper erfahren Sie in Kapitel 17.

Und vergessen Sie nicht, dass Sie Ihre Leseliste (und Lesezeichen) mit Hilfe von iCloud auch auf Ihren Computern und anderen iOS-Geräten nutzen können, wie bereits in Kapitel 3 beschrieben.

Eine Webseite einkleben

Sie besuchen viele Websites – einige häufiger als andere. Sie sind ständig online, um zum Beispiel über die ständigen Verspätungen im Zugfahrplan auf dem Laufenden zu sein. In ihrer unendlichen Weisheit haben Ihnen die Leute bei Apple besondere Privilegien für häufig besuchte Sites eingeräumt, indem Sie Seiten nicht nur mit einem Lesezeichen versehen, sondern sie auch auf dem einzigartigen Home-Bildschirm unterbringen können. Apple nennt dies *Weblinks*, und das Erstellen ist mehr als einfach. Gehen Sie dazu folgendermaßen vor:

1. **Öffnen Sie die Webseite, um die es Ihnen geht, und tippen Sie auf den Aktionsknopf.**

2. **Tippen Sie auf Zum Home-Bildschirm.**

   Solange die Seite kein eigenes Symbol hat, macht Apple die angezeigte Seite zu einem Symbol, das gespeichert wird.

3. **Geben Sie für Ihren Weblink einen neuen Namen ein oder belassen Sie es bei dem Namen, den Apple vorschlägt.**

4. **Tippen Sie auf Hinzufügen.**

 Sie können einen Weblink wie ein Symbol entfernen, indem Sie ihn gedrückt halten, bis sein Symbol anfängt zu wackeln. Tippen Sie dann in der Ecke des Symbols auf das X und anschließend auf Löschen. Sie beenden den Vorgang dadurch, dass Sie die Home-Taste drücken.

Eine Webseite drucken

Wenn Sie zu einer Webseite kommen, die Sie ausdrucken möchten, tippen Sie oben auf dem Bildschirm auf das Symbol, das wie ein Pfeil aussieht, der aus einem Rechteck entkommen möchte. Tippen Sie dann in dem Menü, das erscheint, auf Drucken. Um aus dem Menü heraus drucken zu können, benötigen Sie einen Drucker, der zu AirPrint kompatibel ist (siehe auch Kapitel 2).

Den Faden nicht verlieren

Gelegentlich kommt es vor, dass Sie noch einmal eine Site besuchen möchten, bei der Sie vergessen haben, sie mit einem Lesezeichen zu markieren, und an die verflixte Zieladresse können Sie sich auch nicht mehr erinnern, geschweige denn an das, was Sie ursprünglich einmal dorthin geführt hat. Jetzt kommt's: Sie können den Verlauf studieren.

Safari zeichnet die Seiten auf, die Sie besucht haben, und hält diese Protokolle für mehrere Tage fest. Und so greifen Sie auf den Verlauf zu:

1. **Tippen Sie auf das Symbol Lesezeichen.**

2. **Tippen Sie auf Verlauf.**

   Sie finden Verlauf oben in der Liste der Lesezeichen.

3. **Tippen Sie auf den Tag, von dem Sie glauben, dass Sie an ihm die Site besucht haben.**

4. **Wenn Sie die Site gefunden haben, tippen Sie auf den betreffenden Listeneintrag.**

   Ihrer triumphalen Rückkehr steht nichts mehr im Wege.

 Um den Verlauf zu löschen, damit niemand Ihren Spuren folgen und Ihre Geheimnisse entdecken kann, tippen Sie in der oberen rechten Ecke der Verlaufsliste auf Verlauf löschen. Alternativ können Sie gleich auf dem Home-Bildschirm auf Einstellungen|Safari|Verlauf löschen gehen. In beiden Fällen können Sie aber auch, wie sonst, das Internet verlassen, ohne Ihre Spuren zu verwischen.

Eine mobile Suchmission starten

Die meisten von uns verbringen viel Zeit damit, das Internet über Suchmaschinen zu durchstöbern. Die Suchmaschinen, die dabei am häufigsten aufgerufen werden, sind Google, Yahoo! und Microsofts Bing. Und das gilt auch für das iPad.

Obwohl Sie natürlich die virtuelle Tastatur benutzen können, um im Adressfeld von Safari `google.de`, `yahoo.de` oder `bing.de` einzugeben, verlangt Apple von Ihnen diese Wahnsinnsanstrengung nicht. Tippen Sie stattdessen im Suchfeld, das Abbildung 4.8 zeigt, auf GOOGLE, auf YAHOO! oder auf BING. Auf dem iPad ist die Standardsuchmaschine Google.

Um eine Suche im Web nach dem Thema *iPad* durchzuführen, gehen Sie so vor:

1. **Tippen Sie auf das Suchfeld.**

   Es passiert etwas Komisches: Das Suchfeld vergrößert sich (so als ob Google, Yahoo! oder Bing davon ausgehen, dass Sie in das Feld mehr Text eingeben wollen, als dort ursprünglich Platz gehabt hätte). Gleichzeitig wird die Adressleiste kleiner und die immer aufmerksame virtuelle Tastatur gleitet von unten auf den Bildschirm. Wir erklären in Kapitel 2, wie die Tastatur ahnt, was Sie vorhaben. Diejenige, die sich jetzt zeigt, verfügt über eine Taste Suchen .

2. **Geben Sie Ihr Suchwort oder den Suchausdruck ein und tippen Sie auf die Taste Suchen ,** um Seiten mit Ergebnissen zu erzeugen.

3. **Tippen Sie auf ein Suchergebnis, das vielversprechend aussieht.**

   Sie können auf der Webseite, die aktuell auf dem Bildschirm geöffnet ist, ein Suchwort oder eine Suchphrase finden. Geben Sie einfach in das Suchfeld den entsprechenden Begriff ein und tippen Sie unten in der Ergebnisliste auf AUF DIESER SEITE (siehe Abbildung 4.8). Der erste Treffer Ihres Suchbegriffs wird auf der Seite optisch hervorgehoben. Tippen Sie in der linken unteren Ecke des Bildschirms auf die Schaltfläche WEITER, um die nächste Übereinstimmung zu finden. Tippen Sie danach erneut auf WEITER und so weiter.

   Um das Suchfeld von GOOGLE auf YAHOO! oder BING (denn auch diese Suchmaschine können Sie zum Standard für Ihr Suche machen) und umgekehrt zu ändern, lesen Sie den Abschnitt *Smarte Safari-Einstellungen* weiter hinten in diesem Kapitel.

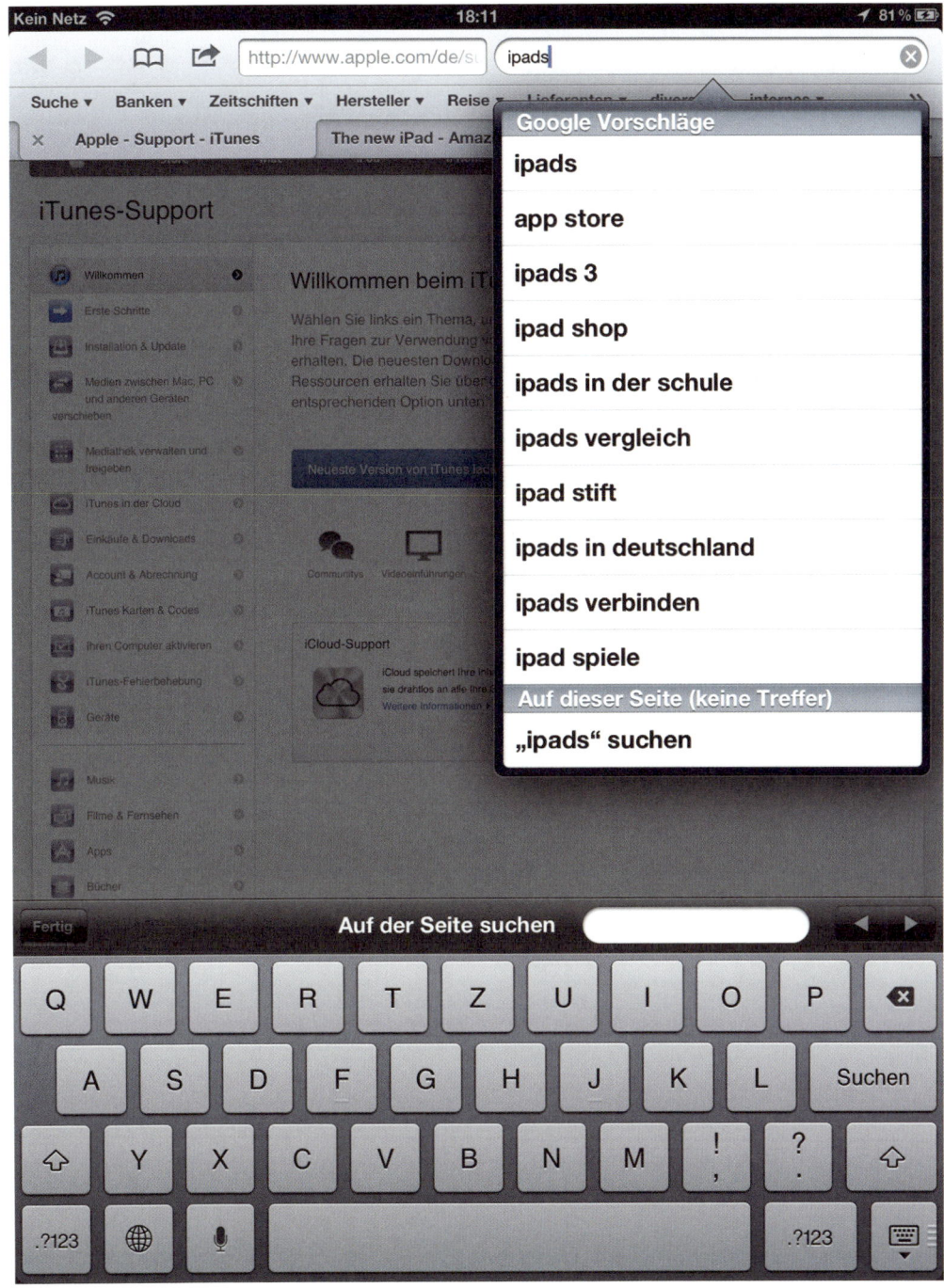

Abbildung 4.8: Führen Sie auf dem iPad eine Google-Suche nach iPads durch.

Bilder aus dem Web speichern

Sie können die meisten Bilder speichern, auf die Sie auf Websites stoßen – denken Sie aber, abhängig von dem, was Sie mit diesen Bildern vorhaben, an das Problem der Urheberrechtsverletzungen. Um ein Bild von einer Webseite zu kopieren, gehen Sie so vor:

1. **Drücken Sie Ihren Finger auf das Bild.**

2. **Tippen Sie auf die Schaltfläche** BILD SICHERN **(siehe Abbildung 4.9) – oder tippen Sie, abhängig davon, was Sie mit dem Bild machen wollen, auf** KOPIEREN**.**

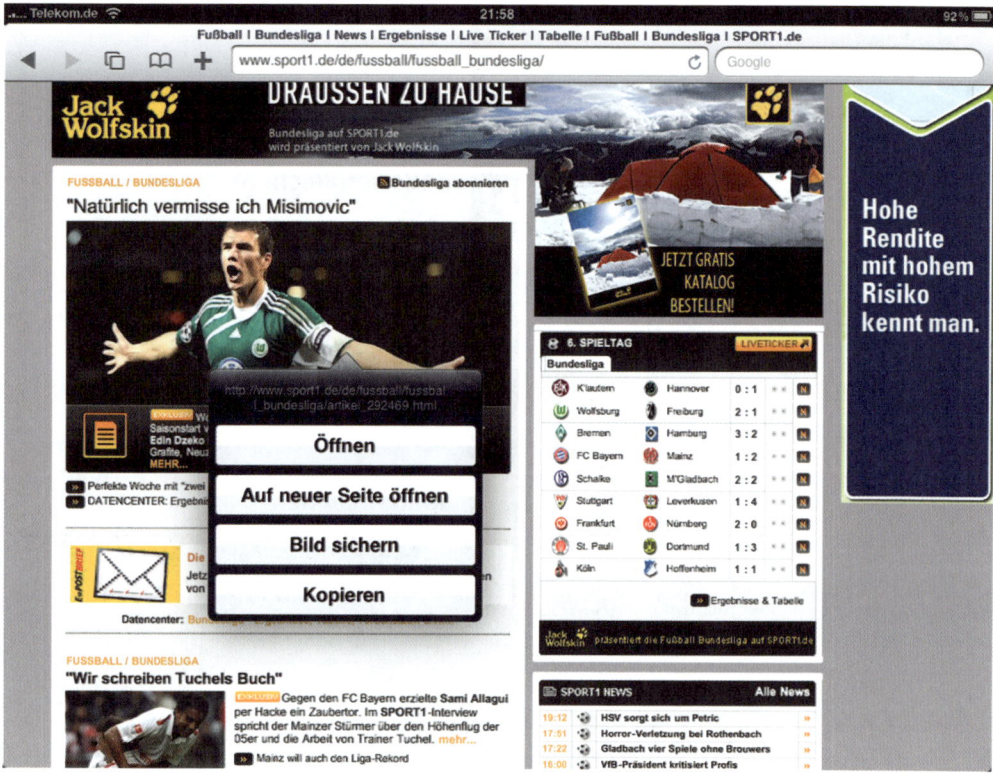

Abbildung 4.9: Halten Sie in Safari Ihren Finger auf einem Bild gedrückt, um es auf dem iPad zu speichern.

- Gespeicherte Bilder landen in Ihrer Fotomediathek, von wo aus sie auf einen Computer übertragen werden können.

- Wenn Sie stattdessen auf KOPIEREN tippen, können Sie das Bild in eine E-Mail oder zum Beispiel als Verknüpfung in eine Notiz einfügen.

Falls es sich bei einem Bild um Werbung handelt, sehen Sie auch eine Schaltfläche, um das Bild »zu öffnen« oder es »auf einer neuen Seite zu öffnen«.

Smarte Safari-Einstellungen

Zusammen mit dem Interessanten, das Sie in Hülle und Fülle im Internet finden, stoßen Sie dort aber auch auf Dinge, die nichts als Ärger bereiten. Vielleicht möchten Sie deshalb Vorsorge dafür treffen, dass Ihre Privatsphäre geschützt wird und Ihre Sicherheit gewährleistet ist.

Tippen Sie deshalb auf dem Home-Bildschirm auf EINSTELLUNGEN und dann auf SAFARI.

Die folgenden Einstellungen geben Ihnen die Möglichkeit, Ihrem iPad mitzuteilen, was privat bleiben soll und welche Sicherheitseinstellungen Sie haben wollen:

✔ **Suchmaschine:** Tippen Sie auf die gewünschte Suchmaschine (sofern Ihre bevorzugte Suchmaschine zufällig Google, Yahoo! oder Bing ist).

✔ **Automatisch ausfüllen:** Wenn AUTOMATISCH AUSFÜLLEN eingeschaltet ist, kann Safari Webformulare automatisch ausfüllen, indem es Ihre persönlichen Kontaktdaten, Benutzernamen und Kennwörter oder Daten anderer Kontakte Ihres Adressbuchs benutzt. Tippen Sie auf AUTOMATISCH AUSFÜLLEN und dann auf den Ein/Aus-Schalter, um AUTOMATISCH AUSFÜLLEN zu aktivieren oder zu deaktivieren.

Tippen Sie auf MEINE INFOS, um sich selbst im Adressbuch zu markieren, so dass Safari weiß, welche Adresse, Telefonnummern, E-Mail-Adressen und sonstige Daten beim Ausfüllen eines Formulars verwendet werden sollen.

Tippen Sie auf den Ein/Aus-Schalter für NAMEN UND KENNWÖRTER, um Safaris Fähigkeit, sich Benutzernamen und Passwörter für Webseiten zu speichern, ein- oder auszuschalten.

Wenn Sie AUTOMATISCH AUSFÜLLEN aktiviert haben, kann das zum Sicherheitsrisiko werden, wenn ein Unberechtigter Zugriff auf Ihr iPad bekommt.

Tippen Sie auf ALLE LÖSCHEN, um dauerhaft alle für AUTOMATISCH AUSFÜLLEN gespeicherten Namen und Passwörter zu löschen.

✔ **Neue Tabs im Hintergrund öffnen:** Aktivieren Sie diese Funktion, wenn Sie neue Tabs in Safari öffnen. Sie werden im Hintergrund geladen, auch wenn Sie gerade eine andere Seite in einem anderen Tab lesen.

✔ **Lesezeichenleiste immer einblenden:** Aktivieren Sie diese Option, wenn Sie immer die Leiste mit den Lesezeichen zwischen Adressfeld und Tab-Leiste (siehe Abbildung 4.8) sehen möchten.

✔ **Privates Surfen:** Aktiveren Sie diese Option und Safari speichert nicht mehr die von Ihnen besuchten Seiten. Ihr Verlauf gibt also keinen Hinweis mehr darauf, welche Seiten Sie besucht haben.

Der Verlauf mit den von Ihnen besuchten Seiten kann sehr nützlich und ein echter Zeitsparer sein. Also denken Sie daran, diese Option wieder zu deaktivieren, nachdem Sie das getan haben, was kein anderer wissen soll.

✔ **Cookies erlauben:** Wir meinen hier nicht die Kekskrümel, die Sie versehentlich auf dem iPad hinterlassen haben. *Cookies* sind Informationshäppchen, die eine Website auf dem iPad ablegt, wenn Sie sie besuchen, damit Sie später von der Site wiedererkannt werden können. Sie müssen nicht immer das Schlechteste annehmen – die meisten Cookies sind harmlos.

Wenn Sie von Cookies nur mäßig begeistert sind, sollten Sie aktiv werden: Tippen Sie auf COOKIES ERLAUBEN und dann auf NIE. Theoretisch werden Sie auf dem iPad nie wieder Cookies erhalten. Ein guter Mittelweg ist, Cookies von Sites zu erlauben, die Sie besuchen. Tippen Sie hierzu auf VON BESUCHTEN SEITEN. Sie können natürlich auch auf IMMER tippen, um Cookies von allen Sites zu akzeptieren.

Wenn Sie das iPad nicht so einstellen, dass es Cookies akzeptiert, lassen sich manche Webseiten nicht einwandfrei laden.

Tippen Sie auf Safari, um auf die Hauptseite für Safari-Einstellungen zurückzukehren.

✔ **Verlauf löschen:** Tippen Sie auf diesen Knopf, um alles in Safaris Verlauf zu löschen und praktisch keine Spuren der von Ihnen besuchten Seiten zu hinterlassen.

✔ **Cookies und Daten löschen:** Tippen Sie auf diesen Knopf, um alle gespeicherten Cookies zu löschen (Einzelheiten zu Cookies siehe weiter vorne).

✔ **Betrugswarnung:** Safari kann Sie warnen, wenn Sie auf einer Seite landen, deren Entwickler nicht nur Gutes im Sinn haben. Dieser Schutz ist besser als gar keiner, aber verlassen Sie sich nicht vollständig auf diesen Beschützer. Dieser Schutz ist nicht narrensicher. Die Einstellung ist bereits ab Werk voreingestellt.

✔ **JavaScript:** Programmierer benutzen JavaScript, um Webseiten die verschiedensten Funktionen hinzuzufügen – von der Anzeige von Datum und Uhrzeit bis hin zum Ändern von Bildern, wenn Sie den Finger darüberbewegen. Aber JavaScripte können auch Sicherheitsprobleme hervorrufen. Wenn Sie diese Funktion allerdings deaktivieren, funktionieren manche Dinge möglicherweise nicht so wie gewünscht.

✔ **Pop-Ups unterdrücken**: Bei Pop-Ups handelt es sich um die Webseiten, die unabhängig davon angezeigt werden, ob Sie sie haben wollen oder nicht. Häufig enthalten sie nichts als nervende Werbung. Es gibt aber auch Sites, deren Pop-Ups Sie sehen möchten, weshalb Sie in solch einem Fall das Blockieren ausschalten müssen.

✔ **Erweitert:** Solange Sie nicht Entwickler sind, können Sie darauf verzichten, sich um diese Einstellungsmöglichkeit zu kümmern. Sie können damit eine so genannte Debug-Konsole ein- oder ausschalten (die Fehler, Warnungen, Tipps, Protokolle und ähnliche Einzelheiten anzeigen, die Entwickler für nützlich halten).

Die E-Mail muss raus

In diesem Kapitel

▶ Ihre Konten einrichten

▶ E-Mails versenden

▶ E-Mails lesen und verwalten

▶ E-Mails suchen

▶ Voreinstellungen für E-Mails festlegen

A uf jedem beliebigen Computer kommen und gehen E-Mails, die die verschiedensten Gefühlsregungen enthalten. E-Mails können amüsieren oder traurig stimmen, frivol oder ernsthaft sein. Elektronische Schriftstücke auf dem iPad haben immer etwas Berührendes.

Der Grund dafür liegt natürlich darin, dass Sie den Bildschirm berühren, um eine E-Mail zu erstellen oder zu lesen. Okay, lassen wir die Wortspielchen. Natürlich ist die im iPad eingebaute Anwendung Mail ein modernes Programm, das so entwickelt worden ist, dass es nicht nur E-Mails, sondern auch echte HTML-E-Mails senden und empfangen kann, die mit Schriftarten und Schriftstilen und eingebetteten Grafiken formatiert sind. Wenn Ihnen jemand eine E-Mail sendet, die ein Bild enthält, wird es im E-Mail-Text angezeigt. (Das ist die werkseitige Voreinstellung, aber das Ergebnis ist unterschiedlich, je nachdem welche E-Mail-Fähigkeiten der Absender hat und welche Einstellungen Sie auf Ihrem iPad gewählt haben.)

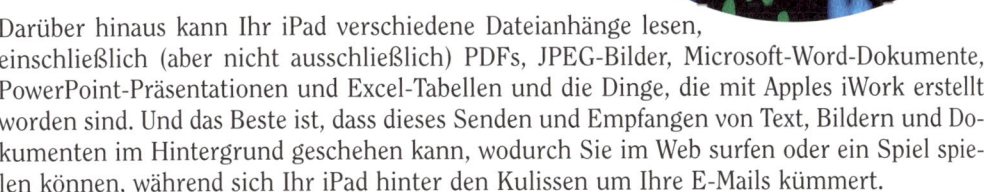

Darüber hinaus kann Ihr iPad verschiedene Dateianhänge lesen, einschließlich (aber nicht ausschließlich) PDFs, JPEG-Bilder, Microsoft-Word-Dokumente, PowerPoint-Präsentationen und Excel-Tabellen und die Dinge, die mit Apples iWork erstellt worden sind. Und das Beste ist, dass dieses Senden und Empfangen von Text, Bildern und Dokumenten im Hintergrund geschehen kann, wodurch Sie im Web surfen oder ein Spiel spielen können, während sich Ihr iPad hinter den Kulissen um Ihre E-Mails kümmert.

Die Arbeit vorbereiten: Konten einrichten

Fangen wir mit dem Anfang an. Damit Sie die Anwendung Mail nutzen können, benötigen Sie eine E-Mail-Adresse. Wenn Sie über einen Breitband-Internetzugang verfügen (das wäre ein Kabelmodem, DSL und in einigen Regionen auch FiOS), haben Sie vielleicht bereits von Ihrem Provider eine oder mehrere E-Mail-Adressen erhalten. Wenn Sie zu der Handvoll Leser gehören, die noch kein E-Mail-Konto besitzen, können Sie eines kostenlos bei Yahoo! (http://de.yahoo.com/), Google (www.google.de) oder einer Vielzahl anderer Anbieter bekommen.

Oder Sie richten sich einen kostenlosen Premium-E-Mail-Account bei Apple ein. Tippen Sie von Ihrem Home-Bildschirm aus einfach auf EINSTELLUNGEN|MAIL, KONTAKTE, KALENDER|ICLOUD|-KOSTENLOSE APPLE ID BEKOMMEN.

Viele (wenn nicht sogar alle) dieser kostenlosen E-Mail-Anbieter fügen an das Ende Ihrer ausgehenden E-Mails Werbung hinzu. Wenn Sie nicht für Ihren E-Mail-Anbieter zu einer Reklamewand werden wollen, benutzen Sie entweder die E-Mail-Adresse(n), die Sie von Ihrem Breitbandanbieter erhalten haben (zum Beispiel *ihrname@t-mobile.de*), oder Sie bezahlen ein paar Euro im Monat für einen Premium-E-Mail-Zugang, der keine Werbung an Ihre E-Mails tackert. Und obwohl wir den Rest dieses Kapitels der App Mail widmen, können Sie auf die meisten E-Mail-Systeme auch über Safari zugreifen, falls Ihnen das lieber ist.

Das Konto auf die einfache Art einrichten

Kapitel 3 erklärt die Möglichkeit, E-Mail-Konten, die sich auf Ihrem Windows-PC oder Mac befinden, automatisch mit Ihrem iPad zu synchronisieren. Wenn Sie sich für diesen Weg entscheiden, sollten Ihre E-Mail-Konten auch auf Ihrem iPad konfiguriert werden. Sie könnten sofort zum Abschnitt *Ich sah, las und löschte: Mit E-Mails arbeiten* gehen, den Sie weiter hinten in diesem Kapitel finden.

Wenn Sie diese Einstellungsmöglichkeit noch nicht eingerichtet haben, aber gerne den einfachen Weg wählen möchten, gehen Sie zu Kapitel 3 und lesen Sie dort den Abschnitt über das Synchronisieren von E-Mail-Konten und über das Synchronisieren Ihres iPads mit Ihrem Mac oder PC. Dann können Sie auch direkt zum Abschnitt *Ich sah, las und löschte: Mit E-Mails arbeiten* weiter hinten in diesem Kapitel wechseln.

Denken Sie daran, dass das Synchronisieren der E-Mail-Konten keine Auswirkungen auf Ihre E-Mails hat; es werden nur die *Einstellungen* für E-Mail-Konten synchronisiert, damit Sie Ihr iPad nicht manuell einrichten müssen.

Das Konto auf die weniger einfache Art einrichten

Wenn Sie die E-Mail-Konten auf Ihrem PC oder Mac nicht synchronisieren wollen, können Sie ein E-Mail-Konto auf dem iPad auch manuell anlegen. Das ist nicht ganz so einfach wie das Anklicken eines Kontrollkästchens und Synchronisieren Ihres iPads, es verlangt aber auch keine tiefgreifenden wissenschaftlichen Kenntnisse. Und so geht es:

✔ **Wenn es auf Ihrem iPad noch kein E-Mail-Konto gibt,** sehen Sie beim ersten Starten von Mail den Begrüßungsbildschirm WILLKOMMEN BEI MAIL (siehe Abbildung 5.1). Sie können zwischen iCloud, MICROSOFT EXCHANGE (geschäftliche E-Mails), GOOGLE MAIL, YAHOO!, AOL, MICROSOFT HOTMAIL, MOBILEME und ANDERE wählen.

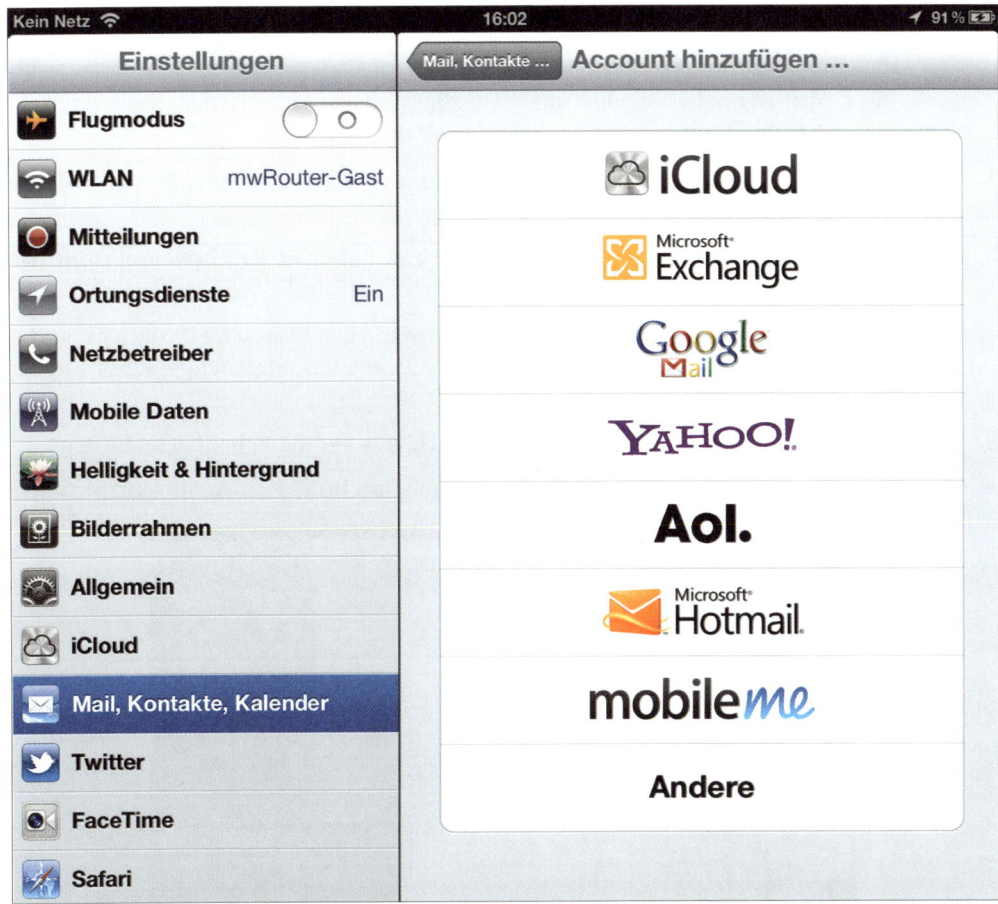

Abbildung 5.1: Tippen Sie auf eine Schaltfläche, um ein E-Mail-Konto einzurichten.

Tippen Sie jetzt lediglich auf die Kontoart, die Sie Ihrem iPad hinzufügen wollen, und folgen Sie den Schritten in den nächsten Abschnitten *Ein E-Mail-Konto für iCloud, Gmail, Yahoo! Mail, AOL, Hotmail oder MobileMe einrichten, Ein E-Mail-Konto eines anderen Anbieters einrichten* oder *Ein firmenspezifisches E-Mail-Konto einrichten.*

✔ **Wenn es auf Ihrem iPad bereits ein oder mehrere E-Mail-Konten gibt und Sie ein neues Konto manuell hinzufügen wollen,** fangen Sie damit an, indem Sie auf dem Home-Bildschirm auf EINSTELLUNGEN und dann auf MAIL, KONTAKTE, KALENDER|ACCOUNT HINZUFÜGEN tippen. (Vergessen Sie nicht, dass bei Apple ein E-Mail-Konto *Account* genannt wird.)

Sie sehen den Bildschirm ACCOUNT HINZUFÜGEN, der dieselben Kontoeinstellungen wie der Bildschirm WILLKOMMEN BEI MAIL aufweist. Machen Sie abhängig von der Kontoart, die Sie auswählen, mit einem der nächsten drei Abschnitte weiter.

Ein E-Mail-Konto für iCloud, Google Mail, Yahoo!, AOL, Hotmail oder MobileMe einrichten

Wenn Sie ein E-Mail-Konto bei iCloud, Gmail (Google), Yahoo!, AOL, Hotmail oder dem Apple-eigenen Dienst MobileMe haben, gehen Sie folgendermaßen vor:

1. **Tippen Sie im Bildschirm WILLKOMMEN BEI MAIL auf die entsprechende Schaltfläche (siehe Abbildung 5.1).**

2. **Geben Sie Ihren Namen, die E-Mail-Adresse und eine optionale Beschreibung sowie das Kennwort ein (siehe Abbildung 5.2).**

   Sie können für dieses Konto eine Beschreibung hinterlegen (wie `Arbeit` oder `privat`). Standardmäßig enthält dieses Feld dieselben Inhalte wie das Adressfeld – außer Sie ändern dies.

3. **Tippen Sie in der rechten oberen Ecke des Bildschirms auf die Schaltfläche SICHERN.**

   Sie sind fertig. Mehr müssen Sie nicht unternehmen, um Ihr E-Mail-Konto einzurichten.

Abbildung 5.2: Ausfüllen, speichern, fertig

Ein E-Mail-Konto eines anderen Anbieters einrichten

Wenn Sie Ihr E-Mail-Konto bei einem anderen Anbieter als iCloud, Google, Yahoo!, AOL, Hotmail oder MobileMe haben, steht Ihnen ein wenig mehr Arbeit bevor. Sie benötigen ein ganzes Bündel an Informationen über Ihr E-Mail-Konto, die Sie vielleicht nicht unbedingt parat haben.

Wir schlagen vor, dass Sie sich zunächst die folgenden Anweisungen durchlesen und die Punkte notieren, die Sie nicht wissen. Dann ziehen Sie los, um die passenden Antworten zu finden, bevor Sie weitermachen. Sie finden diese Antworten in der Dokumentation, die Sie bei

Vertragsabschluss von Ihrem E-Mail-Anbieter erhalten haben, oder besuchen Sie dessen Website und suchen Sie dort nach den Informationen.

Und so richten Sie ein Konto ein:

1. **Tippen Sie auf dem Bildschirm WILLKOMMEN BEI MAIL auf die Schaltfläche ANDERE.**

2. **Geben Sie in die entsprechenden Felder den Namen, die Adresse, das Kennwort und eine Beschreibung des Kontos ein.**

3. **Tippen Sie auf SICHERN.**

   Mit ein wenig Glück ist das alles, was Sie machen müssen. Das iPad startet eine Suche und findet hoffentlich das entsprechende Konto. Anderenfalls machen Sie mit Schritt 4 weiter.

4. **Tippen Sie im Bildschirm auf die Schaltfläche, die für den Typ von Mailserver steht, den dieses Konto benutzt: IMAP oder POP (siehe Abbildung 5.3).**

5. **Tragen Sie den Namen Ihres Posteingangsservers ein. Dieser Name sollte irgendetwas wie mail.*providername.de* oder pop3.*providername.de* sein.**

Abbildung 5.3: Wenn Sie einen IMAP- oder POP-Mail-Account einrichten, müssen Sie ein paar Felder mehr ausfüllen, bevor es losgehen kann.

6. **Geben Sie einen Benutzernamen und das Kennwort ein.**

7. **Geben Sie den Namen Ihres Postausgangsservers ein. Dieser Name sollte irgendetwas wie smtp.*providername.de* sein.**

8. **Geben Sie einen Benutzernamen und das Kennwort ein.**

9. **Tippen Sie in der oberen rechten Ecke auf die Schaltfläche** SICHERN**, um das Konto anzulegen.**

 Einige Postausgangsserver verzichten auf Ihren Benutzernamen und das dazugehörende Kennwort. Die entsprechenden Felder Ihres iPads informieren Sie darüber, dass sie optional sind. Wir empfehlen aber, sie auf jeden Fall auszufüllen. Sie müssen diese Informationen dann nicht später eingeben, wenn Ihr Postausgangsserver *doch* einen Benutzernamen mit Kennwort haben will – was heutzutage eigentlich normal ist.

Ein firmenspezifisches E-Mail-Konto einrichten

Das iPad arbeitet prima mit Microsoft-Exchange-Servern zusammen, die nicht nur in großen, sondern auch in vielen kleineren Unternehmen zur Grundausstattung gehören.

Wenn Ihr Unternehmen dann noch etwas unterstützt, was *Microsoft Exchange ActiveSync* heißt, können Sie davon profitieren, dass E-Mails unmittelbar so an Ihr iPad weitergeleitet (oder dorthin *geschoben*) werden, wie das bei Ihren anderen Computern der Fall ist. (Damit auch alles aktuell bleibt, wird zusätzlich das Schieben von Kalender- und Kontaktdaten auf Ihr iPad unterstützt.) Damit dieses automatische Schieben der Daten auch funktioniert, muss Ihr Unternehmen mindestens mit Microsoft Exchange ActiveSync 2003 (Service Pack 2), 2007 (Service Pack 1) oder 2010 sympathisieren. Falls Sie hier auf Probleme stoßen, sollten Sie sich mit Ihrer IT-Abteilung oder der Haustechnik in Verbindung setzen.

Exchange-E-Mail einzurichten ist keine große Sache, und das iPad verbindet sich normalerweise aus dem Stand heraus mit Exchange. Sie müssen eventuell die Technikfreaks Ihres Arbeitgebers ansprechen, um einige Einstellungen zu erfahren.

Sie richten den Zugang zu einem firmenspezifischen E-Mail-Konto so ein:

1. **Tippen Sie im Bildschirm** WILLKOMMEN BEI MAIL **auf das Symbol** MICROSOFT EXCHANGE **(siehe Abbildung 5.1).**

2. **Tragen Sie die Daten in das Formular ein, die Sie kennen: Ihre E-Mail-Adresse, die Domäne, den Benutzernamen (manchmal ist das domain\benutzername) und das Kennwort. Oder bitten Sie jemanden aus Ihrer IT-Abteilung um Hilfe. Tippen Sie auf** WEITER**, wenn Sie fertig sind.**

3. **Geben Sie auf dem nächsten Bildschirm, den Abbildung 5.4 zeigt, die Server-E-Mail-Adresse ein, wenn die automatische Servererkennung von Microsoft nicht funktioniert hat. Wenn Sie damit fertig sind, tippen Sie auf** WEITER**.**

   Die Serveradresse kann, wie in der Abbildung, ein bestimmter Name sein oder auch `exchange.firma.de` lauten.

Abbildung 5.4: Sie befinden sich auf dem Weg zu einer firmenspezifischen E-Mail-Adresse.

4. **Legen Sie fest, welche Informationen Sie über den Exchange-Server synchronisieren wollen, indem Sie auf die entsprechenden Elemente tippen.**

Sie können MAIL, KONTAKTE und KALENDER auswählen.

5. **Tippen Sie auf SICHERN.**

Das Unternehmen, für das Sie arbeiten, sieht es sicherlich nicht gerne, wenn jeder Zugriff auf Ihre E-Mails hat – achten Sie also unbedingt darauf, dass Ihr iPad weder verloren geht noch gestohlen wird. Ihre Vorgesetzten tun gut daran, darauf zu bestehen, dass Sie in den Einstellungen Ihres iPads eine Kennwortsperre einrichten. (Dies hat nichts mit dem Kennwort für Ihr E-Mail-Konto zu tun.) Gehen Sie zu Kapitel 13, um eine Anleitung für das Einrichten oder Ändern eines Kennworts zu finden. (Wir warten hier solange auf Sie.) Und wenn Ihr iPad dann einmal in den falschen Händen landen sollte, ist Ihr Unternehmen in der Lage, das iPad über einen Fernzugriff leer zu räumen.

Das iPad synchronisiert normalerweise E-Mails der letzten drei Tage. Wenn Sie einen längeren Zeitraum synchronisieren wollen, gehen Sie zu Einstellungen, tippen Sie auf Mail, Kontakte, Kalender und anschließend auf das Mailkonto, das ActiveSync verwendet. Tippen Sie dann auf die Einstellung für den Synchronisierungszeitraum und tippen Sie entweder auf Unbegrenzt oder entscheiden Sie sich für einen anderen Zeitraum (1 Tag, 1 Woche, 2 Wochen oder 1 Monat).

Wenn Sie nachts einem zweiten Job nachgehen, haben Sie das Pech, dass Sie bis iOS 5 pro iPad nur ein Exchange-ActiveSync-Konto synchronisieren konnten.

Ich sah, las und löschte: Mit E-Mails arbeiten

Nachdem Sie Ihre E-Mail-Konten eingerichtet haben, ist es an der Zeit, sich damit zu beschäftigen, wie Sie E-Mails empfangen und lesen können. Glücklicherweise haben Sie den größten Teil der Schwerstarbeit bereits erledigt, als Sie Ihre E-Mail-Konten eingerichtet haben. Das Empfangen und Lesen Ihrer E-Mails ist ein Kinderspiel.

Wenn Sie sich das Symbol Mail im unteren Teil des Home-Bildschirms anschauen, wissen Sie, ob es *ungelesene* E-Mails gibt. In der rechten oberen Ecke des Symbols erscheint in einem kleinen roten Kreis die Anzahl ungelesener E-Mails.

Dieser »Merkzettel« ist voreingestellt. Wenn Sie sich nichts daraus machen, deaktivieren Sie ihn in dem Bereich Mitteilungszentrale in den Einstellungen.

Sie finden in den nächsten Abschnitten heraus, wie Sie E-Mails und angehängte Dateien lesen und E-Mails in den Papierkorb oder in einen Ordner schicken können, wenn Sie sie gelesen haben. Wenn sich eine E-Mail nicht finden lässt, schauen Sie sich den Abschnitt über das Suchen von E-Mails an. Sie können E-Mails wie auf einem normalen PC oder Notebook lesen. Nur der Weg dahin ist auf dem Multi-Touch-Display Ihres iPads ein wenig anders.

E-Mails lesen

Um Ihre E-Mails zu lesen, tippen Sie auf dem Home-Bildschirm auf das Symbol Mail. Das, was Sie dann sehen, hängt davon ab, ob Sie Ihr iPad senkrecht oder waagerecht halten und wie der Bildschirm beim letzten Öffnen der Mail-App ausgesehen hat.

✔ **Querformat:** Wenn Sie das Gerät waagerecht halten, sehen Sie oben im Bereich Posteingänge die Auswahlmöglichkeit Alle (siehe Abbildung 5.5), die – wie es ihr Name schon vermuten lässt – ein Auffangbecken für alle E-Mails aller Postfächer ist (in Abbildung 5.6 sind das drei). Die Zahl, die rechts neben Alle steht, entspricht der Zahl, die in Ihrem Symbol Mail auf dem Home-Bildschirm steht.

Unter der Auflistung aller Postfächer befinden sich die Postfächer für Ihre einzelnen Accounts. Die Anzahl rechts davon zeigt an, wie Sie sicher schon vermutet haben, wie viele ungelesene Nachrichten sich in den Postfächern befinden (in Abbildung 5.6 sind das drei in ms und 41 in Mas).

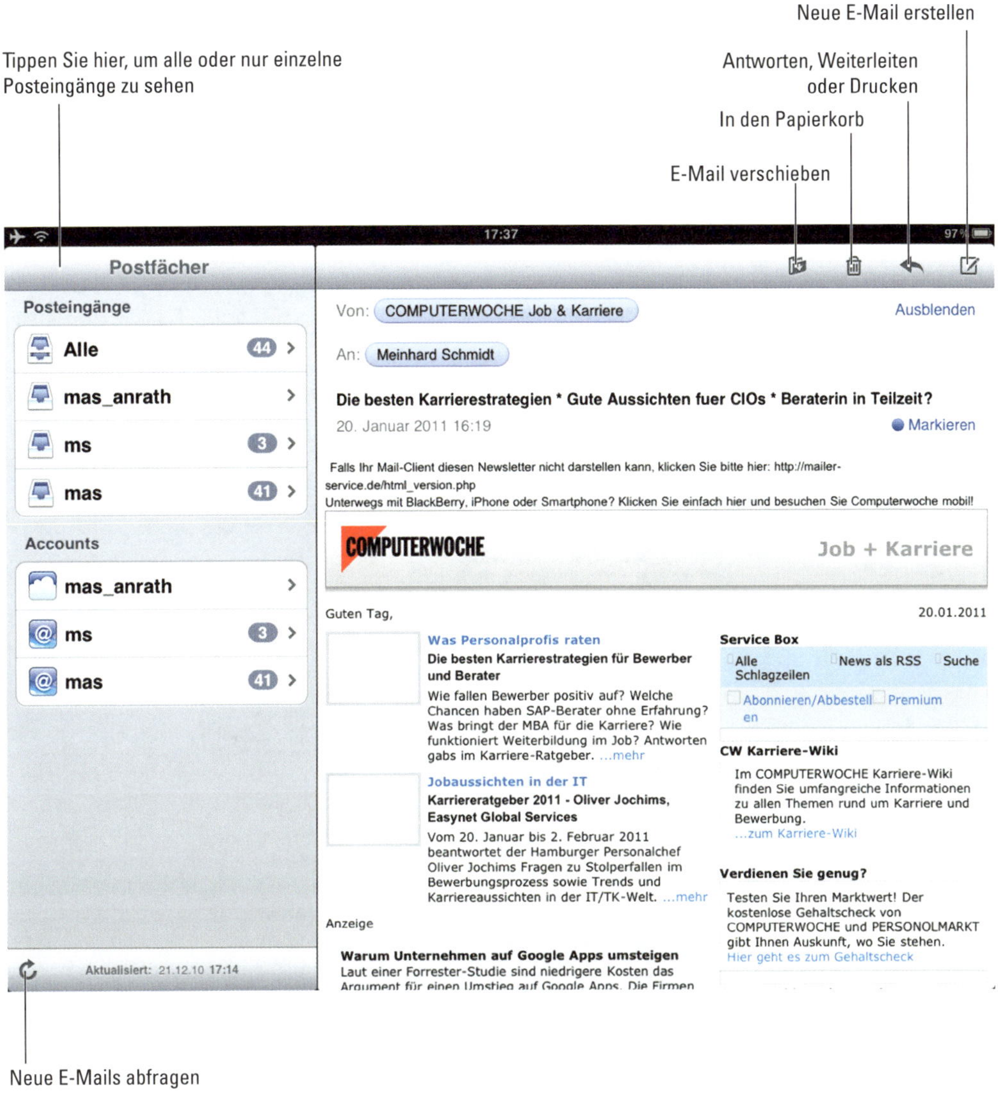

Neue E-Mail erstellen

Tippen Sie hier, um alle oder nur einzelne
Posteingänge zu sehen

Antworten, Weiterleiten
oder Drucken

In den Papierkorb

E-Mail verschieben

Postfächer

Posteingänge

🖥 Alle — **44** >

🖥 mas_anrath — >

🖥 ms — **3** >

🖥 mas — **41** >

Accounts

☁ mas_anrath — >

@ ms — **3** >

@ mas — **41** >

🔄 Aktualisiert: 21.12.10 17:14

Von: COMPUTERWOCHE Job & Karriere — Ausblenden

An: Meinhard Schmidt

Die besten Karrierestrategien * Gute Aussichten fuer CIOs * Beraterin in Teilzeit?

20. Januar 2011 16:19 — ● Markieren

Falls Ihr Mail-Client diesen Newsletter nicht darstellen kann, klicken Sie bitte hier: http://mailer-service.de/html_version.php
Unterwegs mit BlackBerry, iPhone oder Smartphone? Klicken Sie einfach hier und besuchen Sie Computerwoche mobil!

COMPUTERWOCHE — **Job + Karriere**

Guten Tag, — 20.01.2011

Was Personalprofis raten
Die besten Karrierestrategien für Bewerber und Berater
Wie fallen Bewerber positiv auf? Welche Chancen haben SAP-Berater ohne Erfahrung? Was bringt der MBA für die Karriere? Wie funktioniert Weiterbildung im Job? Antworten gabs im Karriere-Ratgeber. ...mehr

Jobaussichten in der IT
Karriereratgeber 2011 - Oliver Jochims, Easynet Global Services
Vom 20. Januar bis 2. Februar 2011 beantwortet der Hamburger Personalchef Oliver Jochims Fragen zu Stolperfallen im Bewerbungsprozess sowie Trends und Karriereaussichten in der IT/TK-Welt. ...mehr

Anzeige

Warum Unternehmen auf Google Apps umsteigen
Laut einer Forrester-Studie sind niedrigere Kosten das Argument für einen Umstieg auf Google Apps. Die Firmen

Service Box
Alle Schlagzeilen | News als RSS | Suche
☐ Abonnieren/Abbestellen ☐ Premium en

CW Karriere-Wiki
Im COMPUTERWOCHE Karriere-Wiki finden Sie umfangreiche Informationen zu allen Themen rund um Karriere und Bewerbung.
...zum Karriere-Wiki

Verdienen Sie genug?
Testen Sie Ihren Marktwert! Der kostenlose Gehaltscheck von COMPUTERWOCHE und PERSONALMARKT gibt Ihnen Auskunft, wo Sie stehen.
Hier geht es zum Gehaltscheck

Neue E-Mails abfragen

Abbildung 5.5: Wenn Sie Ihr iPad waagerecht halten, sieht die App Mail irgendwie so aus.

Abhängig vom letzten Öffnen der Mail-App sehen Sie eventuell links einen Posteingang mit einer Vorschau der aktuellen E-Mails. Eine solche Vorschau enthält den Namen des Absenders, die Betreffzeile und die ersten beiden Zeilen der Nachricht. (Sie können in EINSTELLUNGEN festlegen, wie viele Zeilen der Nachricht (von einer bis fünf) angezeigt werden. Sie können diese Einstellung aber auch so ändern, dass keine Vorschauzeilen angezeigt werden.)

✔ **Hochformat:** Wenn Sie das iPad senkrecht halten, füllt die letzte E-Mail den gesamten Bildschirm aus (siehe Abbildung 5.6). Sie müssen in diesem Fall (in der linken oberen Ecke des Bildschirms) auf eine Posteingangsschaltfläche tippen, um ein Fensterelement aufzurufen, das weitere E-Mail-Konten oder E-Mails in der Vorschau anzeigt. Dieses Fensterelement überlagert die E-Mail, die gerade den Bildschirm füllt.

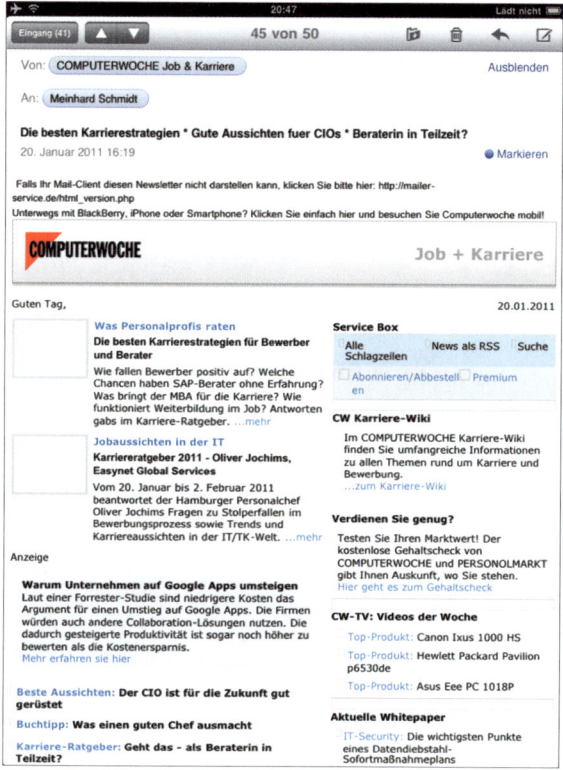

Abbildung 5.6: Wenn Sie das iPad senkrecht halten, füllt die E-Mail
den gesamten Bildschirm aus.

Nachrichten werden in so genannten *Threads* oder Unterhaltungen angezeigt, so dass es einfach ist, ihnen zu folgen. Natürlich können Sie sich die Konten auch weiterhin einzeln ansehen. Gehen Sie so vor, um Ihre E-Mails zu lesen:

1. **Wenn das Postfach, das Sie sehen möchten, nicht aktiviert ist, tippen Sie in der linken oberen Ecke des Bildschirms auf die Schaltfläche Accounts, um das richtige Konto aufzurufen.**

   Diese Schaltfläche kann auch Eingang heißen oder den Namen eines anderen Ordners tragen, oder sie hat als Bezeichnung den Namen des E-Mail-Kontos, das gerade aktiv ist. Wenn Sie das Konto geöffnet haben, sehen Sie eine Zahl, die angibt, wie viele E-Mails in diesem Postfach ungelesen sind.

2. **(Optional) Tippen Sie auf das Symbol** NEUE NACHRICHTEN ABRUFEN **(siehe Abbildung 5.5), um neue E-Mails vom Mailserver abzurufen.**

Beachten Sie, dass Apple E-Mails manchmal auch als *Nachrichten* bezeichnet.

3. **Tippen Sie auf ein Postfach oder auf** EINGANG**, um die neuen Nachrichten im Posteingang anzuzeigen.**

Wenn neben einer E-Mail ein blauer Punkt erscheint, heißt das, dass die E-Mail noch nicht gelesen worden ist. Wenn Sie ein Postfach dadurch öffnen, dass Sie darauf tippen, zeigt das iPad so viele »letzte« E-Mails an, wie Sie in EINSTELLUNGEN vorgegeben haben – standardmäßig sind es 50, Sie können den Wert aber auf bis zu 200 erhöhen. Wenn Sie noch mehr E-Mails sehen möchten, als Sie vorgegeben haben, tippen Sie auf WEITERE E-MAILS LADEN.

4. **Tippen Sie auf eine E-Mail, um ihren Inhalt zu lesen.**

Wenn sich die E-Mail auf dem Bildschirm befindet, tauchen die Schaltflächen zum Verwalten eingehender E-Mails im oberen Bereich des Bildschirms auf. Wenn Sie das iPad senkrecht halten, können Sie Pfeile sehen, die auf die nächste beziehungsweise vorherige E-Mail verweisen.

5. **Wenn Sie das iPad waagerecht halten, tippen Sie links neben einer E-Mail in die Vorschauliste, um die nächste, die vorherige oder eine beliebige sichtbare E-Mail zu lesen. Scrollen Sie in der Liste nach oben oder nach unten, um weitere E-Mails sichtbar werden zu lassen.**

Eine Zahl neben einer der Vorschau-Ansichten zeigt, wie viele Mails zu diesem Thread gehören.

Unter einem Thread wird nur die erste Mail einer Unterhaltung in dem Posteingang angezeigt. Wenn Sie auf diese Mail tippen, werden alle Mails angezeigt, die zu diesem Thread gehören.

E-Mails verwalten

Wenn es um das Verwalten von E-Mails geht, betrifft das normalerweise das Verschieben von E-Mails in andere Ordner oder ihr Löschen. Sie haben folgende Möglichkeiten, Ihre E-Mails in Ordnern unterzubringen:

✔ **Um einen Ordner anzulegen, in dem die E-Mails abgelegt werden, die Sie behalten möchten,** müssen Sie Ihr Postfach auf Ihrem PC oder Mac verwalten. Sie können auf dem iPad keinen E-Mail-Ordner erstellen.

✔ **Um eine E-Mail in einem anderen Ordner abzulegen,** tippen Sie auf das Symbol E-MAIL BEWEGEN. Wenn die Liste mit den Ordnern erscheint, tippen Sie auf den Ordner, in dem die E-Mail abgelegt werden soll.

✔ **Um eine Mail zu lesen, die Sie bereits abgelegt haben,** tippen Sie auf den Ordner, in dem sich die Mail nun befindet, und dann tippen Sie auf die Überschrift oder Vorschau der betreffenden Mail.

✔ **Um eine Mail zu drucken,** tippen Sie auf den Aktionsknopf (siehe Abbildung 5.6) und dann tippen Sie auf DRUCKEN.

✔ **Um eine E-Mail zu löschen oder mehrere Mails zu markieren,** tippen Sie auf BEARBEITEN. BEARBEITEN erscheint sowohl im Hoch- als auch im Querformat des iPads über Ihrem Posteingang oder einem anderen Postfach, wenn diese Mail-Ordner ausgewählt werden. Wenn Sie auf BEARBEITEN getippt haben, wird daraus die Schaltfläche ABBRECHEN, und zusätzlich erscheinen unten im Bildschirm die Schaltflächen LÖSCHEN, BEWEGEN und MARKIEREN (wie in Abbildung 5.7 dargestellt). Tippen Sie links neben den Nachrichten, die Sie markieren wollen, auf den Kreis, damit dort eine Markierung erscheint.

- Tippen Sie auf LÖSCHEN, um alle markierten Mails zu löschen.

- Tippen Sie auf BEWEGEN, um alle markierten Mails in einen anderen Ordner zu verschieben, und dann tippen Sie auf den neuen Ordner, in dem diese Mails nun abgelegt werden sollen.

- Tippen Sie auf MARKIEREN, um alle markierten Mails als Gelesen (oder Ungelesen) zu kennzeichnen oder ihnen eine Hohe, Mittlere oder Niedrige Priorität zuzuweisen.

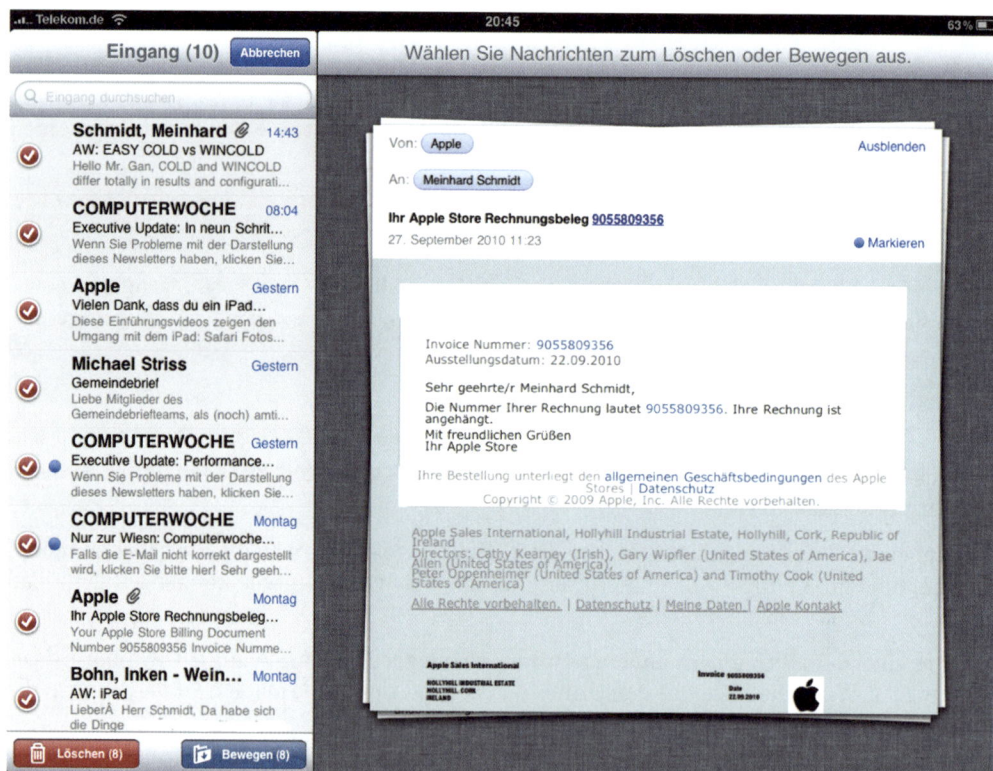

Abbildung 5.7: E-Mails in Massen löschen, markieren oder verschieben

- Um eine einzelne Mail zu löschen, tippen Sie auf das Symbol AUSGEWÄHLTE E-MAILS LÖSCHEN. Sie können diesen Vorgang rückgängig machen, falls Sie eine Nachricht versehentlich gelöscht haben.

- Um eine einzelne Mail zu löschen, ohne sie geöffnet zu haben, wischen Sie mit einem Finger über die Mail in der Postfach-Liste und dann klicken Sie auf den roten Löschen-Knopf, der rechts neben der Mail erscheint.

✔ **Um eine Nachricht zu lesen, die Sie abgelegt haben,** tippen Sie auf den Ordner, in dem sich die E-Mail befindet, und tippen Sie dann auf den Titel oder die Vorschau der entsprechenden E-Mail.

E-Mails suchen

Sie können mit der Suchfunktion *Spotlight* in einem ganzen Bündel von E-Mails suchen, um diejenige zu finden, die Sie auf die Schnelle lesen möchten – zum Beispiel den todsicheren Tipp Ihres Börsenmaklers. Sie können oben im E-Mail-Vorschaufenster in das Suchfeld `Ak-tien` oder einen anderen wichtigen Suchbegriff eingeben. Es erscheinen alle heruntergeladenen E-Mails, die den Suchbegriff enthalten. Wenn Sie in das Suchfeld tippen, erscheinen Registerkarten, die Sie die Suche auf die Felder VON, AN und BETREFF eingrenzen lassen. Es ist nicht so schön, dass es (zumindest bis zum Zeitpunkt der Drucklegung dieses Buches) nicht möglich ist, innerhalb der Mail-App eine Suche nach Begriffen zu starten, die Bestandteil des Nachrichtentextes sind. (Mit der Spotlight-Suche ist das allerdings möglich, siehe Kapitel 2.)

 Wenn Sie E-Mail-Konten von Exchange, MobileMe, iCloud oder einiger IMAP-Typen benutzen, können Sie manchmal sogar Mails durchsuchen, die auf dem Server gespeichert sind. In diesem Fall tippen Sie auf SUCHE AUF DEM SERVER FORTSETZEN.

Sich nicht mit Anlagen anlegen

Ihr iPad kann sogar E-Mails empfangen, die Anlagen der unterschiedlichsten Formate enthalten. (Lesen Sie auch den Kasten *Ordnung in Dateien bringen*, falls Sie nicht genau wissen, was Dateiformate sind.)

Welche Formate das sind? Gut, dass Sie gefragt haben. Hier eine Liste der Dateiformate, mit denen Ihr iPad umgehen kann:

✔ **Bilder:** `.jpg, .tiff, .gif`

✔ **Microsoft Word:** `.doc, .docx`

✔ **Microsoft PowerPoint:** `.ppt, .pptx`

✔ **Microsoft Excel:** `.xls, .xlsx`

✔ **Webseiten:** `.htm, .html`

✔ **Apple Keynote:** `.key`

✔ **Apple Numbers:** `.numbers`

✔ **Apple Pages:** `.pages`

✔ **Preview und Adobe Acrobat:** `.pdf`

✔ **Rich Text:** `.rtf`

✔ **Text:** `.txt`

✔ **Kontaktinformationen:** `.vcf`

Ordnung in Dateien bringen

Einfach ausgedrückt ist es so, dass Computer (einschließlich der Tablet-PCs wie die iPads) und die Software, die auf diesen Maschinen läuft, die Dateien, die auf diesen Systemen liegen, irgendwie erkennen und mit ihnen umgehen müssen. Vor vielen Jahren haben deshalb helle Köpfe Standards hervorgebracht, die es ermöglichen, die Daten, die einem bestimmten Zweck dienen, anhand bestimmter Strukturen zu verwalten. Gleichartige Dateien werden an ihren Dateierweiterungen erkannt. *Dateierweiterung* nennt man die drei oder vier Buchstaben, die durch einen Punkt vom Namen der Datei abgetrennt werden. Es ist sicherlich überflüssig, darauf hinzuweisen, dass es mehr Dateiformate gibt, als die meisten von Ihnen sich träumen lassen. Es gibt aber auch bekannte Erweiterungen, auf die Sie – oder besser Ihre Hard- und Software – wiederholt zugreifen. Zu diesen Formaten gehören `.doc` für Microsoft-Word-Dokumente oder `.jpg` für Bilder. Wenn Sie auf einem Computer einmal auf Dateien treffen, die Sie nicht öffnen können, liegt dies höchstwahrscheinlich daran, dass es auf der Maschine nicht die Software gibt, die benötigt wird, um die Dateien zu erkennen. Die gute Nachricht ist, dass das iPad die bekanntesten Dateitypen – aber eben nicht alle – unterstützt.

Wenn es sich bei der Anlage um ein Dateiformat handelt, das vom iPad nicht unterstützt wird (zum Beispiel eine Photoshop-Datei mit der Dateierweiterung `.psd`), sehen Sie zwar den Namen der Datei, können sie aber nicht auf Ihrem iPad öffnen.

Und so lesen Sie eine Anlage in einem unterstützten Format:

1. **Öffnen Sie die E-Mail, die die Anlage enthält.**

2. **Tippen Sie auf die Anlage (sie erscheint am Ende der E-Mail, weshalb Sie eventuell nach unten scrollen müssen, um sie zu sehen).**

   Die Anlage wird auf Ihr iPad heruntergeladen und öffnet sich automatisch.

3. **Lesen oder betrachten Sie die Anlage.**

4. **Tippen Sie auf das Dokument, das Sie lesen, und tippen Sie auf FERTIG, um zum Nachrichtentext zurückzukehren.**

   Wenn es sich bei der Anlage um ein Dokument handelt, können Sie auch die Textverarbeitung Pages öffnen, wenn Sie sie für Ihr iPad gekauft haben. Sie finden in Kapitel 12 mehr über Pages.

Sie können auch Anlagen öffnen, die von anderen Apps stammen. Halten Sie den Finger auf der Anlage gedrückt, bis sich eine Liste mit Apps öffnet, unter denen Sie diejenige auswählen, die mit der Datei umgehen könnte. So können Sie beispielsweise ein Word-Dokument auch mit Pages von Apple lesen, wenn es diese App auf Ihrem iPad gibt. Sie finden in Kapitel 12 mehr zu Pages.

Noch ein paar Dinge, die Sie mit E-Mails machen können

Einen Moment noch! Sie können mit empfangenen E-Mails noch mehr machen:

✔ **Um alle Empfänger einer E-Mail zu sehen,** tippen Sie rechts neben dem Namen des Absenders auf das blaue Wort DETAILS.

Wenn alle Empfänger angezeigt werden, lautet das blaue Wort nicht DETAILS, sondern AUSBLENDEN. Tippen Sie darauf, um alle Namen bis auf den des Absenders auszublenden.

✔ **Um Ihren Kontakten den Empfänger oder Absender einer E-Mail hinzuzufügen,** tippen Sie am Anfang der E-Mail auf den Namen oder die E-Mail-Adresse und tippen dann entweder auf NEUEN KONTAKT ERSTELLEN oder auf ZU KONTAKT HINZUFÜGEN.

✔ **Um eine E-Mail als noch nicht gelesen zu kennzeichnen,** tippen Sie rechts neben dem Absender-Namen auf DETAILS (in Blau angezeigt) und dann auf MARKIEREN, das dann in der Betreffzeile erscheint. Daraufhin wird die E-Mail wieder auf dem Home-Bildschirm im Symbol MAIL in die Zählung der ungelesenen E-Mails aufgenommen, und im Postfach hat diese Mail wieder einen blauen Punkt in der Mail-Liste.

✔ **Um in eine E-Mail hinein- und herauszuzoomen,** benutzen Sie die Gesten des Zusammendrückens und Spreizens, von denen wir meinen, dass Sie sie mittlerweile aus dem Effeff beherrschen. Wenn Sie jedoch noch Hilfestellung bei den Bewegungen auf dem Multi-Touch-Display benötigen, schlagen Sie in Kapitel 2 nach.

✔ **Um in einer E-Mail einer Verknüpfung zu folgen,** tippen Sie auf die Verknüpfung. Verknüpfungen (auch *Links* genannt) werden normalerweise blau dargestellt, kommen aber auch in anderen Farben vor und sind manchmal unterstrichen. Wenn es sich bei der Verknüpfung um eine URL handelt, öffnet sich Safari und zeigt die Webseite an. Wenn es sich bei der Verknüpfung um eine Telefonnummer handelt, gibt Ihnen das iPad die Möglichkeit, sie Ihren Kontakten hinzuzufügen. Wenn es sich bei der Verknüpfung um eine Karte handelt, wird die App Karten geöffnet und die betreffende Stelle angezeigt. Und wenn es sich bei der Verknüpfung um eine E-Mail-Adresse handelt, wird eine neue, voradressierte E-Mail erstellt.

Wenn die Verknüpfung Safari, Kontakte oder Karten öffnet und Sie zur E-Mail zurückwollen, drücken Sie auf der Vorderseite Ihres iPads die Taste HOME und tippen auf das Symbol MAIL.

Schatz, eine E-Mail für dich

Nachdem Sie nun Ihr Konto oder Ihre Konten eingerichtet haben, wollen wir uns einmal anschauen, wie Sie Ihr iPad dazu bringen können, E-Mails zu versenden. E-Mails können grob in verschiedene Kategorien eingeteilt werden: zum Beispiel reine Textmails; Text mit Foto; teilweise fertiggestellte E-Mails (so genannte *Entwürfe*), die Sie später vervollständigen und versenden wollen; Antworten auf empfangene E-Mails; empfangene E-Mails, die Sie an jemanden weitergeleitet haben. Die folgenden Abschnitte gehen im Einzelnen auf diese Kategorien ein. Außerdem finden Sie einen Abschnitt mit praktischen Einstellungen für den Mail-Versand.

Eine Textmail versenden

Um eine neue Textmail zu kreieren, tippen Sie auf dem Home-Bildschirm auf MAIL. Was Sie als Nächstes sehen, hängt davon ab, wie Sie Ihr iPad halten. Im Querformat werden Ihre E-Mail-Konten beziehungsweise deren Ordner in einem Fensterelement auf der linken Seite des Bildschirms aufgelistet, wobei die aktuelle E-Mail das größere Fenster ausfüllt.

Erstellen Sie eine neue E-Mail, indem Sie so vorgehen:

1. **Tippen Sie auf das Symbol NEUE E-MAIL (siehe Abbildung 5.6).**

   Es erscheint ein Bildschirm wie der in Abbildung 5.8 gezeigte (nur dass in Ihrer neuen Mail noch kein Text im Textfeld steht).

2. **Geben Sie im Feld AN die Namen oder E-Mail-Adressen der Empfänger ein oder tippen Sie rechts neben dem Feld AN auf die Schaltfläche +, um einen oder mehrere Kontakte aus der iPad-Kontaktliste auszuwählen.**

3. **(Optional) Tippen Sie auf das Feld KOPIE/BLINDKOPIE, VON.**

   (VON erscheint nur, wenn Sie mehr als ein E-Mail-Konto angelegt haben.) Daraufhin erhalten Sie einzelne Zeilen für KOPIE, BLINDKOPIE und (statt VON) ACCOUNT, wie in Abbildung 5.8 dargestellt.

   Ein Empfänger, der eine E-Mail *in Kopie* erhält, bekommt sie zur Kenntnisnahme und sollte darauf nicht reagieren. Wenn Sie BLINDKOPIE benutzen, können Sie der E-Mail Empfänger hinzufügen, die andere Empfänger der E-Mail nicht sehen. Das ist ein Tipp für Geheimagenten! Tippen Sie auf das Feld KOPIE beziehungsweise BLINDKOPIE, um Empfängeradressen einzugeben. Oder tippen Sie auf das entsprechende +-Symbol, um einen Kontakt hinzuzufügen.

4. **(Optional) Wenn Sie auf ACCOUNT tippen, können Sie auswählen, von welchem Ihrer E-Mail-Konten Sie die Mail abschicken wollen (wobei wir natürlich davon ausgehen, dass Sie auf Ihrem iPad mehr als ein E-Mail-Konto eingerichtet haben).**

 Wenn Sie mit dem Schreiben einer E-Mail-Adresse anfangen, erscheinen in einer Liste bereits verwendete E-Mail-Adressen, die mit dem übereinstimmen, was Sie eingeben. Wenn die richtige Adresse dabei ist, tippen Sie sie an.

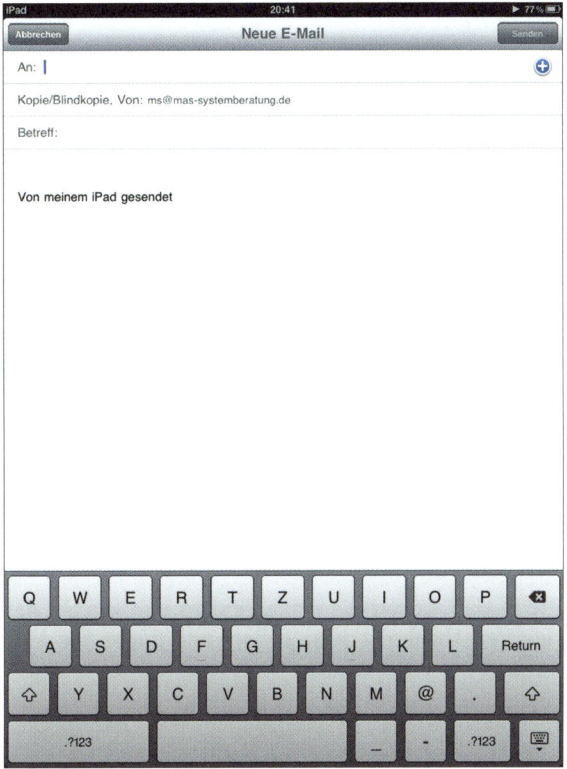

Abbildung 5.8: Der Bildschirm Neue E-Mail, der darauf wartet, dass Sie mit dem Schreiben beginnen

5. Geben Sie im Feld Betreff einen Betreff ein.

Ein Betreff muss nicht eingegeben werden, aber es zeugt von einem schlechten Stil, eine E-Mail ohne Betreff zu versenden.

6. Geben Sie Ihre Nachricht im Nachrichtenbereich ein.

Der Bereich für die Nachricht befindet sich direkt unter dem Feld Betreff. Sie haben unendlich viel Platz, um Ihre Gedanken niederzuschreiben.

 In vielen Apps, so auch in Mail, bietet Apple auch eine Tastatur im Querformat an. Wenn Sie das iPad auf die Seite drehen, können Sie mit dieser breiteren Tastatur Ihre Mails leichter verfassen.

7. Tippen Sie in der rechten oberen Ecke des Bildschirms auf die Schaltfläche Senden.

Ihre E-Mail bahnt sich normalerweise sofort ihren Weg zum Empfänger. Wenn Sie sich nicht in der Reichweite eines drahtlosen (eines WLAN-Netzwerks) oder eines 3G-Netzwerks befinden, wenn Sie auf Senden tippen, wird die E-Mail automatisch abgeschickt, wenn Sie wieder im Bereich eines solchen Netzwerks sind.

Ein Foto mit einer Mail versenden

Manchmal sagt ein Bild mehr als tausend Worte. Für diesen Fall finden Sie hier den Weg, um eine Textmail zu versenden, die ein Foto enthält.

1. **Tippen Sie auf dem Home-Bildschirm auf das Symbol** FOTOS.

2. **Suchen Sie das Foto, das Sie versenden möchten.**

3. **Tippen Sie in der rechten oberen Ecke des Bildschirms auf den Aktionsknopf, der wie ein kleines Rechteck mit einem gebogenen Pfeil aussieht, der aus dem Rechteck herauszeigt.**

4. **Tippen Sie auf die Schaltfläche** PER E-MAIL SENDEN.

   Auf dem Bildschirm erscheint ein E-Mail-Dialogfeld, das bereits das Foto als Anlage enthält. Es sieht zwar so aus, als wenn das Bild in den Text eingebettet wäre, aber der Empfänger erhält es als ganz normale E-Mail-Anlage.

   In der KOPIE/BLINDKOPIE steht die Größe des Bildes. Wenn Sie darauf tippen, erscheint eine neue Zeile, in der Sie eine alternative Größe (KLEIN, MITTEL, GROSS oder ORIGINAL) auswählen können, was sich sowohl auf die sichtbaren Dimensionen als auch auf die Dateigröße des Fotos auswirkt. Tippen Sie auf die Bildgröße, die Sie verwenden wollen.

5. **Adressieren Sie die E-Mail, geben Sie einen Text so ein, wie Sie das bei der reinen Textmail aus dem vorherigen Abschnitt getan haben, und tippen Sie dann auf die Schaltfläche** SENDEN.

Eine E-Mail speichern, um sie später zu versenden

Ab und an kommt es sicherlich vor, dass Sie eine E-Mail zwar anfangen, aber nicht die Zeit haben, sie zu beenden. In diesem Fall können Sie sie als Entwurf speichern und später beenden. Das geht so:

1. **Fangen Sie mit einer E-Mail an, wie es in einem der beiden vorherigen Abschnitte beschrieben wird.**

2. **Wenn Sie so weit sind, die E-Mail als Entwurf zu speichern, tippen Sie in der linken oberen Ecke des Bildschirms auf die Schaltfläche** ABBRECHEN.

3. **Tippen Sie dann auf die Schaltfläche** SICHERN, **um die E-Mail als Entwurf zu speichern und später fertigzustellen.**

 Wenn Sie auf die Schaltfläche ENTWURF LÖSCHEN tippen, verschwindet die E-Mail sofort auf Nimmerwiedersehen. Tippen Sie also nicht auf ENTWURF LÖSCHEN, wenn Sie das nicht wirklich wollen.

Wenn Sie wieder an der E-Mail weiterarbeiten möchten, tippen Sie im Postfach auf ENTWÜRFE. Tippen Sie auf den Entwurf, den Sie fortsetzen möchten, und er erscheint auf dem Bildschirm. Wenn Sie fertig sind, können Sie entweder auf SENDEN tippen, um die E-Mail abzuschicken, oder Sie tippen erneut auf ABBRECHEN, um die E-Mail wieder als Entwurf abzulegen.

Rechts neben dem Ordner ENTWÜRFE erscheint die Zahl der gespeicherten Entwürfe. Die Zahl Ihrer ungelesenen E-Mails erscheint neben dem Ordner EINGANG Ihres
Postfachs.

Auf eine E-Mail antworten, sie weiterleiten oder drucken

Wenn Sie eine E-Mail erhalten und darauf antworten möchten, öffnen Sie die Mail und tippen
Sie auf den Aktionsknopf (das Rechteck mit dem herausspringenden Pfeil oben rechts auf dem
Bildschirm wie in Abbildung 5.9 dargestellt). Dann tippen Sie auf die Schaltfläche ANTWORTEN/
ALLEN ANTWORTEN/WEITERLEITEN oder DRUCKEN, wie folgt:

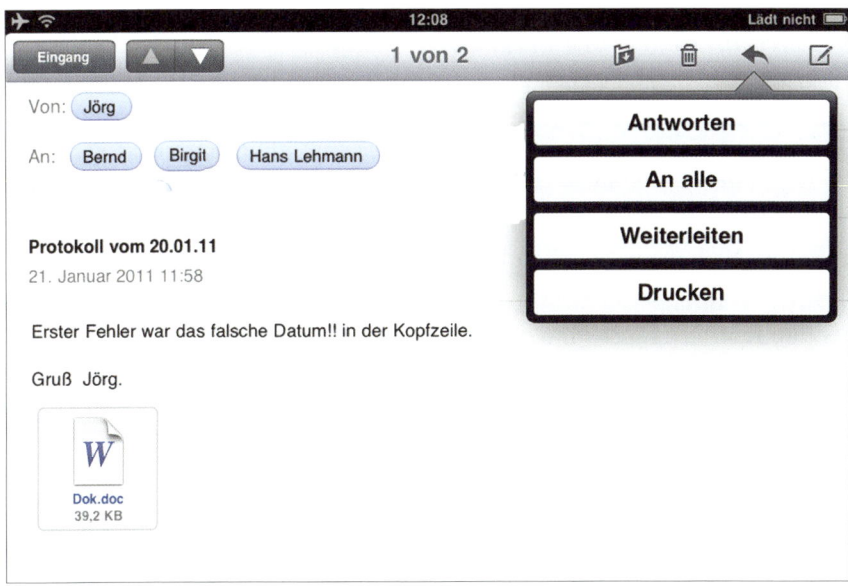

Abbildung 5.9: Eine E-Mail lesen und darauf reagieren

✔ **ANTWORTEN und AN ALLE:** Die Schaltfläche ANTWORTEN erzeugt eine leere E-Mail, die bereits
die Adresse des Absenders der ursprünglichen E-Mail enthält. Die Schaltfläche AN ALLE erzeugt eine leere E-Mail, die die Adressen des Absenders und aller anderen Empfänger –
einschließlich der In-Kopie-Empfänger – enthält. (Die Schaltfläche AN ALLE erscheint nur,
wenn es in der ursprünglichen E-Mail mehr als einen Empfänger gegeben hat.) In beiden
Fällen bleibt auch die Betreffzeile erhalten. Es wird ihr nur ein *Re:* vorangestellt. Wenn die
ursprüngliche Betreffzeile iPad-Tipps lautete, hieße die Betreffzeile der Antwort also
Re: iPad-Tipps. (*Re* steht für den englischen Ausdruck *Reply*, zu Deutsch *Antwort*.)

✔ **WEITERLEITEN:** Das Tippen auf die Schaltfläche WEITERLEITEN erzeugt eine E-Mail ohne Adresse, die den Text der ursprünglichen E-Mail enthält. Fügen Sie die Adresse(n) der Perso-
n(en) hinzu, an die Sie die E-Mail weiterleiten wollen, und tippen Sie dann auf SENDEN. In
diesem Fall wird der ursprünglichen Betreffzeile kein *Re:*, sondern ein *Fwd:* vorangestellt.
Dieses Mal lautet die Betreffzeile also Fwd: iPad-Tipps. (*Fwd* steht für den englischen
Ausdruck *Forward*, was *weiterleiten* bedeutet.)

✔ **Drucken:** Natürlich tippen Sie auf die Schaltfläche Drucken, wenn Sie die E-Mail über einen AirPrint-fähigen Drucker ausgeben wollen.

 Sie können die Betreffzeile und den Nachrichtentext einer beantworteten oder weitergeleiteten E-Mail ganz normal wie Text bearbeiten. Es ist zwar guter Brauch, die Betreffzeile (mit Ausnahme des vorangestellten *Re:* beziehungsweise *Fwd:*) unverändert zu lassen, aber jetzt wissen Sie, dass es ginge, wenn Sie es unbedingt wollten.

Um Ihre Antwort oder die weiterzuleitende Mail zu senden, tippen Sie auf die Schaltfläche Senden.

E-Mail-Einstellungen beim Versenden

Es gibt verschiedene Möglichkeiten, die E-Mails anzupassen, die Sie senden und empfangen. Wir erklären in diesem Abschnitt Einstellungen, die mit dem Senden von E-Mails zu tun haben. Weiter hinten in diesem Kapitel behandeln wir Einstellungen, die die Art beeinflussen, wie Sie E-Mails empfangen und lesen können. In beiden Fällen fangen Sie damit an, dass Sie auf dem Home-Bildschirm auf Einstellungen tippen.

Sie können Ihre Mail-App wie folgt an Ihre eigenen Bedürfnisse anpassen:

✔ **Um akustisch anzeigen zu lassen, wenn Sie eine E-Mail erfolgreich versandt haben:** Tippen Sie im zentralen Einstellungsbildschirm auf Allgemein und dann auf Töne. Sorgen Sie dafür, dass die Einstellungsmöglichkeit E-Mail gesendet eingeschaltet ist (wodurch die blaue Schaltfläche mit dem senkrechten weißen Strich, und nicht die graue Schaltfläche mit dem O sichtbar wird).

Wenn Sie noch andere Einstellungen ändern möchten, tippen Sie oben im Bildschirm auf die Schaltfläche Allgemein, die wie ein nach links zeigender Pfeil aussieht. Wenn Sie mit dem Einstellen fertig sind, drücken Sie auf der Vorderseite Ihres iPads auf die Taste Home.

 Egal, welche Einstellungen Sie gerade vorgenommen haben, wenn Sie weitere Einstellungen vornehmen möchten, tippen Sie oben im Bildschirm auf eine dort existierende nach links zeigende Schaltfläche, die manchmal Allgemein, manchmal Mail, manchmal Kontakte und manchmal ganz anders heißt. Es geht hier darum, dass Sie diese Schaltfläche immer zum vorherigen Bildschirm zurückbringt, damit Sie weitere Einstellungen ändern können. Dasselbe Konzept gilt, wenn Sie mit den Einstellungen fertig sind: Sie tippen auf die Taste Home. Diese Aktion speichert die Änderungen, die Sie gerade vorgenommen haben, und bringt Sie zum Home-Bildschirm zurück.

✔ **Um jeder E-Mail, die Sie versenden, eine Zeile mit einer Signatur oder einen Textblock hinzuzufügen:** Tippen Sie auf Einstellungen|Mail, Kontakte, Kalender und dann rechts auf Signatur. Die Standardsignatur lautet Von meinem iPad gesendet. Sie können davor oder dahinter Text einfügen oder diese Zeile ganz löschen, um einen beliebigen Text einzugeben. Ihre Signatur wird an alle ausgehenden E-Mails gehängt.

✔ **Um Ihr iPad dazu zu bringen, Ihnen von jeder ausgehenden E-Mail eine Kopie zukommen zu lassen:** Tippen Sie auf EINSTELLUNGEN|MAIL, KONTAKTE, KALENDER und schalten Sie BLINDKOPIE AN MICH ein.

✔ **Um ein Standard-E-Mail-Konto (Account) für den Fall anzugeben, dass Sie E-Mails von außerhalb der App Mail versenden:** Tippen Sie auf dem Home-Bildschirm auf das Symbol EINSTELLUNGEN. Tippen Sie dann auf MAIL, KONTAKTE, KALENDER|STANDARD-ACCOUNT. Tippen Sie auf das Konto, das Sie zum Standardabsendekonto machen wollen. Wenn Sie zum Beispiel ein Bild direkt aus der Anwendung FOTOS als E-Mail versenden wollen, wird dieses Mailkonto verwendet. Beachten Sie, dass diese Einstellung nur möglich ist, wenn Sie auf Ihrem iPad über mehr als ein E-Mail-Konto verfügen.

Mehr müssen Sie eigentlich nicht über die Einstellungen wissen, die mit dem Senden von E-Mails zu tun haben.

Und noch ein paar E-Mail- und Kontoeinstellungen

In diesem Abschnitt wollen wir uns abschließend um einige weitere Einstellungen von Mail kümmern, die mit Ihren E-Mail-Konten zu tun haben. (Wenn Sie nach Informationen Ausschau halten, bei denen es um eine Signatur und Einstellungen geht, die das Versenden von E-Mails betreffen, schauen Sie sich den Abschnitt *E-Mail-Einstellungen beim Versenden* an.)

Einstellungen für das Abrufen und Lesen von E-Mails

Eine Reihe von Einstellungen hat damit zu tun, wie Sie E-Mails abfragen und ansehen. Vielleicht möchten Sie die eine oder andere davon ändern, weshalb wir im Einzelnen beschreiben, was sie machen und wo sie zu finden sind:

✔ **Um festzulegen, wie oft das iPad nach neuen E-Mails sieht:** Tippen Sie auf dem Home-Bildschirm auf das Symbol EINSTELLUNGEN. Tippen Sie auf MAIL, KONTAKTE, KALENDER|DATENABGLEICH. Sie betreten jetzt die Welt des *Ladens* und *Schiebens*. Schauen Sie sich einmal Abbildung 5.10 an, um einen Blick auf die Einstellungsmöglichkeiten zu werfen. Wenn Ihr E-Mail-Programm (beziehungsweise der Server dahinter) das Schieben von Daten unterstützt (was im Fachchinesisch mit dem englischen Ausdruck *Push* bezeichnet wird) und Sie diese Einstellung auf Ihrem iPad aktiviert haben (der Schalter ist blau mit einem senkrechten weißen Strich), werden neue E-Mails automatisch an Ihr iPad gesendet, sobald sie auf dem Server eintreffen. Wenn Sie PUSH ausschalten (der Schalter ist grau) oder wenn Ihr E-Mail-Programm das Schieben von E-Mails nicht unterstützt, tritt das iPad in Aktion und lädt von sich aus die Daten. Sie können hier zwischen ALLE 15 MINUTEN, ALLE 30 MINUTEN, STÜNDLICH und MANUELL wählen. Tippen Sie auf die Option, die Ihnen am meisten zusagt.

Tippen Sie auf ERWEITERT, um gegebenenfalls für jedes einzelne E-Mail-Konto die Lade- und Push-Einstellungen festzulegen. PUSH wird nur dann als Einstellungsmöglichkeit angeboten, wenn das E-Mail-Konto, das Sie angetippt haben, diese Funktion unterstützt.

Zum Zeitpunkt des Schreibens dieses Buches, »schoben« Yahoo!, MobileMe und Microsoft Exchange, was sie nur konnten (aber im positiven Sinne).

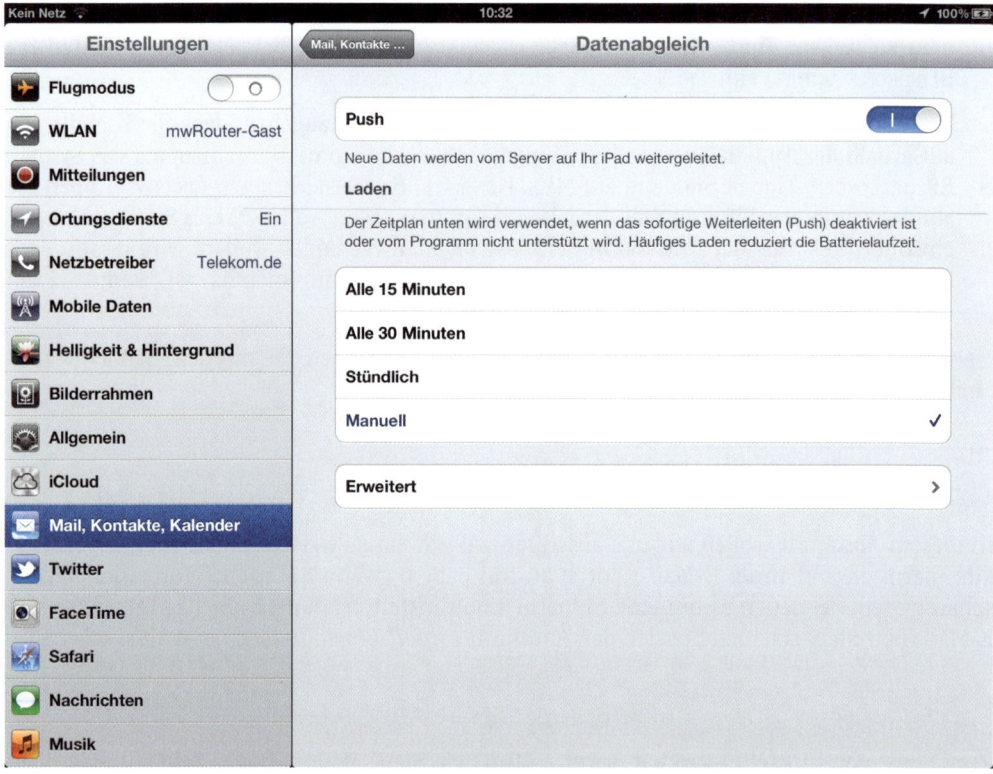

Abbildung 5.10: Laden oder Schieben? Das ist hier die Frage.

✔ **Um ein akustisches Signal als Benachrichtigung für eine neue E-Mail zu hören:** Tippen Sie im Hauptbildschirm von Einstellungen auf Allgemein, tippen Sie auf Töne und schalten Sie Neue E-Mail ein.

✔ **Um die Anzahl der E-Mails festzulegen, die in Ihrem Posteingang angezeigt werden:** Tippen Sie im Hauptbildschirm von Einstellungen auf Mail, Kontakte, Kalender|Anzeigen. Sie können zwischen den letzten 50, 100, 200, 500 und 1000 E-Mails wählen. Tippen Sie auf den Wert, den Sie bevorzugen.

Sie können natürlich jederzeit unabhängig von dieser Einstellung weitere E-Mails in Ihrem Posteingang sehen, wenn Sie dort ganz nach unten scrollen und auf Weitere E-Mails laden tippen.

✔ **Um die Anzahl Zeilen festzulegen, die von jeder E-Mail in der E-Mail-Liste angezeigt werden:** Tippen Sie im Hauptbildschirm von Einstellungen auf Mail, Kontakte, Kalender|Vorschau. Wählen Sie dann einen Wert aus. Sie können sich zwischen Keine, 1, 2, 3, 4 und 5 Textzeilen entscheiden. Je mehr Text Sie in der Liste anzeigen, desto weniger E-Mails sehen Sie, ohne scrollen zu müssen. Überlegen Sie sich das genau, bevor Sie 4 oder 5 auswählen.

✔ **Um die Schriftgröße für E-Mails vorzugeben:** Tippen Sie im Hauptbildschirm von Einstellungen auf Mail, Kontakte, Kalender|Mindestschriftgrösse. Ihre Einstellungsmöglichkeiten sind Klein, Mittel, Gross, Sehr gross und Supergross. Probieren Sie ein wenig herum, um die für Sie richtige Schriftgröße herauszufinden. Wählen Sie eine aus und öffnen Sie dann eine E-Mail. Wenn Ihre Wahl nicht in Ordnung ist, probieren Sie eine andere Größe aus, bis Sie zufrieden sind.

✔ **Um festzulegen, ob Ihr iPad in E-Mail-Listen die Angaben aus An und Kopie anzeigen soll:** Tippen Sie im Hauptbildschirm von Einstellungen auf Mail, Kontakte, Kalender und schalten Sie An/Kopie anzeigen ein oder aus.

✔ **Um die Warnung von Löschen bestätigen ein- oder auszuschalten:** Tippen Sie im Hauptbildschirm von Einstellungen auf Mail, Kontakte, Kalender und schalten Sie Löschen bestätigen ein oder aus. Wenn diese Option eingeschaltet ist, müssen Sie zuerst unten im Bildschirm auf den Papierkorb und dann auf die rote Schaltfläche E-Mail löschen tippen, um den Löschvorgang zu bestätigen. Wenn diese Einstellung ausgeschaltet ist, löscht das Tippen auf den Papierkorb die E-Mail, und Sie sehen niemals die rote Schaltfläche E-Mail löschen.

✔ **Um festzulegen, ob das iPad automatisch entfernte Bilder laden soll:** Tippen Sie auf Entfernte Bilder laden, um den Schalter einzuschalten. Wenn er ausgeschaltet ist, können Sie entfernte *(remote)* Bilder immer noch manuell laden.

✔ **Um die E-Mails anhand ihres Verlaufs oder einer Konversation zu verwalten:** Tippen Sie auf die Schaltfläche Nach E-Mail-Verlauf, damit der Schalter aktiviert wird.

Einstellungen für E-Mail-Konten ändern

Die letzte Gruppe von Einstellungen, die wir in diesem Kapitel erkunden wollen, betrifft Ihre E-Mail-Konten. Sie werden höchstwahrscheinlich die meisten dieser Einstellungen nie benötigen, aber wir würden es uns nie verzeihen, wenn wir sie nicht wenigstens kurz erwähnt hätten:

✔ **Um die Nutzung eines E-Mail-Kontos zu beenden:** Tippen Sie auf dem Home-Bildschirm auf das Symbol Einstellungen und dann auf Mail, Kontakte, Kalender. Tippen Sie auf den Namen des betreffenden E-Mail-Kontos und anschließend auf den blauen Schalter Account (der dadurch grau wird), um das Konto zu deaktivieren.

Diese Einstellung löscht das Konto nicht, sondern blendet es lediglich in der Kontenansicht aus und verhindert, dass E-Mails über dieses Konto versendet und empfangen werden.

✔ **Um ein E-Mail-Konto zu löschen:** Tippen Sie auf dem Home-Bildschirm auf das Symbol Einstellungen und dann auf Mail, Kontakte, Kalender. Tippen Sie auf den Namen des betreffenden E-Mail-Kontos und anschließend unterhalb der Kontoeinstellungen auf die rote Schaltfläche Account löschen. Es erscheint das Dialogfeld Account löschen, in dem Sie auf die Schaltfläche Löschen tippen, um das E-Mail-Konto von Ihrem iPad zu entfernen.

Es gibt noch mehr erweiterte Einstellungen für Mail, die Sie alle auf dieselbe Art erreichen: Tippen Sie auf dem Home-Bildschirm auf die Schaltfläche Einstellungen, dann auf Mail, Kontakte, Kalender und anschließend auf das E-Mail-Konto, mit dem Sie arbeiten wollen.

 Die Einstellungen, die Sie unter Erweitert finden, und ihr Aussehen hängen von der Kontenart ab. Hier eine Beschreibung einiger Einstellungen, die Sie möglicherweise sehen:

✔ **Um die Zeitspanne festzulegen, bis gelöschte E-Mails endgültig von Ihrem iPad entfernt werden:** Tippen Sie auf Erweitert und wählen Sie dann unter Entfernen eine dieser Einstellungsmöglichkeiten aus: Niemals, Nach einem Tag, Nach einer Woche oder Nach einem Monat.

✔ **Um auszuwählen, ob Entwürfe, gesendete E-Mails und gelöschte E-Mails auf Ihrem iPad oder dem Mailserver gespeichert werden:** Tippen Sie auf Erweitert und wählen Sie unter Postfach-Verhalten für Entwürfe die Speicheroption Auf meinem iPad oder Auf dem Server. Sie können dies für Entwürfe, gesendete E-Mails und den Papierkorb festlegen. Wenn Sie sich dafür entscheiden, alles auf dem Server abzulegen, geschieht dies erst, wenn Sie wieder Zugriff auf eine Netzwerkverbindung (WLAN, EDGE oder 3G) haben. Wenn Sie diese Dinge auf Ihrem iPad speichern, haben Sie selbst dann Zugriff darauf, wenn Ihnen kein Internetzugang zur Verfügung steht.

 Wir empfehlen ganz dringend, die nächsten beiden Parameter nur dann zu ändern, wenn Sie genau wissen, was Sie da machen und warum Sie das tun. Wenn Sie Probleme beim Versenden oder Empfangen von E-Mails haben, sollten Sie zunächst Ihren ISP (*Internet Service Provider*, Internetdienstanbieter), Ihren E-Mail-Anbieter, Ihre IT-Abteilung oder die Haustechnik Ihres Unternehmens ansprechen. Ändern Sie diese Einstellungen nur, wenn Sie dazu wirklich aufgefordert werden. Wir möchten noch einmal darauf hinweisen, dass das Erscheinungsbild dieser Einstellungen und ob sie überhaupt verfügbar sind, von der E-Mail-Kontoart abhängt:

✔ **Um die Mailservereinstellungen neu zu konfigurieren:** Tippen Sie unter Server für eingehende E-Mails oder unter Server für ausgehende E-Mails der E-Mail-Kontoeinstellungen auf Hostname, Benutzername oder Kennwort und führen Sie Ihre Änderungen durch.

✔ **Um SSL verwenden, Identifizierung, IMAP-Pfad-Präfix oder Server-Port anzupassen:** Tippen Sie auf Erweitert und dann auf den entsprechenden Eintrag, um Änderungen vorzunehmen.

Damit haben Sie es geschafft. Sie besitzen jetzt alle Qualifikationen, um E-Mail-Konten einzurichten und auf Ihrem iPad E-Mails zu versenden und zu empfangen. Aber wie Steve Jobs gesagt hätte: Da ist noch eine Sache ...

iMessage kennen lernen

Die App Nachrichten, die auf dem iPad seit iOS 5 neu ist, gibt Ihnen die Möglichkeit, iMessages, Bilder, Kontakte, Filme, Tonaufnahmen und Locations mit jedem auszutauschen, der ebenfalls ein Apple-i-Gerät mit iOS 5 oder jünger verwendet.

In den folgenden Abschnitten erfahren Sie, wie Nachrichten auf dem iPad – iMessage genannt – funktionieren.

iMessages verschicken

 Tippen Sie auf das Symbol NACHRICHTEN auf dem Home-Bildschirm, um die iMessage-App zu starten. Dann tippen Sie auf das Symbol NEUE NACHRICHT, das Sie hier links sehen, um eine neue Nachricht zu verfassen.

Jetzt wo das Feld AN aktiv ist und Sie Ihre Eingabe tätigen können, haben Sie drei Möglichkeiten:

✔ Wenn sich der Empfänger in Ihrer Kontakte-Liste befindet, geben Sie die ersten paar Buchstaben seines Namens ein. Eine Liste mit passenden Kontakten erscheint. Scrollen Sie, wenn nötig, durch die Liste und tippen Sie auf den gewünschten Kontakt.

 Je mehr Buchstaben Sie eingeben, desto kürzer wird die Liste. Und nachdem Sie den Namen eines Kontakts eingegeben haben, können Sie noch einen Namen eingeben, wenn Sie diese Nachricht an mehrere Empfänger gleichzeitig versenden möchten.

✔ Tippen Sie auf das blaue +-Symbol rechts neben dem Feld AN, um einen Namen aus der Kontakte-Liste auszuwählen.

✔ Wenn sich der Empfänger *nicht* in Ihrer Kontakte-Liste befindet, geben Sie seine Mobilfunknummer oder E-Mail-Adresse ein.

Sie haben eine vierte Möglichkeit, wenn Sie erst die Nachricht verfassen und dann die Empfänger später festlegen möchten. Tippen Sie in das Texteingabe-Feld (den oval geformten Bereich direkt über der Tastatur links neben dem Senden-Knopf), um es zu aktivieren. Dann geben Sie Ihre Nachricht ein. Wenn Sie mit der Eingabe fertig sind, tippen Sie auf das Feld AN und wählen Sie mit einer der oben beschriebenen Optionen aus, an wen die Nachricht gehen soll.

Wenn Sie mit der Festlegung der Empfänger und dem Verfassen des Textes fertig sind, tippen Sie auf den Senden-Knopf, um die Nachricht auf den Weg zu bringen. Das ist schon alles!

 Bei dem neuen iPad bietet die neue Mikrofon-Taste eine hervorragende Möglichkeit, Mitteilungen zu diktieren. In Abbildung 5.11 sehen Sie, wie die Tastatur des neuen iPads in Nachrichten aussieht.

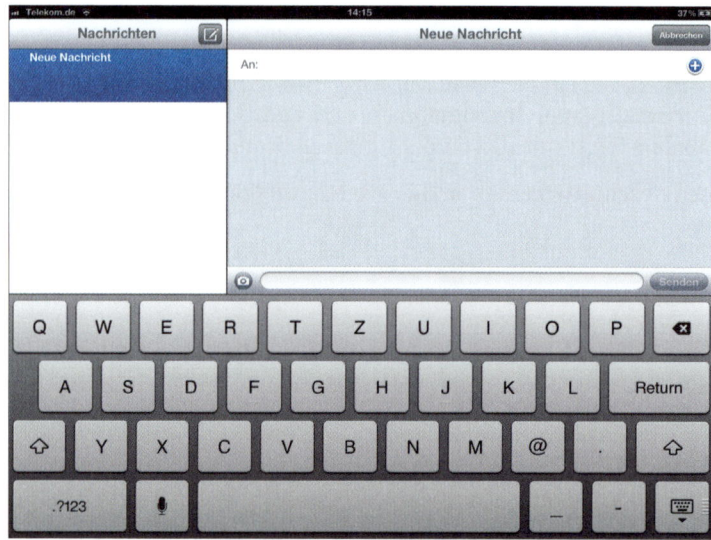

Abbildung 5.11: Hier sehen Sie die Tastatur mit der neuen Mikrofon-Taste.

Seien Sie ein Golden Receiver: Mitteilungen bekommen

Zuallererst müssen Sie festlegen, ob Sie einen Warnton hören möchten, wenn Sie eine Mitteilung bekommen:

✔ **Wenn Sie einen Warnton hören möchten, sobald eine Nachricht für Sie eintrifft**, tippen Sie auf das Einstellungen-Symbol auf Ihrem Home-Bildschirm, tippen Sie auf ALLGEMEIN| -TÖNE|SMS-TON und dann tippen Sie auf einen der verfügbaren Töne. Sie können sich die Töne anhören, indem Sie darauf tippen.

 Selbst wenn Sie den Lautlos-Knopf eingeschaltet haben, hören Sie die Töne, wenn Sie sie einstellen. Sobald Sie die Einstellungen jedoch verlassen haben, hören Sie keinen Warnton, sofern der Schalter auf LAUTLOS steht, wenn eine neue Nachricht eintrifft.

✔ **Wenn Sie keinen Warnton hören möchten, sobald eine neue Nachricht eintrifft,** tippen Sie nicht auf einen der Töne auf der Liste, sondern auf KEINE.

Die folgenden Punkte beschreiben, was Sie mit den Nachrichten, die Sie erhalten, noch tun können:

✔ **Eine Nachricht erhalten, wenn sich das iPad im Ruhezustand befindet:** Der gesamte Text oder Teile davon sowie der Name des Absenders erscheinen auf dem Sperr-Bildschirm, wie in Abbildung 5.12 dargestellt.

✔ **Eine Nachricht erhalten, wenn Ihr iPad aktiviert und entsperrt ist:** Der gesamte Text oder Teile davon sowie der Name des Absenders erscheinen oben auf dem Bildschirm über allem, was sowieso schon sichtbar ist. Wenn das Ihr Home-Bildschirm ist, wie in Abbildung 5.12 dargestellt, sehen Sie, dass das Symbol für die iMessages die Anzahl der ungelesenen Nachrichten anzeigt.

 All diese Benachrichtigungen sind laut werkseitiger Voreinstellung aktiviert; schalten Sie sie in dem Bereich MITTEILUNGEN in den Einstellungen aus, falls Sie das möchten.

Abbildung 5.12: So sehen Nachrichten in der Mitteilungszentrale auf dem Sperr-Bildschirm aus.

Um eine Nachricht zu lesen oder zu beantworten, tippen Sie darauf.

 Beeilen Sie sich damit; die Benachrichtigung verschwindet nach einigen Sekunden, wenn Sie nicht darauftippen. Wenn Sie nicht schnell genug waren, können Sie die Nachricht noch immer sehen. Tippen Sie dazu einfach auf das Symbol NACHRICHTEN auf Ihrem Home-Bildschirm oder wischen Sie von ganz oben am Bildschirm nach unten, um in die Mitteilungszentrale zu gelangen.

✔ **Eine Unterhaltung nachvollziehen:** Jede Unterhaltung, die Sie geführt haben, wird als Folge von Sprechblasen gesichert. Ihre Nachrichten erscheinen rechts in dem Bildschirm in blauen Blasen; die der anderen links in Grau, wie in Abbildung 5.13 dargestellt.

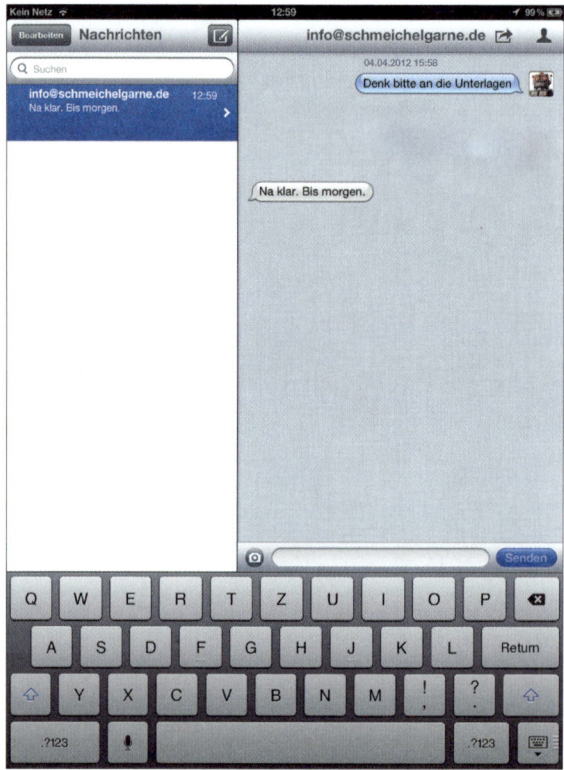

Abbildung 5.13: So sieht eine Unterhaltung in Nachrichten aus.

✔ **Eine Unterhaltung weiterleiten:** Wenn Sie eine Unterhaltung ganz oder in Teilen an einen anderen iMessage-Nutzer weiterleiten möchten, tippen Sie auf den Aktionsknopf (das kleine Rechteck mit dem herausspringenden Pfeil) oben rechts in der Unterhaltung und ein Kreis erscheint links neben jeder Sprechblase. Tippen Sie auf eine Sprechblase und es erscheint ein rotes Markierungshäkchen neben dem Kreis. Wenn Sie neben jede Sprechblase, die Sie weiterleiten möchten, eine rote Markierung gesetzt haben, tippen Sie auf den Knopf WEITERLEITEN unten rechts im Bildschirm.

✔ **Eine Unterhaltung löschen:** Wenn Sie eine Unterhaltung ganz oder in Teilen löschen möchten, tippen Sie auf den Aktionsknopf (das kleine Rechteck mit dem herausspringenden Pfeil) oben rechts in der Unterhaltung und ein Kreis erscheint links neben jeder Sprechblase. Tippen Sie auf eine Sprechblase und es erscheint ein rotes Markierungshäkchen neben dem Kreis. Wenn Sie neben jede Sprechblase, die Sie löschen möchten, eine rote Markierung gesetzt haben, tippen Sie auf den Löschen-Knopf unten links im Bildschirm. Oder, um eine ganze Unterhaltung auf einmal zu löschen, tippen Sie auf die Schaltfläche LÖSCHEN, die links neben dem Namen erscheint.

Bilder und Filme in einer Nachricht versenden

Um in einer Nachricht ein Bild oder einen Film mit zu versenden, gehen Sie so vor wie zum Versenden einer Nachricht beschrieben. Dann tippen Sie auf das Kamera-Symbol links neben dem Texteingabefeld unten im Bildschirm. Sie können nun ein vorhandenes Bild oder Video verwenden oder ein neues aufnehmen (nur ab iPad 2). Sie können zu Fotos oder Filmen auch Texte hinzufügen. Wenn Sie fertig sind, tippen Sie auf SENDEN.

Wenn Sie ein Foto oder Video in einer Nachricht erhalten, erscheint dieses genau wie der Text in einer Sprechblase, wie in Abbildung 5.14 dargestellt. Tippen Sie darauf, um es bildschirmfüllend darzustellen.

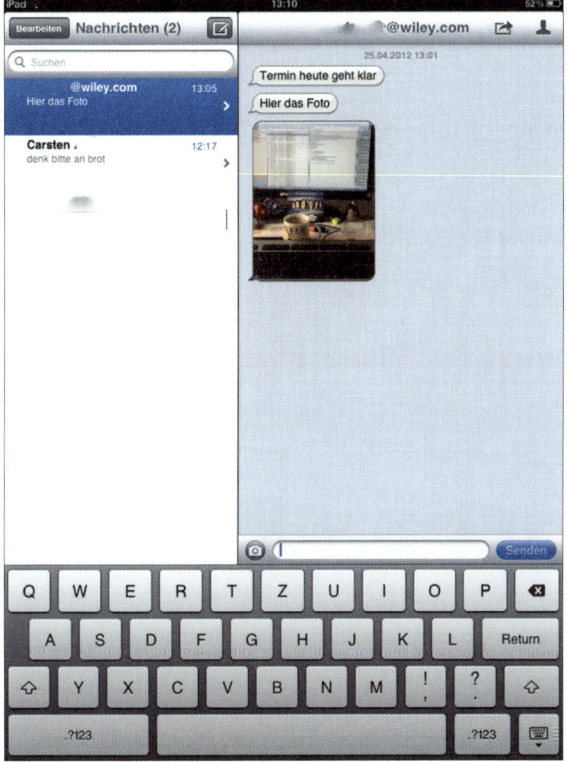

Abbildung 5.14: Eine Unterhaltung in Nachrichten, die Bilder enthält, sieht so aus.

Tippen Sie in der oberen rechten Ecke auf den Aktionsknopf (wie schon oben beschrieben), um weitere Optionen zu aktivieren. Wenn Sie das Symbol nicht sehen, tippen Sie einmal auf das Bild oder den Film und wie durch ein Wunder erscheint das Symbol.

Clevere Tricks beim Versenden von Nachrichten

Hier noch ein paar Möglichkeiten, die Sie beim Versenden von Nachrichten haben:

✔ Um Ihre Nachrichten nach einem Wort oder mehreren Wörtern zu durchsuchen, geben Sie das Wort beziehungsweise die Wörter in das Suchfeld oben in dem Nachrichten-Bildschirm ein.

✔ Wenn Sie zur Eingabe eine Bluetooth-Tastatur und nicht die Bildschirm-Tastatur verwenden möchten, gehen Sie wie in Kapitel 13 beschrieben vor, um Ihre Bluetooth-Tastatur bei Ihrem iPad anzumelden.

 Das Apple Wireless Keyboard, also die kabellose Tastatur (69 Euro) funktioniert mit dem iPad und den iPhones hervorragend. Mehr dazu erfahren Sie in Kapitel 15.

✔ Wenn in einer Nachricht eine URL enthalten ist, tippen Sie darauf, um diese Webseite in Safari zu öffnen.

✔ Wenn in einer Nachricht eine E-Mail-Adresse enthalten ist, tippen Sie darauf, um eine E-Mail an diesen Empfänger zu öffnen.

✔ Wenn in einer Nachricht eine Postanschrift enthalten ist, tippen Sie darauf, um sie in Maps zu sehen.

Das ist schon alles. Jetzt sind Sie offizieller iMessage-Meister.

Im Web surfen – ohne Board (und sogar ohne Safari)

In diesem Kapitel

▶ Karten lesen mit der App Karten

▶ YouTube

▶ Soziale Netzwerke: Kontakte mit dem iPad knüpfen

Sie schauen sich in diesem Kapitel Apps an, die Zugriff auf das Internet haben müssen, um zu funktionieren, aber Sie sind dabei nicht vom Webbrowser des iPads (Safari) abhängig. Wir nennen sie die *vom Internet belebten Apps*, weil sie Informationen anzeigen, die in Echtzeit über Internetverbindungen – seien es WLAN, 3G oder das drahtlose EDGE-Netzwerk – eingesammelt worden sind. Hierzu gehören Anwendungen für Karten, YouTube-Videos und soziale Netzwerke.

Karten zeigen den Weg

Karten ist einer der unerwarteten Hits der auf dem iPad vorinstallierten Apps. Sie können mit Karten auf Ihrem iPad oder iPhone sehr schnell und einfach herausfinden, wo Sie gerade sind, in der Nähe gelegene Restaurants und Geschäfte ausfindig machen und genaue Anweisungen erhalten, wie Sie von einer Adresse zu einer anderen gelangen, Informationen zur aktuellen Verkehrslage erhalten und sogar auf fotografierte Straßenansichten vieler Orte zugreifen.

Sie können die Apps, die in diesem Kapitel beschrieben werden, nur nutzen, wenn Sie über WLAN oder 3G mit dem Internet verbunden sind.

Mit der App Karten den aktuellen Standort finden

Wir starten mit etwas, das mehr als einfach, aber extrem nützlich ist – dem Herausfinden Ihres aktuellen Standorts. Auch auf die Gefahr hin, wie Selbsthilfegurus zu klingen, kommt hier die Anleitung, wie Sie zu sich selbst finden:

1. **Sorgen Sie zunächst dafür, dass** ORTUNGSDIENSTE **eingeschaltet ist (**EINSTELLUNGEN|ALLGEMEIN|ORTUNGSDIENSTE**).**

2. Tippen Sie dann auf dem Home-Bildschirm auf das Symbol KARTEN.

3. Tippen Sie anschließend auf den kleinen Kompass, den Sie oben im Bildschirm in der Mitte der grauen Leiste finden.

Das Pfeilsymbol verwandelt sich in ein violettes Etwas, um anzuzeigen, dass Ihr Ortungsdienst seine Arbeit macht, und schon bald sehen Sie einen blauen Kreis (siehe Abbildung 6.1), der Ihren ungefähren Standort anzeigt. Wenn Sie jetzt umherfahren oder -laufen, kann Ihr iPad Ihren Standort aktualisieren und die Karte so anpassen, dass die Standortanzeige auch weiterhin in der Mitte des Bildschirms stehen bleibt.

Abbildung 6.1: Eine blaue Kennzeichnung gibt Ihre Position an.

Sie sollten wissen, dass Ihr iPad zwar auch dann Ihren Standort aktualisiert, wenn Sie tippen, die Karte verschieben oder hinein- beziehungsweise herauszoomen, dass es aber dabei die Standortmarkierung nicht unbedingt in der Bildschirmmitte hält. Das bedeutet, dass sich die Standortmarkierung auch aus dem Bildschirm herausbewegen kann.

Eine Person, einen Platz oder ein Ding finden

Um mit Karten eine Person, einen Platz oder sonst etwas zu finden, gehen Sie so vor:

1. **Tippen Sie in der rechten oberen Ecke des Bildschirms in das Suchfeld, damit die Tastatur erscheint.**

2. **Geben Sie ein, wonach Sie suchen.**

   Sie können nach Adressen, Postleitzahlen, Straßenkreuzungen, Städten, Landmarken und – anhand von Kategorien oder Namen – nach Geschäften suchen, wie zum Beispiel nach Pizzerien in einer bestimmten Stadt, wie wir das weiter hinten in diesem Kapitel zeigen.

3. **(Optional) Wenn die Buchstaben, die Sie eingeben, auf Namen Ihrer Kontaktliste passen, erscheinen die passenden Kontakte in einer Liste unterhalb des Suchfelds. Tippen Sie auf den Namen, um eine Karte mit seinem Standort anzuzeigen.**

   Karten ist ganz schön schlau: Es werden nur die Namen von Kontakten angezeigt, zu denen es auch eine Anschrift gibt (siehe hierzu auch den Abschnitt *Karten und Kontakte* weiter hinten in diesem Kapitel).

4. **Wenn Sie mit der Eingabe fertig sind, tippen Sie auf SUCHEN.**

   Nach einigen Sekunden erscheint eine Karte. Wenn Sie nach nur einem Standort gesucht haben, ist dieser mit einer Stecknadel gekennzeichnet. Wenn Sie nach einer Kategorie suchen (zum Beispiel nach `New York, NY 10022`, `pizza 60645` oder `Rom, Forum`), sehen Sie mehrere dieser Stecknadeln, eine für jeden Treffer, wie Abbildung 6.2 mit der Suche nach Pizzerien in Willich zeigt).

Wie funktioniert das?

Karten benutzt die Ortungsdienste des iPads, um Ihren ungefähren Standort herauszufinden. Dabei setzt das Gerät auf Informationen Ihres drahtlosen Datennetzwerks. Modelle, die nur WLAN haben, benutzen örtliche WLAN-Netze. Die iPad-Modelle Wi-Fi + 3G/4G benutzen GPS und Daten der Mobilfunkzellen. Wenn Sie auf die Ortungsdienste verzichten können, sollten Sie sie ausschalten, weil das die Batterie des Geräts schont. (Um diese Dienste auszuschalten, tippen Sie auf EINSTELLUNGEN|ALLGEMEIN|ORTUNGSDIENSTE.) Machen Sie sich keine Gedanken darüber, dass die Ortungsdienste ausgeschaltet sein könnten. Wenn Sie auf das Kompasssymbol tippen und die Dienste ausgeschaltet sind, werden Sie aufgefordert, sie einzuschalten. Zum Schluss möchten wir noch darauf hinweisen, dass Ortungsdienste nicht überall und immer zur Verfügung stehen.

Tippen Sie im Suchfeld auf den kleinen Kreis mit den drei Linien, und es erscheint eine Dropdown-Liste mit alternativen Ortsangaben (siehe Abbildung 6.2).

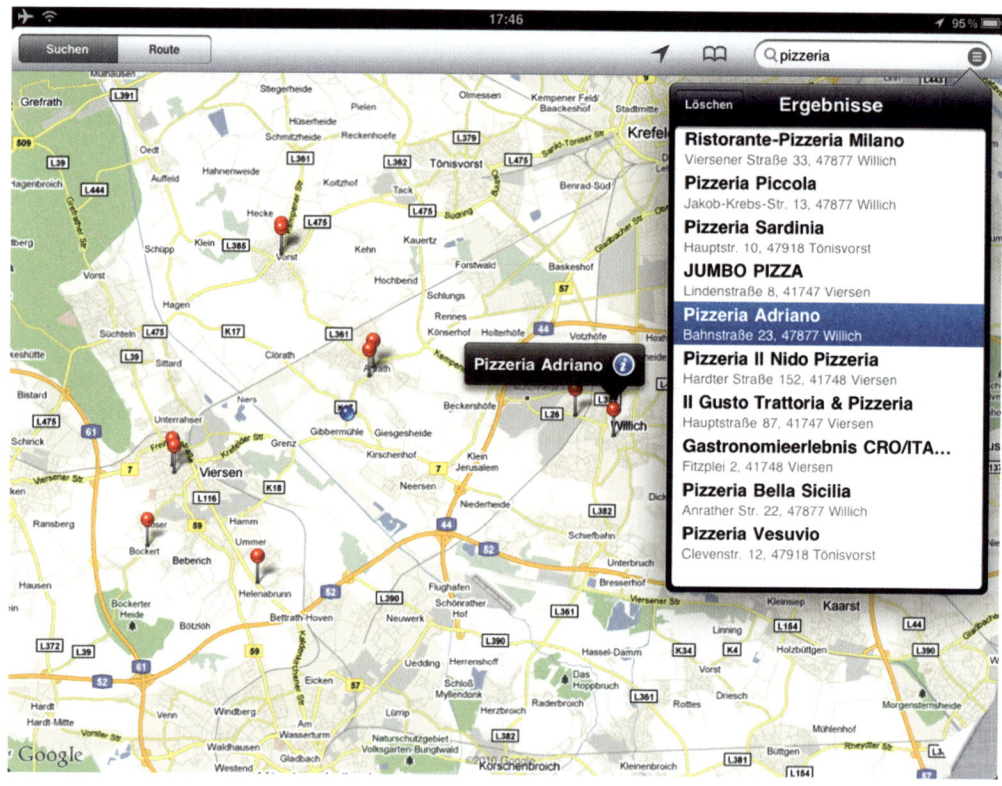

Abbildung 6.2: Suchen Sie nach Pizzerien in einem bestimmten Ort, und alle Treffer werden durch Stecknadeln angezeigt.

Ansichten, Größenveränderungen und das Verschieben von Bildausschnitten

Der vorstehende Abschnitt beschreibt, wie Sie mit Karten so gut wie alles finden können. Hier kommt jetzt ein Überblick darüber, wie Sie das, was Sie gefunden haben, auch nutzen können. Zunächst einmal geht es darum herauszufinden, wie Sie mit dem, was Sie auf dem Bildschirm sehen, auch arbeiten können. Ihnen stehen jederzeit vier Ansichten zur Verfügung: STANDARD, SATELLIT, HYBRID und GELÄNDE. (Abbildung 6.2 zeigt die Kartenansicht.) Wählen Sie eine Ansicht aus, indem Sie in der rechten unteren Ecke des Bildschirms auf die nach oben gebogene Seite tippen. Die Karte biegt sich hoch und legt mehrere Schaltflächen frei, wie Abbildung 6.3 zeigt.

Sie können in den Ansichten STANDARD, SATELLIT, HYBRID und GELÄNDE zoomen, um entweder mehr oder weniger von der Karte zu sehen – oder Sie scrollen, um anzuzeigen, was sich oberhalb, unterhalb, links oder rechts von dem befindet, was aktuell auf dem Bildschirm zu sehen ist.

✔ **Um herauszuzoomen:** Drücken Sie die Karte zusammen, indem Sie Daumen und Zeigefinger von den Ecken der Karte her zusammendrücken, oder tippen Sie mit *zwei* Fingern. Um weiter herauszuzoomen (das Bild zu verkleinern), drücken Sie die Karte erneut zusammen oder tippen noch einmal mit zwei Fingern.

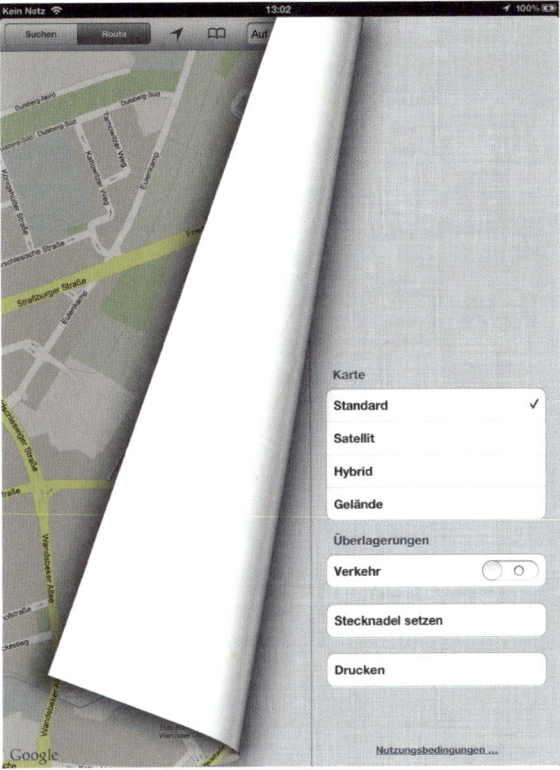

Abbildung 6.3: Die Karte klappt sich hoch und legt diese Schaltflächen frei.

Diese Vorgehensweise ist vielleicht vollkommen neu für Sie. Um mit zwei Fingern zu tippen, müssen Sie lediglich mit zwei Fingern gleichzeitig (und nicht, wie normal, nur mit einem Finger) auf den Bildschirm tippen.

✔ **Um hineinzuzoomen:** Drücken Sie die Karte auseinander, indem Sie Daumen und Zeigefinger auf der Karte auseinanderdrücken, oder tippen Sie (mit einem Finger) doppelt auf den Punkt, den Sie vergrößern wollen. Wiederholen Sie diese Aktion, um noch weiter hineinzuzoomen.

Sie können natürlich zum Auseinanderdrücken (Hineinzoomen oder Vergrößern) auch zwei Finger von zwei Händen oder beide Daumen nehmen, Sie werden aber schnell herausfinden, dass das Zusammendrücken oder Auseinanderdrücken mit einer Hand viel einfacher ist.

✔ **Um zu scrollen:** Streichen oder ziehen Sie nach oben, unten, rechts oder links.

Karten und Kontakte

Karten und Kontakte gehören zusammen wie Tom und Jerry. Im Folgenden zeigen wir anhand von zwei Beispielen, wie Karten und Kontakte in der Praxis arbeiten.

Um eine Karte zu sehen, auf der die Adresse eines Kontakts gekennzeichnet ist, gehen Sie so vor:

1. **Tippen Sie links neben dem Suchfeld auf das kleine Symbol eines aufgeschlagenen Buches.**

2. **Tippen Sie unten in dem sich öffnenden Overlay auf** KONTAKTE.

   Overlays, wie sie von Apple genannt werden, sind Dialogfelder, die über der eigentlichen Anwendung schweben und diese überlagern.

3. **Tippen Sie auf den Namen des Kontakts, dessen Adresse Sie in der Karte sehen wollen.**

   Alternativ können Sie im Suchfeld auch die ersten Buchstaben des Namens eines Kontakts eingeben und dann in der Liste VORSCHLÄGE, die unter dem Suchfeld erscheint, auf den entsprechenden Namen tippen.

Sie können einen Standort auch dadurch finden, dass Sie in das Suchfeld eine Adresse eingeben, und Sie können einem Ihrer Kontakte diesen Standort hinzufügen oder einen gefundenen Standort als neuen Kontakt anlegen. Um diese beiden Vorschläge in die Praxis umzusetzen, gehen Sie so vor:

1. **Tippen Sie in der Karte auf die Stecknadel des Standorts.**

2. **Tippen Sie auf das kleine *i*, das sich rechts vom Standortnamen in einem kleinen blauen Kreis befindet (in Abbildung 6.2 neben *Pizzeria Siani*), um den dazugehörenden Informationsbildschirm anzuzeigen (der hier in Abbildung 6.4 das Forum Romanum in Rom zeigt).**

3. **Tippen Sie auf die Schaltfläche** ZU KONTAKTEN, **um in Ihrer Kontaktliste einen neuen Eintrag zu erzeugen.**

4. **Tippen Sie dann auf** NEUEN KONTAKT ERSTELLEN **beziehungsweise** ZU KONTAKT HINZUFÜGEN – **je nachdem, was hier richtig ist.**

5. **Tragen Sie die neuen Kontaktinformationen ein und tippen Sie auf** FERTIG. **Oder wählen Sie in der Liste, die erschienen ist, einen Kontakt aus.**

 Sie arbeiten mit Ihren Kontakten, indem Sie auf dem Home-Bildschirm auf das Symbol KONTAKTE tippen.

Sie können auch Wegbeschreibungen von einer Kontaktadresse zu einer anderen Kontaktadresse erhalten, die speziell auf das Fahren mit dem Auto, das Zufußgehen oder die Benutzung öffentlicher Verkehrsmittel abgestimmt sind. Wie das funktioniert, erfahren Sie weiter hinten in diesem Kapitel im Abschnitt *Clevere Kartennutzung*.

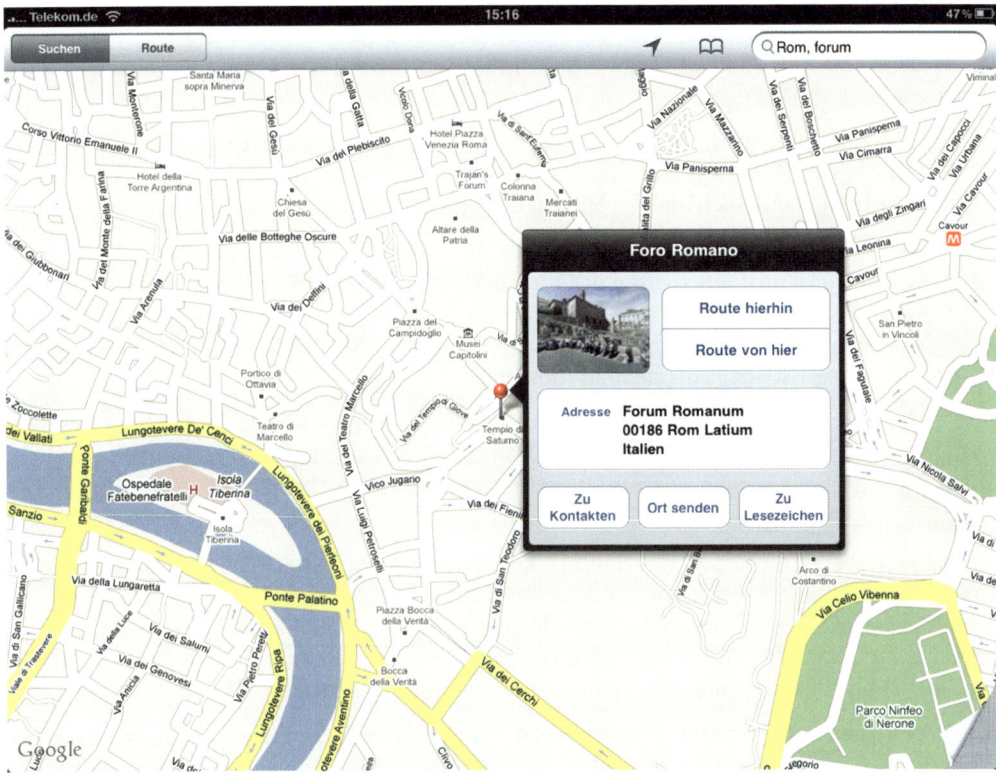

Abbildung 6.4: Der Informationsbildschirm für das Forum Romanum schwebt über der Karte, nachdem Sie rechts neben dem Namen Forum Romanum auf das kleine i im blauen Kreis getippt haben.

Zeit sparen: Lesezeichen, die letzte Suche und Kontakte

 In der Anwendung Karten gibt es drei Werkzeuge, die es Ihnen ersparen können, immer wieder denselben Standort eingeben zu müssen. Sie sehen diese Möglichkeiten in dem Overlay, das erscheint, wenn Sie links neben dem Suchfeld auf das kleine Symbol LESEZEICHEN tippen (das hier am Seitenrand abgebildet ist).

In diesem Overlay sind drei Schaltflächen zu finden: LESEZEICHEN, LETZTE SUCHE und KONTAKTE. Die folgenden Abschnitte geben Ihnen einen kurzen Überblick über diese Schaltflächen.

Lesezeichen

Lesezeichen funktionieren in der Anwendung Karten wie Lesezeichen in Safari. Wenn Sie einen Standort haben, den Sie als Lesezeichen speichern wollen, damit Sie ihn später erneut verwenden können, indem Sie nur ein einzelnes Zeichen eingeben, gehen Sie so vor:

1. **Tippen Sie rechts neben dem Namen oder der Beschreibung eines Standorts auf das kleine i im blauen Kreis.**

   Es erscheint das Overlay mit den Informationen zum Standort (siehe Abbildung 6.4).

2. Tippen Sie im Overlay auf die Schaltfläche Zu Lesezeichen.

Es kann sein, dass Sie im Overlay nach unten scrollen müssen, um die Schaltfläche Zu Lesezeichen zu sehen.

Sie können ein Lesezeichen, das Sie hinzugefügt haben, jederzeit wieder aufrufen. Tippen Sie zu diesem Zweck auf das Symbol Lesezeichen, dann im Overlay auf die Schaltfläche Lesezeichen und anschließend noch auf den Namen des Lesezeichens, um es auf der Karte zu sehen.

Die ersten Informationen, die Sie zu einem Lesezeichen machen sollten, sind Ihre Heimatadresse und die Adresse Ihres Arbeitsplatzes mit den entsprechenden Postleitzahlen. Das sind Informationen, die Sie immer wieder mit Karten benutzen werden, weshalb Sie sie zu einem Lesezeichen machen sollten, um sie nicht immer wieder eingeben zu müssen.

Benutzen Sie Postleitzahlen als Lesezeichen, um Geschäfte in der Umgebung zu finden. Wählen Sie das Postleitzahllesezeichen aus und geben Sie dann ein, wonach Sie suchen, wie zum Beispiel `40477 Pizza`, `10117 Tankstelle` oder `68219 Starbucks`.

Sie können überall auf der Karte eine Stecknadel anbringen. Eine solche Stecknadel ähnelt einem Lesezeichen und ist häufig praktischer als ein solches, weil Sie sie mit der Hand anbringen können. Warum? Wenn Sie zwar die genaue Adresse oder Postleitzahl eines Standorts nicht kennen, ihn aber auf einer Karte ausfindig machen, können Sie auf jeden Fall eine Stecknadel hinterlassen (aber eben kein Lesezeichen). Und so setzen Sie eine Stecknadel:

1. Tippen Sie in der rechten unteren Ecke des Bildschirms auf die nach oben gebogene Seite.

2. Tippen Sie auf die Schaltfläche Stecknadel setzen (siehe Abbildung 6.3).

Eine Stecknadel taucht auf dem Bildschirm auf, und Sie sehen die Wörter Stecknadel setzen: Tippen und halten, denen ein kleines *i* im blauen Kreis folgt.

3. Tippen Sie auf den Standort, den Sie mit einer Stecknadel markieren wollen, und halten Sie den Finger eine kleine Weile darauf gedrückt.

4. Tippen Sie auf das kleine *i*, und es erscheint das Overlay Gesetzte Stecknadel, in dem Sie Einzelheiten zu dieser Stecknadel eingeben können, die denen aus Abbildung 6.4 ähneln.

Um Ihre Lesezeichen zu verwalten, tippen Sie in der oberen linken Ecke des Overlays Lesezeichen auf die Schaltfläche Bearbeiten. Dann machen Sie Folgendes:

✔ **Um ein Lesezeichen in der Lesezeichenliste nach oben oder nach unten zu verschieben:** Ziehen Sie das kleine Symbol mit den drei grauen Balken, das rechts neben dem Lesezeichen erscheint, nach oben, um das Lesezeichen weiter oben in der Liste zu platzieren, oder nach unten, um es weiter unten in der Liste unterzubringen.

✔ **Um ein Lesezeichen aus der Lesezeichenliste zu entfernen:** Tippen Sie links vor dem Namen des Lesezeichens auf das weiße Symbol im roten Kreis und tippen Sie dann auf die rote Schaltfläche Löschen.

Wenn Sie die Lesezeichen nicht mehr benötigen, tippen Sie einfach außerhalb des Overlays auf den Bildschirm, um zur Karte zurückzukehren.

Letzte Suche

Karten erinnert sich in seiner Liste LETZTE SUCHE automatisch an Standorte, die Sie einmal gesucht, und an Routen, die Sie sich angeschaut haben. Um diese Liste zu Gesicht zu bekommen, tippen Sie auf das Symbol LESEZEICHEN und dann unten im Overlay auf die Schaltfläche LETZTE SUCHE. Wenn Sie ein Element dieser Liste auf der Karte sehen wollen, tippen Sie seinen Namen in der Liste an.

Um die Liste LETZTE SUCHE zu leeren, tippen Sie in der linken oberen Ecke des Overlays auf die Schaltfläche LÖSCHEN und dann unten im Overlay auf ALLE LÖSCHEN, oder Sie tippen auf ABBRECHEN, wenn Sie Ihre Meinung geändert haben.

Wenn Sie mit der Benutzung der Liste LETZTE SUCHE fertig sind, tippen Sie außerhalb des Overlays auf den Bildschirm, um zur Karte zurückzukehren.

Kontakte

Wenn Sie eine Liste Ihrer Kontakte sehen möchten, tippen Sie auf das Symbol LESEZEICHEN und im unteren Teil des über der Karte schwebenden Overlays auf die Schaltfläche KONTAKTE. Um eine Karte mit dem Standort eines Kontakts zu sehen, tippen Sie in der Liste auf den Namen des Kontakts.

Um die Liste mit den Kontakten auf bestimmte Gruppen zu beschränken (Voraussetzung dafür ist natürlich, dass es in Ihrer Kontaktliste Gruppen gibt, die iTunes synchronisieren kann), tippen Sie in der linken oberen Ecke des Overlays auf die Schaltfläche GRUPPEN und dann auf den Namen der betreffenden Gruppe. Jetzt werden nur noch Namen der Mitglieder dieser Gruppe angezeigt.

Wenn Sie die Kontaktliste nicht mehr benötigen, tippen Sie in der rechten oberen Ecke des Overlays auf die Schaltfläche FERTIG, um zur Karte zurückzukehren.

Clevere Kartennutzung

Die Anwendung Karten hat noch einige Asse mehr im Ärmel. Hier kommen ein paar clevere Funktionen, die richtig nützlich sein können.

Routen und Wegbeschreibungen

Sie können Routen planen und Wegbeschreibungen von einem Standort zu einem anderen erhalten, wenn Sie so vorgehen:

1. **Fordern Sie Ihr iPad auf, Sie mit Wegbeschreibungen zu versorgen. Dafür stehen Ihnen mehrere Möglichkeiten zur Verfügung:**

   - **Wenn es auf dem Bildschirm bereits eine Stecknadel gibt:** Tippen Sie auf die Stecknadel und dann rechts von dem Namen oder der Beschreibung auf das kleine *i* im blauen Kreis. Diese Aktion zeigt das Overlay GESETZTE STECKNADEL des Objekts an. Tippen Sie dann auf die Schaltfläche Route von hier oder auf Route hierhin, um eine Wegbeschreibung von beziehungsweise zum markierten Standort zu erhalten.

- **Wenn Sie auf einen Bildschirm mit einer Karte schauen:** Tippen Sie in der linken oberen Ecke des Bildschirms auf die Schaltfläche Route. Das Suchfeld verwandelt sich in die Felder Start und Ende.

2. **Tippen Sie in das Feld Start oder Ende, um den Startpunkt beziehungsweise den Endpunkt Ihrer Fahrt einzugeben.**

   Sie können diese Informationen entweder eingeben oder aus Ihrer Lesezeichenliste, den letzten Suchen oder den Kontakten übernehmen.

3. **(Optional) Wenn Sie Start- und Endpunkt austauschen müssen, tippen Sie auf die kleine S-förmige Schaltfläche zwischen dem Start- und dem Ende-Feld.**

4. **Wenn die beiden Standorte für Start und Ende korrekt eingegeben worden sind, tippen Sie in der Nähe der rechten unteren Ecke des Bildschirms auf die Schaltfläche Start, die hier auf einem blauen, balkenartigen Overlay erscheint (siehe Abbildung 6.5).**

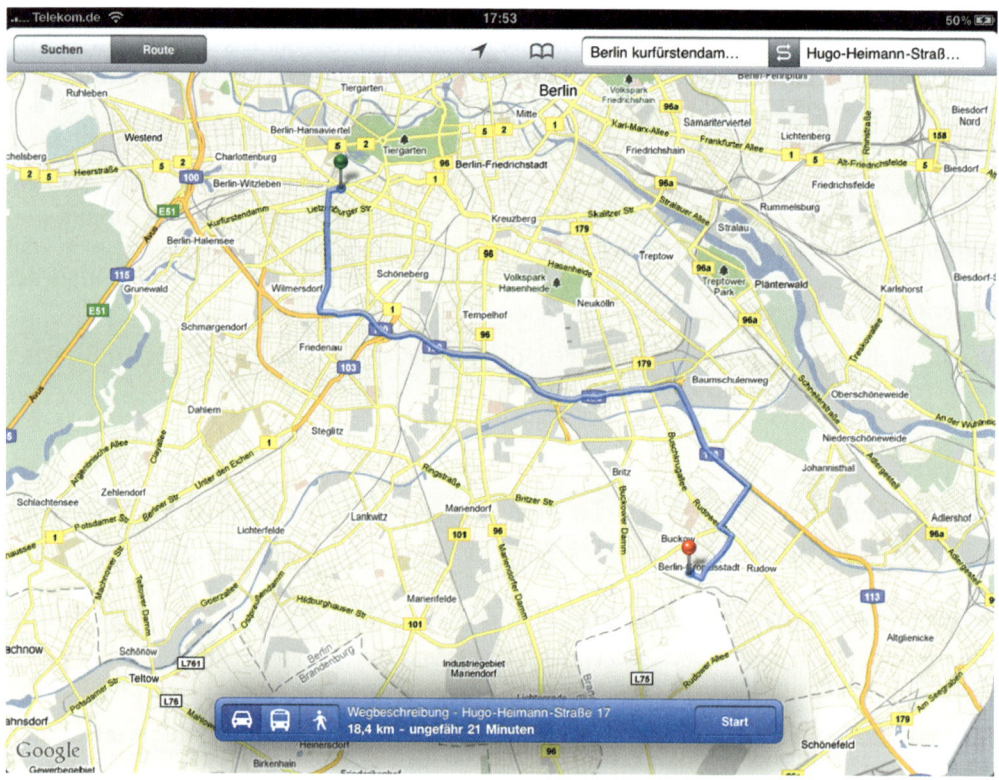

Abbildung 6.5: Die Route vom Berliner Kurfürstendamm in den Süden der Stadt

Wenn mehrere mögliche Routen existieren, zeigt Karten sie, wie in Abbildung 6.5 dargestellt, alle an. Um von einer Route zur anderen zu wechseln, tippen Sie einfach auf die gewünschte Route. Achten Sie darauf, wie sich das blaue Banner verändert und Ihnen nun die Zeit und Entfernung der gewählten Route 3 in Abbildung 6.5 anzeigt. Wenn Sie auf die Schaltfläche START tippen, ändert sie sich in eine Schaltfläche mit einem nach links zeigenden Pfeil und eine Schaltfläche mit einem nach rechts zeigenden Pfeil.

1. **Schauen Sie sich die Wegbeschreibung an, indem Sie entweder die Pfeile oder eine Liste verwenden.**

   - **Pfeile:** Tippen Sie auf die Schaltflächen mit den Pfeilen, um den nächsten oder den vorhergehenden Streckenabschnitt Ihrer Route anzuzeigen (siehe Abbildung 6.6). Tippen Sie auf den nach rechts zeigenden Pfeil, um den ersten Streckenabschnitt Ihrer Wegbeschreibung zu erhalten. Um die Beschreibung des darauf folgenden Streckenabschnitts zu bekommen, tippen Sie erneut auf den nach rechts zeigenden Pfeil. Wenn Sie sich die vorhergehende Teilstrecke noch einmal anschauen wollen, tippen Sie auf den nach links zeigenden Pfeil.

Schaltfläche LISTE

Pfeil links
(vorhergehender
Streckenabschnitt)

Pfeil rechts
(nächster Streckenabschnitt)

Abbildung 6.6: Der blaue Balken zeigt Ihnen jeden Streckenabschnitt Ihrer Route an.

   - **Liste:** Wenn Sie es vorziehen, Ihre Wegbeschreibung auf einmal mit allen Streckenabschnitten als Liste angezeigt zu bekommen, tippen Sie auf der linken Seite des blauen Balkens auf die Schaltfläche LISTE. Die Wegbeschreibung erscheint als Overlay, wie Abbildung 6.7 zeigt. Tippen Sie auf einen beliebigen Schritt der Liste, damit diese Etappe Ihres Wegs auf der Karte angezeigt wird.

Wenn Sie die in Etappen aufgeteilte Wegbeschreibung verlassen und zu den Pfeiltasten auf dem Balken zurückkehren wollen, tippen Sie im Overlay auf das kleine Rechteck oben links neben dem Wort ROUTE. Die Liste verschwindet, und der bannerartige Balken taucht wieder auf.

2. **Wenn Sie genug von der in Etappen aufgeteilten Wegbeschreibung haben, tippen Sie oben im Bildschirm auf die Schaltfläche SUCHEN, um zur normalen Kartenansicht mit ihrem einzelnen Suchfeld zurückzukehren.**

So gut die in Etappen aufgeteilte Wegbeschreibung auch arbeitet, so wünschen wir uns doch, dass das iPad eine gesprochene Wegbeschreibung anbieten würde, wie man sie auf echten GPS-Navigationsgeräten findet. Sie wissen schon – die Geräte, bei denen eine freundliche Frauen- oder Männerstimme Anweisungen gibt (wie zum Beispiel »In 200 Metern rechts abbiegen«).

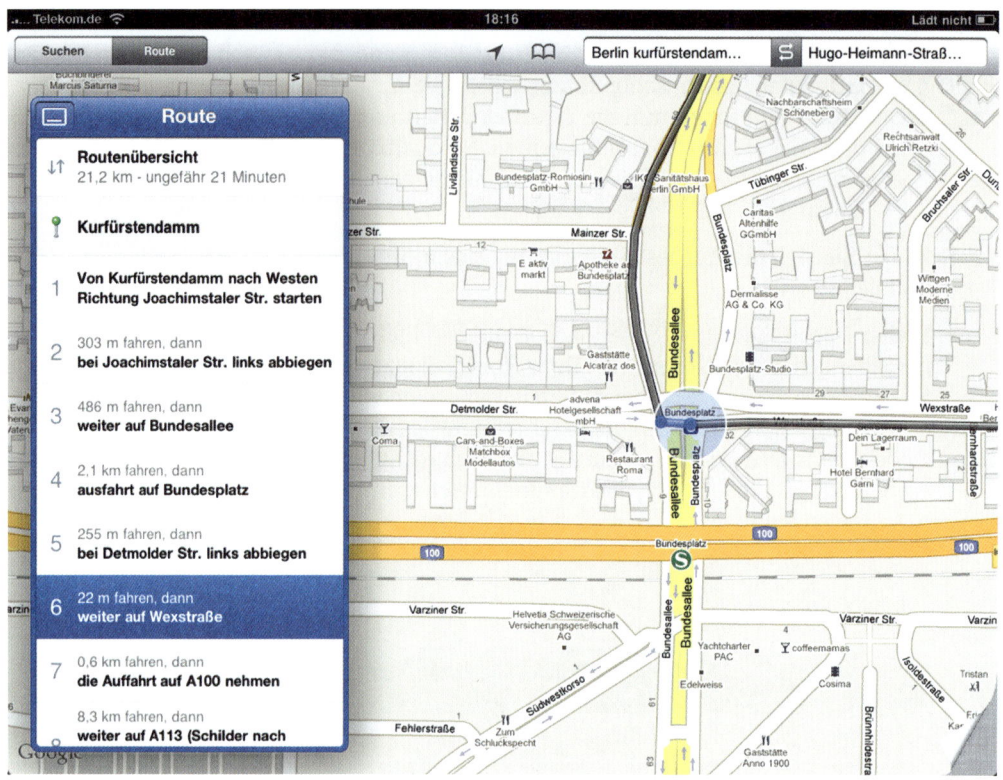

Abbildung 6.7: Eine in Etappen aufgeteilte Wegbeschreibung wird als Liste angezeigt, wobei die sechste Etappe in der Liste markiert und in der Karte angezeigt wird.

Inzwischen bieten verschiedene Firmen wie TomTom (`www.tomtom.de`), Navigon (`www.navigon.de`), Magellan (`www.magellangps.com`), Skobbler (`www.skobbler.de`) und andere iPhone-Apps an, die genau das machen. Bis zum Zeitpunkt der Drucklegung dieses Buches bietet aber lediglich Navigon eine Version für das iPad. Kapitel 7 erklärt, wie Sie herausfinden können, ob Sie iPhone-Apps auf Ihrem iPad nutzen und wie Sie iPad-Apps finden können.

 Einige der oben genannten iPhone-GPS-Apps lassen sich auf dem iPad nicht einmal installieren und selbst wenn das möglich ist, sind sie ziemlich nutzlos, sofern Ihr iPad keine Wi-Fi + 3G/4G-Funktion hat.

Öffentliche Verkehrsmittel und Fußgänger

Nachdem Sie für einen Start- und einen Zielpunkt gesorgt haben, aber bevor Sie auf die Schaltfläche START tippen, zeigt der blaue Balken an seiner linken Seite drei Symbole an: ein Auto, einen Bus und einen Fußgänger (siehe Abbildung 6.5). Im letzten Beispiel haben wir Wegbeschreibungen für Autos behandelt, die der Standard sind.

Wenn Sie Informationen über öffentliche Verkehrsmittel erhalten wollen, tippen Sie auf das Symbol mit dem Autobus. Dann stehen Ihnen bei einigen Städten die folgenden Auswahlmöglichkeiten zur Verfügung:

✔ **Um die Abfahrts- und Ankunftszeiten der nächsten Busse oder Züge zu sehen** (siehe Abbildung 6.8), tippen Sie auf die kleine Uhr, die es auf dem blauen Balken gibt. Tippen Sie auf die Schaltfläche WEITERE ZEITEN LADEN, um weitere Abfahrts- und Ankunftszeiten anzuzeigen.

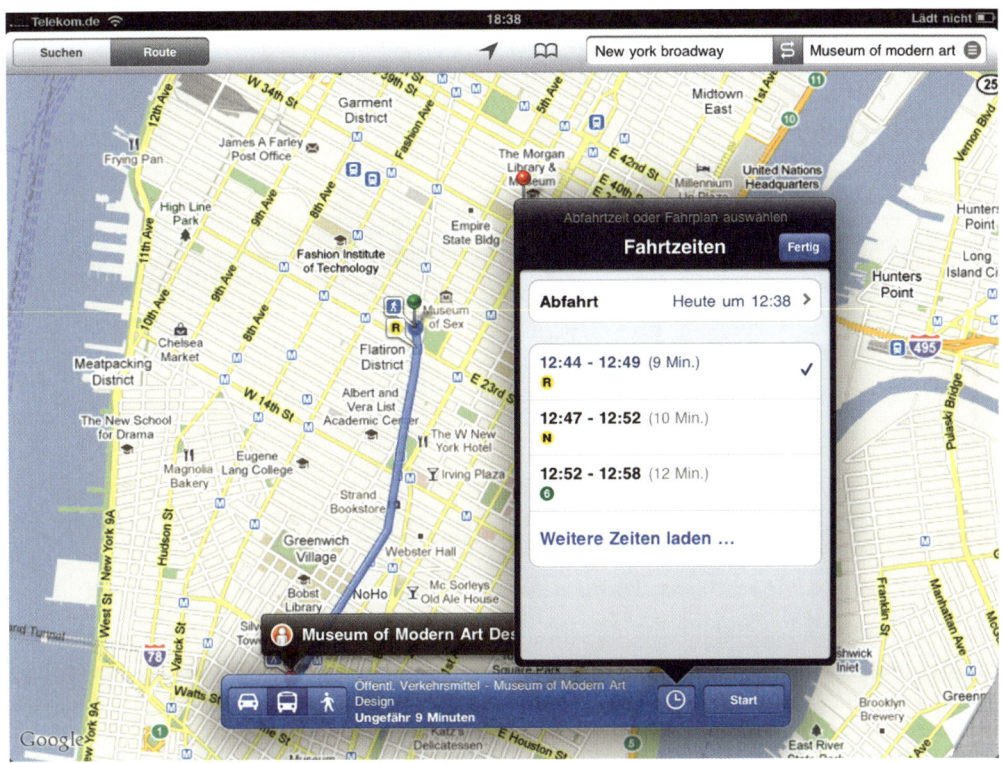

Abbildung 6.8: Die Buslinie und ihr Fahrplan

✔ **Um die Fahrstrecke zu sehen,** tippen Sie auf die Schaltfläche START. Tippen Sie dann auf die Schaltfläche mit dem nach rechts zeigenden Pfeil, um die nächste Etappe zu sehen. Tippen Sie auf die Schaltfläche mit dem nach links zeigenden Pfeil, um noch einmal die vorhergehende Etappe anzuzeigen.

Wenn Sie es vorziehen, die Fahrstrecke des öffentlichen Nahverkehrs als Liste präsentiert zu bekommen, tippen Sie auf der linken Seite des blauen Balkens auf die Schaltfläche LISTE. Daraufhin erscheinen die Etappen Ihrer Route in einem Overlay (siehe Abbildung 6.9).

 Tippen Sie in der Liste auf einen Eintrag, um diese Etappe der Route auf der Karte anzuzeigen. Wenn Sie zum blauen Balken zurückkehren möchten, um mit den Pfeiltasten weiterzumachen, tippen Sie oben im Overlay auf das kleine Rechteck, das sich oben links neben dem Wort ROUTE befindet. Die Liste verschwindet, und der Balken taucht wieder auf.

Abbildung 6.9: Eine Wegbeschreibung, bei der die Strecke in der Karte angezeigt wird

Um eine in Etappen aufgeteilte Wegbeschreibung für Fußgänger und Wanderer zu erhalten, tippen Sie auf das Symbol mit dem Fußgänger. Die Wegbeschreibungen für Fußgänger sehen fast genauso aus wie die für Autofahrer, sie unterscheiden sich hauptsächlich in den Angaben der Reisezeit. Wenn zum Beispiel eine Fahrzeit von zehn Minuten angegeben wird, dauert der entsprechende Fußmarsch ungefähr eine Stunde und 25 Minuten.

Informationen über die Verkehrslage in Echtzeit erhalten

In einer ganzen Reihe von Fällen können Sie für die Karte, die Sie sich gerade anschauen, auch Informationen zur Verkehrslage erhalten, indem Sie auf die rechte untere Ecke des Bildschirms und dann auf die Schaltfläche VERKEHR tippen, um die Anzeige einzuschalten. Danach werden Hauptstraßen und Autobahnen farblich gekennzeichnet, um Sie darüber zu informieren, wie dort die aktuellen Durchschnittsgeschwindigkeiten aussehen (siehe Abbildung 6.10). Hier die Entschlüsselung der verwendeten Farben:

✔ **Grün:** über 80 km/h

✔ **Gelb:** 40 bis 80 km/h

✔ **Rot:** weniger als 40 km/h

✔ **Grau:** keine Daten verfügbar

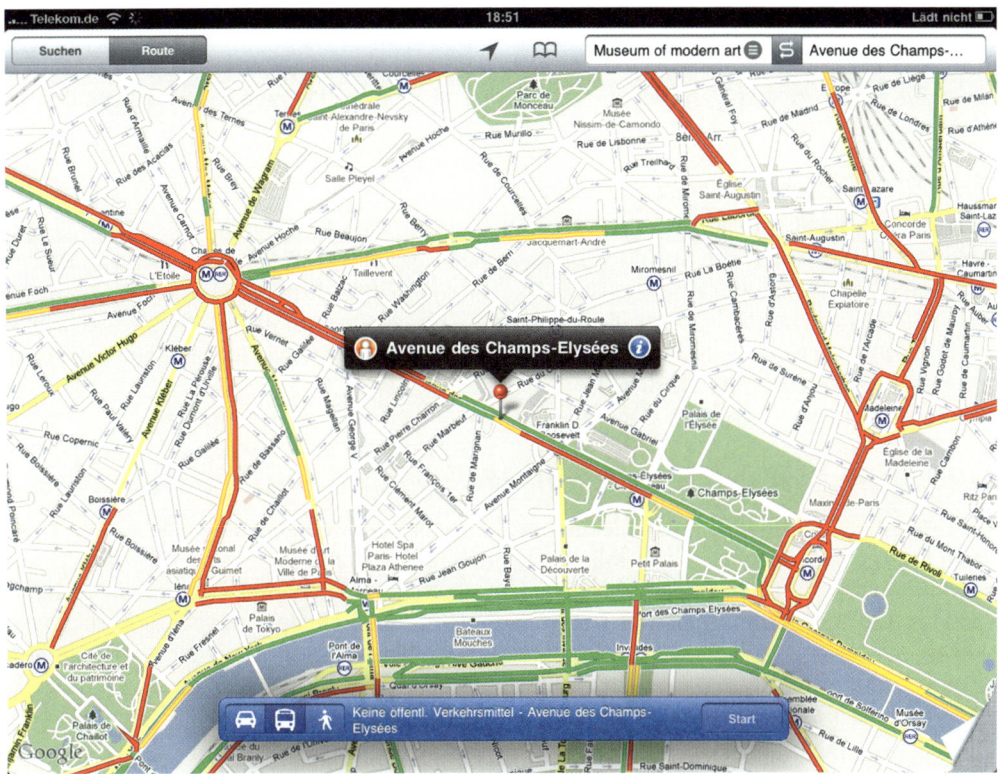

Abbildung 6.10: In Paris ist so gut wie immer etwas los.

 Die Informationen zur Verkehrslage stehen nicht an jedem Standort zur Verfügung, aber der einzige Weg, das herauszufinden, besteht darin, es auszuprobieren. Wenn keine Farbkodierung erscheint, können Sie davon ausgehen, dass für den ausgewählten Standort keine Informationen vorliegen.

Der Informationsbildschirm

Wenn ein Standort rechts neben seinem Namen oder seiner Beschreibung ein kleines *i* in einem blauen Kreis aufweist (siehe Abbildung 6.2), können Sie darauf tippen, um weitere Informationen zu diesem Standort zu erhalten.

Wie wir weiter vorn in diesem Kapitel erklären, können Sie Wegbeschreibungen zu und von diesem Standort erhalten, den Standort Ihren Lesezeichen oder Kontakten hinzufügen oder aus ihm einen neuen Kontakt erstellen. In einigen Fällen können Sie aus dem Informationsbildschirm eines Standorts zwei weitere Dinge veranlassen (was besonders dann Sinn macht, wenn sich hinter dem Standort eine Person oder eine Firma verbirgt):

✔ Tippen Sie dort auf eine E-Mail-Adresse, um die App Mail zu starten und eine E-Mail zu senden.

✔ Tippen Sie auf die dort angezeigte URL, um Safari zu starten und die entsprechende Website zu besuchen.

Nicht alle Standorte verfügen über diese Optionen, aber Sie sollten zumindest wissen, dass es so etwas gibt.

Ihren Standort in Street View ansehen

Wenn Sie das kleine Symbol mit dem Kopf im Kreis auf dem Informationsbildschirm sehen, tippen Sie darauf, um Ihren Standort in Street View anzusehen. Wischen Sie mit dem Finger nach links oder rechts, um eine 360-Grad-Ansicht zu erhalten. Eine kleine Karte in der unteren linken Ecke zeigt Ihnen sogar die Richtung dessen an, was auf dem Bildschirm zu sehen ist. Eine tolle Sache, aber bedenken Sie, dass das, was Sie sehen, vielleicht schon zwei oder sogar drei oder mehr Jahre alt ist.

Und hier kommt ... YouTube

YouTube ist auf der Bildfläche erschienen und hat mehr oder weniger das Freigeben von Videos im Internet erfunden. Die unheimlich beliebte Site, die jetzt Google gehört, ist so mächtig geworden, dass sogar amerikanische Präsidentschaftskandidaten und Politiker in anderen Ländern dort ihre Kampagnen und Debatten abhalten. Sie können sich aber sicherlich vorstellen, dass es zu YouTube auch andere Meinungen gibt. In einigen Ländern wird die Site blockiert. Und die Firma Viacom hat YouTube wegen Verletzungen des Urheberrechts auf mehr als eine Milliarde US-Dollar verklagt.

Auf jeden Fall hat sich YouTube ein gigantisches Stück vom Kuchen des In-Seins abgeschnitten. Der Grund dafür liegt darin, dass sich YouTube um Sie und uns und unsere Tiere und so weiter »kümmert«. Hier befindet sich der ultimative Ort im Netz, um – wie YouTube verkündet – »sich selbst bekannt zu machen«.

Apple hat YouTube ein eigenes Symbol auf dem Home-Bildschirm spendiert. Damit steht auf dem iPad fast der gesamte Katalog von YouTube mit mehreren Millionen Filmen zur Verfügung.

Nach den Perlen von YouTube tauchen

Wie findet die App YouTube die Filme, die Ihnen eine erholsame Pause von Ihrem Alltagstrott bieten? Vielleicht fangen Sie einfach damit an, dass Sie auf eine der sieben Schaltflächen tippen, die es am unteren Rand des Bildschirms gibt.

Bevor wir uns aber auf diesen Weg machen, können Sie, wenn Sie wissen, was Ihnen vorschwebt, nach allem Möglichen suchen – sei es ein bestimmtes Video, ein Thema, der Name desjenigen, der das Video gedreht hat, oder irgendetwas anderes, das als Suchbegriff taugt und in einer der sieben »Abteilungen« zu finden ist, die wir beschreiben wollen. Sie werden sehen, dass jede von ihnen in der rechten oberen Ecke über ein Suchfeld verfügt. Tippen Sie es einfach an, und die mittlerweile wohlbekannte virtuelle Tastatur erscheint. Geben Sie einen Suchbegriff ein und tippen Sie auf der virtuellen Tastatur auf die Taste ⌐Suchen⌐, um die entsprechenden Ergebnisse zu erhalten.

In Abbildung 6.11 haben wir als Suchbegriff `ipad` (was sonst?) eingegeben.

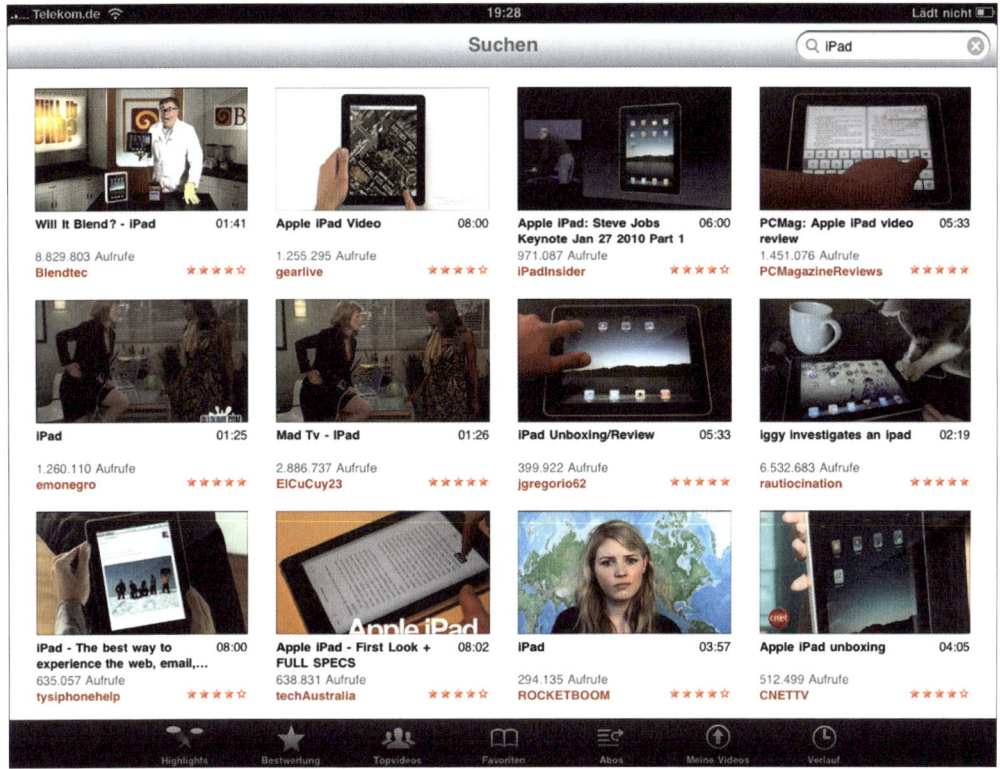

Abbildung 6.11: In YouTube nach iPad-Videos suchen

Sie müssen dann nur noch eines dieser Videos antippen, um es sich anschauen zu können.

Jetzt wollen wir uns aber um die sieben Schaltflächen kümmern, die es unten auf dem Bildschirm gibt:

✔ **Highlights:** Videos, die von den YouTube-Mitarbeitern empfohlen werden. Streichen Sie nach oben über den Bildschirm, um in der Liste der Videos weiter nach unten zu scrollen.

Wenn Sie das untere Ende der Seite erreicht haben, tippen Sie auf die Schaltfläche WEITERE LADEN, um noch mehr Videos dieser Kategorie zu sehen.

✔ **Bestwertung:** Hierbei handelt es sich um Videos, die von YouTube-Besuchern bewertet worden sind. Tippen Sie in der linken oberen Ecke des Bildschirms auf eine der Schaltflächen HEUTE, WOCHE oder ALLE, um die Liste der Videos zu filtern.

Sie können auf Ihrem iPad Videos bewerten, wenn Sie ein YouTube-Anmeldekonto besitzen. Vergeuden Sie aber nicht Ihre Zeit damit herauszufinden, wie Sie aus der App YouTube heraus ein solches Konto anlegen können – es geht nämlich nicht. Sie müssen (auf Ihrem iPad oder Ihrem Computer) entweder Safari oder einen anderen Webbrowser starten und zu www.youtube.de surfen, um das

Konto anzulegen. Wir schlagen vor, dass Sie das gleich machen, weil einige der Funktionen, die wir beschreiben wollen, nur dann Sinn machen, wenn Sie sich bei YouTube angemeldet haben.

✔ **Topvideos:** Dies sind die Videos, die sich die meisten YouTube-Besucher angesehen haben. Tippen Sie auf ALLE, um die meistgesehenen YouTube-Videos aller Zeiten angezeigt zu bekommen. Tippen Sie auf HEUTE oder WOCHE, um Zugriff auf die Videos zu bekommen, die gerade *en vogue* sind.

✔ **Favoriten:** Wenn Sie sich an Ihrem YouTube-Konto angemeldet haben, können Sie Videos, die Ihnen gefallen, Ihrer Favoritenliste hinzufügen. Tippen Sie auf das Symbol FAVORITEN, das wie ein geöffnetes Buch am unteren Rand des Bildschirms liegt und erscheint, wenn Sie sich ein Video anschauen (siehe Abbildung 6.12 weiter hinten in diesem Kapitel).

Oben am Favoriten-Bildschirm gibt es zwei Registerkarten: FAVORITEN und LISTEN. Dabei ist FAVORITEN standardmäßig aktiviert. Bei FAVORITEN handelt es sich um eine Liste mit den Videos, die Ihnen gefallen. Bei LISTEN handelt es sich um einzelne Wiedergabelisten, in denen Sie Ihre Favoriten nach Kategorien abgelegt haben. Bob LeVitus besitzt zum Beispiel eine Liste für *Family Guy*, eine für *South Park*, eine mit echt abgefahrenen Mac-Tricks und so weiter.

Wenn Sie auf die Registerkarte LISTEN tippen, sehen Sie eine Liste mit Ihren YouTube-Wiedergabelisten. Natürlich müssen Sie bei YouTube angemeldet sein, um diese Funktion nutzen zu können. Und – Überraschung! – Sie können mit der App YouTube keine Wiedergabelisten erstellen. Sie müssen www.youtube.de mit Ihrem Webbrowser besuchen, um eine Wiedergabeliste anzulegen.

Wenn Sie eine Wiedergabeliste erstellt haben, können Sie ihr Videos genauso hinzufügen, wie Sie das mit Ihren Favoriten machen (und was Sie sicherlich auch ohne großartige Anleitung schaffen).

Die Schaltfläche BEARBEITEN, die Sie sowohl im Favoriten- als auch im Listenbildschirm links oben finden, lässt Sie Videos löschen, die nicht mehr zu Ihrem Favoritenkreis zählen. Tippen Sie auf diese Schaltfläche und dann auf das kleine X in der linken oberen Ecke des Videos, das Sie aus Ihrer Favoriten- oder Wiedergabeliste entfernen wollen. Wenn Sie mit dem Löschen von Videos fertig sind, tippen Sie auf die Schaltfläche FERTIG, die sich ebenfalls in der linken oberen Ecke des Bildschirms befindet.

Sowohl Ihre Favoriten- als auch Ihre Wiedergabelisten werden automatisch gespeichert und mit allen Geräten – Mac, PC, iPhone, iPod touch und/oder iPad – synchronisiert. Wenn Sie auf Ihrem iPad ein Video Ihrer Favoriten- oder einer Wiedergabeliste hinzufügen, finden Sie das Video bei Ihrem nächsten Besuch mit einem Browser bei YouTube auch dort in der Favoriten- oder Wiedergabeliste vor. Klasse, nicht?

✔ **Abos:** Hierbei handelt es sich um Videos, die von einem YouTube-Konto stammen, das Sie abonniert haben. Und nun alle zusammen: Sie können den YouTube-Kanal eines »Produzenten« von Videos nicht mit der App YouTube abonnieren. Und Sie müssen an Ihrem YouTube-Konto angemeldet sein, um diese Funktion nutzen zu können.

✔ **Meine Videos:** Hier finden Sie die Videos, die Sie selbst auf YouTube hochgeladen haben. Natürlich müssen Sie bei YouTube angemeldet sein, um diese Funktion nutzen zu können. Also nichts Neues. Und natürlich sollte klar sein, dass dieser Bildschirm selbst dann leer bleibt, wenn Sie sich zwar bei YouTube angemeldet, aber nie ein eigenes Video hochgeladen haben.

✔ **Verlauf:** Dies ist eine Liste der Videos, die Sie in letzter Zeit angeschaut haben.

YouTube-Videos anschauen

Wenn Sie ein YouTube-Video anschauen wollen, tippen Sie es einfach an, und zwar unabhängig davon, wie Sie es gefunden haben – durch eine der sieben Methoden, die wir im vorherigen Abschnitt beschreiben, oder dadurch, dass Sie eine Suche durchgeführt haben. Der Film wird geladen und nach einer kurzen Wartezeit – deren Länge von der Geschwindigkeit Ihres WLAN- oder 3G-Netzes abhängt – wiedergegeben.

Sie sollten die Bedienelemente sehen, die in diesem Abschnitt beschrieben werden. Sollte das nicht der Fall sein, tippen Sie das Video einfach an, damit die ausgeblendeten Bedienelemente angezeigt werden. Viele dieser Elemente sind mit denen identisch, die in Kapitel 9 beschrieben werden, aber YouTube-Videos haben zusätzlich einige eigene Objekte, zu denen auch Schaltflächen gehören, um das aktuelle Video den Favoriten oder einer Wiedergabeliste hinzuzufügen, es mit Freunden zu teilen, es zu bewerten und noch andere Dinge zu tun (siehe Abbildung 6.12).

Sie finden in dem grauen Balken, der sich quer über den oberen Teil des Bildschirms zieht, (von links nach rechts) die folgenden Schaltflächen: ZURÜCK (die hier SUCHEN heißt, weil dies der Bildschirm war, aus dem heraus das Video gestartet wurde), den Namen des Videos (`Jeff Dunham - Achmed the Dead Terrorist`) und das Suchfeld.

Unter dem grauen Balken befinden sich fünf Schaltflächen:

✔ **Hinzufügen:** Fügt dieses Video Ihren Favoriten oder einer Wiedergabeliste hinzu.

✔ **Senden:** Öffnet eine neue E-Mail, die bereits in der Betreffzeile den Titel des Videos und im Nachrichtentext `Mein YouTube Video-Tipp` und die URL zum Video stehen hat. Tippen Sie auf das blaue Plus-Zeichen, um eine Adresse aus Ihren Kontakten zu übernehmen, oder geben Sie eine E-Mail-Adresse ein und tippen Sie auf die Schaltfläche SENDEN.

✔ **Gefällt mir:** Hier können Sie das Video mit einem Daumen hoch als »Mag ich« bewerten.

✔ **Ablehnen:** Hier können Sie das Video mit einem Daumen nach unten bewerten.

✔ **Melden:** Melden Sie das Video als unangemessen.

Unter dem Video gibt es einen weiteren grauen Balken mit (von links nach rechts) der Taste WIEDERGABE/ANHALTEN (in Abbildung 6.12 das nach rechts weisende Dreieck), der Navigationsleiste, der Wiedergabeposition, dem AirPlay-Menü (über das Sie in Kapitel 8 noch mehr erfahren) und einem Paar Pfeile. Die ersten drei sind selbsterklärend. Tippen Sie auf die Pfeile, um das Video im Vollbildmodus wiederzugeben.

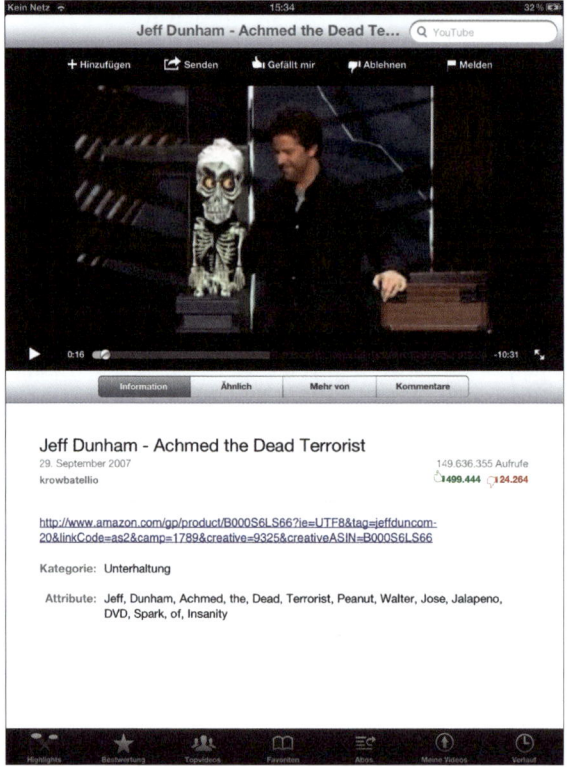

Abbildung 6.12: Die Bedienelemente eines YouTube-Videos

Wenn Sie die Bedienelemente nicht sehen können, tippen Sie irgendwo auf den Film, und sie erscheinen auf magische Weise.

Während Sie ein Video im Vollbildmodus anschauen, erscheint ein etwas anderer Satz Bedienelemente. Damit diese verschwinden, tippen Sie einmal auf das Video. Die einzige Schaltfläche, die Sie davon vielleicht nicht kennen, befindet sich in der rechten oberen Ecke und sieht wie eine Leinwand (oben) oder ein Fernsehbildschirm (unten) aus (siehe auch die Abbildung hier am Seitenrand). Sie können mit dieser Schaltfläche die Videowiedergabe von einem breiten Bild (auch *Widescreen* genannt) in den normalen Modus und zurück umschalten. Wenn Sie mit dieser Aussage wenig anfangen können, tippen Sie ein paar Mal darauf, und Sie wissen, was gemeint ist. Tippen Sie in der linken oberen Ecke auf die Schaltfläche FERTIG oder auf die kleinen, auseinander zeigenden Pfeile wie in Abbildung 6.12 dargestellt, um zum Informationsbildschirm des Videos zurückzukehren.

Und zu guter Letzt sehen Sie unter der Navigationsleiste einen grauen Balken mit drei zusätzlichen Schaltflächen: ÄHNLICHES, MEHR VON und KOMMENTARE. Tippen Sie auf die jeweilige Schaltfläche, um zu sehen, welche Informationen zum Video sich dahinter verbergen.

Die Benutzung von YouTube (und anderem) einschränken

Wenn Sie ein iPad an Ihre Kinder oder jemanden weitergeben, der für Sie arbeitet, möchten Sie sicherlich nicht, dass diese Personen ihre Zeit damit verbringen, sich YouTube-Videos anzuschauen. Sie sollten etwas Produktiveres bewerkstelligen wie Hausaufgaben machen oder einen Quartalsbericht erstellen.

Hier kommt nun die elterliche Kontrolle (oder »der gemeine Chef«) ins Spiel. Denken Sie daran, dass Sie diese »Spielverderbermethode« richtig unbeliebt machen kann.

Um den Zugang zu YouTube einzuschränken, gehen Sie so vor:

1. **Tippen Sie auf** EINSTELLUNGEN|ALLGEMEIN|EINSCHRÄNKUNGEN.

2. **Geben Sie zweimal einen neuen Kenncode ein oder bestätigen Sie einen bestehenden Code.**

3. **Tippen Sie auf** YOUTUBE, **damit der blaue Ein-Schalter angezeigt wird.**

Anstatt den Zugang vollständig zu sperren, können Sie auch Einschränkungen auf der Grundlage von Bewertungen von Fernsehsendungen, Filmen oder Apps setzen.

Wenn Sie YouTube zu einem »Finger weg!« gemacht haben und zum Home-Bildschirm zurückkehren, suchen Sie das YouTube-Symbol vergebens. Das Gleiche gilt für alle eingeschränkten Aktivitäten. Um YouTube oder andere verrechtete Apps wiederherzustellen, gehen Sie wieder zu EINSCHRÄNKUNGEN und tippen auf EINSCHRÄNKUNGEN DEAKTIVIEREN. Schalten Sie dann die Einschränkungen für YouTube wieder aus oder schalten Sie Einschränkungen für andere Anwendungen ein. Natürlich müssen Sie zunächst Ihren Kenncode eingeben, bevor Sie das machen können.

Sie können, wie Sie sehen, wenn Sie sich tiefer mit EINSTELLUNGEN beschäftigen (siehe Kapitel 13), Einschränkungen auch für iTunes, Safari, den App Store, die Installation neuer Apps und die Ortungsdienste festlegen.

Kontakte knüpfen mit Apps für soziale Netzwerke

Ihr iPad enthält im Auslieferungszustand keine Apps für soziale Medien, aber Sie können kostenlose Client-Apps der großen sozialen Netzwerke wie Facebook, MySpace und Twitter hinzufügen, wobei es MySpace bis zum Erscheinen dieser Ausgabe nur in der iPhone-Version und noch nicht in der höheren Auflösung für das iPad gibt.

Beachten Sie, dass Sie eigentlich keine App benötigen, um an den sozialen Netzwerken teilzunehmen. Alle drei von uns erwähnten können auf dem iPad ohne Einschränkungen mit Safari benutzt werden. Und anders als auf dem iPhone, bei dem der Einsatz von Safari durch den kleinen Bildschirm und die winzige Tastatur behindert wird, können alle drei Websites auf Ihrem iPad ohne Einschränkungen genutzt werden. Wenn Sie sich einmal in den Netzen umtun wollen, ohne deren Apps herunterladen zu müssen, benutzen Sie diese URLs:

✔ Facebook: `www.facebook.de`

✔ MySpace: `www.myspace.de`

✔ Twitter: `www.twitter.com`

Es wäre nun mehr als nachlässig von uns, wenn wir nicht auf die Vorteile hinwiesen, die Sie erhalten, wenn Sie auf eines der sozialen Netzwerke mit einer App statt mit einem Browser zugreifen. Hier einige unserer Erkenntnisse:

Facebook

Die iPad-App Facebook, die Abbildung 6.13 zeigt, macht es einfach, mit einem einzigen Fingertipp auf die beliebtesten Facebook-Funktionen zuzugreifen. Nicht nur, dass sie der Safari-Version jetzt optisch schon sehr ähnlich ist, sie bietet außerdem noch den Vorteil, dass man über Statusmeldungen, Anfragen, Ereignisse und ähnliche Neuigkeiten im Facebook-Account per Mitteilungszentrale direkt informiert wird. Also warum nicht das Beste aus beiden Welten nutzen und die iPad-Version zum Beispiel für Benachrichtigungen und die Safari-Version für diverse andere Funktionen einsetzen?

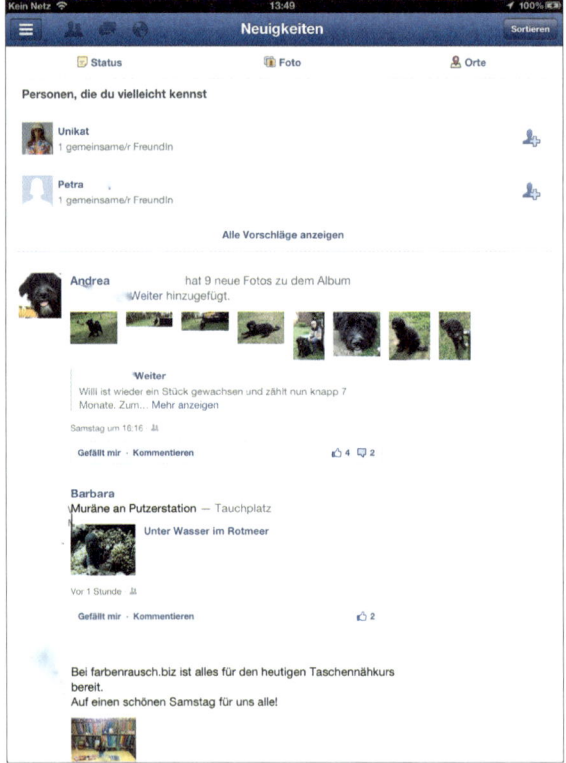

Abbildung 6.13: Die iPad-App Facebook besitzt eine ausgezeichnete Oberfläche mit einem schnellen Zugriff auf viele beliebte Facebook-Funktionen.

Andererseits kann Safari keine Benachrichtigungen für Facebook-Ereignisse wie Mails, Anfragen von Freunden und Bestätigungen, Ereignisse und Kommentare rausschicken, während die iPad-App das alles kann.

Zusammenfassend lässt sich sagen, dass Sie sich nicht daran hindern lassen sollten, das Beste aus beiden Welten zu nutzen. Wenn Sie ein eingefleischter Facebook-Nutzer sind, setzen Sie in bestimmten Situationen (wie zum Beispiel für Facebook-Benachrichtigungen) auf die Facebook-iPad-App und benutzen Safari, um zum Beispiel Live Feeds zu lesen.

Myspace

Die Myspace-App ist die einzige der hier genannten, für die es keine iPad-App gibt. Und soweit wir es erkennen können, gibt es keinen Grund, die iPhone-Version zu verwenden, weil sie nicht einmal einen Benachrichtigungsservice unterstützt.

Schauen Sie sich die Myspace-App und Myspace in Safari an (siehe Abbildung 6.14) und dann entscheiden Sie selbst.

Auch hier gilt, dass wir alles Gesagte zurücknehmen und nur Nettes über die iPad-Version von MySpace sagen werden, wenn es denn eine gibt. Aber im Moment sind wir der Meinung, dass Sie mehr von MySpace haben, wenn Sie Safari einsetzen.

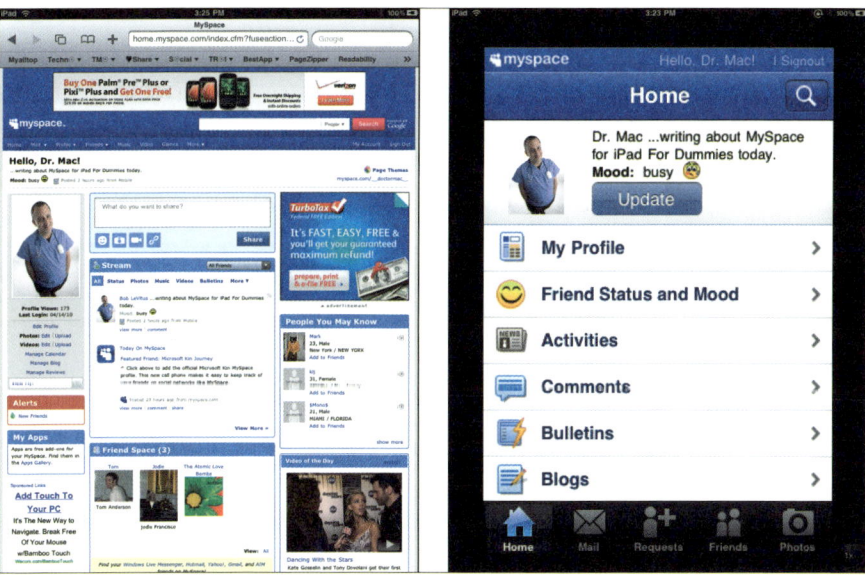

Abbildung 6.14: Die MySpace-Startseite von Bob LeVitus, zum einen in Safari (links) und zum anderen in der MySpace-iPhone-App (rechts)

Twitter

Twitter geht etwas anders an soziale Netze heran. Anders als Facebook und MySpace versucht man dort nicht, allumfassend zu sein und Dutzende von Funktionen in der Hoffnung anzubieten, dass Sie die eine oder andere davon anspricht. Twitter macht stattdessen nur eine

Sache, und das gut. Bei dieser Sache handelt es sich darum, dass Benutzer schnell und einfach kurze Nachrichten, so genannte *Tweets*, über die unterschiedlichsten Plattformen wie Webbrowser, Handys, Smartphones und andere Geräte veröffentlichen können.

Die Benutzer von Twitter haben die Möglichkeit, den Tweets (dem *Gezwitscher*, wie es übersetzt hieße) anderer Twitter-Benutzer zu »folgen«. Das Ergebnis davon ist ein Strom von Kurznachrichten, was zum Beispiel in Safari so ähnlich aussieht wie in Abbildung 6.15.

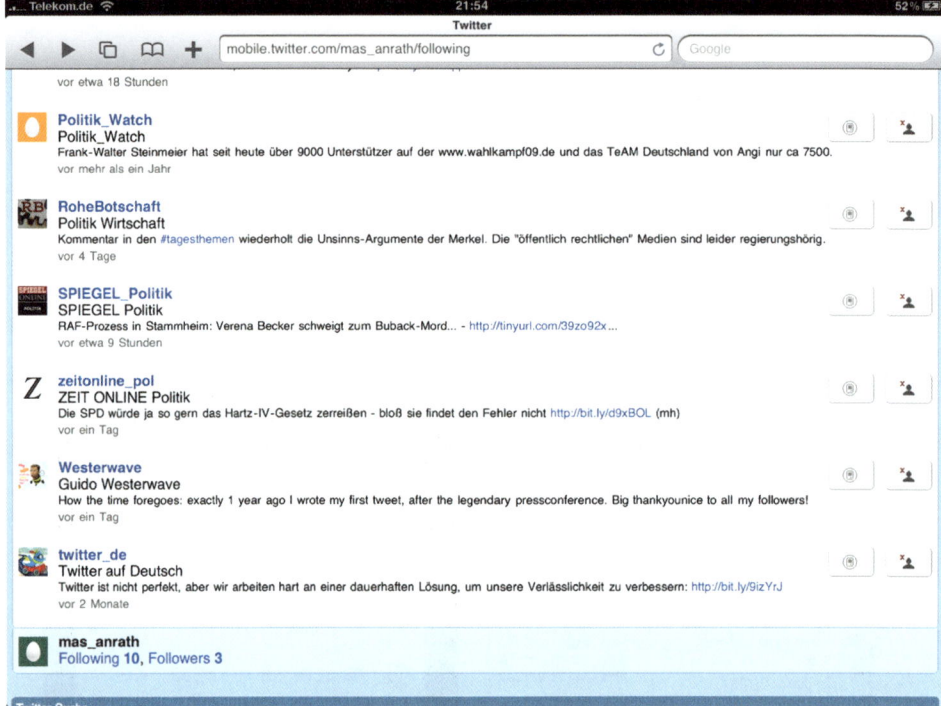

Abbildung 6.15: Ein Twitter-Strom, betrachtet auf dem iPad in Safari

Tweets sind auf 140 Zeichen begrenzt. Das ist weniger, als dieser Tipp hat. Also fassen Sie sich so kurz wie möglich.

Game Center

Die App Game Center fällt ein wenig aus der Rolle. Im Gegensatz zu den anderen Apps, die wir in diesem Abschnitt beschreiben, gibt es für Game Center keine Website; Sie müssen die Game-Center-App benutzen, die sich standardmäßig auf Ihrem iPad befindet. Und im Gegensatz zu den anderen Apps, die sich an alles und jeden wenden, ist das Game Center für eine ganz bestimmte Zielgruppe des iPad-Universums (und iPhone und iPod touch) programmiert wurden, nämlich für die Benutzer, die ein oder mehr Spiele auf ihrem iPad (oder auf anderen Geräten) besitzen.

Abbildung 6.16: Und so sieht die Eröffnungsseite Ihres persönlichen Game Centers aus.

Mit der Game-Center-App können Sie Ihre Spiele verwalten, Ihre Freunde herausfordern oder mit dem Knopf ANFRAGEN einen Fremden, der zufällig auch gerade nach einem Spielpartner sucht, zu einem Spiel einladen.

Natürlich braucht man viele Spiele, die Game Center unterstützen, damit diese soziale App wirklich zum Erfolg wird. Im Vergleich zu der riesigen Anzahl im Internet verfügbarer Spiele ist die Zahl der Spiele, die Game Center unterstützen, noch relativ gering.

Alles über iPad-Apps herausfinden

In diesem Kapitel

▶ Die verschiedenen App-Arten in den Griff bekommen

▶ Nach bestimmten Apps Ausschau halten

▶ Apps auf's iPad holen

▶ iPad-Apps verwalten

▶ Apps aktualisieren, damit sie noch besser werden

H eutzutage ist eines der besten Dinge am iPad, dass Sie Apps herunterladen und installieren können, die von dritter Seite stammen. Sie sind also weder von Apple (der ersten Seite) noch von Ihnen (der zweiten Seite) entwickelt worden. Als dieses Buch gedruckt wurde, gab es im iTunes App Store mehr als 585.000 Apps. Die Besitzer von iPhones, iPods touch und iPads haben bisher mehr als 10.000.000.000 (ja, zehn Milliarden) Apps heruntergeladen. Viele dieser Apps sind kostenlos, während andere nur gegen Geld zu haben sind. Einige Apps sind nützlich, während andere ziemlich sinnlos sind. Die meisten Apps verhalten sich richtig gut, während sich andere ganz unerwartet verabschieden (oder Schlimmeres veranstalten). Wir wollen damit sagen, dass es unter den vielen Apps einige gibt, die besser sind als andere.

Wir beschäftigen uns in diesem Kapitel umfassend mit Apps, die Sie auf Ihrem iPad einsetzen können. Sie entdecken, wie Sie Apps auf Ihrem Computer oder iPad finden, und Sie erhalten einige grundlegende Tipps, wie Sie Apps verwalten können. Und in den Kapiteln 16 und 17 erzählen wir Ihnen eine Menge über Apps von Drittanbietern.

Die Magie der Apps ertippen

Apps geben Ihnen die Möglichkeit, Ihr iPad als Spielekonsole, als Netflix-Player, als Sucher nach Rezepten, als Notizblock und vieles, vieles mehr zu benutzen. Sie können auf Ihrem iPad drei unterschiedliche Kategorien von Apps laufen lassen:

✔ **Apps, die exklusiv für das iPad hergestellt worden sind:** Das ist das Neueste, weshalb Sie von diesem Typus weniger finden als von den beiden anderen. Diese Apps laufen nicht auf einem iPhone oder einem iPod touch, deshalb können Sie sie auch gar nicht erst auf diesen Geräten installieren.

✔ **Apps, die entwickelt worden sind, um sauber auf einem iPad, iPhone oder iPod touch zu funktionieren:** Dieser Typ von Apps kann mit voller Auflösung auf allen drei Geräten laufen. Wie hoch bei diesen Geräten die volle Auflösung ist? Vielen Dank für die Frage. Bei den meisten iPhones oder dem iPod touch liegt sie bei 320×480 Pixel; beim iPhone 4 oder neuer sind es 960×640, bei einem iPad und iPad 2 sind es 1024×768 Pixel und beim neuen iPad sind es unglaubliche 2048×1536 und damit eine Million mehr als beim HDTV.

✔ **Apps, die für das iPhone und den iPod touch entwickelt worden sind:** Diese Apps laufen in der Regel auch auf Ihrem iPad, dort aber nur mit der Auflösung für das iPhone beziehungsweise den iPod touch (480×320 Pixel). Sie erreichen nicht die volle Auflösung der iPads (1024×768 beziehungsweise 2048×1536 Pixel).

Sie können die Größe einer Anwendung für das iPhone/den iPod touch verdoppeln, wenn Sie in der rechten unteren Ecke des Bildschirms auf 2x tippen. Um zur natürlichen Größe der App zurückzukehren, tippen Sie auf 1x.

Viele iPhone/iPod-Anwendungen sehen bei einer Verdopplung ihrer Größe noch recht gut aus, aber wir sind auch auf Anwendungen gestoßen, die dann stufige Grafiken aufweisen. Wir glauben aber, dass Sie unter den 585.000 Apps die eine oder andere finden werden, die Sie glücklich macht.

Abbildung 7.1 zeigt, wie so eine Größenverdopplung aussieht.

Ihnen stehen zwei Wege offen, um Apps für Ihr iPad zu beziehen und zu installieren:

✔ über Ihren Computer

✔ über Ihr iPad

Um den App Store auf Ihrem iPad zu nutzen, muss das Gerät mit dem Internet verbunden sein. Und wenn Sie eine App auf Ihren Computer holen, steht sie Ihrem iPad erst dann zur Verfügung, wenn Sie beide Geräte miteinander synchronisiert haben oder die App im Tab GEKAUFTE ARTIKEL heruntergeladen haben. Über diesen Tab erfahren Sie weiter hinten in diesem Kapitel noch mehr und in Kapitel 3 erfahren Sie mehr über das Synchronisieren.

Aber bevor Sie den App Store auf Ihrem Computer oder dem iPad benutzen können, müssen Sie sich ein Anmeldekonto am iTunes Store besorgen. Wenn Sie dort noch keines haben, schlagen wir vor, dass Sie iTunes auf Ihrem Computer starten und rechts oben im iTunes-Fenster auf ANMELDEN klicken. Klicken Sie dann auf NEUEN ACCOUNT ERSTELLEN und folgen Sie den Anweisungen auf dem Bildschirm.

Kurz gesagt: Wenn Sie kein Konto beim iTunes Store haben, können Sie keine einzige coole App oder irgendein iBook herunterladen.

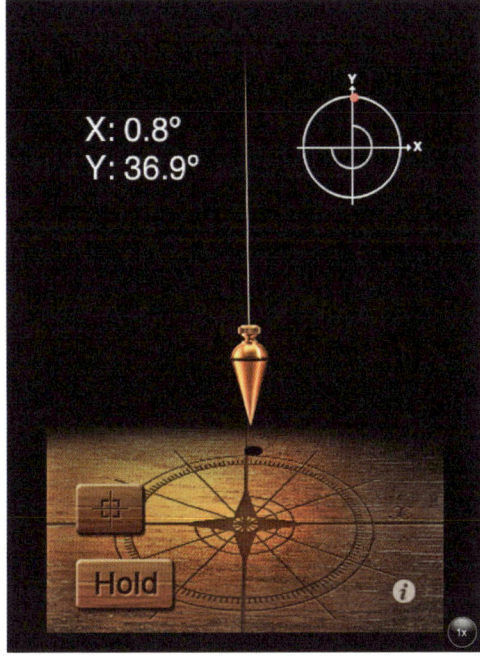

Abbildung 7.1: Apps für das iPhone/den iPod touch laufen in ihrer normalen Größe (links), können aber auf die doppelte Größe »aufgeblasen« werden.

Apps mit dem Computer suchen

Los geht's. Fangen Sie damit an, dass Sie mit iTunes und Ihrem Computer coole iPad-Apps suchen. Gehen Sie so vor:

1. **Starten Sie iTunes.**

2. **Klicken Sie in der linken Seitenleiste auf den Link ıTunes Store.**

 3. **Klicken Sie auf den Link App Store.**

   Es erscheint der iTunes App Store (siehe Abbildung 7.2).

4. **(Optional) Wenn Sie sich nur für Apps interessieren, die die volle Auflösung Ihres iPads ausnutzen, klicken Sie oben im Fenster auf die Registerkarte ıPad.**

   Nun können Sie mit dem Browsen, Suchen und Herunterladen von Apps loslegen. Wie das geht, erfahren Sie in den folgenden Abschnitten.

iTunes Store
(in Seitenliste)　　Rollbalken

Link zum App Store

Registerkarte iPad

iTunes Store durchsuchen

Abbildung 7.2: Der iTunes App Store in seinem vollen Glanz

Den App Store vom Computer aus durchstöbern

Nachdem Sie den iTunes App Store auf Ihrem Bildschirm sehen, haben Sie mehrere Möglichkeiten, um seine virtuellen Abteilungen zu erforschen. Gestatten Sie uns, Sie in diese »Abteilungen« vom Hauptbildschirm aus einzuführen.

Der wichtigste Bereich befindet sich in der Mitte des Bildschirms, und rechts und links davon gibt es Unterabteilungen. Wir fangen mit der Mitte an:

✔ Die Abteilung NEU UND BEACHTENSWERT enthält 14 sichtbare Symbole (in Abbildung 7.2 von *Cut the Rope* bis *CheX Challenger*), die Apps repräsentieren, die – was sonst? – neu und empfehlenswert sind.

 Es sind nur 14 Symbole sichtbar, aber die Abteilung NEU UND BEACHTENSWERT enthält viel mehr. Blicken Sie einmal nach rechts, neben die Wörter NEU UND BEACHTENSWERT. Sehen Sie dort ALLE ANZEIGEN? Das ist eine Verknüpfung (die auch als Link bezeichnet wird). Wenn Sie darauf klicken, sehen Sie auf einem Bildschirm alle Apps dieser Abteilung. Oder Sie klicken darauf und ziehen rechts an dem Rollbalken, um weitere Symbole zu Gesicht zu bekommen.

✔ Die Abteilung TOPAKTUELL, die in Abbildung 7.2 gerade noch sichtbar ist, enthält 14 Symbole von Apps, die bei anderen iPad-Benutzern sehr beliebt sind. Auch hier finden Sie weitere dieser Symbole, wenn Sie oben auf ALLE ANZEIGEN klicken.

✔ Die Abteilung TIPPS DER REDAKTION, die sich unterhalb von TOPAKTUELL befindet, ist in Abbildung 7.2 nicht zu sehen.

 Apple liebt es, den iTunes Store sehr oft neu zu gestalten, weshalb wir uns schon im Voraus dafür entschuldigen möchten, wenn die Dinge nicht mehr so sein sollten, wie wir sie hier beschreiben, wenn Sie den Store besuchen.

Zwischen den Abteilungen NEU UND BEACHTENSWERT und TOPAKTUELL gibt es – je nach Auflösung Ihres Monitors – Werbung für vier bis fünf Objekte (die in Abbildung 7.2 von *Spiele* bis zu *Fußball* gehen).

Rechts gibt es unterhalb der Überschrift TOP CHARTS drei weitere Abteilungen: MEISTGEKAUFTE APPS und unsere Lieblingsabteilungen MEISTGELADENE APPS (die in der Regel gratis sind) und UMSATZSTÄRKSTE APPS (die in Abbildung 7.2 nicht sichtbar sind). Von der Nummer eins dieser Abteilungen werden ein Symbol und der Name als Link angezeigt, die übrigen Apps werden in den Abteilungslisten nur als Textverknüpfung vorgestellt.

 Der Link zum App Store, den Sie im oberen Bereich des Bildschirms finden, ist eigentlich gleichzeitig ein Dropdown-Menü (wie das bei den meisten Links in den Bildschirmelementen links und rechts der Fall ist), wie in Abbildung 7.2 dargestellt.

Das Suchfeld benutzen

Das Durchsuchen des Bildschirms kann zwar hilfreich sein, aber wenn Sie wissen, wonach Sie Ausschau halten, gibt es einen schnelleren Weg, etwas zu suchen. Gehen Sie dazu folgendermaßen vor:

1. **Tippen Sie einfach ein Wort oder einen Ausdruck in das Suchfeld ein, das sich in der rechten oberen Ecke des Hauptbildschirms des iTunes-Fensters befindet.**

   In Abbildung 7.3 haben wir nach dem Begriff *Flashlight* gesucht. Drücken Sie die ⌜Return⌝-Taste, um die Suche zu starten. Sie sehen dann die Ergebnisse für den gesamten iTunes Store, wozu neben den Apps auch Musik, Fernsehsendungen, Filme und andere Objekte gehören.

Abbildung 7.3: Ich möchte mein iPad als Taschenlampe (englisch Flashlight) benutzen, weshalb ich nach `flashlight` *gesucht habe.*

2. Suchen Sie in Ihren Suchergebnissen nach der Kategorie IPAD APPS (siehe Abbildung 7.3).

Wenn Sie nach einem allgemeinen Begriff wie `Herz` oder `Held` suchen, werden auf dem Bildschirm Treffer aus den Kategorien ALBEN, MUSIK, FILME, TV-SENDUNGEN, MUSIKVIDEOS und so weiter angezeigt. In diesem Fall müssen Sie ziemlich weit nach unten scrollen, um zum Abschnitt IPAD APPS zu gelangen.

Glücklicherweise ist es nicht schwer, die Daten anhand der Medienart zu filtern. Klicken Sie einfach links oben im Fenster in der Liste NACH MEDIENART FILTERN auf APPS. Dadurch verschwindet mit Ausnahme der iPhone- und iPad-Apps alles vom Bildschirm.

3. Klicken Sie auf den Link ALLE ANZEIGEN rechts neben den Wörtern IPAD APPS in Abbildung 7.3.

Alle iPad-Apps, die zu Ihrem Suchbegriff passen, erscheinen nun auf einem einzigen Bildschirm.

Noch eine Sache zum Schluss: Im kleinen Dreieck rechts neben dem Preis von den Objekten befindet sich ein weiteres Aufklappmenü, wie bereits bei der Flashlight-App aus Abbildung 7.3 gezeigt. Mit dieser Liste können Sie die jeweilige App einem anderen schenken, sie zu Ihrer Wunschliste hinzufügen (wie in Abbildung 7.3 abgebildet), eine Mail mit dem Link zu der App an einen Freund senden, den Link zu diesem Produkt an eine Pinwand pinnen, so dass Sie ihn später an anderer Stelle wieder einfügen können, oder das Objekt auf Facebook oder Twitter empfehlen.

Informationen über eine App einholen

Nachdem Sie jetzt wissen, wie Sie eine App im App Store finden, tauchen wir in diesem Abschnitt ein wenig tiefer in die Materie ein und zeigen Ihnen, wie Sie mehr über eine Anwendung herausfinden können.

Um im iTunes App Store mehr über das Symbol einer Anwendung, über eine Anwendungsgruppe oder einen Textlink zu erfahren, klicken Sie einfach das entsprechende Objekt an. Es erscheint ein Bildschirm mit Einzelheiten wie der in Abbildung 7.4.

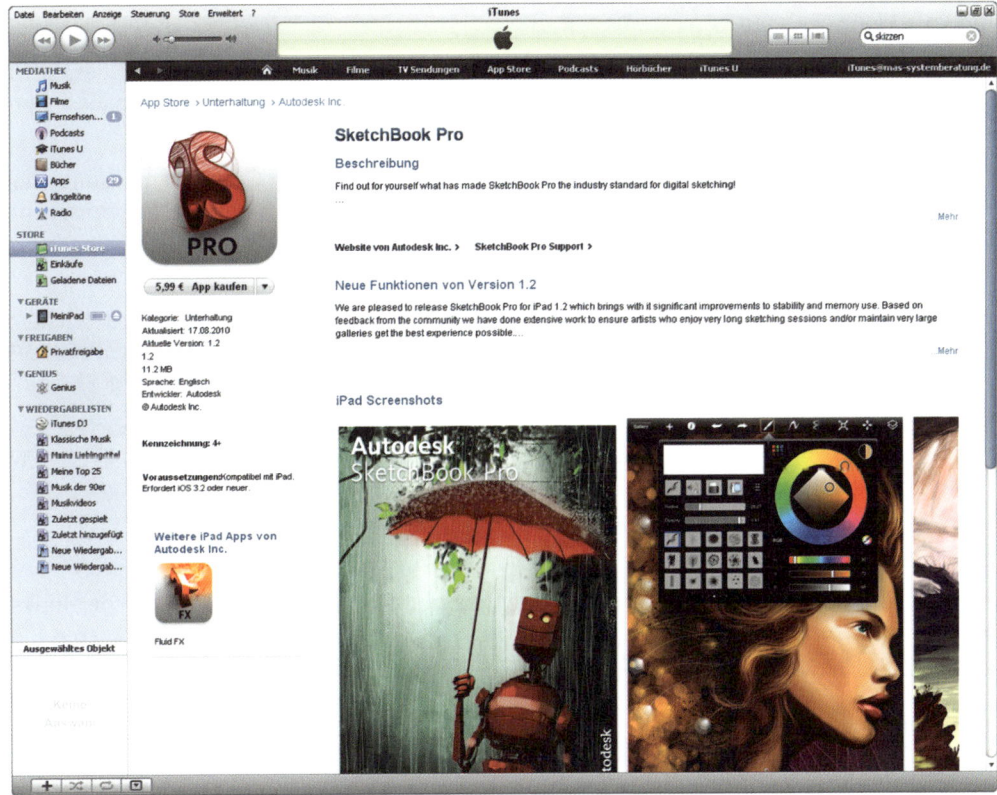

*Abbildung 7.4: Der Bildschirm mit den Details zu SketchBook Pro,
einer sehr guten Zeichen- und Mal-App für Ihr iPad*

Dieser Bildschirm sollte Ihnen eigentlich alles über die App erzählen, was Sie wissen müssen, zum Beispiel grundlegende Produktinformationen und eine Beschreibung über Neuerungen in der angebotenen Version, die Sprache, die es unterstützt, und die Anforderungen an das System, damit die App laufen kann. In den folgenden Abschnitten erhalten Sie einen Einblick in die verschiedenen Bereiche dieses Bildschirms.

Die vollständige Beschreibung einer App finden

 Beachten Sie in der rechten unteren Ecke des Abschnitts BESCHREIBUNG (siehe Abbildung 7.4) den blauen Link MEHR. Klicken Sie darauf, um eine ausführlichere Beschreibung der App zu erhalten.

Denken Sie daran, dass die Beschreibung der Anwendung vom Entwickler der Anwendung stammt und deshalb alles andere als neutral ist. Keine Angst, verehrte Leser: In einem der kommenden Abschnitte zeigen wir Ihnen, wo Sie Beurteilungen einer App finden können – geschrieben von Personen, die sie (manchmal aber auch leider nicht) benutzt haben.

Kennzeichnungen von Apps verstehen

Wie Sie in Abbildung 7.4 unterhalb der Schaltfläche APP KAUFEN oben links auf dem Bildschirm sehen können, hat diese Anwendung eine KENNZEICHNUNG von 4+. Dies bedeutet, dass diese App kein kritisches Material enthält. Dies sind die anderen möglichen Kennzeichnungen:

✔ **9+:** Gewaltcartoons, Gewaltfantasien oder realistisch dargestellte Gewalt kann kaum oder in leichter Form vorkommen; kann kaum oder in leichter Form Inhalte zu Erwachsenenthemen, suggestiven Themen oder Horrorthemen enthalten, die für Kinder unter neun Jahren nicht geeignet sind.

✔ **12+:** Gewaltcartoons, Gewaltfantasien oder realistisch dargestellte Gewalt kann in leichter Form häufig vorkommen; kann in leichter Form Inhalte zu Erwachsenenthemen, suggestiven Themen oder Spiele enthalten, die für Kinder unter 12 Jahren nicht geeignet sind.

✔ **17+:** Gewaltcartoons, Gewaltfantasien oder realistisch dargestellte Gewalt, Erwachsenenthemen, Horrorthemen, sexuelle Inhalte, Nacktheit, die Darstellung von Alkohol-, Tabak- oder Drogenkonsum machen diese Anwendung für Kinder unter 17 Jahren ungeeignet.

Verwandten Links folgen

Sie finden direkt unterhalb der Anwendungsbeschreibung eine Sammlung nützlicher Links wie die zur Website von Autodesk und dem SketchBook-Pro-Support für iPad. Probieren Sie diese Links einfach einmal aus.

Softwarevoraussetzungen und unterstützte Geräte

Zum Schluss sollten Sie sich an die drei Anwendungskategorien erinnern, die wir weiter vorn in diesem Kapitel im Abschnitt *Die Magie der Apps ertippen* beschreiben. Wenn Sie Ihren Blick auf die Zeilen unterhalb der Kennzeichnung (4+) lenken, sehen Sie die Voraussetzungen für diese Anwendung. Wenn Sie dort KOMPATIBEL MIT IPAD. ERFORDERT IOS 3.2 ODER NEUER lesen können und weder das iPhone noch der iPod touch erwähnt wird, fällt diese App in die erste Kategorie: Apps, die ausschließlich für das iPad entwickelt worden sind.

Würde die App zur zweiten oder dritten Kategorie gehören – Apps, die problemlos auf einem iPad, iPhone oder iPod touch laufen, oder Apps, die problemlos auf einem iPhone oder iPod touch laufen –, stünde hier KOMPATIBEL MIT IPHONE, IPOD TOUCH UND IPAD und nicht nur KOMPATIBEL MIT IPAD.

Vielleicht überlegen Sie jetzt, wie Sie schnell herausbekommen können, in welche Kategorie eine App fällt. Der erste Hinweis ist das kleine graue Pluszeichen neben dem Preis, das bei vielen der in Abbildung 7.3 gezeigten Apps zu sehen ist. Apps mit diesem Symbol sind »universell« und funktionieren in voller Auflösung sowohl auf dem iPad als auch auf dem iPhone und dem iPod touch. Wenn es nicht zwei Registerkarten gibt und Sie nur IPHONE SCREENSHOTS lesen, gehört die App zum dritten Typ und läuft auf Ihrem iPad nur mit der iPhone/iPod-touch-Auflösung.

Eine Möglichkeit, um dafür zu sorgen, dass Sie nur Apps angezeigt bekommen, die die Vorteile Ihres iPads nutzen, besteht darin, auf der Hauptseite des Apps Stores auf die Registerkarte IPAD zu klicken (siehe Abbildung 7.2). Alle Apps, die auf dieser Registerkarte angezeigt werden, gehören entweder zur ersten oder zur zweiten Kategorie und können auf Ihrem iPad in voller Auflösung laufen.

Bewertungen lesen

Wenn Sie den Bildschirm weiter nach unten scrollen, finden Sie eine Reihe von Kundenrezensionen, die von Benutzern dieser App geschrieben worden sind. Jede dieser Rezensionen enthält eine Bewertung in Form von null bis fünf Sternen. Wenn eine App vier oder mehr Sterne erhalten hat (wie SketchBook Pro mit 4,5 Sternen), sind diejenigen, die sie benutzen, sehr zufrieden mit ihr.

Wenn Sie mehr Rezensionen lesen möchten, als auf der aktuellen Bildschirmseite angezeigt werden, klicken Sie auf der rechten Seite der Rezensionen auf die kleinen Schaltflächen, die mit BACK (für *Zurück*), 1, 2, 3 und NEXT (für *Weiter*) beschriftet sind, um zu den restlichen Seiten mit Kommentaren zu gelangen.

Unmittelbar über diesen Schaltflächen befindet sich ein Pop-Up-Menü SORTIEREN NACH, das standardmäßig NÜTZLICHE REZENSIONEN anzeigt. Hier stehen Ihnen folgende Sortiermöglichkeiten zur Verfügung: NÜTZLICHE REZENSIONEN, POSITIVE REZENSIONEN, KRITISCHE REZENSIONEN und NEUESTE REZENSIONEN.

Glauben Sie nicht alles, was Sie in den Bewertungen lesen. Manche Menschen kaufen Apps, ohne vorher die Beschreibung zu lesen, oder versuchen, sie zu benutzen, ohne vorher die Anleitung zu lesen. Und wenn eine App dann nicht das tut, was sie erwarten, geben sie eine schlechte Bewertung ab. Lesen Sie die Bewertungen einfach mit einer gesunden Portion Skepsis.

Eine App herunterladen

Dieser Teil ist einfach. Wenn Sie eine Anwendung finden, die Sie ausprobieren möchten, klicken Sie einfach auf ihre Schaltfläche GRATIS oder KAUFEN. Daraufhin müssen Sie sich sogar dann an Ihrem Konto beim iTunes Store anmelden, wenn die App kostenlos zu haben ist.

Nach der Anmeldung wird die App automatisch heruntergeladen. Wenn das beendet ist, erscheint sie im Abschnitt APPS Ihrer iTunes-Mediathek (siehe Abbildung 7.5).

Abbildung 7.5: Apps, die Sie heruntergeladen haben, erscheinen im Abschnitt APPS Ihrer iTunes-Mediathek.

Das Herunterladen einer App in Ihre iTunes-Mediathek ist nur der erste Schritt auf dem Weg, die Anwendung auf Ihr iPad zu bekommen. Nachdem Sie eine App heruntergeladen haben, können Sie Ihr iPad synchronisieren, damit die Anwendung auf dem iPad verfügbar ist. Kapitel 3 behandelt das Synchronisieren im Einzelnen. Sie können eine App auch über den Tab GEKAUFTE ARTIKEL im App Store (auf den wir weiter hinten in diesem Kapitel noch ausführlicher eingehen) herunterladen oder indem Sie in den Einstellungen im Bereich App Store die AUTOMATISCHEN DOWNLOADS aktivieren oder indem Sie auf Ihrem Computer in iTunes auf EINSTELLUNGEN tippen.

Nebenbei gesagt: Wenn Ihre iTunes-Mediathek nicht so aussieht wie unsere (mit großen Symbolen in Form eines Rasters), klicken Sie oben im iTunes-Fenster einfach einmal links neben dem Suchfeld auf das mittlere der drei Symbole, die dort eine Gruppe bilden. Das linke dieser drei Symbole zeigt Ihre Apps in einer Liste an. Das rechte der drei Symbole sorgt dafür, dass Ihre Apps in einer Ansicht angezeigt werden, die *Cover Flow* heißt.

Eine App aktualisieren

Die Entwickler von iPad-Anwendungen aktualisieren ihre Programme regelmäßig. Manchmal fügt eine solche Aktualisierung einer Anwendung (die auch *Update* genannt wird) neue Funktionen hinzu, ab und an werden Programmfehler, so genannte *Bugs*, beseitigt, und manchmal geschieht beides. Im Regelfall sind Programmaktualisierungen für Sie und Ihr iPad eine gute Sache, weshalb es sinnvoll ist, sich regelmäßig danach umzuschauen.

Um dies in iTunes durchzuführen, klicken Sie in der rechten unteren Ecke des Apps-Bildschirms auf den Link NACH UPDATES SUCHEN. Wenn es Programmaktualisierungen, die Updates, gibt, teilt Ihnen der Link mit, wie viele zur Verfügung stehen (in Abbildung 7.5 heißt es 35 Updates verfügbar).

Um alle verfügbaren Updates zu übernehmen, klicken Sie entweder auf die Schaltfläche ALLE KOSTENLOSEN UPDATES LADEN, oder Sie klicken bei jeder einzelnen Anwendung auf die Schaltfläche GRATIS und dann auf INSTALLIEREN, um Programme gezielt zu aktualisieren. Nachdem Sie auf diese Weise ein Update heruntergeladen haben, ersetzt es beim nächsten Synchronisieren automatisch die ältere Version auf Ihrem iPad.

Es gibt noch einen Weg, um herauszubekommen, ob es Updates gibt: Das Symbol des App Stores auf Ihrem iPad zeigt in diesem Fall rechts oben in einem kleinen Kreis eine Zahl an, die der Zahl der verfügbaren Updates entspricht.

Wenn Sie neben NACH UPDATES SUCHEN auf den Link WEITERE APPS klicken, befinden Sie sich wieder im Hauptbildschirm des iTunes App Stores, wie in der unteren rechten Ecke in Abbildung 7.5 zu sehen ist.

Apps mit dem iPad suchen

Das Suchen von Apps mit Ihrem iPad ist fast genauso einfach wie das Suchen nach ihnen mit iTunes. Die einzige Voraussetzung ist, dass Sie eine Internetverbindung – WLAN oder eines der drahtlosen Datennetzwerke – haben, damit Sie auf den iTunes App Store zugreifen und ihn durchsuchen, die Apps herunterladen und sie installieren können.

Apps mit dem iPad finden

Beginnen Sie damit, dass Sie auf dem Home-Bildschirm Ihres iPads auf das Symbol APP STORE tippen. Nachdem App Store gestartet ist, sehen Sie im unteren Teil des Bildschirms standardmäßig sechs Symbole, die für sechs Wege stehen, auf denen Sie mit dem Store kommunizieren können. Wenn Sie die Genius-Funktion von iTunes eingeschaltet haben, stoßen Sie hier auf fünf Symbole (siehe Abbildung 7.6). Die ersten fünf Symbole im unteren Teil des Bildschirms sind HIGHLIGHTS, GENIUS, TOP-CHARTS, KATEGORIEN und GEKAUFTE ARTIKEL. Sie entsprechen fünf Wegen, um die virtuellen Regale des Apps Stores zu durchstöbern. (Wir behandeln das sechste Symbol – UPDATES – weiter hinten in diesem Kapitel im Abschnitt *Eine App aktualisieren*.)

Die ersten fünf Symbole lassen sich folgendermaßen beschreiben:

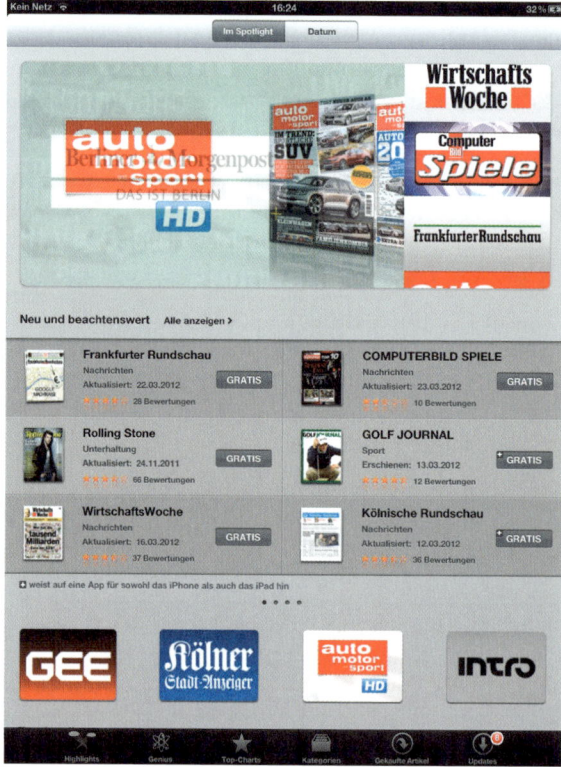

Abbildung 7.6: Die Symbole im unteren Teil des Bildschirms repräsentieren
die Bereiche des App Stores.

✔ **Der Bereich** HIGHLIGHTS enthält oben im Bildschirm drei Registerkarten: NEU, TOPAKTUELL und DATUM. Diese drei Registerkarten stehen für drei unterschiedliche Seiten voll mit Apps.

✔ **Der Bereich** GENIUS weist oben zwei Registerkarten auf: IPAD-APPS zeigt die Genius-Empfehlungen für Apps auf der Grundlage der Apps an, die Sie schon besitzen. Die Registerkarte IPAD-UPGRADES gibt Ihnen die Möglichkeit, iPhone-Versionen von Apps, die Sie besitzen, auf iPad-Versionen zu aktualisieren.

✔ **Im Abschnitt** TOP-CHARTS finden Sie die Listen TOP IPAD APPS (GEKAUFT) und TOP IPAD APPS (GRATIS). Hierbei handelt es natürlich um die beliebtesten Apps, die entweder Geld kosten (GEKAUFT) oder umsonst zu haben sind (GRATIS).

✔ **Im Abschnitt** UMSATZSTÄRKSTE IPAD APPS finden Sie nicht nur kostenpflichtige Apps, sondern beispielsweise auch die App PAGES, mit der Sie Dokumente auf dem iPad erstellen können.

In der linken oberen Ecke des Top-Charts-Bildschirms gibt es eine Schaltfläche KATEGORI-EN. Tippen Sie sie an und Sie sehen eine Liste mit Kategorien wie BÜCHER, BILDUNG, SPIELE, MUSIK, NACHRICHTEN und PRODUKTIVITÄT, um nur einige zu nennen. Tippen Sie eine dieser Kategorien an, um die meistgekauften beziehungsweise kostenlosen Apps dieser Kategorie ansehen zu können.

✔ **Der Abschnitt KATEGORIEN** funktioniert ein wenig anders: Hier gibt es keine Registerkarten, und auf seiner Startseite gibt es keine Apps. Stattdessen finden Sie dort eine Liste mit Kategorien wie SPIELE, UNTERHALTUNG, DIENSTPROGRAMME, MUSIK und LIFESTYLE, um nur einige zu nennen. Wenn Sie auf eine der Kategorien tippen, stoßen Sie auf eine Seite voller Apps.

✔ **Der Abschnitt GEKAUFTE ARTIKEL** zeigt alle Ihre iPad-Apps – die aktuell auf diesem iPad installierten sowie alle, die Sie bereits gekauft, aber noch nicht installiert haben. Rechts neben jeder App sehen Sie entweder INSTALLIERT oder ICLOUD. Um eine noch nicht installierte App zu installieren, tippen Sie auf den entsprechenden iCloud-Knopf und geben Sie Ihr Passwort ein.

Die meisten Seiten im App Store zeigen mehr Apps an, als gleichzeitig auf den Bildschirm passen. So enthält natürlich auch der Bereich NEU UND BEACHTENSWERT aus Abbildung 7.6 mehr als die dort angezeigten Apps. Es gibt ein paar Werkzeuge, die Ihnen dabei helfen, sich auf den vielen Seiten mit Apps zurechtzufinden:

✔ **Der kleine Pfeil** oben über der Rubrik NEU UND BEACHTENSWERT mit der Bezeichnung ALLE ANZEIGEN ist eine Schaltfläche, auf die Sie tippen können, um die nächste oder die vorherige Seite dieses Bereichs mit Apps zu sehen. Mit einem Wischen nach links können Sie durch die Seiten mit den Apps navigieren.

✔ **Die kleinen Punkte** in der Mitte des grauen Bereichs oberhalb und unterhalb der meisten Bereiche (in Abbildung 7.6 sind es vier) sagen Ihnen, wie viele Seiten dieser Bereich hat. Der weiße Punkt gibt an, welche Seite Sie sich gerade anschauen (in Abbildung 7.6 ist es die erste).

Das Suchfeld benutzen

Anstatt den ganzen App Store zu durchstöbern, können Sie, wenn Sie relativ genau wissen, was Sie suchen, in der rechten oberen Ecke des Bildschirms in das Suchfeld tippen und ein Wort oder einen Ausdruck eingeben. Tippen Sie dann noch auf der virtuellen Tastatur auf die Taste ⌴Suchen⌴, um die Suche auszulösen.

Einzelheiten über eine App herausfinden

Nachdem Sie jetzt wissen,ʹ wie Sie Apps im App Store finden, zeigen Ihnen die folgenden Abschnitte, wie Sie mehr über eine bestimmte Anwendung in Erfahrung bringen können. Wenn Sie im Store oder in Ihren Suchergebnissen das Symbol einer App angetippt haben, sehen Sie einen Bildschirm mit Einzelheiten wie den aus Abbildung 7.7.

Abbildung 7.7: Pocket Legends für das iPad ist ein fantastisches, kostenloses 3D-MMORPG (das ist ein »Massively Multiplayer Online Role-Playing Game«, ein Online-Rollenspiel für extrem viele Spieler) für das iPad.

 Denken Sie daran, dass die Artikelbeschreibung, die Sie auf diesem Bildschirm lesen können, vom Entwickler der Anwendung stammt und alles andere als neutral ist.

Die Einzelheiten, die Sie auf Ihrem iPad auf dem Bildschirm vorfinden, sind so ähnlich wie die, die Sie unter iTunes auf Ihrem Computer sehen können. Die Links, Bewertungen und Anforderungen erscheinen auf dem Bildschirm Ihres iPads an etwas anderen Stellen. (Siehe hierzu auch weiter vorn in diesem Kapitel den Abschnitt *Informationen über eine App einholen*, der die wichtigsten Elemente des Bildschirms erklärt.)

Am stärksten unterscheidet sich der Bereich der Rezensionen von seinem Gegenstück auf dem Computer. Um auf Ihrem iPad Rezensionen lesen zu können, scrollen Sie auf einem Bildschirm mit Programmeinzelheiten nach unten, bis Sie eine Bewertung anhand von Sternen vorfinden. Dies ist gleichzeitig der Link zu den Rezensionen, die es zu dieser App gibt. Tippen Sie ihn an, um zu einer Seite zu gelangen, die voll mit Meinungen über die Anwendung ist. Unten auf dieser Seite finden Sie den Link WEITERE REZENSIONEN. Tippen Sie ihn an, um – natürlich – weitere Rezensionen zu erhalten.

Eine App herunterladen

Um eine Anwendung auf Ihr iPad herunterzuladen, gehen Sie so vor:

1. **Tippen Sie im oberen Bereich des Bildschirms mit den Programmeinzelheiten auf die Schaltfläche mit dem Preis (beziehungsweise der Aufschrift GRATIS).**

   In Abbildung 7.7 ist das ein graues Rechteck, auf dem GRATIS steht. Das graue Rechteck wird durch ein grünes ersetzt, auf dem APP INSTALLIEREN steht.

2. **Tippen Sie auf die Schaltfläche APP INSTALLIEREN.**

3. **Wenn Sie dazu aufgefordert werden, geben Sie Ihr Kennwort für Ihr Konto beim iTunes Store ein.**

   Jetzt schließt sich der App Store, und Sie sehen den Home-Bildschirm, auf dem das Symbol der neuen Anwendung ein neues Zuhause findet. Dieses Symbol ist ein wenig abgeblendet, und unter ihm steht das Wort LADEN. Des Weiteren gibt es dort einen blauen Fortschrittsbalken, über den angezeigt wird, wie viel von der App noch heruntergeladen werden muss, wie hier gezeigt.

Fortschrittsbalken

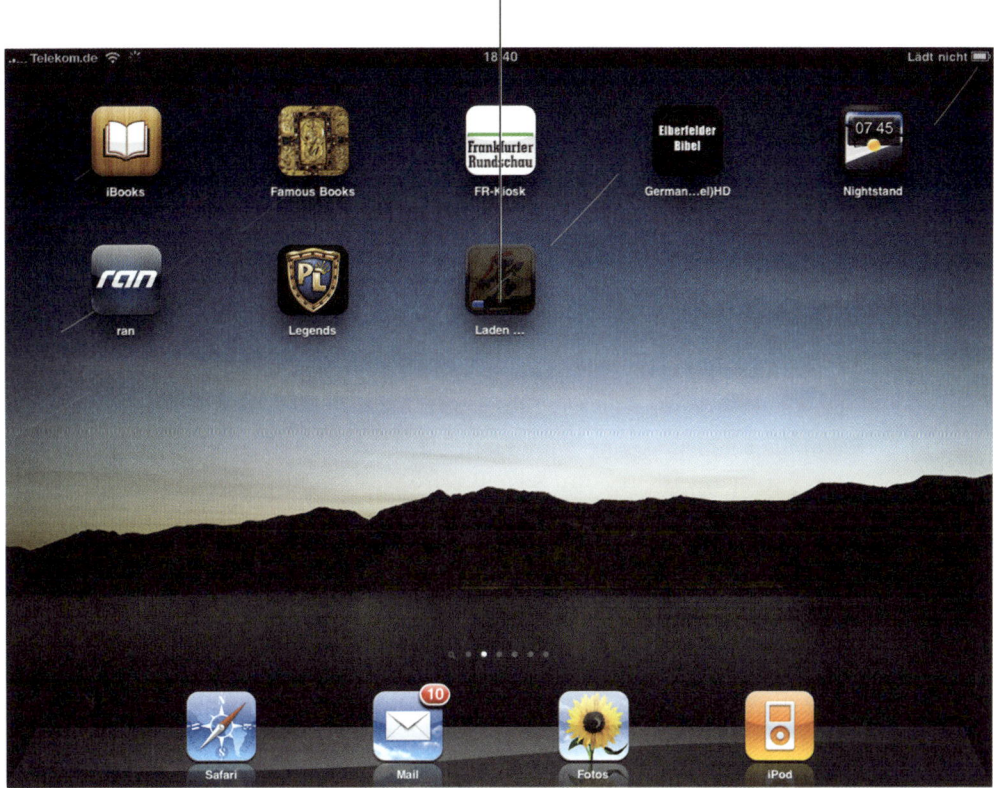

Abbildung 7.8: Eine Anwendung wird heruntergeladen, und der blaue Fortschrittsbalken zeigt an, wie viel davon geschafft ist.

4. **(Optional) Wenn die App eine Kennzeichnung von 17+ hat, klicken Sie in der Warnmeldung, die erscheint, nachdem Sie Ihr Kennwort eingegeben haben, auf OK, um zu bestätigen, dass Sie älter als 17 Jahre sind, damit das Herunterladen beginnen kann.**

Die Anwendung befindet sich jetzt auf Ihrem iPad, aber sie wird erst beim nächsten Synchronisieren in die Mediathek auf Ihrem Mac oder PC übertragen, sofern Sie automatische Downloads aktiviert haben. Wenn Ihr iPad plötzlich sein Gedächtnis verliert (unwahrscheinlich) oder wenn Sie die Anwendung auf dem iPad löschen, bevor Sie sie synchronisieren (wir beschreiben diesen Vorgang weiter hinten in diesem Kapitel), ist sie für immer weg. Das ist die schlechte Nachricht. Die gute Nachricht ist, dass Sie sie aus dem Tab GEKAUFTE ARTIKEL, wie weiter vorne in diesem Kapitel beschrieben, erneut downloaden können. Oder die App erscheint sofort auf Ihrem iPad, wenn Sie automatische Downloads aktiviert haben.

Eine App aktualisieren

Wir erwähnten schon weiter vorn in diesem Kapitel, dass die Entwickler von Apps sehr häufig für Aktualisierungen ihrer Anwendungen (die so genannten *Updates*) sorgen. Wenn ein Update auf Sie wartet, erscheint unten auf dem Bildschirm im Symbol UPDATES eine kleine Zahl in einem Kreis. (In Abbildung 7.6 und Abbildung 7.7 ist es die 8 beziehungsweise die 6.) Gehen Sie so vor, um Ihre Apps zu aktualisieren:

1. **Wenn eine Ihrer Apps aktualisiert werden muss, tippen Sie auf das Symbol UPDATES.**

   Wenn Sie auf das Symbol UPDATES tippen und (in der Mitte des Bildschirms) die Nachricht `Alle Programme sind auf dem aktuellen Stand` sehen, müssen Sie nichts weiter unternehmen. Im anderen Fall erscheint eine Liste mit den Apps, die aktualisiert werden sollten. Neben jeder dieser Apps finden Sie eine Schaltfläche UPDATE.

2. **Tippen Sie auf die Schaltfläche UPDATE der Apps, die Sie aktualisieren wollen.**

   Wenn mehr als eine Anwendung aktualisiert werden muss, können Sie alle auf einmal auf den neuesten Stand bringen, indem Sie in der rechten oberen Ecke des Bildschirms auf die Schaltfläche ALLE AKTUALISIEREN tippen.

 Wenn Sie versuchen, eine Anwendung zu aktualisieren, die über ein anderes als Ihr Konto beim iTunes Store gekauft worden ist, werden Sie aufgefordert, die ID und das Kennwort dieses Kontos einzugeben. Wenn Sie dazu nicht in der Lage sind, können Sie für diese App kein Update herunterladen.

Mit Apps arbeiten

Meistens reicht es aus, wenn Sie wissen, wie Sie eine App auf Ihrem iPad installieren. Manchmal kann es aber auch hilfreich sein zu wissen, wie eine App gelöscht und bewertet wird und wie Sie am besten mit Problemen mit Apps umgehen.

Eine App löschen

Es gibt zwei Wege, um eine App zu löschen: auf Ihrem Computer in iTunes oder direkt auf Ihrem iPad.

Um eine Anwendung in iTunes zu löschen, klicken Sie in der Seitenleiste auf APPS und führen dann eine der folgenden Aktionen durch:

✔ Klicken Sie auf die App, um sie zu markieren, und drücken Sie auf der Tastatur entweder die Taste ⬅ oder Entf.

✔ Klicken Sie auf die App, um sie zu markieren, und wählen Sie dann BEARBEITEN|LÖSCHEN.

✔ Klicken Sie mit der rechten Maustaste auf die App (oder führen Sie beim Mac auf ihr ein ⌥+Klicken aus) und wählen Sie LÖSCHEN.

Nachdem Sie eine dieser Aktionen durchgeführt haben, erscheint ein Dialogfeld, in dem Sie gefragt werden, ob Sie die ausgewählte Anwendung wirklich aus Ihrer Mediathek entfernen wollen. Wenn Sie jetzt auf die Schaltfläche ENTFERNEN klicken, wird die Anwendung aus Ihrer Mediathek und von allen iPads entfernt, die mit ihr synchronisiert werden.

Und so löschen Sie eine Anwendung auf Ihrem iPad:

1. **Halten Sie ein beliebiges Symbol so lange gedrückt, bis alle Symbole anfangen zu »wackeln«.**

2. **Tippen Sie bei der Anwendung, die Sie löschen möchten, links oben auf das kleine *x* (siehe Abbildung 7.9).**

   Es erscheint ein Dialogfeld, das Sie beim Löschen der Anwendung auch alle dazugehörenden Daten löschen lässt.

3. **Tippen Sie auf die Schaltfläche LÖSCHEN.**

Um die Symbole dazu zu bringen, nicht mehr zu wackeln, drücken Sie einfach auf den Home-Knopf. Beachten Sie, dass Sie die gebündelten Apps nicht löschen können.

Sie müssen Symbole auch dann zum Wackeln bringen, wenn Sie sie auf dem Bildschirm oder von einer Seite auf eine andere verschieben wollen (was wir in Kapitel 3 beschreiben). Wenn Sie wackelnde Symbole neu anordnen wollen, müssen Sie eines nach dem anderen verschieben. Wenn Sie ein Symbol in die linke oder rechte Ecke des Bildschirms ziehen, wird es auf den nächsten oder den vorherigen Home-Bildschirm verschoben. Sie können zwei weitere Symbole in den Dock-Bereich ziehen (in dem sich Safari, Mail, Fotos und Musik aufhalten), um von jedem Home-Bildschirm aus auf sechs Apps zugreifen zu können.

Freundliche Erinnerung: Es geht schneller, die Symbole in iTunes zu verschieben, als sie auf dem iPad erst zum Wackeln zu bringen und dann zu bewegen.

Kleines x

Abbildung 7.9: Tippen Sie auf das kleine × einer App und tippen Sie dann auf LÖSCHEN, *um die App von Ihrem iPad zu entfernen.*

Eine App-Rezension schreiben

Manchmal lieben oder hassen Sie eine Anwendung so sehr, dass Sie der Welt davon erzählen möchten. In diesem Fall sollten Sie eine Rezension schreiben. Dafür stehen Ihnen zwei Wege zur Verfügung: in iTunes auf Ihrem Computer oder direkt von Ihrem iPad aus.

Um eine Rezension über iTunes zu schreiben, gehen Sie so vor:

1. **Gehen Sie im iTunes App Store zu der Seite mit den Einzelheiten der App.**

2. **Scrollen Sie auf der Seite nach unten, bis Sie den Bereich KUNDENREZENSIONEN erreicht haben, und klicken Sie dort auf den Link EINE REZENSION SCHREIBEN.**

    Es kann sein, dass Sie an dieser Stelle nach Ihrem Kennwort für den iTunes Store gefragt werden.

3. **Klicken Sie auf die Schaltfläche für die Bewertung, um Sterne (einen bis fünf) zu vergeben.**

4. Geben Sie in das Feld Titel einen Titel für Ihre Rezension ein.

5. Schreiben Sie im Feld Rezension Ihre Besprechung.

6. Klicken Sie, wenn Sie fertig sind, auf die Schaltfläche Senden.

   Es erscheint eine Vorschau Ihres Textes. Wenn dieser in Ordnung ist, sind Sie fertig, ansonsten klicken Sie auf die Schaltfläche Bearbeiten.

Um eine Rezension auf Ihrem iPad zu schreiben, gehen Sie so vor:

1. Tippen Sie auf das Symbol App Store, um App Store zu starten.

2. Gehen Sie zu dem Bildschirm mit den Einzelheiten der Anwendung.

3. Scrollen Sie in der Seite nach unten und tippen Sie auf den Link Rezension schreiben.

   An dieser Stelle kann es vorkommen, dass Sie Ihr Kennwort für den iTunes Store eingeben müssen.

4. Tippen Sie oben im Bildschirm Rezension auf einen bis fünf Sterne, um die Anwendung zu bewerten.

5. Geben Sie im Feld Titel einen Titel für Ihre Rezension ein.

6. Schreiben Sie im Feld Rezension die Besprechung.

7. Tippen Sie in der rechten oberen Ecke des Bildschirms auf die Schaltfläche Senden.

Apple schaut sich Ihre Rezension an, und zwar unabhängig davon, auf welchem Weg Sie die Rezension übermitteln. Solange Sie die (nicht veröffentlichten) Anstandsregeln für Rezensionen nicht verletzen, erscheint sie nach einem oder zwei Tagen im App Store im Abschnitt Kundenrezensionen der entsprechenden Anwendung.

Teil III

Mit dem iPad arbeiten und spielen

The 5th Wave
By Rich Tennant

»Ist dir eigentlich aufgefallen, wie viele Medien heutzutage per
Livestream an einem vorüberziehen?«

In diesem Teil ...

Ihr iPad ist wohl der beste iPod, der je erfunden worden ist. Deshalb schauen wir uns in diesem Teil die Multimediaseite Ihres iPads an – Audio, Video und natürlich auch Bilder und Bücher. Nie zuvor hat ein Tablet-PC so viel Spaß gemacht. Wir zeigen Ihnen in diesem Teil, wie Sie auch das letzte Multimediabit aus dem Gerät herausholen.

Zunächst untersuchen wir, wie Sie das Vergnügen erlangen können, das das Hören von Musik, Podcasts und Hörbücher bereitet. Dann schauen wir uns Filme an – sowohl im wortwörtlichen als auch im übertragenen Sinne. Wir beginnen mit einem kurzen Abschnitt darüber, wie Sie gute Filme für Ihr iPad finden können, und liefern Ihnen eine Anleitung, wie sich diese Filme am besten auf Ihrem iPad anschauen lassen.

In Kapitel 10 finden Sie alles, was Sie schon immer über das Verwalten und Anzeigen von Fotos wissen wollten: wie Sie sie finden, wie Sie die einzigartige Bilderrahmenfunktion des iPads nutzen können, wie sich Diashows erstellen und abspielen lassen und wie Sie weitere interessante Dinge mit Bildern anstellen können.

In Kapitel 11 besuchen Sie den iBookstore – Apples jüngstes »Ladengeschäft«. Sie werden überrascht sein, wie viele Bücher Sie dort herausschleppen können, ohne sich einen Bruch zu heben.

Kapitel 12 enthält alles, was mit der geschäftlichen Seite Ihres iPads zu tun hat. Wir als Journalisten lieben im Berufsalltag die mitgelieferte App Notizen. Kapitel 12 hilft Ihnen auch dabei, dass Ihre Termine und E-Mails immer topaktuell sind, indem Sie die Anwendungen Kalender und Kontakte benutzen.

Das Audio-iPad

In diesem Kapitel

▶ Den iPod im iPad ausprobieren

▶ Die Bibliothek durchsuchen

▶ Alles unter Kontrolle

▶ Audio an die Hörgewohnheiten anpassen

▶ Mit der iTunes-App auf Einkaufstour gehen

Ihr iPad ist wohl der beste iPod aller Zeiten – und zwar ganz besonders dann, wenn es um Audio und Video geht. Wir zeigen Ihnen in diesem Kapitel, was Sie mit Audio auf Ihrem iPad machen können. Filme und Videos behandeln wir in Kapitel 9.

Wir fangen mit einem kurzen Überblick über die iPad-Anwendung Musik an. Dann schauen wir uns an, wie Sie Ihr iPad als Audio-Player benutzen können. Nachdem Sie sich damit auskennen, zeigen wie Ihnen, was Sie machen müssen, um ihn an Ihre Hörgewohnheiten anzupassen. Danach bieten wir Ihnen ein paar Tipps an, damit Sie noch mehr aus Ihrem iPad als Audio-Player herausholen können. Und zum Schluss zeigen wir Ihnen, wie Sie mit der Anwendung iTunes Musik, Hörbücher, Videos und mehr kaufen und kostenlose Inhalte wie Podcasts herunterladen können.

Wir gehen davon aus, dass Sie Ihr iPad bereits mit Ihrem Computer synchronisiert haben und dass Ihr iPad Audiodaten enthält – Musiktitel, Podcasts oder Hörbücher. Wenn es auf Ihrem iPad noch nichts gibt, was unter den Begriff Audio fällt, bitten wir ergebenst darum, das Gerät zu synchronisieren (wechseln Sie kurz zu Kapitel 3 und folgen Sie den Anleitungen dort) oder Titel für Ihr iPad im iTunes Store zu kaufen (gehen Sie zum letzten Abschnitt dieses Kapitels), bevor Sie den Rest dieses Kapitels lesen – was auch für das nächste Kapitel gilt.

Nachdem Sie jetzt auf Ihrem iPad für Audio-Inhalte gesorgt haben, sollten Sie eigentlich so weit sein, dass es losgehen kann.

Der iPod in Ihrem iPad

Damit Sie Ihr iPad als iPod nutzen können, müssen Sie unten auf dem Bildschirm, rechts neben dem Dock, auf das Symbol MUSIK tippen (falls Sie es nicht irgendwohin verschoben haben).

Abbildung 8.1 zeigt einen kurzen Überblick über die Musik-App, die nicht nur zur Unterhaltung, sondern auch zur Erbauung dienen soll.

Schneller Rücklauf/Vorheriger Titel   Schneller Vorlauf/Nächster Titel

Wiedergabe/Anhalten   Lautstärkeregler

Registerkarten   Suchfeld

Abbildung 8.1: Diese Komponenten finden Sie auf dem Haupt-Bildschirm der Musik-App.

Oben auf dem Bildschirm befinden sich die Musik-Knöpfe und Regler; unten finden Sie fünf Tabs: Listen, Titel, Interpreten, Alben und Weitere. Da in Abbildung 8.1 der Tab ALBEN aktiviert ist, werden in der Mitte des Bildschirms die auf Ihrem iPad verfügbaren Alben angezeigt.

 Wenn Sie nicht alle Titel in Ihrer Mediathek sehen, ist die Wahrscheinlichkeit groß, dass Sie etwas in das Suchfeld eingegeben haben.

Sie können Titel, Interpreten, Alben, Genres, Komponisten, Podcasts oder Audiobooks finden, indem Sie entweder das Suchfeld benutzen oder indem Sie durch die Tabs stöbern. In den folgenden Abschnitten erklären wir, wie das geht.

 Wenn Sie unten am Bildschirm nicht fünf Registerkarten sehen, ist die Wahrscheinlichkeit sehr hoch, dass Sie in der Mediathek nicht auf MUSIK getippt haben, als wir ein paar Absätze weiter vorn darum gebeten haben.

Musiktitel über das Suchfeld finden

Wenn die Musik-App geöffnet ist, ist der einfachste Weg, um Musik zu finden, der, den Namen eines Musiktitels, Interpreten, Albums oder Komponisten rechts unten im Bildschirm in das Suchfeld einzugeben.

 Sie können einen Musiktitel (oder Interpreten) auch finden, ohne die Musik-App öffnen zu müssen, indem Sie den Namen in einer Spotlight-Suche eingeben, die wir in Kapitel 2 beschreiben.

Mit den Registerkarten stöbern

Wenn Sie lieber im Musikteil Ihrer Mediathek stöbern möchten, tippen Sie unten im Bildschirm auf eine der Registerkarte – LISTEN, TITEL, INTERPRETEN, ALBEN oder WEITERE – und es erscheinen alle Elemente des ausgewählten Typs. Oder tippen Sie auf den Knopf STORE, um in Filmen, TV, Podcasts, Hörbüchern und iTunes-U-Inhalten zu stöbern oder um sich über PING mit einer veröffentlichten Mediathek zu verbinden, was wir weiter hinten in diesem Kapitel noch näher beschreiben.

Jetzt können Sie einen Musiktitel, einen Interpreten, ein Album, ein Genre, einen Komponisten, einen Podcast oder ein Audiobook ausfindig machen, indem Sie nach oben oder nach unten über den Bildschirm streichen, um in der Liste nach unten beziehungsweise nach oben zu scrollen, bis Sie das gefunden haben, wonach Sie suchen.

Wenn Sie gefunden haben, wonach Sie suchten, geschieht abhängig von der ausgewählten Registerkarte Folgendes:

✔ **Listen:** Eine Tabelle mit den auf diesem iPad verfügbaren Wiedergabelisten erscheint. Tippen Sie auf eine Wiedergabeliste und die darin enthaltenen Titel werden in einer Liste angezeigt (siehe Abbildung 8.1). Tippen Sie auf einen Titel, um ihn abzuspielen.

✔ **Titel:** Der Musiktitel wird wiedergegeben.

Schneller Rücklauf/Vorheriger Titel

Wiedergabe/Anhalten

Schneller Vorlauf/Nächster Titel

Wiederholung (Pfeile im Kreis);

Zufällig (Pfeile über Kreuz)

Navigationsleiste
und Wiedergabeposition

Genius Wiedergabelisten (Atome)

Lautstärkeregler

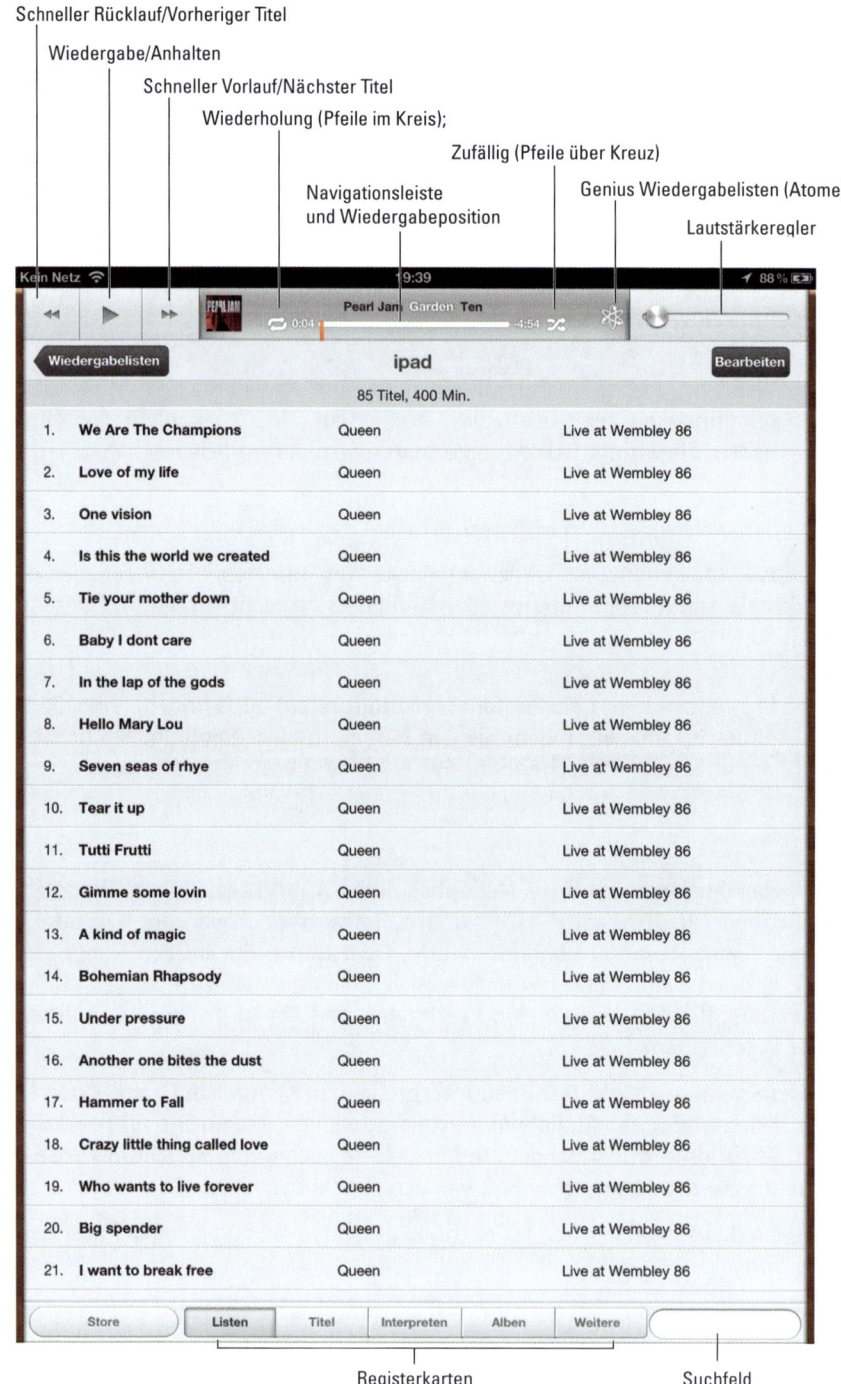

Abbildung 8.2: Dies sind die Hauptkomponenten, die Sie in der Listen-Ansicht in Musik sehen.

Registerkarten

Suchfeld

 Wenn Sie sich nicht sicher sind, welchen Musiktitel Sie sich anhören möchten, probieren Sie dies aus: Tippen Sie oberhalb von der Liste auf die Schaltfläche Zu-FÄLLIG (siehe Abbildung 8.2). Ihr iPad spielt dann die Musiktitel Ihrer Sammlung in einer zufälligen Reihenfolge ab.

✔ **Interpreten:** Es erscheint eine Liste mit den Namen der Interpreten. Tippen Sie auf einen dieser Namen, und es erscheinen alle Alben und Musiktitel dieses Interpreten. Tippen Sie auf einen der Titel, und er wird abgespielt. Tippen Sie auf ein Albumcover, und das ganze Album wird wiedergegeben.

Um die Liste der Interpreten zu sehen, tippen Sie auf die Registerkarte INTERPRETEN im unteren Bereich des Bildschirms.

Abbildung 8.3 zeigt, was Sie sehen, wenn Sie auf den Namen eines Interpreten (in diesem Fall *Sting*) getippt haben.

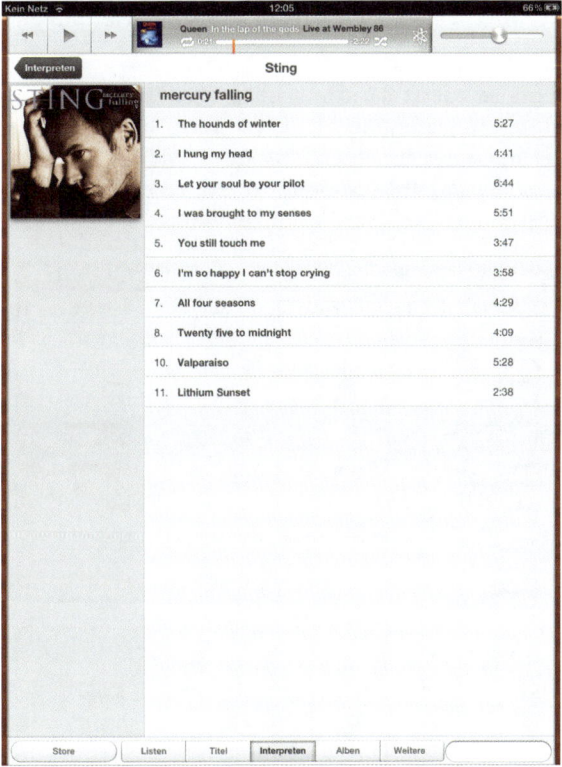

Abbildung 8.3: Ich habe in der Liste der Interpreten auf Sting getippt und erhalte dieses Ergebnis.

✔ **Alben:** ALBEN funktioniert auf die gleiche Weise wie INTERPRETEN, nur dass Sie statt einer Liste mit Interpreten ein Raster aus Covern sehen. Tippen Sie ein Album an, und sein Inhalt erscheint in einem Overlay.

✔ **Weitere**: Tippen Sie auf WEITERE, wenn Sie nach GENRES, KOMPONISTEN oder PODCASTS suchen möchten.

Um einen der Titel eines Albums abzuspielen, tippen Sie ihn an. Um wieder zu den Covern zurückzukehren, tippen Sie außerhalb des Overlays auf den Bildschirm.

Was ist der Unterschied zwischen Interpreten und Komponisten?

Wenn Sie sich darüber wundern, dass ein Unterschied zwischen Interpreten und Komponisten gemacht wird, sollten Sie sich einmal Folgendes vorstellen: In Ihrer iTunes-Mediathek gibt es einen Titel mit dem Namen *Sinfonie Nr. 5 in c-Moll*. Der Komponist ist für alle Zeiten Ludwig van Beethoven, während als Interpreten das London Symphony Orchestra, die Los Angeles Philharmonics, das Austin Klezmer Ensemble oder viele andere infrage kommen. Und hier noch ein Beispiel: Die Ballade *Yesterday* ist von John Lennon und Paul McCartney komponiert, aber von Interpreten aufgeführt worden, zu denen die Beatles, Ray Charles, Boyz Il Men, Dave Grusin, Marianne Faithful und viele andere gehören.

Vielleicht wundern Sie sich jetzt darüber, woher diese Informationen stammen, weil Sie sich doch gar nicht darum gekümmert haben. Prüfen Sie dies einmal nach: Klicken Sie auf Ihrem Computer in iTunes auf einen Musiktitel. Wählen Sie ABLAGE|INFORMATIONEN auf einem Mac beziehungsweise DATEI|INFORMATIONEN auf einem PC und klicken Sie oben im Fenster auf die Registerkarte INFOS (siehe die Abbildung hier im Kasten).

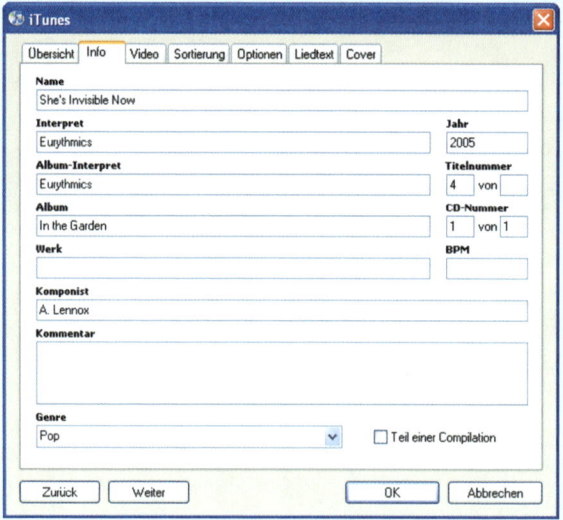

Das sind nur einige der Informationen, die in eine Tonspur »eingebettet« werden können. Diese Informationen, die auch als »Tags« eines Musiktitels bezeichnet werden, benutzt Ihr iPad normalerweise, um zwischen Interpret und Komponist zu unterscheiden. Wenn ein Titel kein Komponisten-Tag hat, gibt es auf Ihrem iPad die Registerkarte KOMPONISTEN nicht.

 Seit iOS 5.1 wird auf dem iPad ein Unterschied zwischen der App Musik und iTunes gemacht. Audio-Inhalte finden Sie jetzt alle in der Musik-App. Videoinhalte (dazu gehören zum Beispiel auch Video-Podcasts) finden Sie jetzt in der Video-App. Und iTunes-U-Inhalte werden in einer eigenen i-Tunes-U-App gespeichert, die erscheint, sobald Sie iTunes-U-Inhalte in iTunes herunterladen.

✔ **Podcasts:** Die Podcasts finden Sie in der Registerkarte WEITERE (siehe Abbildung 8.4). Tippen Sie auf PODCASTS und eine Übersicht aller auf diesem iPad befindlichen Podcasts erscheint. Tippen Sie auf einen Podcast, um die einzelnen Folgen zu sehen; tippen Sie auf eine einzelne Folge, um sie abzuspielen. Um zu der Übersicht der Podcasts zurückzukehren, tippen Sie auf einen Punkt außerhalb des Fensters.

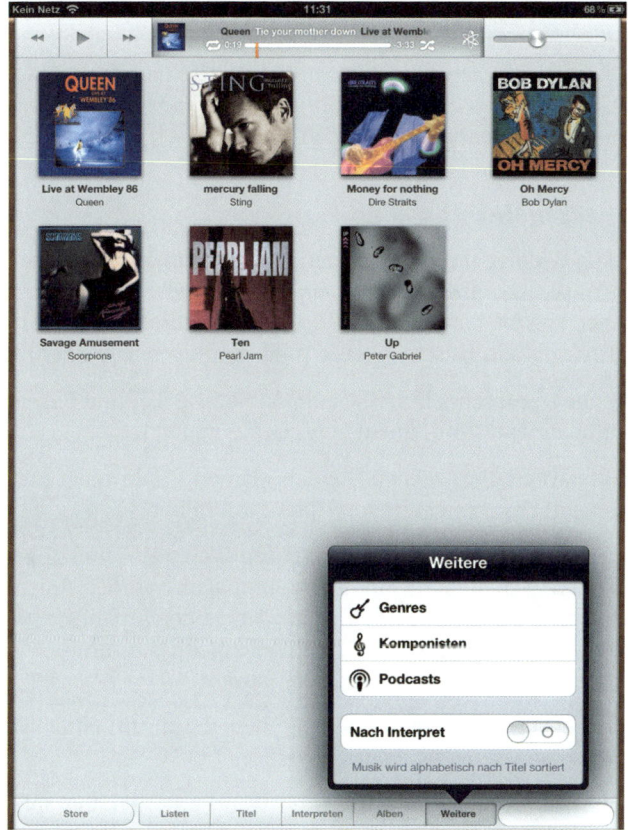

Abbildung 8.4: Podcasts finden Sie in der Registerkarte WEITERE.

✔ **Hörbücher:** Tippen Sie auf HÖRBÜCHER und eine Übersicht aller Hörbücher auf diesem iPad erscheint. Tippen Sie auf ein Hörbuch, um die einzelnen Kapitel zu sehen. Tippen Sie auf ein Kapitel, um es abzuspielen. Wenn Sie wieder in die Übersicht zurückgelangen möchten, tippen Sie auf einen Punkt außerhalb dieses Fensters.

✔ **Komponisten:** Es erscheint eine Liste mit Komponisten. Tippen Sie auf den Namen eines Komponisten, und alle seine Alben und Musiktitel werden angezeigt. Tippen Sie auf einen Musiktitel oder ein Album, um den Titel oder alle Titel des Albums abzuspielen.

 Auf dem neuen iPad werden alle Hörbücher automatisch in der App iBooks gespeichert und sind nicht mehr in der Musik-App zu finden.

Wenn Sie nach anderen iTunes-Inhalten Ausschau halten wie Fernsehsendungen oder iTunes-U-Kurse, finden Sie diese in der App Video, auf die wir in Kapitel 9 näher eingehen.

Alles unter Kontrolle

Nachdem Sie mit den Grundlagen umgehen und Musiktitel (sowie Podcasts, Hörbücher und Kurse von iTunes U) finden und abspielen können, wollen wir nun einen Blick auf die Dinge werfen, die Sie mit Ihrem iPad machen können, wenn es sich im Musik-Modus befindet.

Mit den Audiobedienelementen spielen

Beginnen wir mit dem Wichtigsten: Wir schauen uns die Bedienelemente an, die Sie benutzen, nachdem Sie einen Musiktitel, einen Podcast, ein Hörbuch oder einen iTunes-U-Kurs angetippt haben. Wir bezeichnen von jetzt an alle diese Dinge – Musiktitel, Podcasts, Hörbücher und iTunes-U-Kurse – als *Titel*, um ein Durcheinander (und unnötiges Schreiben) zu vermeiden.

 Werfen Sie einen schnellen Blick auf Abbildung 8.1, und Sie wissen, wo sich diese Elemente auf dem Bildschirm befinden:

✔ **Lautstärkeregler:** Ziehen Sie den kleinen Punkt nach links oder rechts, um die Lautstärke zu verringern oder zu erhöhen.

✔ **Schneller Rücklauf/Vorheriger Titel:** Wenn ein Titel abgespielt wird, tippen Sie diese Schaltfläche einmal an, um wieder an den Anfang des Titels zu gelangen. Tippen Sie sie zweimal an, um an den Anfang des vorherigen Titels zu gelangen. Halten Sie die Schaltfläche gedrückt, um den Titel mit doppelter Geschwindigkeit zurücklaufen zu lassen.

✔ **Wiedergabe/Anhalten:** Tippen Sie hier drauf, um einen Titel wiederzugeben oder seine Wiedergabe anzuhalten.

✔ **Schneller Vorlauf/Nächster Titel:** Wenn ein Titel abgespielt wird, tippen Sie diese Schaltfläche einmal an, um an den Anfang des nächsten Titels zu gelangen. Halten Sie die Schaltfläche gedrückt, um den aktuellen Titel mit doppelter Geschwindigkeit vorlaufen zu lassen.

 Sie können diese Bedienelemente jederzeit anzeigen lassen, während ein Titel abgespielt wird. Der folgende Trick funktioniert sogar dann, wenn Sie eine andere Anwendung benutzen, oder wenn Ihr iPad gesperrt ist: Drücken Sie zweimal die Taste HOME, und die Bedienelemente erscheinen als Overlay (siehe Abbildung 8.5).

Abbildung 8.5: Selbst wenn Sie eine andere Anwendung benutzen, erscheinen diese Bedienelemente, wenn Sie die Home-Taste zweimal drücken, während ein Titel abgespielt wird, und unten den Bereich mit den Symbolen nach rechts verschieben.

 Das Overlay mit den Bedienelementen erscheint *nicht*, wenn Sie eine App benutzen, die über eigene Audioelemente verfügt, zum Beispiel bei vielen Spielen, bei Apps, die Audio aufzeichnen, oder bei Apps für VoIP (*Voice over IP*, was *Tonübertragung über das Protokoll IP* bedeutet) wie Skype.

✔ **Navigationsleiste und Wiedergabeposition:** Ziehen Sie den kleinen Punkt (die Wiedergabeposition) entlang der Navigationsleiste, um in dem Titel an eine bestimmte Stelle zu gelangen.

 Sie können die Geschwindigkeit, mit der sich die Wiedergabeposition über die Navigationsleiste bewegt, auch dadurch beeinflussen, dass Sie Ihren Finger nach unten über den Bildschirm ziehen. Lesen Sie dazu auch den Abschnitt *Die Navigationsleiste in iTunes schneller machen* in Kapitel 18, wenn Sie mehr darüber erfahren möchten. Übrigens funktioniert dieser clevere Trick auch in vielen anderen Apps, in denen solch ein Schieberegler verwendet wird, zum Beispiel in YouTube.

✔ **Wiederholen:** Tippen Sie einmal, um alle Musiktitel der aktuellen *Liste* (Wiedergabeliste, Album, Interpret, Komponist oder Genre) immer wieder zu wiederholen. Tippen Sie noch einmal darauf, um das Wiederholen zu beenden.

Die Schaltfläche wird nach einmaligem Tippen blau. Wenn Sie zweimal tippen, ist sie blau und zeigt eine kleine 1 in ihrer linken unteren Ecke. Wenn das Wiederholen ausgeschaltet ist, wird die Schaltfläche schwarz dargestellt.

✔ **Zufällig:** Tippen Sie auf diese Schaltfläche, um Musiktitel in zufälliger Reihenfolge abzuspielen. Tippen Sie sie noch einmal an, um die Titel in der Reihenfolge wiederzugeben, in der sie auf dem Bildschirm erscheinen.

Aber halt, da ist noch etwas: Wenn Sie auf die Albumgrafik für den Titel tippen, der gerade gespielt wird (zwischen dem Schnellen-Vorlauf-Knopf und dem Wiederholungs-Knopf oben auf dem Bildschirm), wird die Album-Grafik bildschirmfüllend dargestellt. Tippen Sie irgendwo auf den Bildschirm, wenn Sie unten auf dem Bildschirm die Regler sehen möchten.

Beachten Sie, wenn die Albumgrafik bildschirmfüllend dargestellt wird, verschwindet der Knopf STORE sowie das Suchfeld und die Knöpfe ZURÜCK und TITELLISTE erscheinen stattdessen, wie in Abbildung 8.6 dargestellt.

Abbildung 8.6: Diese Bedienelemente sehen Sie, nachdem Sie auf ein Albumcover getippt haben.

Weiter oben in diesem Abschnitt haben wir erklärt, wie man die Regler für Lautstärke, Zurück/Letzter Titel, Wiedergabe/Pause, Schneller Vorlauf/Nächster Titel und den Schieberegler verwendet. Auf diesem Bildschirm sieht das möglicherweise etwas anders aus, die Funktionen sind aber exakt dieselben.

Die neuen Knöpfe unten auf dem Bildschirm sind diese:

✔ **Zurück:** Tippen Sie auf diesen Knopf, um zum vorigen Bildschirm zurückzugelangen.

✔ **Titelliste:** Tippen Sie rechts auf die Schaltfläche mit den drei Zeilen, um alle Titel eines Albums zu sehen, das zu dem Musiktitel gehört, der gerade abgespielt wird (siehe Abbildung 8.7).

Tippen Sie in dieser Liste auf einen Titel, um ihn abzuspielen. Oder ziehen Sie Ihren Finger über die Punkte unterhalb der Navigationsleiste, um den Musiktitel mit der entsprechenden Anzahl von Sternen zu bewerten. Der Titel aus Abbildung 8.7 hat fünf Sterne erhalten.

Warum sollten Sie Musiktitel bewerten? Ein Grund hierfür besteht darin, dass Sie diese Bewertungen dazu benutzen können, Musiktitel auf Ihrem Mac oder PC mit iTunes zu filtern. Ein anderer ist, dass Sie diese Bewertungen verwenden können, wenn Sie in iTunes intelligente Wiedergabelisten erstellen. Und dann sieht das auch noch cool aus.

Ein kleines Zwischenspiel mit AirPlay

Es gibt ein weiteres Symbol, das Sie in der Musik-App Ihres iPads möglicherweise sehen, das Symbol AIRPLAY, das wie das linke Bild in der Abbildung aussieht.

AirPlay ist eine echt coole Technologie, die Bestandteil aller Versionen von iOS 4.2 oder neuer ist. Mit AirPlay können Sie drahtlos Musik, Fotos und Videos auf Geräte übertragen, die AirPlay-fähig sind, wie zum Beispiel die WLAN-basierten Apple-Stationen AirPort Extreme und AirPort Express oder Apple TV. Natürlich können Sie auch AirPlay-fähige Geräte von Drittherstellern wie Lautsprecher, HD-TVs und so weiter ansprechen.

AirPlay Selector erscheint nur dann, wenn es ein AirPlay-fähiges Gerät in seinem WLAN-Netzwerk entdeckt. Da Bob LeVitus in seinem Wohnzimmer ein Apple TV stehen hat, sieht er die Optionen der rechten Abbildung, wenn er auf das Symbol AIRPLAY SELECTOR tippt.

Wenn er auf `Apple TV` tippt, wird das, was gerade von der Musik-App wiedergegeben wird (in diesem Fall *All The Girls Love Alice* von Elton John) an das Apple TV im Wohnzimmer gesendet. Das Apple TV ist über HDMI und/oder Glasfaserkabel mit seinem Audiosystem und dem HD-Fernseher verbunden.

Wenn Sie als AirPlay-Gerät ein Apple TV verwenden, können Sie auch Musik, Videos und Fotos von Ihrem Mac oder PC oder sogar von Ihrem iPhone (auf Ihr HD-Gerät) übertragen.

Seit dem iPad 2 bietet das iPad eine total coole Funktion, die man Air Play Mirroring, also Videospiegelung nennt und die man mit der zweiten Generation von Apple TV verwenden kann. Um diese neue Funktion zu nutzen, doppeltippen Sie auf den Home-Knopf und wischen Sie die Symbolübersicht von links nach rechts, um zu den Musik-Steuerungselementen zu gelangen. Nun tippen Sie auf AIRPLAY SELECTOR und dann auf APPLE TV. Schalten Sie die Spiegelungs-Option ein und was immer auf dem iPad-Screen erscheint, erscheint auch auf dem HDTV-Gerät.

Wenn Sie eine HDMI-Ausrüstung und/oder ein anständiges Soundsystem besitzen und über eine vernünftige WLAN-Bandbreite verfügen, werden Sie Apple TV und AirPlay lieben.

Abbildung 8.7: Die Titelliste des Queen-Albums mit fünf Bewertungssternen

Man muss kein Genie sein

Genius wählt im Musikteil Ihrer Mediathek Titel aus, die zusammenpassen. Um diese Funktion zu benutzen, muss zunächst in Ihrer iTunes-Mediathek auf Ihrem Mac oder PC Genius aktiviert werden. Tippen Sie dazu auf die Schaltfläche GENIUS, geben Sie Ihre Apple-ID und das Passwort ein und bestätigen Sie die Geschäftsbedingungen. Warten Sie, bis Apple Genius auf Ihrem Rechner aktiviert hat. Ihr iPad legt beim Synchronisieren eine Genius-Wiedergabeliste an, die 25 Musiktitel enthält, von denen das Gerät glaubt, dass sie gut zu dem Titel passen, der gerade abgespielt wird. (Diese Liste wird ab und an von Apple *Genius Playlist* genannt.)

Wenn Sie in MUSIK auf die Schaltfläche GENIUS (siehe in Abbildung 8.2 das »Atom«-Symbol) tippen, während ein Musiktitel abgespielt wird, erscheint eine alphabetische Liste mit Musiktiteln, und Sie müssen einen Titel auswählen, bevor die Genius-Wiedergabeliste angelegt werden kann. Hierzu müssen allerdings ausreichend viele Titel auf Ihrem iPad gespeichert sein, damit Genius darauf basierend eine Wiedergabeliste anlegen kann.

Wenn Sie eine Genius-Wiedergabeliste anlegen, finden Sie in den Listen Ihrer Mediathek ein Objekt, das GENIUS heißt. Tippen Sie es an, und Sie sehen die 25 Musiktitel, die Genius ausgewählt hat.

Sie finden in der rechten oberen Ecke der Liste drei Schaltflächen:

✔ **Neu:** Wählen Sie einen anderen Musiktitel als Basis für die Genius-Wiedergabeliste aus.

✔ **Aktualisieren:** Sie sehen eine Liste mit 25 anderen Musiktiteln, die gut zu dem Titel passen, der gerade abgespielt wird (oder ausgewählt worden ist).

✔ **Wiedergabeliste sichern:** Sichern Sie diese Genius-Wiedergabeliste, damit Sie sie immer dann, wenn Ihnen danach ist, abspielen können.

Wenn Sie eine Genius-Wiedergabeliste speichern, erbt sie den Namen des Musiktitels, auf dem sie basiert, und sie taucht in Ihrer Mediathek mit einem Genius-Symbol auf, das wie die Schaltfläche GENIUS aussieht. Wenn Sie Ihr iPad das nächste Mal synchronisieren, erscheint die Genius-Wiedergabeliste auf wundersame Weise in iTunes.

Je unbekannter ein Musiktitel, Interpret oder Genre ist, desto wahrscheinlicher ist es, dass Genius damit nichts anfangen kann. Wenn dies geschieht, erhalten Sie eine Mitteilung, dass Sie es mit einem anderen Titel noch einmal versuchen sollen, weil Genius nicht in der Lage ist, mit dem ausgewählten Titel eine Wiedergabeliste zu erstellen.

Wenn Ihnen Genius gefällt, können Sie in iTunes eine neue Genius-Wiedergabeliste anlegen und mit Ihrem iPad synchronisieren.

Wiedergabelisten erstellen

Sie können mit Wiedergabelisten Musiktitel um ein bestimmtes Thema herum verwalten: Opernarien, romantische Balladen, die Eroberung Britanniens – wie es Ihnen gefällt. Jüngere Leute bezeichnen so etwas auch als *Mix*.

Auch wenn es einfacher zu sein scheint, Wiedergabelisten auf dem Computer in iTunes anzulegen, ist es absolut unproblematisch, so etwas auf dem iPad zu erstellen (und abzuspielen):

✔ **Um auf Ihrem iPad eine Wiedergabeliste anzulegen,** tippen Sie auf die Registerkarte WIEDERGABELISTEN unten auf dem Bildschirm und dann auf den Knopf NEU in der oberen rechten Ecke. Sie werden nach einem Namen für die Wiedergabeliste gefragt. Geben Sie einen ein und tippen Sie dann auf die Schaltfläche SICHERN. Danach sehen Sie eine alphabetisch sortierte Liste der Musiktitel, die sich auf Ihrem iPad befinden. Tippen Sie die Titel an, die Sie in die Wiedergabeliste aufnehmen wollen, oder tippen Sie auf ALLE TITEL HINZUFÜGEN. Titel, die Sie hinzufügen, werden grau dargestellt (siehe Abbildung 8.8). Wenn Sie alle Musiktitel angetippt haben, die Bestandteil der Wiedergabeliste werden sollen, tippen Sie direkt unter dem Suchfeld auf die Schaltfläche FERTIG.

Sie können Titel für Ihre Wiedergabeliste aus den Tabs INTERPRETEN, ALBEN, GENRES oder WEITERE (Komponisten, Audiobücher oder Podcasts) hinzufügen, indem Sie unten auf dem Bildschirm auf die entsprechende Registerkarte tippen.

Abbildung 8.8: So legen Sie auf Ihrem iPad eine Wiedergabeliste an.

✔ **Um eine Wiedergabeliste anzuhören,** tippen Sie in Ihrer Mediathek auf ihren Namen, und Sie sehen eine Liste mit den Musiktiteln, die sie enthält. Falls diese Liste länger als eine Bildschirmseite ist, streichen Sie nach oben, um nach unten zu scrollen. Tippen Sie in der Liste auf einen Titel, und er wird abgespielt. Wenn dieser Musiktitel zu Ende ist und Sie auf die Schaltfläche NÄCHSTER TITEL tippen, wird der nächste Titel der Wiedergabeliste abgespielt. Dies kann so lange wiederholt werden, bis der letzte Titel der Liste erreicht ist. Danach schaltet sich Ihr iPad ab.

Sie können mit dem iPad keine intelligenten Wiedergabelisten erstellen (die der Wahnsinn sind). Was eine intelligente Wiedergabeliste ist? Gut, dass Sie fragen. Das ist eine besondere Wiedergabeliste, die Titel anhand von Kriterien zusammenstellt, die Sie angeben, zum Beispiel Name eines Interpreten, Datum, an dem der Titel iTunes hinzugefügt worden ist, Bewertungen, Genre, Jahr und viele andere. Starten Sie auf Ihrem Computer iTunes und wählen Sie DATEI|NEUE INTELLIGENTE WIEDERGABELISTE, um loszulegen.

Das ist eigentlich alles, was es zum Auswählen, Erstellen und Abspielen von Musiktiteln in Wiedergabelisten zu sagen gibt.

Lautstärke und Equalizer anpassen

Sie können die Einstellungen von Lautstärke und Equalizer so anpassen, dass Sie ein Ein-iPad-ist-ein-iPod-Erlebnis haben. Vielleicht ist Ihnen aufgefallen und vielleicht haben Sie sich auch schon darüber geärgert, dass einige Musiktitel lauter sind als andere. In diesem Fall sollten Sie sich mit der iTunes-Funktion LAUTSTÄRKE ANPASSEN befassen. Wenn Sie bestimmte Frequenzbereiche anpassen möchten, können Sie das mit dem Equalizer erledigen. Und wenn Sie eine Begrenzung der Lautstärke haben wollen, teilen Sie dem iPad mit, dass es so verfahren soll. Die folgenden Abschnitte erklären, wie das geht.

Alle Musiktitel mit der gleichen Lautstärke abspielen

Die iTunes-Funktion LAUTSTÄRKE ANPASSEN gleicht die Lautstärke aller Musiktitel so ab, dass sie auf demselben Lautstärkeniveau wiedergegeben werden. Dadurch bläst Ihnen ein Musiktitel selbst dann nicht mehr das Trommelfell weg, wenn er viel lauter aufgenommen worden ist als der Musiktitel davor oder der danach. Um dem iPad mitzuteilen, diese Lautstärkeeinstellungen zu benutzen, müssen Sie die Funktion zuerst in iTunes auf Ihrem Computer einschalten. Das geht so:

1. **Wählen Sie ITUNES|VOREINSTELLUNGEN (Mac) oder BEARBEITEN|VOREINSTELLUNGEN (PC).**

2. **Klicken Sie auf die Registerkarte WIEDERGABE.**

3. **Aktivieren Sie das Kontrollkästchen LAUTSTÄRKE ANPASSEN.**

Jetzt müssen Sie noch dem iPad sagen, dass es die Lautstärkeeinstellungen von iTunes übernehmen soll. Und das geht so:

1. **Tippen Sie auf dem Home-Bildschirm des iPads auf das Symbol EINSTELLUNGEN.**

2. **Tippen Sie in der Liste der Einstellungen auf MUSIK.**

3. **Tippen Sie bei LAUTSTÄRKE ANPASSEN auf den Ein/Aus-Schalter, um die Funktion einzuschalten.**

Equalizer-Einstellungen

Ein Equalizer erhöht oder verringert den relativen Umfang bestimmter Frequenzbereiche, um die Töne, die Sie hören, zu verbessern. Einige Equalizer-Einstellungen heben die Bässe (im unteren Bereich) eines Musiktitels hervor. Andere Einstellungen eines Equalizers betonen mehr die hohen Frequenzen. Auf dem iPad gibt es mehr als ein Dutzend Equalizer-Voreinstellungen wie ACOUSTIC, MEHR BÄSSE, WENIGER BÄSSE, DANCE, ELECTRONIC, POP und ROCK. Jede dieser Optionen ist auf eine bestimme Art von Musik zugeschnitten.

Die beste Art herauszufinden, ob Sie mit den Einstellungen des Equalizers arbeiten wollen, besteht darin, sie auszuprobieren. Hören Sie sich zu diesem Zweck zunächst einen Musiktitel an, der Ihnen gefällt.

Dann führen Sie Folgendes durch, während ein Musiktitel abgespielt wird:

1. **Tippen Sie vorn am iPad auf die Home-Taste.**

2. **Tippen Sie auf dem Home-Bildschirm auf das Symbol** Einstellungen.

3. **Tippen Sie in der Liste der Einstellungen auf** Musik.

4. **Tippen Sie in der Liste der Musik-Einstellungen auf** Equalizer.

5. **Tippen Sie auf verschiedene Equalizer-Voreinstellungen (zum Beispiel** Pop, Rock, R & B **oder** Dance**) und hören Sie sich genau an, wie sich der Klang des Musiktitels verändert.**

6. **Wenn Sie eine Equalizer-Voreinstellung gefunden haben, die sich gut anhört, tippen Sie auf die Home-Taste – das war's.**

Wenn Ihnen keine der Voreinstellungen gefällt, tippen Sie oben in der Equalizer-Liste auf Aus, um den Equalizer auszuschalten.

 Auch auf die Gefahr hin, einen der Tipps für Kapitel 18 zu »verlieren«, sind wir der Meinung, Sie schon jetzt darauf hinzuweisen, dass Ihre Batterie länger lebt, wenn Sie EQ ausgeschaltet lassen.

Eine Obergrenze für die Lautstärke bei Musik (und Filmen) festlegen

Sie können Ihr iPad anweisen, die Lautstärke bei Audio und Filmen auf einen maximalen Wert zu begrenzen. Und das geht so:

1. **Tippen Sie auf dem Home-Bildschirm auf das Symbol** Einstellungen.

2. **Tippen Sie in der Liste der Einstellungen auf** Musik.

3. **Tippen Sie in der Liste der Musik-Einstellungen auf** Maximale Lautstärke.

4. **Ziehen Sie den Regler auf die Lautstärke, die Ihnen gefällt.**

5. **(Optional) Tippen Sie auf** Maximale Lautstärke sperren, **um einen Kenncode einzugeben, der verhindert, dass andere Ihre Einstellungen ändern.**

 Die Einstellung Maximale Lautstärke begrenzt nur die Lautstärke von Musik und Video (was bei Apple mit Filmen gleichgesetzt wird). Sie hat auf Podcasts und Hörbücher keine Auswirkung. Und die Einstellung gilt zwar für alle Arten von Kopfhörern und Lautsprechern, die mit dem Kopfhöreranschluss Ihres iPads verbunden sind, sie berührt aber nicht den internen Lautsprecher des iPads.

Da wir gerade vom internen Lautsprecher des iPads sprechen – es handelt sich dabei nicht um einen Stereolautsprecher, auch wenn es sich so anhört. Wenn Sie Kopfhörer anschließen, erfolgt die Soundausgabe natürlich in echter Stereoqualität.

Mit der iTunes-App auf Einkaufstour

Kommen wir zum Schluss dieses Kapitels auf die App iTunes zu sprechen, die es Ihnen er-möglicht, mit Ihrem iPad alles herunterzuladen, zu kaufen oder zu leihen, was Sie mit der An-wendung iTunes auf Ihrem Mac oder PC herunterladen, kaufen oder leihen können. Hierzu gehören Musik, Hörbücher, Kurse der iTunes University, Podcasts und Filme. Und wenn Sie zu den Glücklichen gehören, die einen iTunes-Geschenkgutschein besitzen, können Sie ihn direkt über Ihr iPad einlösen.

Wenn Sie irgendetwas davon machen wollen, müssen Sie sich zuerst an Ihrem iTunes-Store-Konto (das bei Apple *Account* heißt) anmelden. Gehen Sie dazu folgendermaßen vor:

1. **Tippen Sie auf dem Home-Bildschirm auf das Symbol** EINSTELLUNGEN.

2. **Tippen Sie in der Liste der Einstellungen auf** STORE.

3. **Tippen Sie auf** ACCOUNT ANZEIGEN.

4. **Geben Sie Ihren Benutzernamen und das dazugehörende Kennwort ein.**

Falls Sie noch kein Anmeldekonto am iTunes Store besitzen, gehen Sie so vor:

1. **Tippen Sie auf dem Home-Bildschirm auf das Symbol** EINSTELLUNGEN.

2. **Tippen Sie in der Liste der Einstellungen auf** STORE.

3. **Tippen Sie auf** NEUEN ACCOUNT.

4. **Folgen Sie den Anweisungen auf dem Bildschirm.**

Wenn der iTunes Store weiß, wer Sie sind (und, was viel wichtiger ist, Ihre Kreditkartennum-mer kennt), tippen Sie auf dem Home-Bildschirm auf das Symbol ITUNES (oder den Knopf STORE in der Musik-App) und gehen auf Shoppingtour. Die App arbeitet fast genauso wie iTu-nes App Store auf dem Computer, das in Kapitel 7 beschrieben wird.

Videos auf dem iPad: Sehen ist glauben

In diesem Kapitel

▶ Filme finden und abspielen

▶ Die Filmbenutzung einschränken

▶ Filme mit Ihrem iPad aufnehmen, bearbeiten und löschen

▶ Mit FaceTime arbeiten

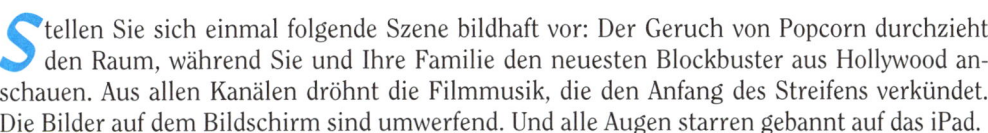

Stellen Sie sich einmal folgende Szene bildhaft vor: Der Geruch von Popcorn durchzieht den Raum, während Sie und Ihre Familie den neuesten Blockbuster aus Hollywood anschauen. Aus allen Kanälen dröhnt die Filmmusik, die den Anfang des Streifens verkündet. Die Bilder auf dem Bildschirm sind umwerfend. Und alle Augen starren gebannt auf das iPad.

Na gut, zurück zur Wirklichkeit. Das iPad hat nicht vor, ein wandgroßes, hochauflösendes Fernsehgerät als Zentrum Ihres heimatlichen Kinos zu ersetzen. Aber wir legen Wert darauf zu betonen, dass das Ansehen von Filmen auf dem großartigen, in der Diagonalen ungefähr 25 cm messenden hochauflösenden Display (wie Apple den Bildschirm des Geräts nennt) – das unserer Meinung nach das Beste ist, was ein Handheld-Computer zu bieten hat – ein cineastisches Vergnügen sein kann. Bilder sehen selbst dann fantastisch aus, wenn Sie nicht direkt auf den Bildschirm schauen.

Und mehr noch; wenn Sie ein iPad ab der Version 2 besitzen, haben Sie eine Kamera auf der Frontseite und eine auf der Rückseite, was Sie unter Umständen zu einem Filmemacher werden lassen kann.

Und Video auf dem iPad lässt Sie einen Schritt in eine ganz andere Richtung wagen: Videochat. Sie können mit Freunden und Ihrem Schatz in Verbindung bleiben und sich dabei tief in die Augen schauen. Das erledigt dann FaceTime, bei dem es sich um ein Chatprogramm handelt, das seit dem iPad 2 standardmäßig zum iPad gehört.

Wir gehen weiter hinten in diesem Kapitel ausführlich auf FaceTime ein, deshalb lassen Sie uns einfach ohne weitere Verzögerungen mit der Show weitermachen.

Stoff zum Anschauen finden

Es gibt verschiedene Möglichkeiten, mit Ihrem iPad Filme (beziehungsweise Videos, wie Filme bei Apple ab und an genannt werden) zu finden und anzuschauen. Sie können im iTunes Store, dessen virtuelle Türen sich auch direkt vom iPad aus öffnen lassen, alle möglichen Arten von Filmkost abrufen.

Oder Sie synchronisieren Inhalte, die sich bereits auf Ihrem PC oder Mac befinden. (Wenn Sie das noch nicht getan haben, ist jetzt der Augenblick gekommen, sich mit Kapitel 3 und den Einzelheiten des Synchronisierens zu beschäftigen.)

Die Filme, die Sie sich auf dem iPad anschauen können, fallen im Allgemeinen unter eine dieser Kategorien:

✔ **Filme, Fernsehsendungen und Musikvideos, die Sie im iTunes Store gekauft oder kostenlos von dort heruntergeladen haben:** Sie können sich diese anschauen, indem Sie auf dem Home-Bildschirm auf das Symbol VIDEOS tippen.

Der iTunes Store enthält Bereiche, in denen Sie Folgen von Fernsehsendungen (siehe Abbildung 9.1) kaufen und Filme (siehe Abbildung 9.2) kaufen oder leihen können. Mittlerweile sollten Sie sich vielleicht nicht mehr über Namensgebungen wundern, aber Fernsehsendungen werden von Apple auch als *TV-Sendungen* (mal mit, mal ohne Bindestrich) bezeichnet.

 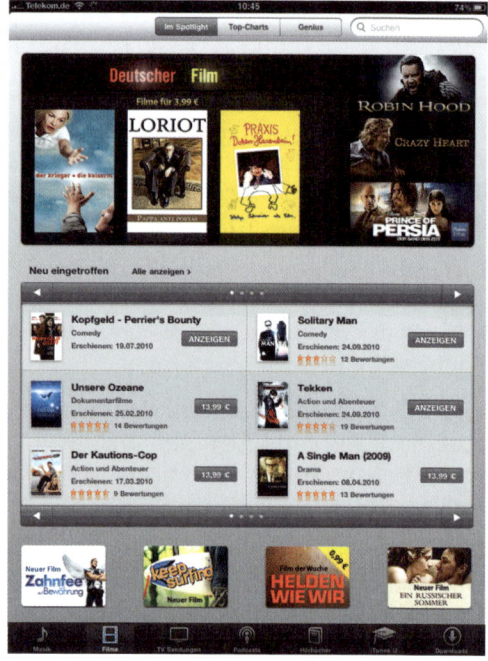

Abbildung 9.1: Es macht Spaß, auf dem iPad Fernsehsendungen zu kaufen und anzuschauen.

Abbildung 9.2: Es ist ein echtes Erlebnis, Filme anzuschauen.

Es gibt keinen Einheitspreis, aber zu dem Zeitpunkt, als wir dieses Buch geschrieben haben, kostete die normale Folge einer beliebten Fernsehsendung in der Standardauflösung 1,99 Euro und hochauflösend 2,99 Euro. Oder Sie kaufen gleich eine ganze Staffel. So war zum Beispiel die letzte Staffel von *Lost* in der Standardauflösung für 34,99 Euro zu haben, während die hochauflösende Version 49,99 Euro kostete.

Spielfilme kosten in der Regel zwischen 9,99 Euro und 19,99 Euro. Einige Filme können Sie aber auch für 2,99 Euro, 3,99 Euro oder 4,99 Euro leihen. Wir haben nichts gegen die Einschränkungen, die es beim Leihen von Filmen gibt. Sie haben 30 Tage, um mit dem Anschauen eines ausgeliehenen Stücks anzufangen, und einen Tag, um damit fertig zu werden. Während dieser 24 Stunden können Sie sich den Film so oft zu Gemüte führen, wie Sie wollen. Das ist Showbusiness. Solche Filme erscheinen in der Videoliste in einem eigenen Bereich GELIEHENE FILME, zu dem Sie gelangen, wenn Sie auf VIDEOS tippen. Es wird die Zahl der Tage angezeigt, die verbleiben, bis die Leihdauer abläuft. Und Sie müssen einen Film vollständig auf Ihr iPad heruntergeladen haben, bevor Sie ihn anschauen können.

Wenn Sie auf einen Film tippen, der in der iTunes-Liste steht, können Sie sich, wie Abbildung 9.3 zeigt, immer einen Filmausschnitt (einen so genannten *Trailer*) anschauen und weitere Informationen erhalten, bevor Sie den Film kaufen (oder ausleihen). Zu diesen

Abbildung 9.3: Beschäftigen Sie sich mit einem Film, bevor Sie ihn kaufen oder ausleihen.

Informationen gehören zum Beispiel eine Zusammenfassung der Handlung, die Mitwirkenden, Rezensionen, Kundenbewertungen und andere Filme, die dem Käufer eines Films auch zusagen könnten. Und Sie können Filme anhand von Genres oder den Top-Charts (die Filme, die am häufigsten von anderen gekauft oder ausgeliehen worden sind) suchen. Außerdem haben Sie die Möglichkeit, sich auf die Apple-Funktion Genius zu verlassen, um Empfehlungen zu erhalten, die auf dem basieren, was Sie sich gerade anschauen. (Genius funktioniert bei Filmen und TV fast genauso wie bei Musik, wie wir in Kapitel 8 zeigen.)

✔ **Eine Wagenladung voll Video-Podcasts, die so gut wie alle kostenlos im iTunes Store zu haben sind:** Podcasts haben als eine andere Form des Internetradios angefangen, wobei Sie keinem Livestream zuhören, sondern zu Ihrem Vergnügen Dateien auf Ihren Computer oder Ihr iPod herunterladen. Sie können natürlich immer noch sehr viele Audio-Podcasts finden, aber in diesem Kapitel gilt unser Augenmerk dem Filmischen. Sie können kostenlos Folgen von der Sesamstraße, Sportberichte, Tipps für Investitionsstrategien, politische Darstellungen (der unterschiedlichsten Richtungen) und vieles mehr sehen.

✔ **Videos, die über Apps der Unterhaltungsindustrie abgespielt werden:** Netflix zum Beispiel bietet eine App an, die es Ihnen ermöglicht, ein gegebenenfalls vorhandenes Netflix-Abonnement zu benutzen, um Filme über Ihr iPad anzusehen. Wir mögen diese App so sehr, dass wir sie in Kapitel 16 in die Liste unserer Favoriten aufgenommen haben.

✔ **Belegen Sie in Harvard, Stanford oder an vielen anderen prestigeträchtigen Institutionen ein Seminar:** iTunes University rühmt sich, weltweit mehr als 250.000 kostenlose Vorlesungen anbieten zu können, von denen viele Videos sind. Hier erhalten Sie zwar keinen Abschluss, müssen aber auch keine Aufnahmeprüfung ablegen, kein Referat halten und keine Hausaufgaben machen. Abbildung 9.4 zeigt die iTunes-U-Beschreibung eines Lehrvideos der Albert-Ludwigs-Universität Freiburg, das den Titel *Dichter und Denker in Freiburg* trägt.

✔ **Selbst gedrehte Videos von der beliebten Internetsite YouTube:** Apple hält augenscheinlich viel von YouTube, weil es dieser Site ein eigenes Symbol auf dem Home-Bildschirm widmet. Sie können mehr über den besonderen Charakter von YouTube in Kapitel 6 nachlesen.

✔ **Filme, die Sie mit iMovie oder anderer Software auf dem Mac oder mit anderen Programmen auf dem PC erstellt haben;** außerdem können Sie alle übrigen Filme sehen, die Sie aus dem Internet heruntergeladen haben.

✔ **Videos, die ihre Geburtsstunde mit Hilfe der vorder- oder der rückseitigen Kamera auf dem iPad 2 erlebt haben:** Es gibt mittlerweile eine Version von iMovie, die speziell für iPad 2 und das neue iPad entwickelt worden ist. Diese optionale App kostet 3,99 Euro.

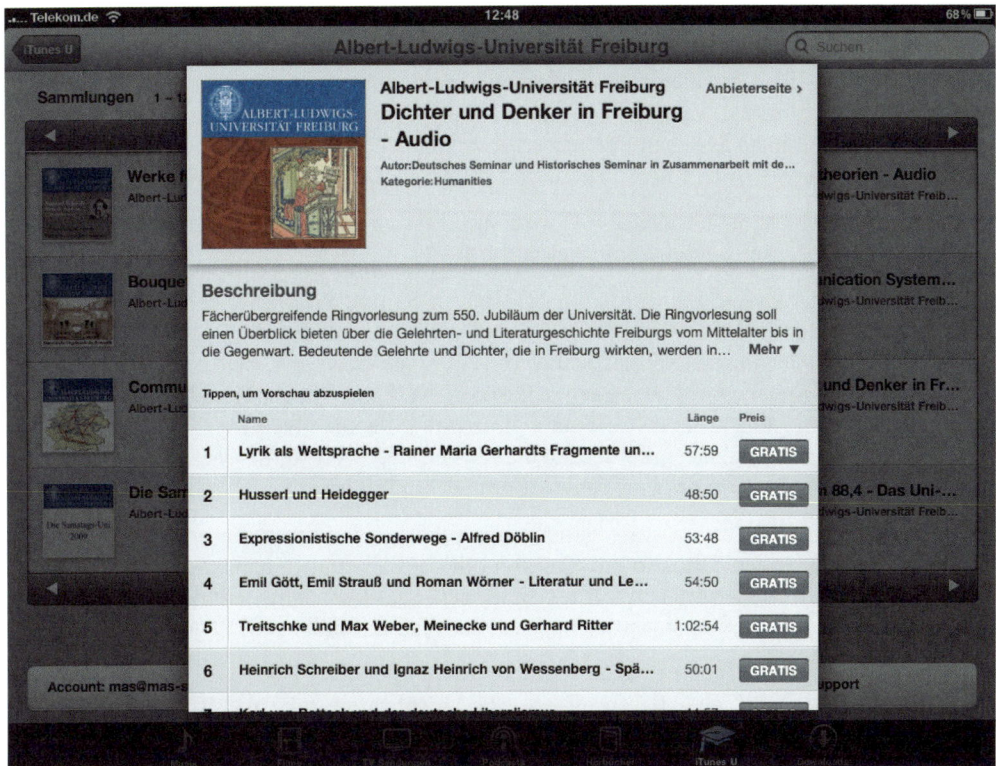

Abbildung 9.4: Bei der iTunes University gibt es viele Vorlesungen (auch auf Deutsch) zu den unterschiedlichsten Themen.

Sie müssen einige dieser Filme eventuell bearbeiten, damit Sie sie auf Ihrem iPad abspielen können. Markieren Sie zu diesem Zweck den entsprechenden Film in der iTunes-Mediathek auf Ihrem Computer. Gehen Sie in iTunes zum Menü ERWEITERT und klicken Sie auf VERSION FÜR IPAD ODER IPHONE ERSTELLEN. Das klappt leider nicht bei allen Filmen, die Sie aus dem Internet herunterladen, unter anderem auch nicht bei den Formaten AVI, DivX, MKV und Xvid. Sie benötigen bei der Übertragung dieser Formate nach iTunes und ihrer Konvertierung in ein iPad-freundliches Format die Hilfe anderer Programme auf Ihrem Mac oder PC.

 Eine etwas speziellere Lösung, um Konversionsprobleme zu umgehen, bietet die Air-Video-App von InMethod, die für 2,39 Euro erhältlich ist. Dieses Dienstleistungsprogramm kann AVI-, DivX-, MKV- und andere Videos liefern, die sich normalerweise nicht auf dem iPad abspielen ließen. Sie können sich auch die begrenzte kostenlose Version vorab ansehen. Sie müssen dazu die Air-Video-Server-Software auf Ihren Mac oder PC laden, um Inhalte auf das iPad zu streamen. Oder probieren Sie das sehr gute kostenlose Programm HandBrake aus, das auf `www.handbrake.fr` erhältlich ist.

Sind wir kompatibel?

Das iPad kann mit einem breiten Spektrum von Filmen umgehen, obwohl nicht alles, was Sie sich anschauen wollen, wiedergegeben werden kann. Einige Internetstandards – bemerkenswerterweise auch Adobe Flash – wurden zu dem Zeitpunkt, als dieses Buch in die Produktion ging, nicht unterstützt.

Das Fehlen von Flash ist für viele ein Horror, weil Flash die Technologie ist, die sich heutzutage hinter vielen Filmen im Internet verbirgt.

Apple unterstützt andere Standards, die HTML5, CSS3 und JavaScript heißen und offensichtlich so bedeutend sind, dass sie auf diversen Sites zu finden sind, deren Videos auf dem iPad abgespielt werden können. Zu diesen Sites gehören CNN, Reuters, die New York Times, Vimeo, Time, ESPN, Major League Baseball, Netflix, NPR, National Hockey League, The White House, Virgin America, Sports Illustrated, People Magazine, TED.com, Nike, CBS, Spin und National Geographic. Dazu kommen Apps von Netflix, ABC und anderen, die sich mit dem Bereich des Fernsehens/Filme beschäftigen.

Sie sind mit der richtigen Software sicherlich in der Lage, auf Ihrem Computer einige der nicht funktionierenden Filme in ein iPad-freundliches Format umzuwandeln. Und wenn etwas heute nicht wiedergegeben werden kann, heißt das noch lange nicht, dass dies auch für die Zukunft gilt, weil Apple in der Lage ist, das iPad mit Hilfe von Software zu aktualisieren.

Inzwischen finden Sie eine Beschreibung der Videoformate, die das iPad unterstützt, auf der Apple-Website. Geben Sie im Browser einfach folgende URL ein: `http://www.apple.com/de/itunes/podcasts/specs.html`.

Weitere Informationen über Kompatibilität finden Sie in diesem Kapitel im Kasten *Sind wir kompatibel?*.

Filme abspielen

Nachdem Sie jetzt wissen, was Sie sich anschauen wollen, kommt hier die Anleitung, wie das geht:

1. **Tippen Sie auf dem Home-Bildschirm auf das Symbol VIDEOS.**

   Filmmaterial, das sich auf Ihrem iPad befindet, ist in Kategorien eingeteilt – FILME, AUSGELIEHENE FILME, SENDUNGEN, PODCASTS, MUSIKVIDEOS, ITUNES U und FREIGEGEBEN. Jede dieser Kategorien zeigt ihre Inhalte als eine Art »Poster« an (siehe Abbildung 9.5). Kategorien wie AUSGELIEHENE FILME, PODCAST und ITUNES U erscheinen nur, wenn Sie diese Art von Inhalten auf das Gerät geladen haben. Das Gleiche gilt für die Kategorie FREIGEGEBEN einer Funktion, auf die wir in Kapitel 8 näher eingehen. Sie können mit iTunes Privatfreigabe auch Videos ansehen, die sich in der iTunes-Mediathek auf Ihrem Mac oder PC befinden.

Filme

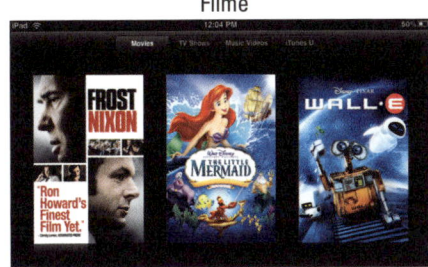

TV-Sendungen

Vorlesungen

Musikvideos

Abbildung 9.5: Suchen Sie sich einen Film, eine Fernsehsendung, eine Vorlesung oder ein Musikvideo aus.

2. **Wählen Sie oben im Bildschirm die Registerkarte aus, die zu der Art von Film passt, den Sie sehen möchten.**

3. **Tippen Sie auf das Bild, das den gewünschten Film, die Fernsehsendung oder ein anderes Video repräsentiert.**

Sie sehen eine vollständige Beschreibung des Films, den Sie ausgewählt haben, und eine Liste mit Schauspielern und den Filmemachern (siehe Abbildung 9.6). Tippen Sie auf die Registerkarten der einzelnen Kapitel, um die Kapitel zu durchstöbern. Sie sehen Miniaturbilder der Kapitel und die Kapitellänge. Tippen Sie auf die Registerkarte INFO, um zu einer Beschreibung zurückzukehren.

4. **Um die Wiedergabe eines Films zu starten (oder von dort wieder aufzunehmen, wo Sie beim letzten Mal aufgehört haben), tippen Sie auf die Schaltfläche WIEDERGABE, die in Abbildung 9.6 gekennzeichnet ist. Alternativ können Sie den Film aber auch aus der Ansicht KAPITEL heraus von einer beliebigen Stelle aus starten (siehe Abbildung 9.7).**

Wenn Sie auf dem Home-Bildschirm zu EINSTELLUNGEN gehen und VIDEO antippen, können Sie einstellen, dass Sie mit der Wiedergabe eines Films dort fortfahren, wo Sie ihn beendet hatten.

Film wiedergeben

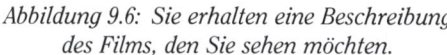

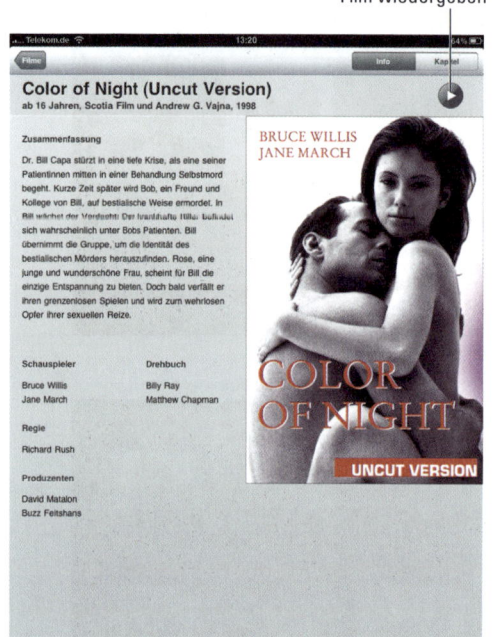

Abbildung 9.6: Sie erhalten eine Beschreibung des Films, den Sie sehen möchten.

Abbildung 9.7: Starten Sie die Wiedergabe aus einem beliebigen Kapitel heraus.

5. **(Optional) Drehen Sie das iPad in die Waagerechte, um die Anzeigefläche des Films zu vergrößern.**

    Wenn Sie das iPad senkrecht halten, sehen Sie über und unter dem Film schwarze Balken. Diese Balken bleiben zwar auch bestehen, wenn Sie das iPad in die Waagerechte drehen, aber der Film wird dann in einem breiten Format abgespielt.

    Das ist bei Filmen eine großartige Sache. Sie können sie dann so sehen, wie es die Macher des Films vorgesehen haben – in einem kinotauglichen Bildformat.

 Es gibt auf dem iPad erst seit dem neuen iPad eine echte hochauflösende Darstellung, weil dies eine Auflösung von mindestens 1280×720 Pixel verlangt, während der Bildschirm der älteren iPads nur 1024×768 Pixel liefert. Das bedeutet, dass für die älteren iPads alles ein wenig herunterskaliert wird. Das neue iPad hat mit einer Bildschirmauflösung von 2048×1536 Pixeln sogar eine Million mehr als ein HD-Fernseher.

Die Bedienelemente von Videos einblenden und verwenden

Tippen Sie, während ein Video abgespielt wird, auf den Bildschirm, um die Bedienelemente aufzurufen, die Abbildung 9.8 zeigt. Dann können Sie eines der Elemente antippen, um es zu aktivieren. Hier ein Überblick darüber, wie Sie diese Bedienelemente nutzen:

✔ **Um den Film abzuspielen oder anzuhalten,** tippen Sie auf die Schaltfläche WIEDERGABE/ANHALTEN.

✔ **Um die Lautstärke anzupassen,** ziehen Sie den Lautstärkeregler nach rechts, damit es lauter wird, und nach links, um die Lautstärke zu verringern. Sie können als Alternative auch die Lautstärketasten am Gerät benutzen, um die Lautstärke zu steuern.

✔ **Um einen Film neu zu starten oder in einem Film zurückzugehen,** tippen Sie auf die Schaltfläche NEUSTART/SCHNELLER RÜCKLAUF, um den Film neu zu starten, beziehungsweise halten Sie diese Schaltfläche gedrückt, um in dem Film schnell zurückzugehen.

✔ **Um vorwärtszugehen,** halten Sie die Schaltfläche SCHNELLER VORLAUF gedrückt. Sie können sich in einem Film aber auch schnell vorwärtsbewegen, indem Sie in der Navigationsleiste den Punkt, der die Wiedergabeposition anzeigt, nach rechts ziehen.

✔ **Um einzustellen, wie der Film den Bildschirm ausfüllt,** tippen Sie auf die Schaltfläche SKALIEREN, über die Sie auswählen können, ob der Film den gesamten Bildschirm ausfüllen soll oder ob der Film auf den Bildschirm passen soll. Alternativ können Sie doppelt auf den Film tippen, um die gleichen Ergebnisse zu erzielen. Sie sehen diese Schaltfläche nur, wenn sich das iPad im Querformat befindet. Auch das Doppeltippen funktioniert nur in diesem Modus.

Indem Sie den Film an den Bildschirm anpassen, wird er so angezeigt, wie es von seinen Machern vorgesehen ist. Normalerweise sehen Sie dann über und unter dem Film (oder an seinen Seiten) schwarze Balken, was manche nicht mögen. Wenn Sie dafür sorgen, dass der Film den gesamten Bildschirm ausfüllt, kann es passieren, dass an den Seiten oder oben Teile fehlen, weil sie abgeschnitten werden. Das führt dazu, dass Sie nicht den gesamten Filminhalt sehen.

✔ **Um Einstellungen für die Sprache und Untertitel auszuwählen,** tippen Sie auf die Schaltfläche AUDIO UND UNTERTITEL (die in Abbildung 9.8 nicht angezeigt wird). Sie sehen Einstellungsmöglichkeiten für eine andere Sprache und können Untertitel ein- und ausschalten. Dieses Bedienelement erscheint nur, wenn der Film eine dieser Funktionen unterstützt.

✔ **Um die Bedienelemente verschwinden zu lassen,** tippen Sie noch einmal auf den Bildschirm (oder warten einfach ein paar Sekunden lang ab, bis sie von allein weggehen).

✔ **Um Ihrem iPad mitzuteilen, dass Sie mit dem Anschauen eines Films fertig sind,** tippen Sie auf FERTIG. (Sie müssen zu diesem Zweck eventuell die Bedienelemente zurückholen, wenn sie nicht sichtbar sind.) Sie kehren zu dem Video-Bildschirm zurück, der sichtbar war, bevor Sie den Film gestartet haben.

Wiedergabeposition · · · · · · · · Navigationsleiste · · · · · · · · Skalieren

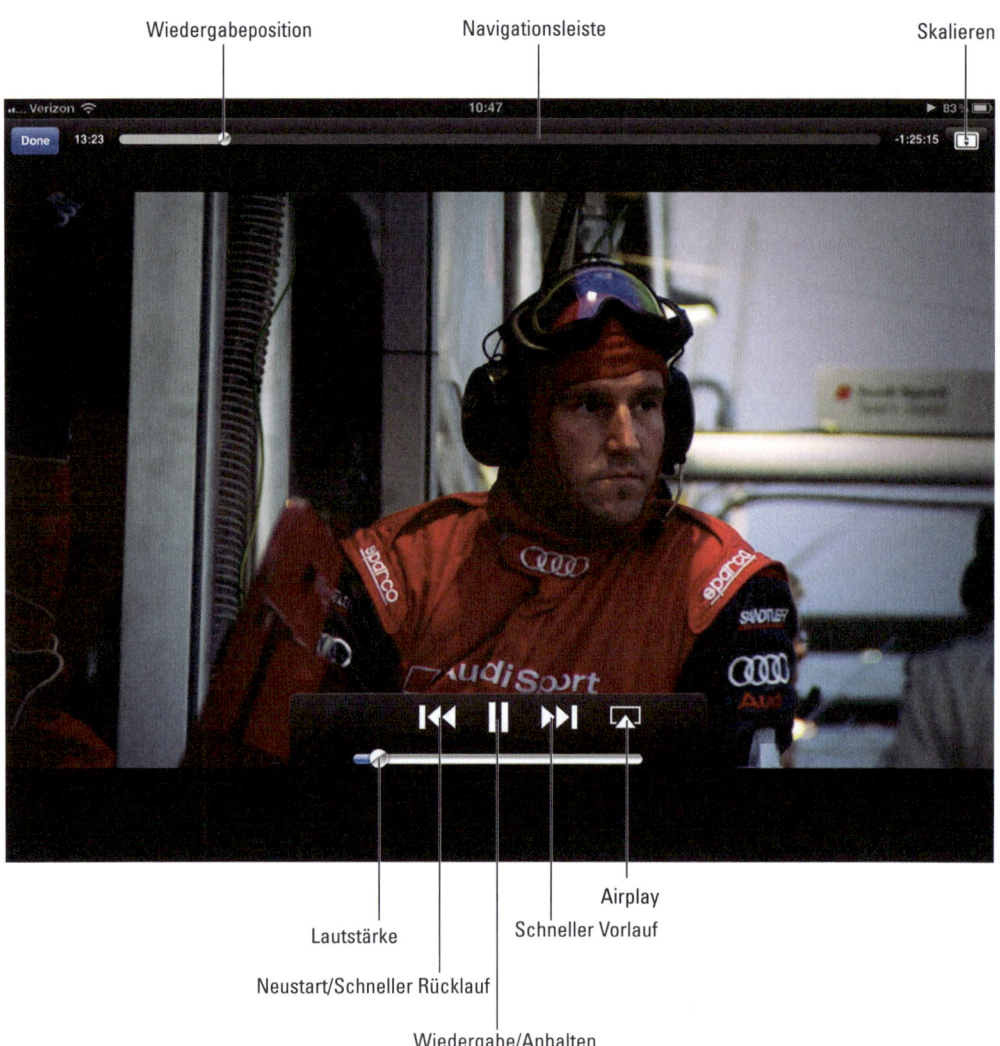

Lautstärke · · · · · · · · Schneller Vorlauf · · · · · · · · Airplay

Neustart/Schneller Rücklauf

Wiedergabe/Anhalten

Abbildung 9.8: Den Film steuern

Filme auf einem großen Fernseher über AirPlay anschauen

Wir lieben es, Filme auf dem iPad anzuschauen. Aber wir wissen auch, welche Einschränkungen der kleinere Bildschirm mit sich bringt. Für Neulinge: Freunde werden sich niemals um Sie versammeln, um gemeinsam Filme anzuschauen. Und so gut er auch ist, aber der Bildschirm des iPads kommt nicht an den HD-Fernseher in Ihrem Wohnzimmer heran, weshalb Apple zwei Wege anbietet, damit Sie Filme auf einem Fernseher anzeigen können:

✔ **AirPlay:** Sie können über das Objekt AirPlay nicht nur Filme – kommerzielle und selbst erstellte –, sondern auch Fotos und Musik vom iPad auf eine Apple-TV-Box übertragen, die mit einem HD-Fernsehgerät verbunden ist. Starten Sie den Film auf Ihrem iPad und tippen Sie auf die Schaltfläche AIRPLAY, die zu den Bedienelementen des Films gehört (siehe Abbildung 9.8). Sie können immer nur einen Film sehen. Tippen Sie auf APPLE TV, um den Film über die Apple-TV-Box auf den Fernseher zu übertragen. Tippen Sie auf IPAD, um den Film nur auf dem iPad zu sehen.

Während ein Film übertragen wird, können Sie Multitasking nutzen. Deshalb sind Sie in der Lage, im Web zu surfen oder sich um Ihre E-Mails zu kümmern, während sich Ihre Kinder einen Film im Fernsehen anschauen.

Sie können zwar einen Film von einem iPad auf ein Apple TV übertragen und die Bildschirme wechseln, aber Sie können keinen geliehenen Film, den Sie auf Apple TV angefangen haben, auf das iPad übertragen.

✔ **AV-Adapter-Kabel:** Apple vertreibt für 29 oder 39 Euro drei verschiedene Kabel – für Digital-AV(HDMI)-, Composite-Video- oder VGA-Anschlüsse –, mit denen Sie Ihr iPad an einen Standard-(Composite-) oder HD-Fernseher, Beamer oder ein anderes Gerät anschließen können. Wenn Sie ein iPad der ersten Generation besitzen, können Sie nur Videos von Apps darstellen, die die externe Wiedergabe von Videos unterstützen, wie zum Beispiel die Apps Videos, YouTube und Netflix.

Wenn Sie allerdings ein iPad 2 oder das neue iPad besitzen, können Sie mit dem Digital-AV(HDMI)-Adapter den iPad-Bildschirm auf einem verbundenen Fernseher oder Beamer spiegeln. Sie können also nicht nur einen Film oder ein Video, sondern auch alles andere, das sich auf Ihrem iPad befindet, über diese Verbindung sehen, zum Beispiel Ihre Homepage, Webseiten, Spiele, andere Apps und was Ihnen sonst noch so einfällt.

Während die Component- und Composite-Adapter bereits mit eingebauten Kabeln geliefert werden, gehört zum Digital-AV-Adapter kein HDMI-Kabel. Darum müssen Sie sich selbst kümmern. In Kapitel 15 finden Sie mehr zum Thema Zubehör.

Eine »Altersfreigabe« einrichten

Wenn Sie ein iPad an Ihre Kinder oder jemanden weitergeben, der für Sie arbeitet, möchten Sie sicherlich nicht, dass diese Personen ihre Zeit damit verbringen, sich Filme oder Fernsehsendungen anzuschauen. Sie sollten etwas Produktiveres bewerkstelligen wie Hausaufgaben machen oder einen Quartalsbericht erstellen. Hier kommt nun die elterliche Kontrolle (oder »der gemeine Chef«) ins Spiel. Denken Sie daran, dass diese »Spielverderbermethode« Sie richtig unbeliebt machen kann.

Tippen Sie auf EINSTELLUNGEN|ALLGEMEIN|EINSCHRÄNKUNGEN. Tippen Sie auf EINSCHRÄNKUNGEN AKTIVIEREN. Sie werden aufgefordert, einen Kenncode einzurichten oder einen bestehenden einzugeben. Das geschieht zweimal. Danach können Sie die Nutzung von Filmen und Fernsehsendungen anhand einer Altersfreigabe (ab 0, 6, 12 und so weiter) einschränken. Sie können auch für FaceTime oder die Kameras (die dafür sorgen, dass FaceTime deaktiviert wird, wenn sie deaktiviert werden) Einschränkungen festlegen. Weitere Informationen über Einschränkungen finden Sie in Kapitel 13, wo wir die Einstellungen erklären, mit denen der Zugang zu den iPad-Funktionen eingeschränkt oder freigegeben wird.

Filme löschen

Filme in jeder Form belegen auf Ihrem iPad Platz – sehr viel Platz. Wenn eine Leihfrist abgelaufen ist und Sie einen Film nicht mehr auf Ihrem iPad behalten wollen, können Sie ihn wie folgt löschen:

✔ Um einen Film manuell zu löschen, damit Sie auf Ihrem iPad wieder etwas mehr Platz haben, halten Sie das Poster des betreffenden Films oder Videos gedrückt, bis in dem Bild ein kleines *x* in einem Kreis erscheint. Tippen Sie auf dieses *x*. Es erscheint ein Dialogfeld, in dem Sie entweder den Löschvorgang durch Tippen auf die Schaltfläche LÖSCHEN bestätigen oder über ABBRECHEN abbrechen.

Wenn Sie einen Film auf dem iPad löschen, entfernen Sie ihn nur dort. Er bleibt weiterhin in der iTunes-Mediathek Ihres Macs oder PCs erhalten (vorausgesetzt, dass Sie ihn auf den Mac oder PC synchronisiert haben) und in iCloud. Wenn Sie den Film also später noch einmal auf Ihrem iPad anschauen wollen, können Sie das problemlos machen, indem Sie ihn entweder erneut synchronisieren oder den Film von iCloud noch einmal herunterladen.

Wenn Sie einen ausgeliehenen Film löschen, bevor Sie ihn sich auf Ihrem iPad angesehen haben, ist er verloren. Sie müssen sich irgendwoher Knete besorgen, um ihn später noch einmal auf dem iPad ansehen zu können.

Eigene Videos aufnehmen

Das iPad 2 war das erste iPad, das eine Kamera hatte – halt, um genauer zu sein: Es besitzt, genau wie das neue iPad, zwei Kameras. Die rückseitige Kamera kann Videos in HD-Qualität mit 720p und mit 30 Bildern pro Sekunde aufnehmen. Diese Bildqualität wird Vollbewegungsvideo oder auch *Full Motion Video* genannt. Das hört sich zwar komisch an, ist aber eine andere Art zu sagen, dass etwas ruckelfrei wiedergegeben wird. Die Frontkamera kann ebenfalls 30 Bilder pro Sekunde aufzeichnen, wobei aber die optische Qualität nicht ganz so gut ist.

Nachdem Sie nun diese technischen Einzelheiten kennen, sollen Sie auch erfahren, wie Videos aufgenommen werden:

1. **Tippen Sie auf dem Home-Bildschirm auf das Symbol KAMERA.**

2. **Verschieben Sie rechts unten auf dem Bildschirm den Schalter vom Symbol einer Kamera auf das Symbol einer Videokamera.**

    Der Schalter ist in Abbildung 9.9 gekennzeichnet. Die Position KAMERA ist für Standbilder gedacht, die wir in Kapitel 10 behandeln.

Front-/Rückkamera

Miniaturbild der
letzten Aufnahme

Videoaufnahme
starten/beenden

Zwischen Kamera-
und Videoaufnahme
umschalten

Abbildung 9.9: Licht! Kamera! Action!

 Sie können, während Sie eine Szene aufnehmen, nicht von der Front- zur Rück-
kamera und zurück wechseln. Bevor Sie also mit der Aufnahme beginnen, sollten
Sie darüber nachdenken, welche Kamera Sie verwenden möchten, und dann gegebenenfalls oben rechts auf dem Bildschirm auf die Schaltfläche zum Wechseln
der Kamera tippen.

3. **Tippen Sie auf die rote Schaltfläche AUFNAHME, die sich unten in der Mitte des Bildschirms befindet, um mit der Aufzeichnung Ihres Videos zu beginnen.**

4. **Tippen Sie erneut auf die rote Schaltfläche AUFNAHME, um die Aufzeichnung zu beenden.**

Ihr Video wird automatisch unter FOTOS gespeichert.

Video bearbeiten

Wir gehen davon aus, dass Sie großartiges Material aufgenommen haben, aber vielleicht gibt es auch etwas, das doch in den Papierkorb gehört. Einfache Bearbeitungen können Sie direkt auf dem iPad 2 oder dem neuen iPad vornehmen. Tippen Sie einfach in der linken unteren Ecke der App Kamera auf das Miniaturbild Ihres Videos, um zur Aufnahme zu gelangen. Dann machen Sie Folgendes:

1. **Tippen Sie auf eine Videoaufzeichnung, um die Bedienelemente aus Abbildung 9.10 anzuzeigen.**

2. **Verschieben Sie die Anfangs- und Endpunkte der Zeitskala, um den Teil des Videos auszuwählen, den Sie behalten möchten.**

Zum Beschneiden an den Kanten ziehen

Abbildung 9.10: Die Länge beschneiden (trimmen)

 Halten Sie Ihren Finger auf einen Abschnitt der Zeitskala gedrückt, um die Skala zu erweitern, damit die Bearbeitung für Sie einfacher wird. Tippen Sie auf die Schaltfläche WIEDERGABE, um das Ergebnis Ihrer Operation zu sehen.

3. **Wählen Sie aus, was Sie mit dem beschnittenen (man sagt auch *getrimmten*) Videoclip machen wollen:**

- Tippen Sie auf TRIMMEN und dann auf Original TRIMMEN, um die Szenen dauerhaft aus dem Originalvideo zu entfernen.

- Tippen Sie auf ALS NEUEN CLIP SICHERN, um einen neuen, getrimmten Videoclip zu erzeugen. Das ursprüngliche Video bleibt, wie es ist, und der neue Clip wird unter FOTOS gespeichert.

 Wenn Sie auf dem iPad ab Version 2 anspruchsvollere Bearbeitungen durchführen wollen, ist iMovie für das iPad eine Überlegung wert. Die App kostet 3,99 Euro und ist eine Version von iMovie für Mac-Computer, die sich auf das Wesentliche beschränkt. Sie können Ihr fertiges Video aus iMovie heraus nach YouTube, Video und Facebook exportieren.

Videos freigeben

Anders als bei »normalen« Filmen können Sie Ihre eigenen Videos sowohl im Hoch- als auch im Querformat wiedergeben. Und wenn das Video wirklich gut ist, möchten Sie es vielleicht mit anderen teilen. Zeigen Sie dafür die Bedienelemente an, indem Sie auf den Bildschirm tippen, und tippen Sie dann auf das Symbol, das wie ein Pfeil aussieht, der versucht, einem Rechteck zu entkommen. Von hier aus können Sie dann Ihr Video per E-Mail versenden (wenn die Videodatei nicht zu umfangreich ist), es an YouTube schicken (siehe Kapitel 6) oder es kopieren.

Sehen ist Glauben: FaceTime

Wir wetten, dass Sie problemlos eine lange Liste mit Leuten zusammenstellen können, denen Sie gerne auch aus der Ferne in die Augen schauen möchten. Dabei könnte es sich um alte Schulfreunde handeln. Es könnte aber auch die große Liebe aus der Studentenzeit sein. Vielleicht finden sich auf der Liste aber auch Ihre Großeltern, die sich in den sonnigen Süden zurückgezogen haben, als das Rentnerdasein begann.

Hier kommt FaceTime ins Spiel, die App, die es Ihnen ermöglicht, ab der Version 2 des iPads Videotelefonate zu führen. FaceTime nutzt die beiden eingebauten Kameras, die beide jeweils einem anderen Zweck dienen. Über die Frontkamera können Sie mit jemandem von Angesicht zu Angesicht reden. Die Rückkamera zeigt der Person, mit der Sie sprechen, was Sie gerade sehen.

Damit Sie FaceTime einsetzen können, finden Sie hier alles, was Sie dazu benötigen:

✔ **Zugriff auf WLAN:** Auch die Person, mit der Sie reden, muss Zugang zum Internet haben. Auf einem iOS-Gerät benötigen Sie WLAN. Auf einem Mac benötigen Sie eine Internetverbindung mit einer Datenübertragungsrate in beiden Richtungen von mindestens 128 Kbps. Wenn Sie Videoanrufe in HD-Qualität führen wollen, muss die Übertragungsrate mindestens 1Mbps betragen.

✔ **FaceTime:** Installiert auf dem iPad ab Version 2 Ihres Konversationspartners, auf einem an das Internet angeschlossenen Mac (OS X 10.6.6 oder jünger), auf dem neuesten Modell eines iPods touch oder auf einem iPhone 4 (hier gab es FaceTime übrigens zum ersten Mal).

Der große, einladende Bildschirm des iPads sieht so aus, als wäre er nur für FaceTime gemacht, aber es wäre nachlässig, nicht auch auf Kritikpunkte hinzuweisen, die mit der Qualität der Kameras zu tun haben. So lange die Lichtverhältnisse gut sind und Sie eine stabile Internetverbindung haben, ist alles in Ordnung, sollte das aber nicht der Fall sein …

Mit FaceTime loslegen

Wenn Sie FaceTime zum ersten Mal benutzen, werden Sie nach dem Tippen auf das Symbol FACETIME, das sich auf dem Home-Bildschirm befindet, aufgefordert, sich mit Ihrer Apple-ID bei FaceTime anzumelden. Bei dieser Apple-ID kann es sich um Ihr Anmeldekonto für den iTunes Store, Ihre iCloud-ID, Ihr MobileMe-Konto oder ein anderes Apple-Konto handeln. Wenn Sie kein Anmeldekonto haben, tippen Sie auf NEUEN ACCOUNT ERSTELLEN (Apple nennt Anmeldekonten *Accounts*), um ein solches Konto in FaceTime anzulegen. Sie müssen außerdem eine E-Mail-Adresse eingeben, die Anrufer verwenden können, um Sie von ihren eigenen FaceTime-fähigen iPads, Macs, iPhones oder iPods touch aus anzurufen.

Wenn Sie die E-Mail-Adresse zum ersten Mal für FaceTime verwenden, sendet Apple eine E-Mail an diese Adresse, um die Anmeldung zu überprüfen. Klicken (oder tippen) Sie auf den Bestätigungslink in der E-Mail und geben Sie Ihre Apple-ID mit dem entsprechenden Kennwort ein, um die Einrichtungsprozedur von FaceTime abzuschließen. Wenn die E-Mail-Adresse in der App Mail auf dem iPad existiert, können Sie sofort loslegen.

Wenn Sie mehrere E-Mail-Adressen haben, können Anrufer jede dieser Adressen in FaceTime verwenden. Um nach der Einrichtung weitere E-Mail-Adressen hinzuzufügen, tippen Sie auf EINSTELLUNGEN|FACETIME|WEITERE E-ADRESSE HINZUFÜGEN.

Einen FaceTime-Anruf tätigen

Jetzt beginnt der Spaß erst richtig – Sie rufen an.

Folgen Sie diesen Schritten:

1. **Starten Sie über den Home-Bildschirm FaceTime.**

   Sie können, bevor Sie über FaceTime einen Anruf tätigen, in einem Fenster prüfen, wie Sie aussehen. Pudern Sie also Ihr Näschen und machen Sie ein fröhliches Gesicht.

2. **Wählen Sie jemanden aus, den Sie anrufen möchten. Sie haben diese Möglichkeiten:**

   - *Ihre Kontakte:* Tippen Sie auf einen Namen und tippen Sie dann auf die E-Mail-Adresse oder eine Telefonnummer, die FaceTime kennt. Um einen Kontakt hinzuzufügen, tippen Sie auf KONTAKTE und dann auf +.

- *Ihre letzten Anrufe:* Tippen Sie auf ANRUFLISTE und dann auf die entsprechende Nummer.

- *Ihre Favoriten:* Sie können Personen, die Sie häufig anrufen, einer Favoritenliste hinzufügen. Auch hier müssen Sie dann nur noch auf einen Namen tippen.

3. **Prüfen Sie, was Sie auf dem Bildschirm anzeigen, und ändern Sie es gegebenenfalls.**

Wenn das »Videogespräch« läuft, können Sie in einem Bild-in-Bild-Fenster kontrollieren, wie Sie für Ihren Gesprächspartner aussehen. Sie können dieses Bild-in-Bild-Fenster an eine beliebige Stelle des Bildschirms ziehen und rechtzeitig erkennen, ob Sie aus dem Sichtbereich Ihres Gesprächspartners verschwunden sind.

4. **(Optional) Um zwischen Front- und Rückkamera umzuschalten, tippen Sie auf die Kameraschaltfläche, die in Abbildung 9.11 gekennzeichnet ist.**

5. **Tippen Sie auf BEENDEN, wenn Sie auflegen möchten.**

Wenn Sie über FaceTime Gespräche führen, ist es sehr praktisch, die folgenden Tipps zu kennen:

✔ **Drehen Sie das iPad auf die Seite, um seine Ausrichtung zu ändern.**

✔ **Schalten Sie einen Anruf stumm, indem Sie auf das Symbol eines Mikrofons tippen (das in Abbildung 9.11 gekennzeichnet ist).** Denken Sie aber daran, dass Sie zwar nicht mehr gehört, aber weiterhin gesehen werden können (und dass Sie die andere Person auch weiterhin sehen und hören können).

 **Kümmern Sie sich zwischendurch um eine andere App, indem Sie die Home-Taste drücken und dann auf das entsprechende Symbol tippen oder indem Sie auf den Home-Knopf doppeltippen, um die App aus der Multitasking-Leiste auszuwählen.** Sie können zwar weiterhin mit der anderen Person über FaceTime reden, sie aber nicht länger sehen. Tippen Sie oben auf dem Bildschirm des iPads auf den grünen Balken, um die andere Person und FaceTime wieder in den Vordergrund zu holen.

Über FaceTime angerufen werden

Natürlich können Sie über FaceTime nicht nur anrufen, sondern auch angerufen werden. Damit Sie einen Videoanruf erhalten können, muss FaceTime nicht gestartet sein. Und so laufen eingehende Anrufe ab:

✔ **Sie hören den Anruf:** Wenn ein Anruf ankommt, wird der Name des Anrufers auf dem Bildschirm des iPads angezeigt. Gleichzeitig hören Sie ein Telefon klingeln.

✔ **Nehmen Sie den Anruf an oder lehnen Sie ihn ab.** Tippen Sie auf ANNEHMEN, um zu antworten, oder auf ABLEHNEN, wenn Sie etwas anderes vorhaben. Falls Ihr iPad gesperrt sein sollte, wenn ein FaceTime-Anruf hereinkommt, schieben Sie die grüne, wie ein Pfeil aussehende Schaltfläche nach rechts, um zu antworten. Wenn Sie den Anruf ablehnen wollen, machen Sie nichts und warten einfach, bis der Anrufer aufgibt.

Das Anruferfenster zeigt, mit wem Sie sprechen

Wie Sie für den anderen aussehen

Stumm schalten

Auflegen

Die Kamera wechseln

Abbildung 9.11: Bob LeVitus kann Ed Baig und Ed kann Bob in FaceTime sehen.

✔ **Den Klingelton leiser stellen.** Sie können oben am iPad auf die Standby-Taste drücken, um das Klingeln des eingehenden Anrufs leiser zu stellen. Wenn Sie wissen, dass Sie von FaceTime nicht gestört werden wollen, betätigen Sie den Seitenschalter des iPad 2 oder des neuen iPads, um das Gerät stummzuschalten. Denken Sie daran, dass Sie in diesem Fall den Seitenschalter in den allgemeinen Einstellungen so einrichten müssen, dass er das Gerät stummschaltet und nicht als Ausrichtungssperre fungiert (siehe Kapitel 13).

Und damit lassen wir dieses Kapitel leise ausklingen. Aber Sie können mit den Kameras Ihres iPad 2 oder des neuen iPads noch viel mehr machen, wie Sie in Kapitel 10 erfahren.

Seien Sie im Bilde

In diesem Kapitel

▶ Fotos schießen (nur ab iPad 2)

▶ Bilder importieren

▶ Bilder betrachten und bewundern

▶ Eine Diashow erstellen

▶ Noch mehr mit Bildern anstellen

▶ Fotos löschen

▶ Bilder mit Photo Booth »aufbrezeln«

W ir singen in diesem Buch ständig ein Loblied auf das Multi-Touch-Display des iPads. Es dürfte Ihnen mehr als schwerfallen, einen ansprechenderen tragbaren Bildschirm zu finden, auf dem Sie Filme anschauen oder Spiele spielen können. Vielleicht haben Sie es schon erraten, aber das iPad, das Sie kürzlich erworben haben (oder hinter dem Sie her sind), ist auch ein beeindruckendes Gerät zum Betrachten von Fotos. Bilder sind scharf und lebensecht – zumindest diejenigen, die Sie sauber aufgenommen haben.

Wenn Sie ein iPad 2 oder das neue iPad besitzen, können Sie nun einige dieser Bilder direkt mit Ihrem ausgezeichneten Tablet-PC aufnehmen. Dies geht, weil sowohl in der Vorder- als auch in der Rückseite des Gerätes eine Kamera eingebaut worden ist. Wenn Sie das vorherige Kapitel gelesen haben, wissen Sie bereits, dass Sie die Kameras dazu bringen können, Videos aufzunehmen. In diesem Kapitel erhalten Sie den allumfassenden Überblick über das Schießen von Standbildern.

Okay, lassen Sie uns erst einmal ein paar Dinge aus dem Weg räumen: Das iPad ist niemals in der Lage, eine digitale Kleinbildkamera, geschweige denn eine hochpreisige digitale Spiegelreflexkamera zu ersetzen. Die Kritik, die wir wirklich üben, ist, dass die Bilder, die Sie bei schlechten Lichtverhältnissen machen, sehr grobkörnig sind (obwohl die 5-Megapixel-iSight-Kamera mit 1080p-HD-Video im neuen iPad wirklich schon ein großer Fortschritt ist) und ein Blitz fehlt.

Aber Freunde, wir sind hier, um das Positive herauszustellen. Die Kameras Ihres iPads können sich sehr schnell als absoluter Glücksfall herausstellen, wenn Sie keine bessere Alternative zur Hand haben. Und wir können uns Umstände vorstellen – zum Beispiel den Verkauf einer

Wohnung oder Einkäufe für ein neues Heim –, bei denen Tablet-Kameras ziemlich bequem sind.

Hinzu kommt ein völlig neues Vergnügen, wenn Sie Photo Booth bisher nicht gekannt haben. Dabei handelt es sich um ein wirklich gutes Mac-Programm, das seinen Weg auf das iPad 2 und das neue iPad gefunden hat. Das könnte die beste, zumindest aber witzigste Verwendung der Kameras werden. Wir kommen am Ende des Kapitels auf Photo Booth zurück.

Sie erfahren auf den nächsten Seiten, wie Sie das Beste aus den digitalen Fotos herausholen können, die sich auf Ihrem iPad befinden.

Fotos schießen

Wenn Sie mit dem iPad 2 oder dem neuen iPad Bilder aufnehmen wollen, tippen Sie zunächst auf dem Home-Bildschirm auf das Symbol KAMERA. Der Bildschirm ähnelt einem geschlossenen Kameraverschluss. Wenn sich dieser Verschluss einen Augenblick später öffnet, schauen Sie in einen der größten Sucher, die es gibt, und das nur dank der gut 25 cm messenden Bildschirmdiagonalen des iPads. Danach gehen Sie so vor:

1. **Achten Sie bei dieser Übung darauf, dass der Schalter KAMERA/VIDEO, der sich in der rechten unteren Ecke des Bildschirms befindet (und den Abbildung 10.1 zeigt), in den Kameramodus gesetzt ist. Falls das nicht der Fall sein sollte, schieben Sie ihn von rechts nach links.**

2. **Benutzen Sie den Sucher, um Ihr Bild einzufangen.**

3. **Tippen Sie auf den Bereich des Bildschirms, in dem sich das Gesicht oder das Objekt befindet, auf das Ihr Foto scharf eingestellt (man sagt dazu auch *fokussiert*) werden soll.**

   Ihre Auswahl wird von einem kleinen Rechteck umrandet (das in Abbildung 10.1 nicht zu sehen ist), und die Kamera fokussiert und passt die Belichtung automatisch an den ausgewählten Bildausschnitt an.

4. **(Optional) Um einen Bildausschnitt zu vergrößern oder zu verkleinern, tippen Sie mit zwei Fingern auf den Bildschirm und spreizen Sie sie (die so genannte Pinch-Geste) oder ziehen Sie sie wieder zusammen, um ein- beziehungsweise auszuzoomen.**

   Das iPad 2 und das neue iPad besitzen ein fünffaches digitales Zoomobjektiv, das ein Bild in seiner Größe zuschneidet und anpasst. Zooms dieser Art sind qualitativ niemals auch nur halb so gut wie optische Zooms digitaler Kameras. Merken Sie sich, dass das Zoomen nur mit der Rückkamera im Kameramodus funktioniert. Zoomen funktioniert nicht mit der Frontkamera oder wenn Sie Videos aufnehmen.

5. **(Optional) Um die Rasterlinien zu sehen, die Ihnen beim Aufnehmen der Bilder Orientierung geben, tippen Sie auf den Knopf OPTIONEN und dann auf RASTER, so dass er auf EIN steht. Die Rasterlinien und der Knopf OPTIONEN sind in Abbildung 10.1 dargestellt.**

6. **Um zwischen Front- und Rückkamera zu wechseln, tippen Sie in der rechten oberen Ecke des Bildschirms auf die Schaltfläche FRONT-/RÜCKKAMERA (siehe Abbildung 10.1).**

Miniaturbild der letzten Aufnahme

Front-/Rückkamera

Kamera-/Video-Schalter

Abbildung 10.1: Das iPad als Kamera verwenden

7. **Wenn Sie mit den Einstellungen zufrieden und bereit sind, das Bild einzufangen, tippen Sie unten im Bildschirm auf die Schaltfläche AUSLÖSER BETÄTIGEN (das kleine Kamerasymbol).**

    Wenn Sie den seitlichen Schalter nicht auf LEISE eingestellt haben (was wir in Kapitel 1 erklären), hören Sie das Klicken eines Kameraverschlusses.

Das Bild, das Sie aufgenommen haben, landet als Miniaturbild in der linken unteren Ecke des Bildschirms. Was Sie dann mit den Bildern auf dem iPad machen können, erklären wir weiter hinten in diesem Kapitel.

Bilder importieren

Selbst wenn Sie auf dem ursprünglichen iPad keine digitale Kamera besitzen, werden Sie ein paar Wege entdecken, um Bilder auf Ihr iPad zu bekommen (was natürlich auch auf den iPads mit Kamera funktioniert). Leider verlangt einer davon, dass Sie sich ein besonderes Zubehörteil kaufen. Wir beschäftigen uns in den nächsten Abschnitten damit.

Bilder synchronisieren

Wir widmen dem Synchronisieren von Daten mit dem iPad ein ganzes Kapitel (Kapitel 3), weshalb wir uns hier nicht mit diesem Thema aufhalten wollen. Da aber das Synchronisieren der am häufigsten gebrauchte Weg ist, um Bilder auf Ihr iPad zu importieren, wollen wir in diesem Kapitel doch noch einmal kurz darauf eingehen. Sie können das Synchronisieren auf einem Mac oder PC dadurch steuern, dass Sie in iTunes auf der iPad-Seite auf die Registerkarte FOTOS klicken (siehe hierzu auch Kapitel 3). Wir setzen dabei voraus, dass Sie wissen, wie Sie Fotos auf Ihren Computer bekommen.

Wenn das iPad mit Ihrem Computer verbunden ist, klicken Sie auf dem Mac oder PC in iTunes auf die iPad-Geräteseite und dann auf die Registerkarte FOTOS. Dann wählen Sie aus dem Aufklappmenü eine Quelle zum Synchronisieren von Fotos aus.

Kurz zur Auffrischung Ihres Gedächtnisses: Sie können auf einem Mac Fotos (und Videos) mit Hilfe der Software iPhoto Version 4.06 oder neuer und Aperture 3.02 oder neuer synchronisieren. Auf einem PC benötigen Sie für das Synchronisieren Adobe Photoshop Elements 3.0 oder neuer. Alternativ können Sie auf beiden Computersystemen zum Synchronisieren einen beliebigen Ordner verwenden, der Bilder enthält.

Nachdem Sie aus dem Menü FOTOS SYNCHRONISIEREN VON eine Auswahl getroffen haben, sehen Sie möglicherweise ein oder mehrere Auswahlkästchen oder Knöpfe, mit denen Sie verschiedene Kombinationen von ALBEN, EREIGNISSEN, GESICHTERN und ORDNERN synchronisieren können. Die Kästchen oder Knöpfe, die Sie sehen, sind von der Auswahl, die Sie getroffen haben, abhängig.

Was sind EREIGNISSE und GESICHTER? Hier ein kurzer Überblick über diese Funktionen, die es nur für iPhoto und Aperture (auf dem Mac) gibt:

✔ **Ereignisse:** In ihrer unendlichen Weisheit sind die Typen von Apple davon ausgegangen, dass die meisten Fotos, die an einem bestimmten Tag geschossen werden, mit einem bestimmten Ereignis, zum Beispiel der Geburtstagsfeier der Jüngsten oder einer Hochzeitsfeier, zu tun haben. Deshalb gruppiert iPhoto auf dem Mac alle Bilder eines Tages in einer gemeinsamen Sammlung. Machen Sie sich nichts daraus, Sie können die Bilder eines Tages in mehr als ein Ereignis aufteilen, wenn zum Beispiel die Geburtstagsfeier am Morgen und die Hochzeit am Abend stattgefunden haben. Apple verwendet als Namen eines Ereignisses automatisch das Tagesdatum. Dies können Sie dann in etwas ändern, das beschreibender ist, wie zum Beispiel `Jörgs Fußballspiel` oder `Veras Baumhaus`.

✔ **Gesichter:** Wie es die Bezeichnung schon vermuten lässt, handelt es sich bei GESICHTER um eine Sammlung von Bildern, die sich um eine bestimmte Sache drehen: Wessen Gesicht ist das? Unsere Erfahrung mit GESICHTER ist, dass es der Technologie an Perfektion fehlt, obwohl sie recht beeindruckend ist.

Fotostream: Fotos mühelos zwischen verschiedenen Geräten synchronisieren

 Mit der neuen Streamingfunktion für Fotos kann man, wenn diese aktiviert ist, bis zu 1000 Fotos aus den letzten 30 Tagen in iCloud hochladen und dort abspeichern und sie dann auf allen Geräten, die Fotostream aktiviert haben, downloaden, sobald man eine WLAN-Verbindung hat.

Um Fotostream nutzen zu können, müssen Sie zwei Einstellungen aktivieren. Zunächst müssen Sie die Kamera in Ihrem iPad anweisen, Fotos an Fotostream zu senden, indem Sie folgendermaßen vorgehen:

1. **Tippen Sie auf dem Home-Bildschirm auf EINSTELLUNGEN.**

2. **Tippen Sie links im Bildschirm auf ICLOUD.**

3. **Tippen Sie auf FOTOSTREAM.**

4. **Tippen Sie auf den Knopf, um Fotostream zu aktivieren (er sollte dann blau sein).**

Das ist alles. Schalten Sie diese Funktion ein und Sie haben immer Zugriff auf die Fotos der letzten 30 Tage.

 Wenn Sie mit einem Mac arbeiten, unterstützt iPhoto 11 (Version 9.2 und jünger) Fotostream. Um die Funktion zu aktivieren, starten Sie auf Ihrem Mac iPhoto und gehen dann folgendermaßen vor:

1. **Wählen Sie IPHOTO|EINSTELLUNGEN.**

2. **Klicken Sie oben im Fenster EINSTELLUNGEN auf den Tab FOTOSTREAM.**

3. **Markieren Sie das Kästchen FOTOSTREAM AKTIVIEREN.**

Eine digitale Kamera oder eine Speicherkarte anschließen

 So gut wie alle digitalen Kameras, die heute am Markt sind, haben ein USB-Kabel, das dazu verwendet werden kann, Bilder auf einen Computer zu übertragen. Nun ist aber das iPad kein normaler Computer, und es hat auch keinen USB-Anschluss.

Stattdessen verkauft Apple ein iPad Camera Connection Kit, das im Apple-Onlineshop 29 Euro kostet. Als wir dieses Buch vorbereiteten, war das Kit zu Testzwecken nicht verfügbar, aber wir sind ziemlich sicher, dass es wie folgt arbeitet:

1. **Verbinden Sie Ihre Kamera über eines der beiden Verbindungsstücke mit Ihrem iPad.**

   Zum Kit gehören zwei kleine Verbindungsstücke, die beide auf der einen Seite in den Dock-Anschluss Ihres iPads passen. Das eine Verbindungsstück hat auf der anderen Seite einen USB-Anschluss, und das andere verfügt über einen Einschub für SD-Karten.

   Wenn Sie den USB-Weg einschlagen, müssen Sie auf das Kabel zurückgreifen, das Sie zusammen mit Ihrer Kamera erhalten haben, weil das Apple-Kit ohne ein solches Kabel ausgeliefert wird.

2. **Achten Sie darauf, dass das iPad entsperrt ist.**

3. **Schalten Sie die Kamera ein und sorgen Sie dafür, dass sie Bilder übertragen kann.**

   Ziehen Sie gegebenenfalls das Handbuch Ihrer Kamera zurate, wenn Sie unsicher sind, welche Einstellungen Sie auswählen müssen.

   Auf Ihrem iPad öffnet sich die App Fotos und zeigt die Bilder an, die Sie von Ihrer Kamera importieren können.

4. **Tippen Sie auf ALLE IMPORTIEREN, um das ganze Bündel auszuwählen, oder tippen Sie die Bilder, die Sie auf Ihr iPad herüberholen wollen, einzeln an.**

   Neben jedem Bild, das Sie ausgewählt haben, erscheint ein Häkchen. Und was sehr gut ist: Das iPad packt die Bilder gleich in Alben, auf die wir weiter hinten in diesem Kapitel eingehen.

Jetzt können Sie, wenn Sie möchten, die Bilder auf Ihrer Kamera löschen.

Das Verbindungsstück, das als SD-Kartenleser fungiert, kommt mit den SD-Speicherkarten klar, die in viele digitale Kameras passen. Der Vorgang ist dann fast hundertprozentig identisch mit dem des USB-Verbindungsstücks. Sie stecken nur statt des USB- das SD-Dingsda in den Dock-Anschluss. Seien Sie vorsichtig, wenn Sie die SD-Karte einführen, damit Sie sie nicht beschädigen.

Das Camera Connection Kit unterstützt viele bekannte Fotoformate einschließlich JPEG und RAW. Bei dem zweiten Format handelt es sich um eines, das von Fotoenthusiasten geliebt wird.

Mit Erstaunen haben wir festgestellt, dass das USB-Verbindungskabel in diesem Kit auch mit bestimmten USB-Tastaturen, MIDI-Keyboards, Mikrofonen und sogar einigen USB-Speicherkarten-Lesegeräten verwendet werden kann.

Bilder aus E-Mails und dem Web speichern

Es ist sehr einfach, Bilder zu speichern, die per E-Mail ankommen, oder Bilder, auf die Sie im Web stoßen. Halten Sie einfach Ihren Finger auf so ein Bild gedrückt, und tippen Sie, wenn die Schaltfläche eine Sekunde später auftaucht, auf BILD SICHERN. Bilder werden in einem Album GESICHERTE FOTOS gespeichert.

Wo sind meine Bilder hin?

Wo auf Ihrem iPad hängen nun alle diese Bilder ab? Nun, im letzten Abschnitt haben wir erklärt, was mit Bildern passiert, die aus E-Mails und dem Internet heraus gesichert werden. Sie liegen auf dem ursprünglichen iPad im Album GESICHERTE FOTOS, während sie ab dem iPad 2 im Album AUFNAHMEN zu finden sind.

Andere wichtige Bilder werden in denselben Alben zusammengefasst, in denen sie sich auf dem Computer befinden, oder sie werden als Ereignisse, Gesichter oder – wenn die im Bild eingebetteten Metadaten angeben, wo ein Bild aufgenommen worden ist – über eine coole Funktion anhand des Aufnahmeortes zusammengefasst. Darüber erfahren Sie weiter hinten in diesem Kapitel mehr.

Nachdem Sie jetzt wissen, wo die Bilder sind, sind Sie so weit zu entdecken, wie sie am besten angezeigt und an andere weitergegeben werden können – und was Sie mit Ausreißern zu machen haben, die Ihren fotografischen Standards nicht entsprechen.

Machen Sie sich bereit, Ihre Finger im übertragenen Sinne auf die Bilder zu legen (ohne sich dabei um Abdrücke kümmern zu müssen). Die folgenden Schritte geleiten Sie durch die Grundlagen des Arbeitens mit der App Fotos:

1. **Tippen Sie auf dem Home-Bildschirm auf das Symbol Fotos.**

   Die App öffnet sich und zeigt auf einem schwarzen Hintergrund Miniaturbilder an, wie Abbildung 10.2 zeigt. Am oberen Rand des Bildschirms ist die Registerkarte Fotos hervorgehoben, weil Sie sich in der Ansicht Fotos befinden. Wenn sich das Miniaturbild, um das es Ihnen geht, nicht auf dem Bildschirm befindet, streichen Sie mit dem Finger nach oben oder unten, um schnell durch die Bilder zu scrollen, oder arbeiten Sie mit einem langsameren Ziehen, um die Bilder genauer zu studieren. Wenn Sie also mehr Fotos haben, als auf einem Bildschirm angezeigt werden können, ist es sehr wahrscheinlich, dass sich Ihre Fähigkeiten, zu streichen und zu ziehen, schnell verbessern.

2. **Tippen Sie auf das Foto, das Sie anzeigen wollen, oder ziehen Sie Ihre Finger auf ihm auseinander.**

   Das führt zu leicht unterschiedlichen Ergebnissen. Wenn Sie auf ein Bild tippen, wird es schnell größer; es springt praktisch aus dem Bildschirm heraus. Wenn Sie stattdessen Ihren Daumen und den Zeigerfinger zusammendrücken, auf das Bild setzen und sie dort auseinanderziehen, können Sie besser steuern, wie das Bild größer wird. Sie können Ihren Finger auch auf einem Bild gedrückt halten, um es umherzuziehen.

3. **Um in Ihren Bildersammlungen klarzukommen, tippen Sie oben auf dem Bildschirm Ihres iPads auf Alben, Ereignisse, Gesichter oder Orte.**

   Sie sehen Stapel oder Sammlungen von Bildern. Tippen Sie auf einen Album-, Ereignis- oder Gesichtsstapel, und alle dazugehörenden Bilder verteilen sich auf dem gesamten Bildschirm. Das Ganze sieht aus wie eine geordnete Flucht, weil die einzelnen Bilder dann wieder in Reih und Glied erscheinen. Höchstwahrscheinlich müssen Sie wieder nach oben oder unten scrollen, um alle Bilder der Sammlung zu sehen. Wie zuvor gilt, dass Sie auf das einzelne Bild tippen müssen, dem Ihr Interesse gilt.

   Aber was passiert, wenn Sie auf einer Sammlung die Finger auseinanderziehen, statt zu tippen? Die Antwort hängt davon ab, wie Sie das machen. Wenn Sie Ihre Finger nur ein wenig auseinanderdrücken, verteilen sich die Bilder so langsam, dass Sie einige von ihnen in einer Vorschau sehen können. Machen Sie weiter, erreichen Sie dasselbe Ergebnis wie beim Tippen (wobei Sie aber ein wenig aufpassen müssen, denn wenn Sie Ihre Finger nicht weit genug spreizen, versammeln sich alle Bilder wieder in ihrem Stapel). Wenn Sie sich dann ein Bild anschauen wollen, tippen Sie es einfach an.

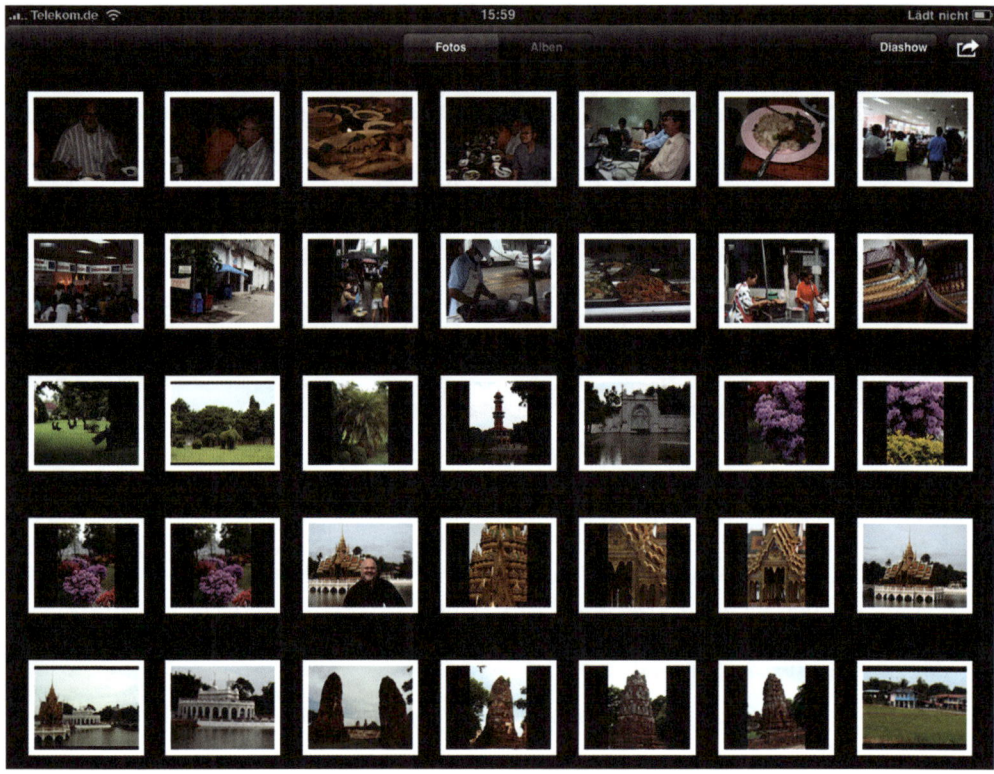

Abbildung 10.2: Der Landeplatz für Fotos

4. **Wenn sich ein einzelnes Foto auf dem Bildschirm befindet, tippen Sie es an, um oben und unten auf dem Bildschirm die Bedienelemente des Bildes zu öffnen.**

   Abbildung 10.3 stellt diese Elemente dar. Wir gehen später darauf ein, wozu sie dienen, aber wir finden es wichtig, dass Sie wissen, wie Sie sie aufrufen, weil wir ziemlich sicher sind, dass Sie sie an der einen oder anderen Stelle benötigen.

5. **Damit die Bedienelemente verschwinden, tippen Sie noch einmal auf den Bildschirm – oder warten Sie einfach ein paar Sekunden, und sie gehen von allein weg.**

6. **Drücken Sie die Home-Taste, um die App Fotos zu beenden.**

Bilder verbessern

Seit iOS 5 gibt es ein nützliches Quartett einfacher Fotobearbeitungswerkzeuge: DREHEN, VERBESSERN, ROTE AUGEN und BESCHNEIDEN. Um eines dieser Werkzeuge zu benutzen, tippen Sie in der oberen rechten Ecke des Bildschirms auf BEARBEITEN und eine Leiste mit vier Knöpfen erscheint am unteren Bildschirmrand.

Tippen, um das Foto als E-Mail zu versenden,
an MobileMe zu senden, einem Kontakt zuzuweisen,
als Hintergrundbild zu verwenden,
zu drucken oder zu kopieren

Anzahl der Fotos im aktuell ausgewählten Album

Tippen, um zur Ansicht Album zurückzukehren

Tippen, um eine Diashow zu sehen

Mit dem Finger gleiten, um das Album zu durchblättern

Abbildung 10.3: Bedienelemente für Bilder

✔ **DREHEN:** Tippen Sie darauf, um das Bild jeweils um 90 Grad zu drehen.

✔ **VERBESSERN:** Tippen Sie auf diesen Knopf, um Licht, Kontrast und Farbbalance des Bildes zu verbessern. Um den Effekt rückgängig zu machen, tippen Sie noch einmal auf diesen Knopf.

✔ **ROTE AUGEN:** Tippen Sie auf diesen Knopf und dann auf die roten Augen im Bild. Um den Vorgang rückgängig zu machen, tippen Sie noch einmal auf den Knopf.

Wenn der Bereich, auf den Sie getippt haben, für das Werkzeug nicht wie rote Augen aussieht, werden Sie freundlicherweise darauf hingewiesen, dass keine roten Augen gefunden wurden, die korrigiert werden können.

✔ **BESCHNEIDEN:** Tippen Sie auf diesen Knopf, um ein Bild zu beschneiden oder zu begradigen. Tippen Sie auf die Ecken des Rahmens, um den Ausschnitt-Bereich zu markieren; markieren Sie den Knopf FORMAT, um das Bild auf ein gängiges Format zu beschneiden wie zum Beispiel 5 × 7, 8 × 10, 4 × 6 und so weiter.

Wenn Sie mehr als ein Werkzeug auf Ihr Bild angewendet haben, können Sie mit dem Rückgängig-Knopf in der oberen linken Ecke jeweils einen Schritt zurückgehen. Oder tippen Sie auf ZURÜCK ZUM ORIGINAL, um alle Veränderungen gleichzeitig rückgängig zu machen.

Bilder bewundern

Fotos sind natürlich dazu da, dass man sie sieht, und nicht dazu, im digitalen Äquivalent eines Schuhkartons vergraben zu werden. Das iPad bietet Ihnen ein paar nette Wege an, um Ihre Fotos zu bearbeiten und anzuzeigen und die besten an andere weiterzugeben.

Sie haben mittlerweile sicherlich (aufgrund des vorherigen Abschnitts) herausgefunden, wie Sie ein Foto finden und im Vollbildmodus anzeigen können und wie sich die Bedienelemente des Bildes anzeigen lassen. Sie können aber noch viel mehr mit Ihren Bildern veranstalten, ohne auf diese Bedienelemente zugreifen zu müssen, wie die folgenden Möglichkeiten zeigen:

✔ **Das nächste oder das vorherige Bild anzeigen:** Streichen Sie mit dem Finger nach rechts beziehungsweise nach links.

✔ **Hochformat oder Querformat:** Hier ist die Zauberkunst des iPads (oder besser doch der Sensor für die Geräteausrichtung) am Werk. Wenn Sie das iPad seitwärts drehen, orientiert sich das Bild selbstständig in die neue Ausrichtung (vom Hoch- ins Querformat) um, wie Abbildung 10.4 zeigt. Bilder, die Sie im Querformat aufgenommen haben, füllen den Bildschirm aus, wenn Sie das iPad drehen. Drehen Sie das iPad wieder in das Hochformat zurück, passt sich auch das Bild dementsprechend an.

Die Ausrichtungssperre, die in Kapitel 1 behandelt wird, muss ausgeschaltet sein (oder der entsprechende Knopf an der Seite entriegelt, wenn Sie die Sperre hier und nicht am Bildschirm eingerichtet haben). In Kapitel 2 finden Sie hierzu alles, was Sie wissen müssen.

Zeigen Sie einem Freund ein Bild, indem Sie das iPad einfach rüberreichen. Das Gerät weiß immer, wo oben ist.

✔ **Zoom:** Tippen Sie doppelt auf einen Bildteil, um in das Bild hineinzuzoomen (diesen Teil zu vergrößern). Tippen Sie erneut doppelt auf das Bild, um wieder herauszuzoomen. Alternativ können Sie auch Ihren Daumen und den Zeigefinger auf dem Bild spreizen beziehungsweise zusammendrücken, um hinein- oder herauszuzoomen. Der Nachteil beim Zoomen ist, dass Sie nicht mehr das gesamte Bild sehen können.

Abbildung 10.4: Dieselbe Aufnahme im Hochformat (links) und im Querformat (rechts)

✔ **Verschieben und Scrollen:** Diese coole kleine Funktion ist praktisch die Garantie für ein angenehmes Arbeiten. Nachdem Sie einen Bildbereich vergrößert haben, ziehen Sie das Bild mit Ihrem Finger auf dem Bildschirm herum. Zusätzlich dazu, dass Sie Ihre Freunde damit beeindrucken können, sind Sie in der Lage, den Teil eines Bildes nach vorn zu holen und zu zentrieren, der Sie am meisten interessiert. Damit können Sie zum Beispiel das wunderbare Gesicht von Waldi vergrößern und müssen sich nicht das wenig schmeichelhafte Bild der Person anschauen, die seine Leine hält.

✔ **Blättern:** Im unteren Teil des Bildschirms erscheint eine Leiste, wenn Sie die Bedienelemente eines Bildes aufrufen. Ziehen Sie Ihren Finger über diese Leiste, um schnell alle Bilder eines Albums angezeigt zu bekommen.

✔ **Auf einer Karte finden:** Wenn Sie statt auf ein Album, ein Ereignis oder eine Sammlung mit Gesichtern auf die Registerkarte ORTE tippen, erscheint eine Karte wie die in Abbildung 10.5, auf der im linken Teil über rote Markierungsnadeln angezeigt wird, wo die Fotos aufgenommen worden sind. Tippen Sie auf eine Nadel, und es erscheint ein Stapel mit allen Fotos, die an diesem Standort aufgenommen worden sind, wie in der Mitte von Abbildung 10.5 dargestellt. Tippen Sie auf den Stapel, um ihn wie üblich zu öffnen. (Die Registerkarte ORTE gibt es nur, wenn die Metadaten eines Bildes die GPS-Daten des Aufnahmestandorts enthalten. Sollte Ihre Kamera diese Funktion nicht unterstützen, können Sie die GPS-Daten zum Beispiel mit dem kostenlosen Programm GeoSetter – www.geosetter.de/download – manuell in Ihre Bilder eintragen.)

Abbildung 10.5: Finden Sie die Aufnahmestandorte auf einer Karte wieder.

Wenn es um Geografie geht, sind das iPad 2 und das neue iPad ziemlich clever. Solange die Lokalisierungseinstellungen der App Kamera eingeschaltet sind, können Bilder, die mit den Kameras des iPads aufgenommen worden sind, mit geografischen Informationen versehen oder über die Orte identifiziert werden, an denen sie geschossen worden sind.

Sie sollten es sich gut überlegen, ob Sie Bilder, die Sie für andere freigeben wollen, mit geografischen Informationen versehen, weil dadurch Ihre Adresse und andere private Standorte öffentlich gemacht werden.

Sie können Ihre Finger auf einer Karte spreizen, um die Karte zu vergrößern und damit die Aufnahmestandorte besser einem Gebiet, einer Stadt oder sogar der unmittelbaren Umgebung zuzuordnen. Sie finden in Kapitel 6 weitere Informationen zur App Karten.

Diashows vorführen

Diejenigen von uns, die viele Fotos auf dem Computer gespeichert haben, kennen sich normalerweise damit aus, Diashows ablaufen zu lassen. Es ist ein Kinderspiel, so etwas auch auf einem iPad und über AirPlay zu machen, die Diashow kabellos an Apple TV zu übertragen oder, falls dieses Gerät nicht vorhanden ist, über ein Kabel auf dem Fernseher, einem Beamer oder sogar einer Videokamera abzuspielen.

Gehen Sie dazu folgendermaßen vor:

1. **Öffnen Sie ein Album, indem Sie es antippen, oder zeigen Sie in der Ansicht Fotos alle Bilder an.**

2. **Tippen Sie in der rechten oberen Ecke des Bildschirms auf die Schaltfläche Diashow.**

   Es erscheint das Overlay Diashow-Optionen (siehe Abbildung 10.6). Wir erklären diese und andere Optionen im nächsten Abschnitt. Wenn Sie aber die Diashow einfach nur starten möchten, machen Sie mit Schritt 3 weiter.

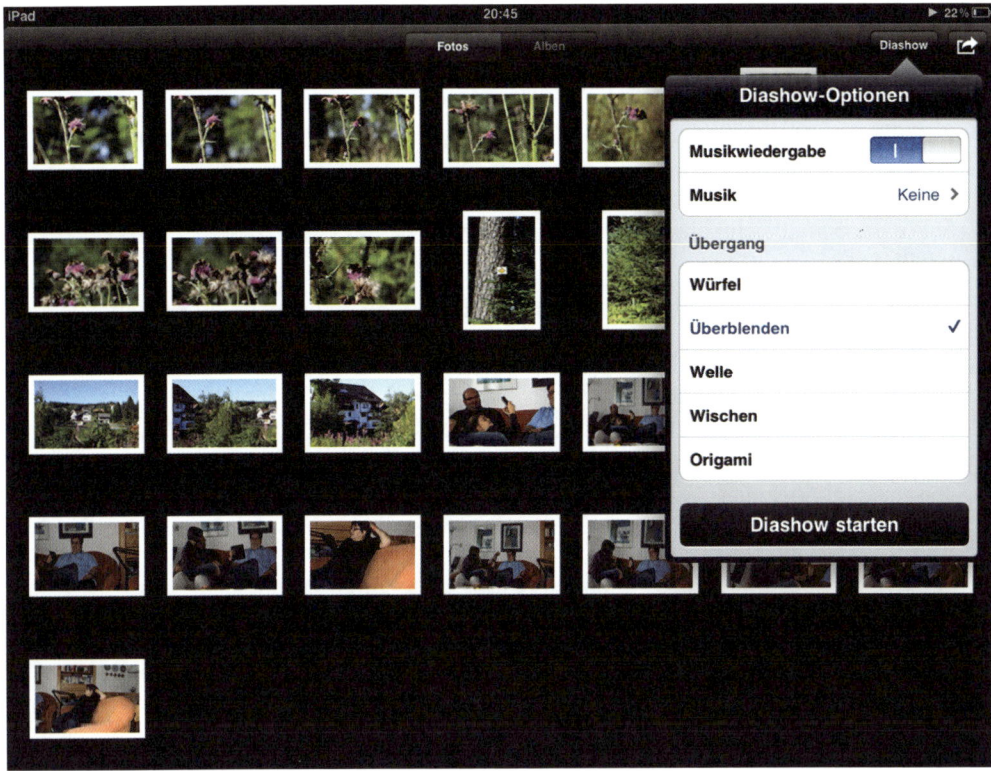

Abbildung 10.6: Tippen Sie auf die Schaltfläche Diashow, um die Einstellungsmöglichkeiten für Diashows zu sehen.

3. **Tippen Sie auf Diashow starten.**

   Jetzt müssen Sie nur noch die Diashow genießen.

Besondere Effekte für Diashows

Sie können Ihrer Diashow sowohl in Einstellungen als auch über die Schaltfläche Diashow besondere Effekte hinzufügen. Einstellungen ermöglicht, die Dauer festzulegen, die jedes Dia angezeigt wird, vorzugeben, ob die Bilder in einer zufälligen Reihenfolge wiedergegeben werden, und anzugeben, ob die Show endlos wiederholt wird. Mit Diashow-Optionen können Sie Übergänge zwischen den Dias und Musik hinzufügen.

Tippen Sie auf dem Home-Bildschirm auf Einstellungen|Fotos. Dann tippen Sie auf eine der folgenden Optionen, um Änderungen vorzunehmen:

✔ **Anzeigezeit pro Dia:** Sie haben fünf Wahlmöglichkeiten (2 Sekunden, 3 Sekunden, 5 Sekunden, 10 Sekunden und 20 Sekunden). Wenn Sie Ihre Wahl getroffen haben, tippen Sie auf die Schaltfläche Fotos, um zum Hauptbildschirm Einstellungen für Fotos zurückzukehren.

✔ **Wiederholen:** Wenn diese Option eingeschaltet ist, wird die Diashow so lange wiederholt, bis Sie sie beenden. Falls die Schaltfläche grau ist, tippen Sie darauf, um die Wiederholungsfunktion einzuschalten. Sollte die Schaltfläche blau sein, führt ein Tippen darauf dazu, dass die Funktion ausgeschaltet wird.

✔ **Zufällig:** Das Einschalten dieser Funktion führt dazu, dass die Dias in zufälliger Reihenfolge abgespielt werden. Wie bei Wiederholen gilt, dass die Funktion ausgeschaltet ist, wenn die Schaltfläche grau ist. Tippen Sie sie an, um den Zufallsgenerator einzuschalten. Sollte die Schaltfläche blau sein, führt ein Tippen darauf dazu, dass die Funktion ausgeschaltet wird.

Drücken Sie auf die Home-Taste, um die Foto-Einstellungen zu verlassen und zum Home-Bildschirm zurückzukehren.

Um für Ihre Diashow Übergänge und Musik auszuwählen, tippen Sie auf die Schaltfläche Diashow, um die entsprechenden Einstellungen auszuwählen (siehe Abbildung 10.6).

✔ **Übergang:** Sie können den Effekt ändern, der beim Wechsel von einem Dia zum nächsten zu sehen ist. Auch hier stehen Ihnen fünf Einstellungsmöglichkeiten zur Verfügung (Würfel, Überblenden, Welle, Streichen und unser persönlicher Favorit Origami, bei dem die Bilder wie bei der japanischen Kunst des Papierfaltens aufgefaltet werden). Probieren Sie einfach alle aus, um herauszufinden, was Ihnen am besten gefällt.

✔ **Musik:** Es gibt nicht vieles, was einfacher ist als das Hinzufügen von Musik. Tippen Sie im Overlay Diashow-Optionen auf den Schalter Musikwiedergabe, um diese Funktion einzuschalten. Dann tippen Sie auf Musik in den Optionen Diashow (siehe Abbildung 10.6), um aus den Musiktiteln, die auf dem iPad gespeichert sind, einen als Hintergrundmusik auszuwählen.

 Tippen Sie während der Diashow irgendwo auf den Bildschirm, um weitere Informationen und die Steuerung anzuzeigen. Tippen Sie in der oberen linken Ecke auf den Knopf Fotos, um die Diashow zu verlassen.

Bilder auf dem Fernseher bewundern

AirPlay, mit dem Sie Musik und Videos vom iPad auf ein Apple TV übertragen können (siehe Kapitel 9), kann auch mit Fotos umgehen.

Um über Apple TV eine Diashow (oder einzelne Bilder) auf einem großformatigen Fernseher zu betrachten, tippen Sie in der rechten oberen Ecke des Bildschirms auf AIRPLAY und wählen in der Liste APPLE TV. Wenn die Schaltfläche AIRPLAY nicht sichtbar ist, prüfen Sie, ob das iPad und Apple TV dasselbe WLAN-Netzwerk benutzen. Tippen Sie auf die Schaltfläche IPAD, um die Bilder wieder auf dem iPad selbst anzuzeigen. Glauben Sie uns, das ist eine echt coole Erfahrung.

Das iPad in einen Bilderrahmen verwandeln

Das iPad kann sogar dann etwas Besonderes machen, wenn es gesperrt ist: sich in einen praktischen digitalen Bilderrahmen verwandeln, der eine Variation der Diashow ist. Um diese Funktion einzuschalten, tippen Sie in der rechten unteren Ecke des gesperrten iPads auf das Symbol BILDERRAHMEN, das wie eine Blume aussieht.

In den Einstellungen von BILDERRAHMEN, die Sie wie andere Einstellungen vom Home-Bildschirm aus über das Symbol EINSTELLUNGEN erreichen, haben Sie die Möglichkeit, aus zwei Übergangsarten (ÜBERBLENDEN und ORIGAMI) auszuwählen, die Funktion GESICHTER VERGRÖSSERN aus- oder einzuschalten und dafür zu sorgen, dass Dias in einer zufälligen Reihenfolge wiedergegeben werden. Des Weiteren können Sie hier festlegen, ob Elemente aus ALBEN, GESICHTER oder ALLE FOTOS in die Diashow eingebunden werden sollen.

Damit Sie die Bilderrahmenfunktion wirklich ausnutzen können, müssen Sie das iPad irgendwie aufstellen, damit Sie die Dias auch sehen. Dafür bietet sich das iPad-Dock an, das Sie im Apple Store als Zubehör für jedes iPad-Modell für 29 Euro kaufen können, oder Sie besorgen sich eine der im Internet erhältlichen iPad-Taschen, die in der Regel auch das Aufstellen des iPads unterstützen. Achten Sie unbedingt darauf, dass das Zubehör zu der Version Ihres iPads (das ursprüngliche, iPad 2 oder das neue iPad) passt! In Kapitel 15 gehen wir noch näher auf alle diese Zubehörteile ein.

Sie können die Diashow anhalten, indem Sie auf das Symbol BILDERRAHMEN tippen oder den Schieber nach rechts ziehen, um das iPad zu entsperren. Um die Funktion vollkommen zu deaktivieren, tippen Sie in den Allgemeinen Einstellungen auf CODE-SPERRE, so dass sie eingeschaltet ist (wenn Sie einen Code haben, müssen Sie ihn an dieser Stelle eingeben) und dann tippen Sie auf BILDERRAHMEN, um diese Funktion auszuschalten.

Noch ein paar (nicht ganz so) dumme Tricks mit Bildern

Es gibt noch mehr Möglichkeiten, mit Fotos auf einem iPad umzugehen. Tippen Sie in all diesen Fällen auf das betreffende Bild und sorgen Sie dafür, dass seine Bedienelemente angezeigt werden. Tippen Sie dann in der rechten oberen Ecke auf das Symbol, das wie ein Pfeil aussieht, der versucht, aus einem Rechteck zu entkommen.

✔ **Per E-Mail senden:** Einige Fotos sind so toll, dass Sie sie mit der Familie und Freunden teilen möchten. Wenn Sie auf PER E-MAIL SENDEN tippen, wird das Bild automatisch in eine ausgehende E-Mail eingebettet. Benutzen Sie die virtuelle Tastatur, um eine E-Mail-Adresse, einen Betreff und einen Kommentar – Sie wissen schon, etwas Tiefschürfendes wie »Ist das nicht ein tolles Foto?« – einzugeben. (Sie finden in Kapitel 5 mehr zum Thema E-Mails.)

✔ **Nachricht:** Wenn eine Mail nicht genügt, können Sie mit dieser Funktion ein Foto als Nachricht verschicken. Voraussetzung ist natürlich, dass der Empfänger ein i-Gerät besitzt, auf dem iOS 5 oder höher installiert ist, wie bereits in Kapitel 5 erwähnt.

✔ **Zu Kontakt zuweisen:** Sie können jemandem aus Ihrer Kontaktliste ein Bild zuweisen. Tippen Sie hierzu auf ZU KONTAKT ZUWEISEN. Auf dem Bildschirm erscheint eine Liste mit Kontakten. Scrollen Sie in dieser Liste nach oben oder nach unten, um die Person zu finden, die zu dem aktuell ausgewählten Bild passt. Dann tippen Sie auf VERWENDEN.

Sie können ein Foto einem Kontakt auch dadurch zuweisen, dass Sie diesen Vorgang in der App Kontakte starten, wie wir in Kapitel 12 beschreiben. Ein kurzes Hineinschnüffeln in dieses Kapitel ergibt: Wählen Sie in der App Kontakte eine Person aus, tippen Sie auf BEARBEITEN und dann auf FOTO HINZUFÜGEN. Nun können Sie aus den Bildern eines auswählen, die Sie *on-board* haben.

Um das Bild zu ändern, das Sie einer Person zugewiesen haben, tippen Sie in der Liste Ihrer Kontakte auf deren Namen, anschließend auf BEARBEITEN und dann auf das Miniaturbild der Person, das ebenfalls mit BEARBEITEN gekennzeichnet ist. Hier können Sie ein anderes Foto aus Ihren Alben auswählen, das vorhandene Foto bearbeiten (indem Sie seine Größe ändern oder den Ausschnitt verschieben, der angezeigt werden soll) oder das Foto löschen, wenn Sie es nicht mehr haben wollen.

✔ **Als Hintergrundbild:** Das Standardhintergrundbild des iPads zeigt nach dem Entsperren Regentropfen auf einem grauen Hintergrund. So dramatisch das Bild auch sein mag, so haben Sie vielleicht eines, das Sie lieber als Hintergrundbild nutzen wollen. Ein Bild Ihrer/Ihres Liebsten, Ihrer Kinder oder Ihres Haustiers?

Wenn Sie auf die Schaltfläche ALS HINTERGRUNDBILD tippen, können Sie sehen, wie sich das aktuelle Bild als Hintergrundbild macht. Sie können das Bild verschieben und seine Größe ändern, indem Sie die mittlerweile bekannten Fingeraktionen Ziehen oder Spreizen ausführen. Wenn Sie mit der Vorschau des Hintergrundbildes zufrieden sind, tippen Sie auf die Schaltfläche HOME-BILDSCHIRM, um es zu Ihrem neuen Home-Hintergrundbild zu machen. Sie können aber auch auf die Schaltfläche SPERRBILDSCHIRM tippen, damit dieses Bild erscheint, wenn das iPad gesperrt ist. Oder Sie tippen auf die Schaltfläche BEIDE, damit das Bild sowohl auf dem Home- als auch auf dem Sperrbildschirm als Hintergrundbild auftaucht. Abbildung 10.7 zeigt diese Auswahlmöglichkeiten. Natürlich haben Sie auch die Möglichkeit, auf ABBRECHEN zu tippen. (Sie können in Kapitel 13 mehr über Hintergrundbilder herausfinden.)

✔ **Tweet**: Tippen Sie auf diesen Knopf, um das betreffende Foto an Ihre Twitter-Folgenden zu veröffentlichen.

✔ **Ein Bild drucken:** Wir haben uns im 21. Jahrhundert daran gewöhnt, Bilder auf Computerbildschirmen, digitalen Bilderrahmen, Smartphones und Tablet-PCs zu betrachten. Im letzten Jahrhundert haben sich die meisten von uns noch Gedrucktes angeschaut. Und bis heute ist es etwas Besonderes, gedruckte Bilder zu verschenken, mit sich herumzutragen oder in einem altehrwürdigen Fotorahmen aufzustellen. Da es AirPrint gibt, können Sie Fotos von Ihrem iPad über einen kompatiblen Drucker ausgeben. Tippen Sie auf das Symbol mit dem Pfeil, der versucht, aus einem Rechteck zu entkommen, und tippen Sie auf DRUCKEN. Das iPad versucht, den Drucker zu finden. Sie können festlegen, wie viele Kopien gedruckt werden sollen. Wenn Ihr Drucker zusätzlich zum Fach für Normalpapier über eines für Fotopapier verfügt, kann Ihr Drucker bei der Ausgabe von Bildern automatisch zu diesem Papierfach wechseln.

✔ **Foto kopieren**: Tippen Sie auf diese Schaltfläche, um ein Foto zu kopieren, damit Sie es an anderer Stelle wieder einfügen können.

Alternativ können Sie Ihren Finger auf einem Foto gedrückt halten, bis die Schaltfläche KOPIEREN erscheint. Tippen Sie darauf. Anschließend können Sie das Bild zum Beispiel in einer E-Mail verwenden, indem Sie eine Mail erstellen, Ihren Finger auf den Bildschirm drücken, bis die Schaltfläche EINSETZEN erscheint, auf die Sie tippen, um das Bild in den Nachrichtenteil der E-Mail einzufügen.

Zusätzlich zu den Fototricks, die es gebrauchsfertig auf Ihrem iPad gibt, möchten wir Sie ermutigen, sich im App Store umzutun, auf den wir in Kapitel 7 detailliert eingehen. Dort gibt es Dutzende von teilweise kostenlosen Apps, die mit Fotos zu tun haben. Sie stammen aus unterschiedlichen Quellen und reichen vom kostenlosen Photobucket for iPad bis hin zu Altermes Photo Splash Effects (79 Cent), mit dem Sie ein Bild in Schwarz-Weiß umwandeln, dabei aber ein einzelnes Objekt seine Farbe beibehalten lassen können.

Bilder löschen

Wir haben ein wenig geflunkert, als wir schrieben, dass Fotos gemacht werden, um sie zu zeigen. Wir müssen diese Aussage insoweit korrigieren, als dass *einige* Bilder diesen Anspruch erfüllen. Andere hingegen … Sie können sie nicht schnell genug loswerden. Glücklicherweise macht es das iPad zu einem Kinderspiel, Dinge dieser Art zu begraben:

✔ **Fotos im Album AUFNAHMEN löschen**: Einige Bilder, namentlich die, die Sie aus E-Mails oder von Webseiten gespeichert haben und die sich im Album AUFNAHMEN befinden, lassen sich ganz einfach entfernen. Tippen Sie auf das Bild, das verschwinden soll, um es zu öffnen, und tippen Sie auf das Symbol PAPIERKORB, das in der rechten oberen Ecke des Bildschirms erscheint, wenn Sie die Bedienelemente eines Fotos aufrufen. Um den Job abzuschließen, tippen Sie auf die große rote Schaltfläche FOTO LÖSCHEN. Oder tippen Sie irgendwo auf den Bildschirm, wenn Sie Ihre Meinung geändert haben und das Bild doch behalten wollen.

Mehrere Fotos aus AUFNAHMEN löschen: Wenn das Fotoalbum AUFNAHMEN geöffnet ist, tippen Sie in der rechten oberen Ecke auf das Symbol, das einen Pfeil zeigt, der sich aus einem Rechteck herauslehnt. In der linken oberen Ecke des Bildschirms wird eine rote Schaltfläche LÖSCHEN angezeigt. Tippen Sie jetzt jedes Foto an, das Sie loswerden wollen, so dass diese Fotos mit einem Häkchen versehen werden. Wenn Sie die Löschkandidaten identifiziert haben, tippen Sie auf LÖSCHEN, oder Sie tippen auf ABBRECHEN, um sie vor dem Papierkorb zu retten.

Synchronisierte Fotos entfernen: Das Papierkorb-Symbol erscheint nur im Album AUFNAHMEN. Die restlichen Bilder auf Ihrem iPad – das sind diejenigen, die Sie mit Ihrem PC oder Mac synchronisiert haben – müssen zuerst im Fotoalbum auf Ihrem Computer gelöscht werden. Wenn Sie dann diese Alben erneut synchronisieren, verschwinden die Fotos auch von Ihrem iPad.

Photo Booth

Kennen Sie diese Passfotoautomaten, die auch heute noch gerne an Bahnhöfen herumstehen? Wenn Sie noch nie einen gesehen haben, achten Sie einmal bei Ihrer nächsten Bahnfahrt darauf. Diese Passfotoautomaten waren (und sind es wohl immer noch) ein Ort, den man aufsuchte, um allein oder zu zweit (oder mit noch mehr Leuten) »Passfotos« zu machen. Warum es diese Vorgeschichte gibt? Weil *Photo Booth* auf Deutsch *Passfotoautomat* heißt.

Abbildung 10.7: So sahen früher Passfotos nicht aus.

Mit der App Photo Booth, die ab der Version 2 zum iPad gehört, hat Apple eine moderne Alternative zu einem echten Passfotoautomaten zusammengebaut. Diese App ist ein naher Verwandter einer ähnlichen Anwendung, die es auf dem Mac gibt. Und so arbeitet Photo Booth auf einem iPad:

1. **Tippen Sie auf dem iPad auf die App Photo Booth.**

   Es öffnet sich ein roter Vorhang, hinter dem Gitter mit Musterbildern zum Vorschein kommt (siehe Abbildung 10.8).

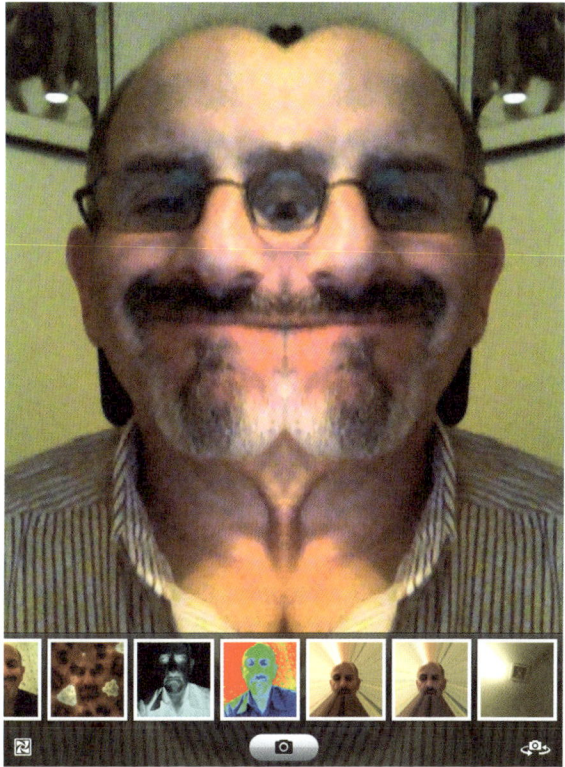

Abbildung 10.8: Wenn ein Co-Autor nicht ausreicht

2. **Richten Sie die Frontkamera auf Ihr Gesicht.**

   Sie sehen Ihr Abbild durch ein Prisma aus acht ziemlich verrückten Effekten: WÄRMEBILDKAMERA, SPIEGEL, RÖNTGEN, KALEIDOSKOP, LICHTTUNNEL, QUETSCHEN, WIRBELN und STRECKEN. Das zentrale Quadrat ist das einzige, in dem Sie so normal aussehen, wie Sie das möchten.

   Sie können mit Photo Booth auch die rückseitige Kamera verwenden, damit auch Ihre Freunde auf diese Art, hm, optisch misshandelt werden.

3. **Wählen einen der Spezialeffekte aus (oder behalten Sie NORMAL bei), indem Sie auf eines der Miniaturbilder tippen.**

Für das Beispiel in Abbildung 10.8 hat Ed Baig Spiegel gewählt, weil letztendlich zwei Eds besser sind als einer. ('tschuldigung, aber ich konnte nicht widerstehen.)

4. **Wenn Sie mit dem Effekt, den Sie ausgewählt haben, nicht zufrieden sind, tippen Sie in der linken unteren Ecke der App auf das dort liegende Symbol, um zum Hauptbildschirm von Photo Booth zurückzukehren und einen anderen Effekt auszuwählen.**

5. **Nachdem Sie sich für einen Effekt entschieden haben, können Sie das Ganze noch weiter treiben, indem Sie Ihre Finger auseinander- oder zusammendrücken.**

6. **Wenn Ihnen das bizarre Aussehen gefällt, tippen Sie unten im Bildschirm auf den Auslöser, um das Bild einzufangen.**

Ihr Bild landet (wie alle anderen auch, die Sie mit der Kamera Ihres iPads gemacht haben) im Album Aufnahmen.

Fotos, die sich im Album Aufnahmen befinden, können freigegeben oder – wenn Sie an die Verunstaltungen denken, die Sie gerade an Ihrem Gesicht vorgenommen haben – gelöscht werden.

Okay, okay, wir machen nur Spaß. Behalten Sie das Bild und machen Sie noch viele ähnliche. Photo Booth ist einfach ein Knaller.

Sich mit einem guten iBook die Zeit vertreiben

11

In diesem Kapitel

▶ Grundsätzliches über eBooks erfahren

▶ iBooks öffnen

▶ Bücher lesen

▶ Für iBooks einkaufen

▶ Elektronische Zeitschriften lesen

Seien Sie nicht überrascht, wenn Sie eines Tages von einem Kind vor folgende Frage gestellt werden: »Opa, ist es wahr, dass die Menschen früher Bücher aus Papier gelesen haben?«

Bis dahin mag vielleicht noch einige Zeit vergehen, aber das Beispiel scheint nicht weit hergeholt zu sein, nachdem jetzt auch Apple zu einem der Hauptbeteiligten an der boomenden Revolution der elektronischen Bücher wird.

Verstehen Sie uns nicht falsch: Wir lieben »echte« Bücher wie jeder andere auch und drängen nicht darauf, sie in naher Zukunft abzulösen. Aber wir erkennen auch die Vorteile im Alltag, die hinter Apples und zum Beispiel Amazons Anstrengungen für digitale Veröffentlichungen stecken. Dabei tut sich gerade Amazon als Hersteller des aktuellen Marktführers unter den digitalen Lesegeräten, des *Kindle*, hervor. Sie werden in diesem Kapitel entdecken, dass der Kindle auch auf dem iPad eine Rolle spielt.

Auf seine Art ist das iPad ein fantastisches elektronisches Lesegerät – in Farbe und mit umwerfenden Spezialeffekten, zu denen unter anderem Seiten gehören, die sich wie bei richtigen Büchern umblättern lassen.

Wir öffnen die Seiten dieses Kapitels, um zu zeigen, wie Sie Bücher für Ihr iPad finden und kaufen und wie Sie sie dann lesen können, nachdem sie in Ihrem virtuellen Bücherregal gelandet sind. Zunächst wollen wir uns aber um die Gründe kümmern, warum Sie Bücher und Zeitschriften auf Ihrem iPad lesen sollten.

Warum E-Books?

Erst einmal: Was sind *E-Books*? Das ist eine Abkürzung aus dem Englischen, heißt *electronical books* und bedeutet *elektronische Bücher*. Diese Abkürzung hat sich mittlerweile auch im Deutschen so durchgesetzt wie zum Beispiel E-Mail, dass wir sie auch in diesem Buch verwenden wollen, weil Sie in fast allen Bereichen, die mit elektronischen Büchern zu tun haben, auf »E-Books« stoßen (wobei es manchmal auch *eBooks* heißt).

Uns sind viele Skeptiker begegnet, die die Frage stellten: »Was ist so falsch an Büchern aus Papier, die die Menschen seit Jahrhunderten lesen, dass wir jetzt aufs Digitale umsteigen müssen?« Die kurze Antwort lautet, dass nichts daran falsch ist – außer vielleicht dass Papier auf lange Sicht nicht sonderlich haltbar ist und dass Bücher dazu tendieren, sperrig zu sein, was ein mögliches Hindernis für Reisende ist.

Auf der anderen Seite liebt es Bob LeVitus, wenn er gefragt wird, warum er Papier vorzieht, ein Buch aus Schulterhöhe auf den Boden fallen zu lassen und zu fragen: »Was sagt dein iPad (oder Kindle) dazu?«

Nachdem das klargestellt ist, möchten wir aber doch auf die Vorteile elektronischer Lektüre eingehen:

- ✔ **Keine Rücksicht mehr auf Gewichtsbeschränkungen:** Wenn Sie verreisen, können Sie einen ganzen Haufen elektronischer Bücher mit sich »schleppen«, ohne zusammenzubrechen. Für den eifrigen Bücherwurm gilt, dass sich die ganze Dynamik des Lesens ändert. Weil Sie so viele Bücher mitnehmen können, wie Sie wollen, können Sie natürlich auch immer genau das lesen, was Ihre Fantasie in diesem Augenblick berührt. Sie müssen ein Buch nicht von Anfang bis Ende lesen, bevor Sie einen neuen Bestseller anfangen, weil Sie nur diese beiden Bücher in Ihrem Gepäck haben. Mit anderen Worten: Vergessen Sie, dass es zwischen Büchern und Gewicht einen Zusammenhang gibt.

- ✔ **Sie mögen Unterhaltungsliteratur?** Warum nicht? Sie tauchen lieber in klassische Literatur ein? Tun Sie es. Sie könnten ein Lehrbuch, ein Kochbuch oder eine Biografie lesen. Oder bewundern Sie eine illustrierte Schönheit. Und darüber hinaus können Sie zwischen den verschiedenen Buchtiteln und Bücherkategorien wechseln, ohne ein einziges Buch zu Ende gelesen zu haben – so, wie es Ihnen gefällt.

- ✔ **Einstellbare Schriftarten und Schriftgrößen:** Bei E-Books, den elektronischen Büchern, oder iBooks, wie Apple sie nennt, können Sie die Größe des Textes und die Schriftarten problemlos ändern, was für diejenigen mehr als nützlich ist, die nicht mehr die jüngsten Augen haben.

- ✔ **Klären Sie sofort die Bedeutung von Wörtern:** Keine Suche mehr nach einem Lexikon. Sie können ein unbekanntes Wort sofort nachschlagen.

- ✔ **Suchen:** Sie suchen einen bestimmten Begriff? Geben Sie ein Suchwort ein, um sofort alle Stellen angezeigt zu bekommen, an denen das Gesuchte im Buch erwähnt wird.

- ✔ **Im Dunkeln lesen:** Das iPad besitzt ein hintergrundbeleuchtetes hochauflösendes Display, weshalb Sie ohne Lampe lesen können, was besonders dann sehr praktisch ist, wenn Ihr Partner neben Ihnen versucht zu schlafen.

✔ **Die volle Farbenpracht sehen:** Sie müssen keine optischen Opfer mehr bringen. So können Sie mit der neuesten iBooks-Software von Apple (innerhalb gewisser Grenzen) in den Genuss eines atemberaubenden Kunstbuches kommen – etwas, das bisher stillen Stunden am Kamin vorbehalten war. Oder Sie zeigen Ihren Kindern ein schönes, buntes Bilderbuch.

Die Wahrheit ist, dass die Hintergrundbeleuchtung zwei Seiten hat. Die graue elektronische Tinte, die Sie bei Amazons Kindle und anderen elektronischen Lesegeräten finden, kann für die Augen angenehmer sein und verringert den Ermüdungseffekt besonders dann, wenn Sie stundenlang lesen. Und während Sie vielleicht bei schlechten Lichtverhältnissen eine zusätzliche Lichtquelle benötigen, ist das Arbeiten damit bei Sonnenlicht viel einfacher, weil es dann sehr schwierig ist, auf dem Bildschirm des iPads etwas zu erkennen.

 Sie können ein iBook zwar über iTunes auf Ihrem Mac oder PC kaufen, aber zum heutigen Zeitpunkt können Sie dieses iBook nicht mit iTunes auf Ihrem Mac oder PC lesen. iBooks kann man nur auf einem iPhone, iPad oder iPod touch lesen.

iBooks – wie alles begann

Um mit dem Lesen elektronischer Bücher anfangen zu können, müssen Sie sich zunächst im App Store die App iBooks besorgen. (Wir behandeln den App Store in Kapitel 7.)

Sie haben es sicherlich schon erraten, dass diese App nichts kostet, und sie enthält den Zugang zu Apples brandneuem iBookstore, über den wir weiter hinten in diesem Kapitel mehr zu sagen haben. Im Moment reicht es aus, wenn Sie wissen, dass es sich dabei um einen einladenden Ort handelt, an dem Sie rund um die Uhr nach Büchern stöbern und sie kaufen können. Und als Belohnung dafür, dass Sie die virtuelle Buchhandlung betreten haben, erhalten Sie eine kostenlose Kopie von *Winnie the Pooh*.

A.A. Milnes Kinderbuchklassiker und alle Bücher, die Sie für die Bibliothek Ihres iPads kaufen, landen letztendlich in dem edlen hölzernen Bücherregal, das Abbildung 11.1 zeigt. Die folgenden Grundlagen sollen Ihnen dabei helfen, sich auf dem Hauptbildschirm von iBooks zurechtzufinden:

✔ **Ansicht ändern:** Wenn Sie es vorziehen, statt des Bücherregals eine Liste Ihrer Bücher zu sehen, tippen Sie in der rechten oberen Ecke auf die entsprechende Schaltfläche (die in Abbildung 11.1 gekennzeichnet ist). In dieser Ansicht können Sie die Liste nach Titeln, Autoren oder Kategorien sortieren (siehe Abbildung 11.2), oder Sie ordnen Ihre Bücher im Bücherregal neu.

✔ **Bücher in der Bücherregal-Ansicht neu ordnen:** Halten Sie Ihren Finger auf das Buch, das Sie bewegen möchten. Warten Sie ein bis zwei Sekunden und es wird etwas größer und Sie wissen, dass es jetzt beweglich ist. Ohne den Finger anzuheben, schieben Sie das Buch nun an seinen neuen Platz und dann lassen Sie es los.

✔ **Bücher in der Listenansicht neu ordnen**: Um diese Funktion zu nutzen, tippen Sie in der Listenansicht auf BÜCHERREGAL und dann (in der rechten oberen Ecke) auf BEARBEITEN. Drücken Sie bei dem Buch, das Sie neu platzieren wollen, den Finger rechts neben dem

Einen Einband antippen,
um das betreffende Buch zu öffnen

Öffnet den iBookstore   Ansicht Liste

Zeigt Sammlungen an   Ansicht Bücherregal

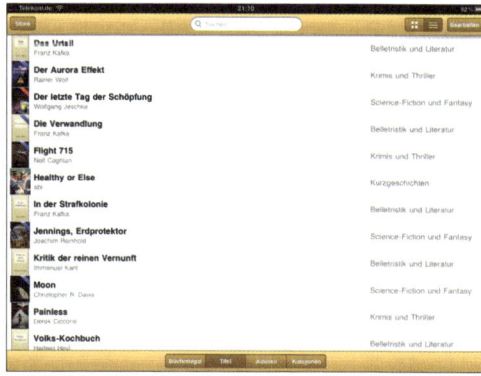

Abbildung 11.1: Sie können ein Buch an seinem Einband erkennen.

Abbildung 11.2: Sortieren Sie eine Bücherliste nach Titeln, Autoren, Kategorien oder Regalen.

Namen auf die drei waagerechten Linien. Jetzt ziehen Sie das Buch in der Liste nach oben oder nach unten.

✔ **Ein Buch aus dem Bücherregal entfernen:** Tippen Sie in einer der beiden Ansichten auf BEARBEITEN und dann auf den Namen des Buches oder der Bücher, das oder die Sie entfernen wollen. Neben jedem Buch, das Sie antippen, erscheint nun ein rotes Kästchen; um das Kästchen zu entfernen, tippen Sie nochmals auf das entsprechende Buch, um es wieder zu deaktivieren. Wenn alle Bücher, die Sie entfernen möchten, mit einem Häkchen markiert sind, tippen Sie oben links auf den roten LÖSCHEN-Knopf.

Wie bei allen anderen Inhalten, die Sie von Apple kaufen, können Sie jedes Buch, das Sie gekauft haben, in dem Tab GEKAUFTE ARTIKEL im iBookstore wiederherstellen (downloaden).

✔ **Bücher in Sammlungen zusammenfassen**: Wenn Sie eine umfangreiche Bibliothek mit eBooks besitzen, möchten Sie die Titel vielleicht nach Genre oder Thema ordnen, indem

Sie so genannte *Sammlungen* anlegen, die ähnlich geartete Werke enthalten. So könnten Sie zum Beispiel Sammlungen vom Typ Fantasy, Klassik, Biografien und *Für Dummies* haben. Apple hat bereits zwei Sammlungen für Sie angelegt; BÜCHER (enthält alle Titel) und PDFs (für Adobe-PDF-Dateien, die es eventuell auf Ihrem iPad gibt). (Apple lässt es nicht zu, dass die beiden vorinstallierten Sammlungen umgetauft oder gelöscht werden.) Um eine eigene Sammlung zu erstellen, zu bearbeiten oder wieder zu entfernen, tippen Sie auf die Schaltfläche SAMMLUNGEN (die in Abbildung 11.1 gekennzeichnet ist), um eine Liste mit Ihren Sammlungen anzuzeigen, und wählen Sie dann eine der folgenden Optionen:

- Tippen Sie auf NEU, um eine neue Sammlung hinzuzufügen.

- Tippen Sie auf BEARBEITEN und dann auf den roten Kreis mit dem weißen Querstrich, um eine Sammlung zu löschen. Tippen Sie auf LÖSCHEN, um die Aufgabe abzuschließen.

  Wenn sich in der Sammlung Bücher befinden, werden Sie gefragt, ob Sie die Inhalte der Sammlung von Ihrem iPad entfernen möchten. Wenn Sie entscheiden, sie nicht zu entfernen, werden sie wieder zu den ursprünglichen Sammlungen (Bücher, PDFs oder eine andere Sammlung) hinzugefügt.

- Wenn Sie den Namen einer Sammlung ändern möchten, tippen Sie ihn an.

- Wenn Sie ein Buch oder ein PDF in eine Sammlung verschieben möchten, öffnen Sie das Bücherregal, tippen Sie oben rechts im Bildschirm auf BEARBEITEN, dann auf die Bücher, die Sie verschieben möchten, in der linken oberen Ecke auf VERSCHIEBEN und zum Schluss auf die Sammlung, in der die ausgewählten Bücher landen sollen.

Ein Buch kann immer nur einer Sammlung angehören.

Es ist schon ein wenig kurios, dass wir Ihnen hier erklären, wie Sie ein Buch wieder loswerden, bevor Sie überhaupt eine Gelegenheit bekommen haben, es zu lesen. Der nächste Abschnitt hilft Ihnen aber, mit dem Lesen anzufangen.

Ein Buch lesen

Um ein Buch zu lesen, tippen Sie es an – Sie können ja mit dem *Pooh*-Buch anfangen (so Sie denn Englisch können). Das Buch hüpft aus dem Bücherregal und öffnet sich am Anfang oder dort, wo Sie zuletzt mit dem Lesen aufgehört haben. (Und dabei ist es egal, ob Sie es zuletzt auf einem iPhone, iPod touch oder einem anderen iPad gelesen haben, denn mit Hilfe Ihrer Apple-ID wird die virtuelle Stelle in dem Buch automatisch von Gerät zu Gerät transportiert.)

Sie können schon anhand des Titelblatts die Farbigkeit und Schönheit der iBook-App und ihre Navigationswerkzeuge einschätzen (siehe Abbildung 11.3).

Während Sie irgendwo lesenderweise herumsitzen, und besonders dann, wenn Sie beim Lesen liegen, empfehlen wir, dass Sie die Ausrichtungssperre des Bildschirms einschalten (schauen Sie sich hierzu Kapitel 1 an), um zu verhindern, dass sich die Anzeige auf dem Bildschirm unbeabsichtigt dreht.

Inhaltsverzeichnis/Lesezeichen

Helligkeit

Textgröße imd Schriftart

Suchen

Lesezeichen hinzufügen

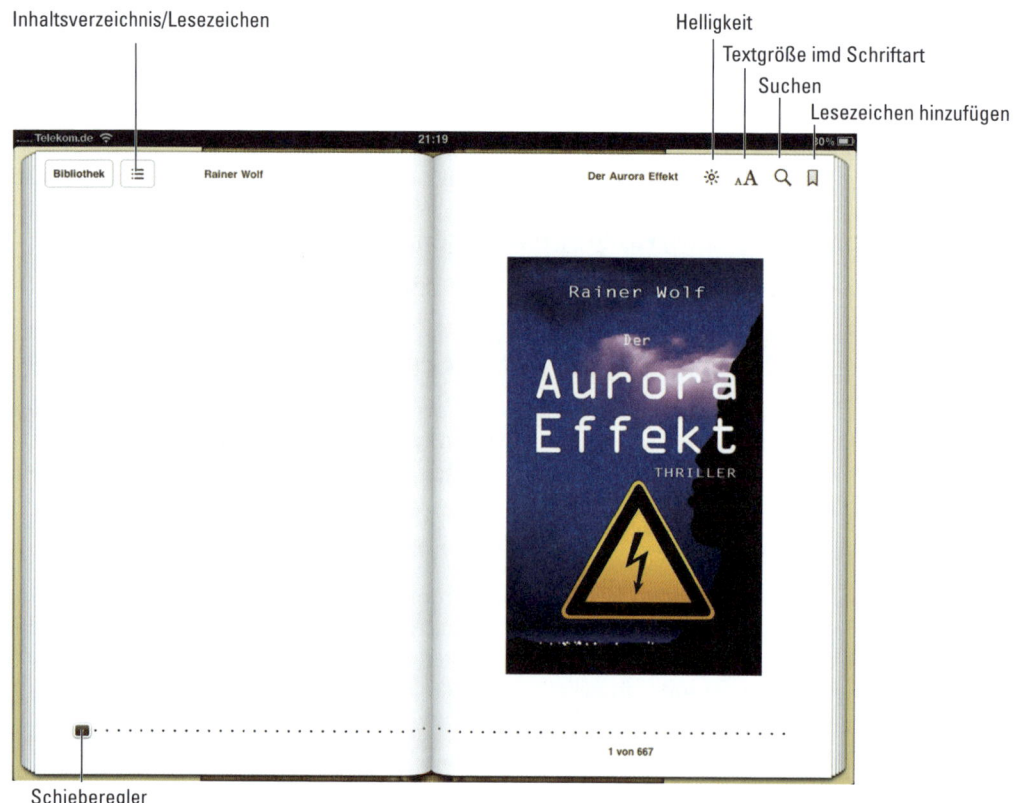

Schieberegler

Abbildung 11.3: Bücher verfügen auf dem iPad über praktische Werkzeuge für das Lesen und Navigieren.

Sie können auch die Vorteile der iPad-Funktion VOICEOVER nutzen und das iPad das Buch laut vorlesen lassen. Das ist zwar nicht so, als wenn Mama oder Papa Sie in den Schlaf lesen, aber es ist für Menschen mit eingeschränkter Sehkraft ein Geschenk des Himmels. Wenn Sie mehr über VoiceOver erfahren möchten, sollten Sie sich mit Kapitel 13 beschäftigen.

Seiten umblättern

Sie haben Ihr Leben lang Seiten in Büchern umgeblättert, weshalb Sie kein Interesse daran haben können, dass diese einfache Funktion zu einer ausgewachsenen Tortur wird, nur weil Sie elektronisch lesen. Keine Angst, Sie müssen keine Knöpfe drücken.

Machen Sie stattdessen dies, um zur *nächsten* Seite eines Buches zu gelangen:

✔ **Tippen Sie mit dem Finger auf den rechten Seitenrand oder streichen Sie darüber.** Wenn Sie tippen oder streichen, wird die Seite blitzschnell umgeblättert.

✔ **Ziehen Sie Ihren Finger über den Seitenrand,** und die Seite schlägt um wie bei einem echten Buch.

✔ **Ziehen Sie von der rechten oberen Ecke des Buches nach links unten,** und die Seite wird wie in einem echten Buch von dort aus umgeblättert.

✔ **Ziehen Sie von der rechten unteren Ecke,** und die Seite wird von dort nach oben gezogen.

✔ **Ziehen Sie vom mittleren Seitenrand aus,** und die ganze Seite rollt zur Seite.

Um zur *vorherigen* Seite eines Buches zu blättern, ziehen oder streichen Sie Ihren Finger wie oben beschrieben, nur dass Sie jetzt nicht vom rechten, sondern vom linken Rand einer Seite aus vorgehen. Sie stoßen dann auf die gleichen coolen Blättereffekte.

Das passiert standardmäßig. Wenn Sie in die grundlegenden Einstellungen des iPads gehen und dort auf der linken Seite bei APPS auf IBOOKS tippen, können Sie festlegen, dass Sie beim Tippen auf den linken Rand zur nächsten statt zur vorherigen Seite gelangen.

Das iPad ist clever und merkt sich, was Sie in einem Buch als Letztes gelesen haben. Wenn Sie ein Buch schließen, indem Sie links oben auf die Schaltfläche BIBLIOTHEK tippen oder die Home-Taste drücken, kehren Sie automatisch zur letzten Seite zurück, wenn Sie das Buch wieder öffnen. Es ist nicht nötig, die Seite extra mit einem Lesezeichen zu versehen (obwohl das auch geht, wie wir weiter hinten in diesem Kapitel beschreiben).

Zu einer bestimmten Seite springen

Wenn Sie ein Buch lesen, kann es vorkommen, dass Sie zu einer bestimmten Seite gehen müssen. Das geht so:

1. **Tippen Sie irgendwo in die Mitte der Seite, die Sie gerade lesen, um die Bedienelemente aufzurufen, wenn sie nicht bereits sichtbar sind.**

   Die Bedienelemente sind in Abbildung 11.3 beschriftet.

2. **Ziehen Sie Ihren Finger über den Schieberegler unten auf der Seite, bis das Kapitel und die Seite zu sehen sind, zu der Sie wollten.**

3. **Lassen Sie den Schieberegler los, und *voilà* – das Ziel im Buch ist erreicht.**

Zum Inhaltsverzeichnis gehen

Bücher, die Sie auf Ihrem iPad lesen, haben wie fast alle Bücher Inhaltsverzeichnisse. Und so benutzen Sie ein Inhaltsverzeichnis auf Ihrem iPad:

1. **Tippen Sie bei einem geöffneten Buch oben im Bildschirm auf die Schaltfläche INHALTS-VERZEICHNIS.**

   Es erscheint der Bildschirm INHALTSVERZEICHNIS, den Abbildung 11.4 zeigt.

2. **Tippen Sie auf ein Kapitel, die Titelseite oder einen anderen Eintrag, um dorthin zu gelangen.**

   Tippen Sie in der linken oberen Ecke auf die Schaltfläche ZURÜCK, um zu der Stelle im Buch zurückzukehren, aus der heraus Sie das Inhaltsverzeichnis aufgerufen haben.

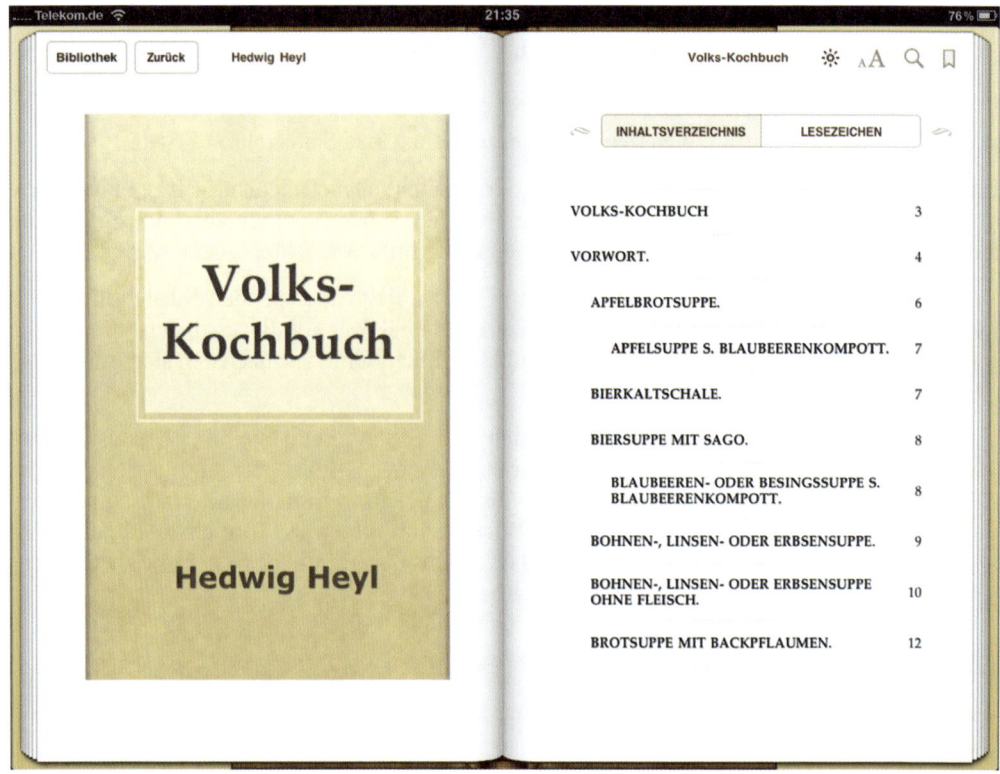

Abbildung 11.4: Das Inhaltsverzeichnis des Volks-Kochbuchs

Lesezeichen hinzufügen

Sich auf einem iPad in einem virtuellen Buch umzutun, ist genauso einfach wie das Blättern in einem echten Buch, wie wir weiter vorn in diesem Kapitel im Abschnitt *Seiten umblättern* erklären. Apple bringt Sie immer zu der Seite eines Buches zurück, die Sie zuletzt gelesen haben.

Gelegentlich kann es aber vorkommen, dass Sie eine Seite mit einem Lesezeichen versehen möchten, damit Sie sie problemlos wiederfinden. Um ein Lesezeichen zu hinterlegen, tippen Sie in der rechten oberen Ecke des Bildschirms auf das Symbol LESEZEICHEN, und ein rotes Band gleitet nach unten über das Lesezeichensymbol, um anzuzeigen, dass ein Lesezeichen gesetzt worden ist. Tippen Sie auf dieses Band, wenn Sie das Lesezeichen wieder entfernen wollen.

Wenn Sie das Lesezeichen später wiederfinden möchten, gehen Sie so vor:

1. **Tippen Sie auf die Schaltfläche INHALTSVERZEICHNIS.**

2. **Tippen Sie auf LESEZEICHEN (falls das noch nicht ausgewählt sein sollte).**

   Ihr Lesezeichen wird zusammen mit dem Kapitel und der Seitenangabe und dem Datum aufgeführt, an dem Sie das Lesezeichen angelegt haben (siehe Abbildung 11.5).

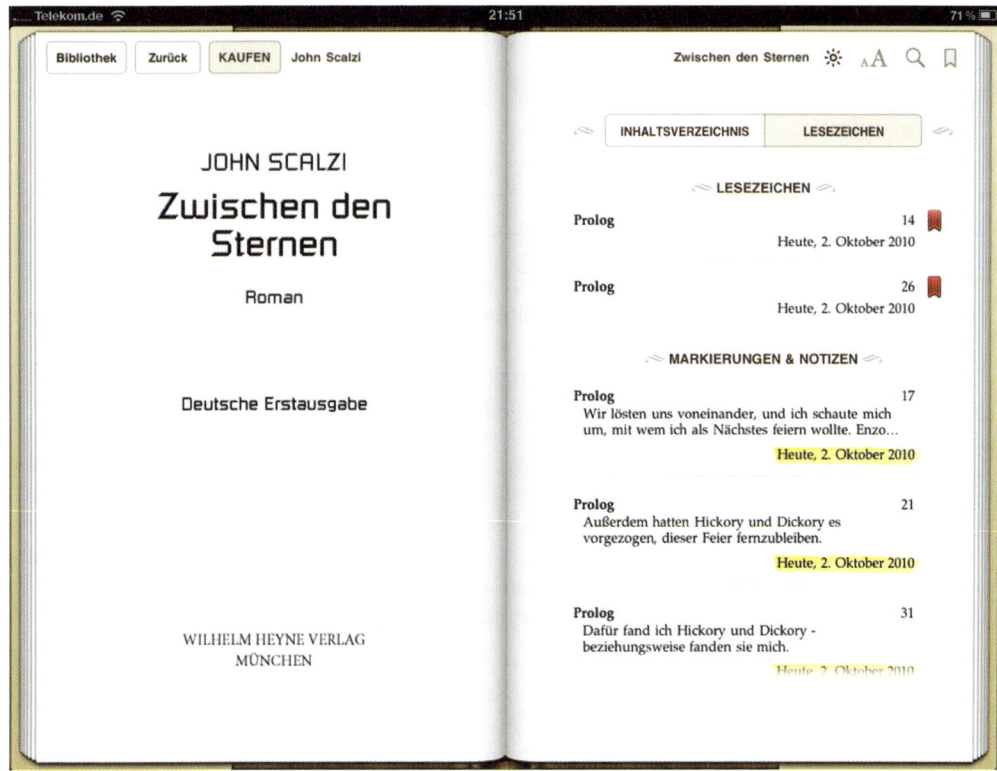

Abbildung 11.5: Finden Sie die Seite, die Sie mit einem Lesezeichen versehen haben.

3. Tippen Sie auf ein Lesezeichen, um zu der entsprechenden Stelle im Buch zu gelangen.

Sie können ein Lesezeichen auch aus der Lesezeichenliste entfernen, indem Sie mit dem Finger darüber wischen und dann auf die rote Schaltfläche LÖSCHEN tippen, die auf das Wischen hin erscheint.

Markierungen und Notizen hinzufügen

Lesezeichen eignen sich vorzüglich, um schnell zu Seiten zu gelangen, die Sie gerne noch einmal lesen möchten. Aber vielleicht wollen Sie lieber bestimmte Wörter oder Textbereiche einer Seite markieren. Und manchmal sollen eigene Anmerkungen oder Kommentare hinterlegt werden, was zum Beispiel für Ausarbeitungen ganz praktisch ist.

Und das geht so:

1. Halten Sie Ihren Finger auf der Seite auf einer Textpassage gedrückt. Wenn Sie Ihren Finger wieder anheben, erscheinen unter anderem die Schaltflächen MARKIEREN und NOTIZEN.

Diese Schaltflächen liegen nebeneinander (zwischen den Schaltflächen KOPIEREN, LEXIKON und SUCHEN, auf die wir etwas später eingehen).

Sie sehen an dem markierten Wort Markierungszeichen.

2. **(Optional) Erweitern Sie den markierten Bereich mit den eingeblendeten Markierungszeichen.**

3. **Entscheiden Sie sich für eine der Schaltflächen, um eine Markierung oder eine Notiz hinzuzufügen.**

   - *Wenn Sie auf die Schaltfläche* MARKIEREN *tippen,* wird das Wort oder die Textpassage, die Sie ausgewählt haben, gelb unterlegt. Sie können später den markierten Text lesen, indem Sie zum Inhaltsverzeichnis zurückkehren (so wie Sie das bei Lesezeichen machen; siehe hierzu den vorstehenden Abschnitt und Abbildung 11.5).

   - *Tippen Sie auf* NOTIZ, *und es erscheint ein Post-It-ähnlicher Notizzettel. Geben Sie über die virtuelle Tastatur Ihre Notiz ein.*

 Nachdem Sie eine Markierung oder eine Notiz hinzugefügt haben, sollten Sie auch die folgenden Tipps kennen:

✔ **Um eine Markierung oder eine Notiz zu entfernen:** Halten Sie das Wort oder die Passage kurze Zeit gedrückt. Tippen Sie dann auf MARKIERUNG LÖSCHEN beziehungsweise NOTIZ LÖSCHEN. Oder streichen Sie in der Liste der Lesezeichen im Abschnitt MARKIERUNGEN & LESEZEICHEN über die Markierung beziehungsweise die Notiz, die Sie löschen wollen, und tippen Sie dann auf die rote Schaltfläche LÖSCHEN, die daraufhin erscheint.

✔ **Um die Markierungsfarbe einer Markierung oder Notiz zu ändern:** Sie können statt der Standardfarbe Gelb auch Grün, Blau, Rosa oder Lila verwenden. Halten Sie zu diesem Zweck das markierte Wort einen Augenblick lang gedrückt, tippen Sie auf FARBE und dann auf die Farbe, die Sie nun verwenden möchten.

✔ **Um Notizen per E-Mail zu versenden oder um sie auszudrucken:** Tippen Sie in der rechten oberen Ecke der Seite mit dem Inhaltsverzeichnis auf den Aktionsknopf, der wie ein Pfeil aussieht, der einem Rechteck entkommen möchte. Tippen Sie auf E-MAIL, um die Notizen per E-Mail zu versenden, oder tippen Sie auf DRUCKEN, um sie (über einen AirPrint-fähigen Drucker) zu drucken.

Die Schriftgröße und die Schriftart ändern

Wenn Sie die Schriftgröße ändern wollen, gehen Sie so vor:

1. **Tippen Sie in der rechten oberen Ecke des Bildschirms auf die Schaltfläche für Textgröße und Schriften in der oberen rechten Ecke des Bildschirms wie in Abbildung 11.3 gekennzeichnet.**

2. **Tippen Sie auf das große A.**

   Der Text schwillt vor Ihren Augen an, wodurch Sie eine Größe auswählen können, die für Sie angenehm ist.

   Um die Schriftgröße zu verringern, tippen Sie auf das kleine a.

Wenn Sie die Textgröße und Schriftart ändern möchten, tippen Sie auf die Schaltfläche SCHRIFTART und dann auf die Schriftart, zu der Sie wechseln möchten. Sie können zwischen

Baskerville, Cochin, Palatino, Times New Roman und Verdana wählen. Wir gehen nicht davon aus, dass Sie anhand der Namen der Schriftarten wissen, wie diese aussehen – Sie erhalten aber glücklicherweise sofort ein Beispiel angezeigt. Die aktuell gültige Schriftart ist durch ein Häkchen gekennzeichnet.

Innerhalb und außerhalb eines Buches suchen

Wenn Sie in einem Buch eine Textpassage suchen, von der Sie nicht mehr wissen, wo sie ist, können Sie so vorgehen:

1. **Tippen Sie auf das wie ein Vergrößerungsglas aussehende Symbol SUCHEN, um über die virtuelle Tastatur, die von unten her den Bildschirm hochgleitet, einen Suchbegriff einzugeben.**

   Die Suchergebnisse erscheinen zusammen mit einigen Zeilen Text und den Seitenzahlen in einem Fenster unter dem Symbol SUCHEN.

2. **Tippen Sie auf eines der Ergebnisse, um zu der entsprechenden Stelle im Buch zu springen.**

Sie können aber auch Google oder die Online-Enzyklopädie Wikipedia durchsuchen, indem Sie die entsprechende Schaltfläche unter dem Suchfeld benutzen. Dadurch schließt sich die App iBooks, und der Browser Safari startet Google beziehungsweise Wikipedia und übergibt dabei Ihren Suchbegriff.

Wenn Sie auf diese Art Google oder Wikipedia durchsuchen, beenden Sie iBooks und öffnen Safari. Um wieder zu dem Buch zurückzukehren, das Sie gerade lesen, müssen Sie erneut auf das iBooks-Symbol im Home-Bildschirm tippen, um die App zu öffnen. Freundlicherweise werden Sie dann zu der Seite des Buches zurückgebracht, von der aus Sie Ihre Suche gestartet haben.

Auf Einkaufstour gehen

Wir lieben es, uns in einer richtigen Buchhandlung aufzuhalten. Die Erfahrung, in Apples neuem iBookstore zu stöbern, ist zwar anders, aber ähnlich gut. Apple macht es zu einem Kinderspiel, die Bücher zu suchen, die Sie lesen möchten, und bevor Sie Ihre sauer verdienten Euros ausgeben, können Sie sogar einen Auszug aus dem Buch lesen. Um den Store zu betreten, tippen Sie in der linken oberen Ecke Ihres virtuellen Bücherregals oder der Listenansicht Ihrer Bibliothek auf die Schaltfläche STORE.

Einige Dinge sollten Sie beachten: Die App iBooks und den iBookstore gibt es in den USA und in Großbritannien, Deutschland, Frankreich und Kanada. Zu dem Zeitpunkt, als wir dieses Buch geschrieben haben, gab es im iBookstore ungefähr 150.000 Titel, von denen einige sogar durch Videos ergänzt werden. Nachdem zunächst nur Random House elektronische Bücher über Apple vertrieben hat, sind inzwischen viele große (und noch mehr kleinere) Verlage – einschließlich Wiley VCH – im iBookstore vertreten.

Die Verlage und nicht Apple legen die Preise für die Bücher fest. Viele der Bestseller im Laden kosten 12,99 Euro, wobei es aber auch Sonderangebote für 9,99 Euro und weniger gibt. Und es gibt kostenlose Bücher. Andererseits können Sie aber auch auf teurere Dinge stoßen, für die Sie 19,99 Euro und mehr zu bezahlen haben.

Den iBookstore durchstöbern

Sie haben mehrere Möglichkeiten, um den iBookstore nach Büchern zu durchstöbern. Die obere Hälfte des Bildschirms zeigt sich regelmäßig ändernde Werbung für Bücher, die zur ausgewählten Kategorie, in unserem Beispiel in Abbildung 11.6 BIOGRAFIEN UND MEMOIREN, passen. Sie können sich aber auch die Neuerscheinungen einer Kategorie anzeigen lassen. Die nach links und rechts zeigenden Pfeile deuten darauf hin, dass es in der Kategorie noch weitere Neu-erscheinungen gibt. Oder tippen Sie auf ALLE ANZEIGEN, um eine größere Auswahl zu erhalten.

Um eine andere Buchkategorie auszuwählen, tippen Sie auf die Schaltfläche KATEGORIEN, um die Liste aus Abbildung 11.7 aufzurufen. Sie müssen scrollen, um das Ende der Liste zu erreichen.

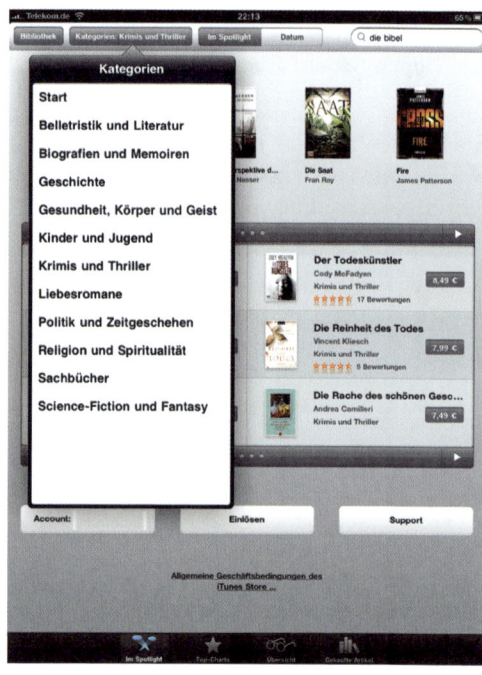

Abbildung 11.6: Die Seite mit Biografien und Memoiren

Abbildung 11.7: So viele Bücher in so vielen Kategorien

Unten am Bildschirm sehen Sie folgende Symbole:

✔ **Im Spotlight:** Hier halten wir uns häufig auf. Bücher, die Sie hier finden, werden vom Store besonders hervorgehoben. Dazu gehören Bestsellerautoren wie Stieg Larsson und Verweise auf neue Bücher.

✔ **Top-Charts:** Hier stellt Ihnen Apple die im iBookstore beliebtesten Bücher vor. Es gibt zwei Listen: TOP-BÜCHER (GEKAUFT) und TOP-BÜCHER (GRATIS). Auch hier gilt, dass Sie mehr als die standardmäßig angezeigten Top-Ten-Bücher sehen können, wenn Sie unten am Bildschirm auf MEHR tippen.

✔ **Übersicht:** Hier finden Sie eine alphabetische Auflistung der so genannten Top-Autoren, aufgeteilt in die beiden Kategorien GEKAUFT und KOSTENLOS, die Sie über die gleichnamigen Registerkarten auswählen. Gleiten Sie mit dem Finger über die Liste, um nach oben oder nach unten zu scrollen. Wenn Sie auf den Namen eines Autors tippen, werden seine Bücher im rechten Teil des Bildschirms angezeigt.

✔ **Gekaufte Artikel:** Wenn Sie hier tippen, werden die Bücher angezeigt, die Sie bereits gekauft haben. Außerdem haben Sie über diesen Bildschirm Zugriff auf Ihr iTunes-Konto, können den Kundendienst von iTunes erreichen und Gutscheine einlösen.

Im iBookstore suchen

In der rechten oberen Ecke des iBookstores gibt es ein Suchfeld, das dem Suchfeld des iTunes Stores ähnelt. Benutzen Sie die virtuelle Tastatur, um den Namen eines Autors oder einen Buchtitel einzugeben, damit Sie das gesuchte Buch finden.

Wenn Sie Gratisartikel lieben, geben Sie im Suchfeld des iBookstores das Wort `kostenlos` ein, und Sie finden tonnenweise (meist klassische) Bücher, die nichts kosten. Wenn Sie an weiteren Stellen interessiert sind, an denen es Gratisbücher gibt, lesen Sie weiter hinten in diesem Kapitel den Abschnitt *Kostenlose Bücher außerhalb des iBookstores finden*.

Ist ein Buch sein Geld wert?

Um mehr über ein Buch herauszufinden, auf das Sie im iBookstore gestoßen sind, können Sie sich die Seite mit den Informationen zum Buch und den Rezensionen anderer Leser anschauen oder einen Buchauszug lesen. Folgen Sie diesen Schritten, um zur Seite mit den Informationen zu gelangen:

1. **Tippen Sie auf das Cover des Buches.**

   Es erscheint ein Bildschirm mit Informationen. Sie können sehen, wann das Buch erschienen ist, eine Beschreibung lesen und so weiter.

2. **Tippen Sie auf AUTORENSEITE, um andere Bücher dieses Autors zu sehen, oder tippen Sie auf UPDATES EINRICHTEN, um den Autor Ihrer Update-Liste hinzuzufügen, damit Sie automatisch benachrichtigt werden, wenn es von diesem Autor ein neues Buch gibt.**

3. **Wenn Sie auf EMPFEHLEN tippen, startet das iPad Ihre E-Mail-App. In der Betreff-Zeile steht der Buchtitel.**

   Im Textkörper der E-Mail finden Sie ein Bild des Buchcovers, das Erscheinungsdatum, die Kundenbewertung und die Schaltfläche ARTIKEL ANZEIGEN.

4. **Schauen Sie sich auch die Bereiche KUNDEN KAUFTEN AUCH, KUNDENBEWERTUNGEN und KUNDENREZENSIONEN an. Streichen Sie über den Bildschirm oder verschieben Sie ihn, um alle Rezensionen zu sehen.**

Opfern Sie ein wenig Zeit und schreiben Sie selbst eine Rezension, wenn Sie das Buch bereits gelesen haben.

Natürlich ist das Lesen eines Textauszugs der beste Weg, um herauszufinden, ob ein Buch sein Geld wert ist. Tippen Sie auf Auszug laden, und fast sofort landet das Buchcover in Ihrem Bücherregal. Sie können den Auszug wie ein normales Buch bis zu der Stelle lesen, an der der kostenlose Auszug endet. Apple hat auf den Buchseiten die Schaltfläche Kaufen untergebracht, um es Ihnen zu erleichtern, sich das Buch zuzulegen, wenn Sie von ihm überzeugt sind. Auf dem Cover erscheint das Wort Auszug, um Sie daran zu erinnern, dass Ihnen das Buch – noch – nicht gehört.

Ein Buch im iBookstore erwerben

Wenn ein Buch Ihren hohen Ansprüchen entspricht und Sie es kaufen möchten, gehen Sie so vor:

1. **Tippen Sie auf der Informationsseite des Buches auf die graue Schaltfläche mit dem Preis.**

   Der Euro-Betrag verschwindet, die Schaltfläche wird grün und bekommt die Aufschrift Buch kaufen. Wenn Sie ein Gratis-Buch gefunden haben, erscheint an dieser Stelle der Text Buch holen.

2. **Tippen Sie auf die Schaltfläche Buch kaufen/Buch holen.**

3. **Geben Sie Ihr iTunes-Kennwort ein, um den Vorgang abzuschließen.**

   Das Buch erscheint augenblicklich in Ihrem Bücherregal und wartet darauf, dass Sie es antippen und lesen.

Wenn Sie innerhalb von 15 Minuten ein weiteres Buch kaufen, werden Sie nicht erneut nach Ihrem iTunes-Kennwort gefragt.

Bücher außerhalb der Apple-Welt kaufen

Der geschäftliche Alltag ist voller Beispiele für den Wettbewerb, den sich Firmen untereinander liefern, um Sie als Interessenten zu gewinnen. Als das iPad Anfang April 2010 den Markt stürmte, wurde es von Kritikern sofort mit Amazons Kindle, dem Marktführer der elektronischen Lesegeräte, verglichen. Klar, das iPad besitzt den größeren Bildschirm und ist farbig, aber auch der Kindle weist ein paar Dinge auf, mit denen man angeben kann. Dazu gehören zum Beispiel die längere Lebensdauer einer Batterieladung (bis zu zwei Wochen gegenüber zehn Stunden beim iPad), ein geringeres Gewicht und eine größere Buchauswahl im Kindle-eigenen Online-Bookstore.

Amazon hat inzwischen Kindle-Bücher für alle möglichen elektronischen Plattformen, zu denen auch das iPad und früher schon das iPhone und der iPod touch gehören, zugänglich gemacht. Sie sollten sich ganz besonders dann die kostenlose App Kindle für das iPad anschauen, wenn Sie bereits Bücher im Kindle Store von Amazon gekauft haben und auf die größere Auswahl dort zugreifen möchten.

Wir haben es nicht geschafft, alle am Markt befindlichen Apps auszuprobieren, und wir wissen, dass es schwer ist, mit Apple (oder Amazon) zu konkurrieren, aber wir würden unsere Leser für dumm verkaufen, wenn wir verheimlichten, dass sie im App Store diverse iPad-Apps für E-Books finden können. Sie sollten sich zum Beispiel folgende Apps anschauen:

✔ Cloud Readers von Satoshi Nakajima (gratis)

✔ eBooks by Kobo HD von Indigo Books and Music (gratis)

✔ Read Demon PDF Reader von DeadNick (3,99 Euro)

✔ PDF-Notes for iPad von AMuse Tec Co. (gratis)

✔ Stanza von Lexcycle (gratis)

✔ Google Books (Hier sind nicht alle Bücher kostenlos, die meisten in englischer Sprache, und Google hat eine App, die Sie herunterladen können.)

Sie finden in Kapitel 7 Einzelheiten zum Suchen und Herunterladen von Apps.

Kostenlose Bücher außerhalb des iBookstores finden

 Apple unterstützt einen technischen Standard, der *ePub* genannt wird. Dabei handelt es sich um eine Technologie, auf der auch Tausende von (kostenlosen) Büchern basieren. Sie können diese Bücher auf Ihr iPad importieren, ohne im iBookstore einkaufen zu müssen. Diese Bücher dürfen keinem Urheberrecht unterliegen.

Um ePub-Titel zu importieren, müssen Sie sie auf Ihren PC oder Mac herunterladen und über iTunes mit Ihrem iPad synchronisieren.

Sie können ePub-Titel an vielen Stellen im Internet finden, zum Beispiel auch hier:

✔ Feedbooks (`www.feedbooks.com`)

✔ Google Books (`books.google.com`)

✔ Project Gutenberg (`www.gutenberg.us`)

✔ Smashwords (`www.smashwords.com`)

✔ BookRix (`www.bookrix.de`)

Schauen Sie sich auch die kostenlosen Titel an, die Sie durch die verschiedenen im vorangegangenen Abschnitt erwähnten Apps finden.

Zeitungen und Zeitschriften lesen

Diejenigen, die aus der Zeitungsbranche kommen, wissen, dass das Geschäft dort in den letzten Jahren extrem hart geworden ist. Das Internet hat sich mit seinen vielen Bereichen als zerstörerische Kraft auf die Medienbranche ausgewirkt.

Die Zukunft wird zeigen, welche Rolle Apple allgemein und das iPad im Speziellen bei elektronischen Periodika und der Hilfestellung für schwächelnde Unternehmen der Medienbranche spielen werden. Ungewiss ist auch, welche Zahlungsmodalitäten die aus der Sicht der Unternehmen zukunftsträchtigsten sind.

Was wir Ihnen wirklich sagen können, ist, dass das Lesen von Zeitungen und Zeitschriften auf dem iPad anders ist als das Lesen von Zeitungen und Zeitschriften, die in anderen elektronischen Formen vorliegen. Es gibt ziemliche Unterschiede, aber nur Sie können entscheiden, ob sich der Aufwand lohnt (besonders dann, wenn Sie dafür zahlen müssen).

Um eine einzelne Ausgabe einer Zeitung oder Zeitschrift zu lesen, haben Sie zwei Möglichkeiten. Die eine besteht aus mehreren sehr guten Verlags-Apps, wie zum Beispiel von *Die Zeit*, *Frankfurter Rundschau*, *Der Spiegel*, *Focus* und *N24*. Sehr empfehlenswert ist auch die kostenlose App Zinio Magazine Newsstand & Reader, die Ihnen einen sehr guten Weg bietet, Zeitschriften wie *Rolling Stone*, *National Geographic* oder *PC Magazine* und viele andere zu lesen, aber die Titelauswahl zeigt schon, dass dort zumindest bis zur Drucklegung dieses Buches keine deutschsprachigen Titel zu erhalten waren.

Einige der Zeitungen und Zeitschriften, die im iBookstore angeboten werden, müssen Sie kostenpflichtig abonnieren, andere gibt es gratis. Konzentrieren Sie sich bei Ihrer Suche aber nicht ausschließlich auf den iBookstore, sondern stöbern Sie ruhig im App Store, um die für Sie richtigen Apps zum Lesen von Zeitungen und Zeitschriften zu finden. Wir behandeln den App Store ausführlich in Kapitel 7. Dort sehen Sie auch einige Werbeanzeigen (irgendjemand muss ja auch den Versand bezahlen).

Die zweite Möglichkeit, um Einzelausgaben zu lesen, wird seit iOS 5 mit Zeitungskiosk angeboten. Dieses praktische Symbol auf Ihrem Home-Bildschirm dient dazu, alle Zeitungs- und Zeitschriftenabos an ein und demselben Ort zu bündeln.

Sie kaufen die Abos in einem neuen Bereich im App Store, zu dem Sie auch gelangen, wenn Sie auf Ihrem Home-Bildschirm auf Zeitungskiosk und dann auf den Store-Knopf tippen. Dadurch öffnet sich der App Store (siehe Kapitel 7) in der Abo-Abteilung.

Es ist noch zu früh, um sagen zu können, wie viele Veröffentlichungen sich auf den Zeitungskiosk einstellen und wie viele sich für eigene Apps oder Zinio entscheiden und wie viele beides anbieten werden. Bleiben Sie dran ...

Das iPad am Arbeitsplatz

In diesem Kapitel

▶ Notizen notieren

▶ Die verschiedenen Ansichten und Funktionen des Kalenders verstehen

▶ Sich mit Erinnerungen erinnern

▶ Bequeme Benachrichtigungen

▶ Kontakte nicht durcheinanderbringen

W ir hassen das, aber es geht nicht anders, es muss raus: Ihr iPad ist nicht nur für den Spaß und zum Spielen da. Es hat auch eine ernsthafte Seite. Es kann Sie an Ihre Termine erinnern, dabei helfen, Ihre Kontakte aktuell zu halten, und wenn Sie bereit sind, die iWork-Apps zu erwerben, erstklassige Tabellen, Dokumente und Präsentationen herstellen.

Auf den nächsten Seiten werfen wir einen Blick auf einige der nicht ganz so liebreizenden Funktionen Ihres iPads. Wir behaupten, dass niemand ein iPad kauft, weil es einen Kalender, die Möglichkeit, Notizen zu erfassen, und ein Adressbuch hat. Klar, es ist ziemlich praktisch, diese Programme zu besitzen, und wir sind ziemlich sicher, dass diese Aussage erst recht stimmt, wenn Sie sich für einige oder alle iWork-Apps entschieden haben.

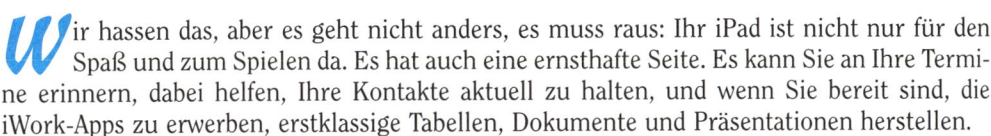

Notizen notieren

Notizen ist eine Anwendung, die Textnotizen erzeugt, die Sie speichern oder als E-Mail-Anhang versenden können. Um eine Notiz zu erstellen, gehen Sie so vor:

1. **Tippen Sie auf dem Home-Bildschirm auf das Symbol Notizen.**

2. **Tippen Sie in der rechten oberen Ecke auf das Symbol +, um eine neue Notiz anzufangen.**

   Es erscheint die virtuelle Tastatur.

3. **Schreiben Sie eine Notiz wie in Abbildung 12.1 dargestellt.**

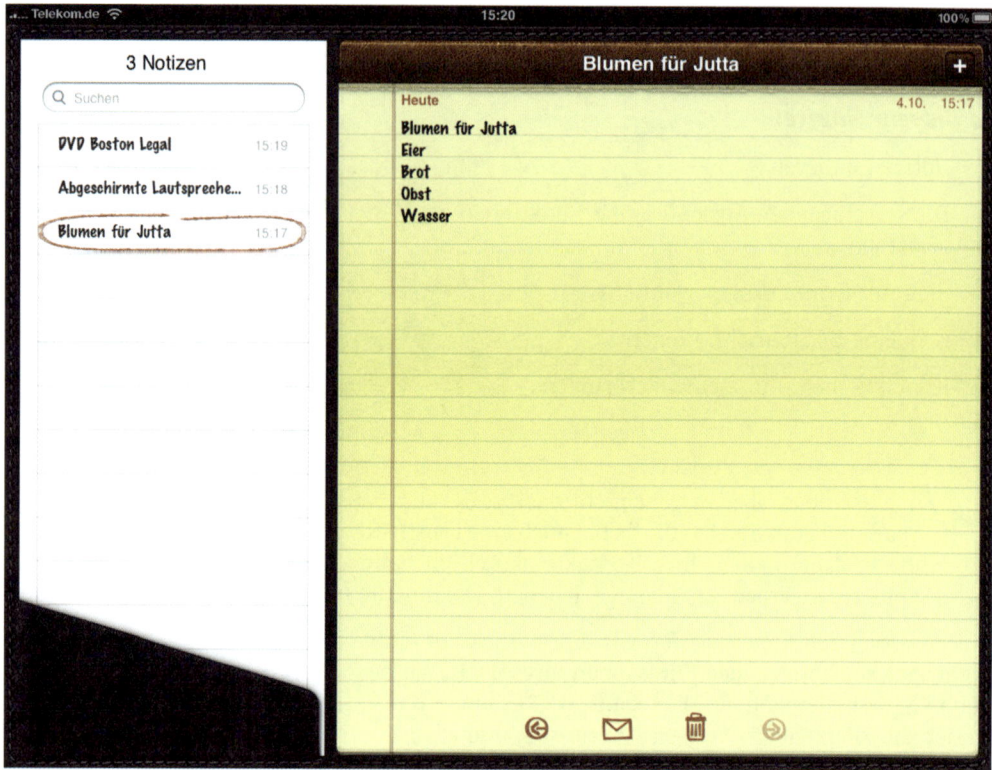

Abbildung 12.1: Die App Notizen

Nachdem eine Notiz gespeichert worden ist, können Sie Folgendes machen:

✔ Tippen Sie in der linken oberen Ecke auf die Schaltfläche NOTIZEN, um eine Liste mit allen Notizen angezeigt zu bekommen. Wenn sich diese Liste auf dem Bildschirm befindet, tippen Sie eine Notiz an, um sie zu öffnen, damit Sie sie lesen, bearbeiten oder ändern können.

✔ Tippen Sie unterhalb der Notiz auf das Symbol mit dem Pfeil, der einem Rechteck entspringt wie hier gezeigt, um die Notiz per E-Mail über die App Mail zu versenden (siehe Kapitel 5, um mehr über Mail herauszufinden) oder über die Drucken-App auszudrucken (in Kapitel 2 erfahren Sie mehr über das Drucken).

✔ Tippen Sie unten auf dem Bildschirm auf das Mülleimersymbol, um die Notiz zu löschen.

Wie bei den meisten iPad-Apps werden Ihre Notizen automatisch, noch während Sie sie schreiben, gespeichert, so dass Sie jederzeit die App Notizen verlassen können, ohne auch nur einen einzigen Buchstaben zu verlieren.

 Wir dürfen nicht vergessen, Sie daran zu erinnern, dass Sie Notizen mit Ihrem Computer synchronisieren können (siehe Kapitel 3).

Und schließlich sollten Sie in den Einstellungen der Notizen-App noch eine der drei verfügbaren Schriften auswählen: Noteworthy, Helvetica und Marker Felt.

Das war es. Sie wissen jetzt alles, was es über das Erstellen und Verwalten von Notizen mit der App Notizen zu wissen gibt.

Mit dem Kalender arbeiten

Das Programm Kalender hält Sie bei Ihren Terminen und Ereignissen (zum Beispiel Geburtstage und Jahrestage) auf dem Laufenden. Sie öffnen das Programm, indem Sie auf dem Home-Bildschirm auf das Symbol KALENDER tippen. Dieses Symbol ist ganz schön clever, weil es sich täglich ändert: Es werden immer der aktuelle Wochentag und das Tagesdatum angezeigt.

Mac-Benutzer können ihre Kalender entweder mit iCal oder Microsoft Entourage synchronisieren. PC-Benutzer synchronisieren Kalender mit Microsoft Outlook (siehe Kapitel 3, um mehr über das Synchronisieren zu erfahren).

 Eine sehr willkommene neue Funktion in iOS 5 ist die Möglichkeit, auf Ihrem iPad endlich auch neue Kalender erstellen zu können. Früher musste das auf Ihrem Mac oder PC geschehen und dann synchronisiert werden.

Es gibt fünf grundsätzliche Wege, um sich Kalender anzuschauen: die Ansichten TAG, WOCHE, MONAT, JAHR und LISTE. Um eine dieser Ansichten auszuwählen, müssen Sie lediglich oben im Bildschirm auf TAG, WOCHE, MONAT, JAHR oder LISTE tippen.

Kalenderansichten

Sie können aus einer Kalenderansicht heraus einen Blick auf die Termine eines einzelnen Kalenders werfen, oder Sie fassen mehrere Kalender – einen privaten, einen mit den Aktivitäten der Kinder und einen für Ihre Arbeit – in einer Ansicht zusammen.

Um den Kalender auszuwählen, den Sie gerade benötigen, gehen Sie so vor:

1. **Tippen Sie in der linken oberen Ecke des Bildschirms auf KALENDER.**

   Damit wird ein Fenster geöffnet, das alle Kalender anzeigt.

2. **Tippen Sie jeden Kalender an, dessen Ereignisse Sie sehen möchten.**

   Es erscheint ein Häkchen vor dem Namen des ausgewählten Kalenders. Wenn ein Kalender nicht mehr angezeigt werden soll, tippen Sie erneut auf seinen Namen, und das Häkchen verschwindet wieder. Wenn Sie alle Kalender sehen möchten, tippen Sie auf ALLE KALENDER ANZEIGEN. Damit sie wieder verschwinden, tippen Sie auf ALLE KALENDER VERBERGEN. In dem in Abbildung 12.2 dargestellten Beispiel sind alle Kalender ausgewählt.

 Achtung! Aufgaben, die Sie auf Ihrem Mac oder PC in den Kalendern eingetragen haben, werden nicht synchronisiert und erscheinen deshalb nicht auf Ihrem iPad.

Kalender können in unterschiedlichen Ansichten dargestellt werden:

✔ **Liste:** Die Ansicht L<small>ISTE</small> ist unkompliziert. Wie es der Name schon vermuten lässt, präsentiert die Ansicht L<small>ISTE</small> (siehe Abbildung 12.2) eine Liste der aktuellen und zukünftigen Ereignisse, die auf der linken Bildschirmseite angezeigt werden, und eine stundenweise Darstellung des Tages, der auf der rechten Seite hervorgehoben wird. Im Querformat sind ungefähr acht Stunden sichtbar. Wenn Sie das iPad senkrecht halten, werden zehn Stunden angezeigt. Sie können die Liste mit Ihrem Finger nach oben oder unten ziehen oder schnell darüber streichen, um durch die Liste zu scrollen. Um den angezeigten Tag zu wechseln, tippen Sie unten am Bildschirm auf eine der Pfeiltasten oder Sie tippen auf die Zeitskala und ziehen.

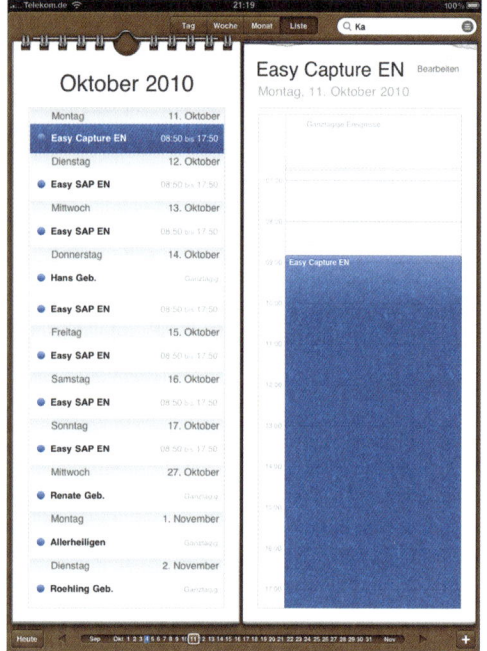

Abbildung 12.2: Die Ansicht L<small>ISTE</small>

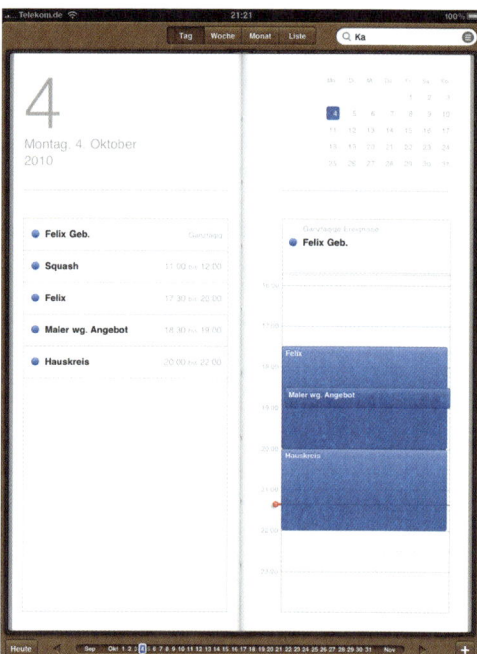

Abbildung 12.3: Die Ansicht T<small>AG</small>

✔ **Tag:** Die Ansicht T<small>AG</small>, die Abbildung 12.3 zeigt, gibt die Termine eines Tages wieder (wobei Sie aber am rechten Bildschirmrand nach oben oder nach unten scrollen müssen, um den ganzen Tag sehen zu können). Sie können aber auch auf die Zeitskala tippen oder dort ziehen, um zu einem anderen Datum zu gelangen, oder Sie tippen auf die Pfeiltasten.

✔ **Woche:** Sie haben sicherlich schon damit gerechnet: Die Ansicht W<small>OCHE</small> (siehe Abbildung 12.4) zeigt Ihre Ereignisse in einem siebentägigen Zeitraum an. Benutzen Sie auch hier entweder die Zeitskala oder die Pfeiltasten, um den Zeitraum zu ändern, der angezeigt wird. Sie haben bestimmt bemerkt, dass das siebentägige Intervall immer eine komplette Woche umfasst und so soll es auch sein.

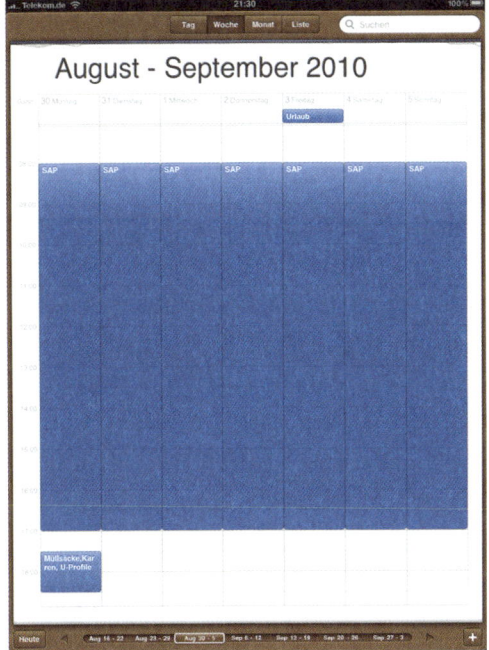

Abbildung 12.4: Die Ansicht WOCHE

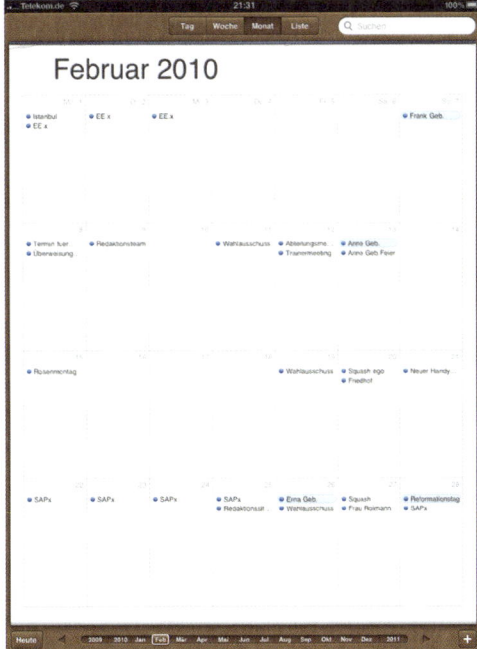

Abbildung 12.5: Die Ansicht MONAT

✔ **Monat:** Wir meinen, das Prinzip wird jetzt klar. Wenn sich Ihr iPad in der Ansicht MONAT befindet (siehe Abbildung 12.5), können Sie alle Ereignisse von Januar bis Dezember sehen. Der aktuelle Tag wird farblich hervorgehoben. Tippen Sie auf einen Tag, um eine Liste der Termine, die an diesem Tag anstehen, angezeigt zu bekommen.

Jahr: Die Jahres-Ansicht ist seit iOS 5 neu, aber lediglich für das iPad. Für das iPhone oder iPod touch ist es zum Zeitpunkt, als dieses Buch geschrieben wurde, noch nicht verfügbar. Tage, die mit Ereignissen verbunden sind, werden farbig abgehoben dargestellt. Je dunkler der Farbton, desto mehr Ereignisse liegen an dem betreffenden Tag an.

Termine suchen

Stellen Sie sich vor, dass Sie vor Monaten einen Termin mit Ihrem Zahnarzt vereinbart haben, sich aber nicht mehr an das Datum oder die Uhrzeit erinnern können. Sie könnten sich jetzt in Ihre Tages-, Wochen- oder Monatskalender vertiefen oder so lange durch die Ansicht LISTE scrollen, bis Sie diesen Termin ausgegraben haben. Gleichzeitig hätten Sie aber auch den Begriff Ineffizienz mit einem neuen Inhalt belegt. Es gibt einen viel schnelleren Weg, indem Sie in einer der Kalenderansichten rechts oben auf dem Bildschirm einfach den Namen Ihres Zahnarztes in das Suchfeld eingeben. Sie werden dann in der aktuellen Kalenderansicht sofort zu dem entsprechenden Eintrag gebracht.

Kalendereinträge hinzufügen

Sie erfahren in Kapitel 3 so gut wie alles, was Sie über das Synchronisieren Ihres iPads wissen müssen. Dazu gehört auch das Synchronisieren von Kalendereinträgen von Ihrer Windows-Maschine (auf der Sie Microsoft Outlook benutzen) oder vom Mac (mit iCal oder Microsoft Entourage).

Es gibt natürlich auch viele Situationen, in denen Sie Termine auf die Schnelle direkt auf dem iPad eingeben möchten. Tippen Sie einfach auf dem Home-Bildschirm auf die Kalender-App und dann gehen Sie folgendermaßen vor:

1. **Tippen Sie in der rechten unteren Ecke des Bildschirms auf das Plussymbol (+).**

   Es erscheinen der Bildschirm EREIGNIS und die virtuelle Tastatur (siehe Abbildung 12.6).

   Wenn Sie eine Bluetooth-Tastatur verwenden (siehe Kapitel 15), bleibt die virtuelle Tastatur unsichtbar, so dass Sie mehr von dem sehen, was sich auf Ihrem Bildschirm befindet.

2. **Tippen Sie in die Felder TITEL und ORT und geben Sie so viele (oder wenige) Informationen wie nötig ein.**

3. **Stellen Sie die Zeitangaben ein, indem Sie auf das Feld ANFANG/ENDE tippen und so weitermachen:**

   a. Wählen Sie im Bildschirm ANFANG, ENDE, der erschienen ist (siehe Abbildung 12.7), den Zeitpunkt aus, an dem das Ereignis beginnt, und legen Sie den Zeitpunkt fest, an dem es enden wird.

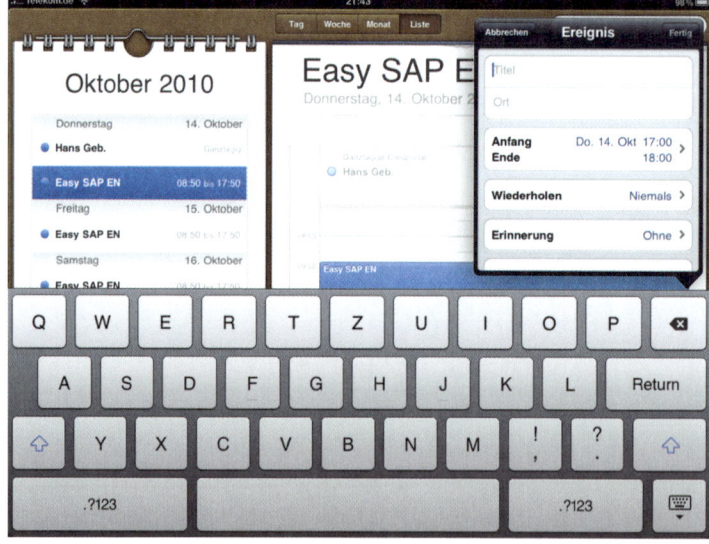

Abbildung 12.6: Sie sind dabei, einen Termin anzulegen.

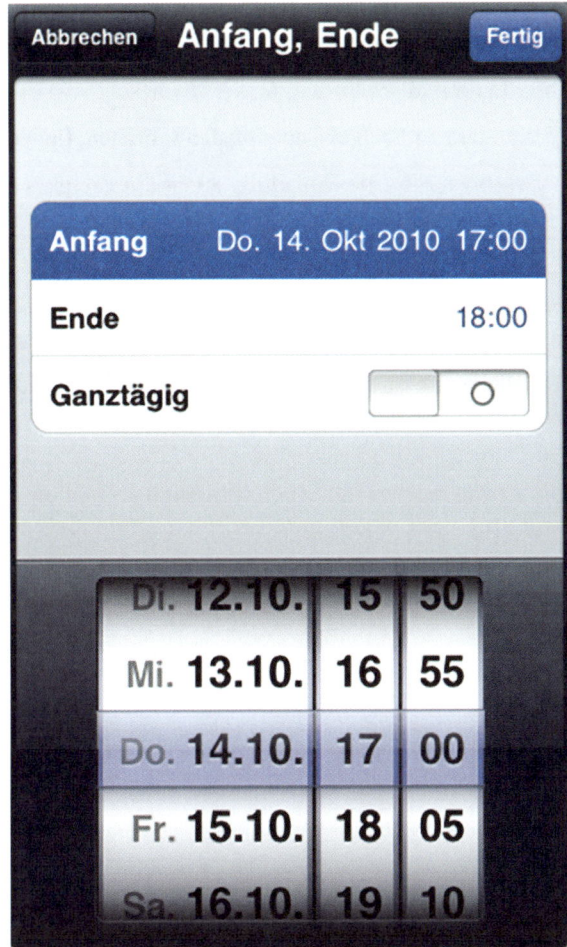

Abbildung 12.7: Das Steuern der Felder A<small>NFANG</small> und E<small>NDE</small> ist wie
das Einstellen eines Nummernschlosses.

b. Wenn Sie fertig sind, tippen Sie auf F<small>ERTIG</small>.

Wenn Sie einen Geburtstag oder einen ganztägigen Meilenstein eingeben:

- Tippen Sie auf die Schaltfläche G<small>ANZTÄGIG</small>, damit diese Option eingeschaltet wird.

- Tippen Sie dann auf F<small>ERTIG</small>.

Da die Zeit bei einem ganztägigen Ereignis keine Rolle spielt, ändert sich der untere Teil des Fensters mit seinen Wahlrädern in Tag, Monat und Jahr und zeigt keine Stunden und Minuten mehr an.

4. **(Optional) Wenn Sie einen sich wiederholenden Eintrag wie zum Beispiel einen Hoch**
   zeitstag festlegen möchten, tippen Sie auf W<small>IEDERHOLEN</small>, um das Fenster W<small>IEDERHOLUNG</small>

zu öffnen. **Tippen Sie auf den entsprechenden Eintrag, um anzugeben, in welchen Abständen das Ereignis wiederholt werden soll, und tippen Sie dann auf** FERTIG.

Sie können zwischen TÄGLICH, WÖCHENTLICH, ALLE 2 WOCHEN, MONATLICH und JÄHRLICH wählen.

5. **(Optional) Wenn Sie andere zu Ereignissen einladen möchten, tippen Sie auf** TEILNEHMER.

Mit dieser Option versenden Sie eine Einladung zu einem Ereignis an alle, die Sie vorher festgelegt haben. Geben Sie entweder eine Mail-Adresse ein oder tippen Sie auf das +-Zeichen in dem blauen Kreis, um Teilnehmer aus Ihren Kontakten auszuwählen. Sie können so viele wie Sie möchten hinzufügen. Tippen Sie, wenn Sie fertig sind, auf FERTIG. Ihre Einladungsmails werden sofort verschickt (sofern Sie auf Ihrem iPad Mail korrekt installiert haben, wie in Kapitel 5 beschrieben, und Sie eine aktive Internetverbindung haben).

Die Teilnehmer erhalten eine nette Einladung, wie in Abbildung 12.8 dargestellt. Sie haben die Möglichkeit, ANNEHMEN, ABLEHNEN oder VIELLEICHT auszuwählen.

Teilnehmer können auch auf den blauen Link ANTWORTEN SEHEN tippen, um zu sehen, wer bereits auf diese Einladung reagiert hat. Und schließlich enthält die Einladung eine kleine Datei, die dafür sorgt, dass das Ereignis automatisch in Ihren iCal- oder Outlook-Kalender eingetragen wird.

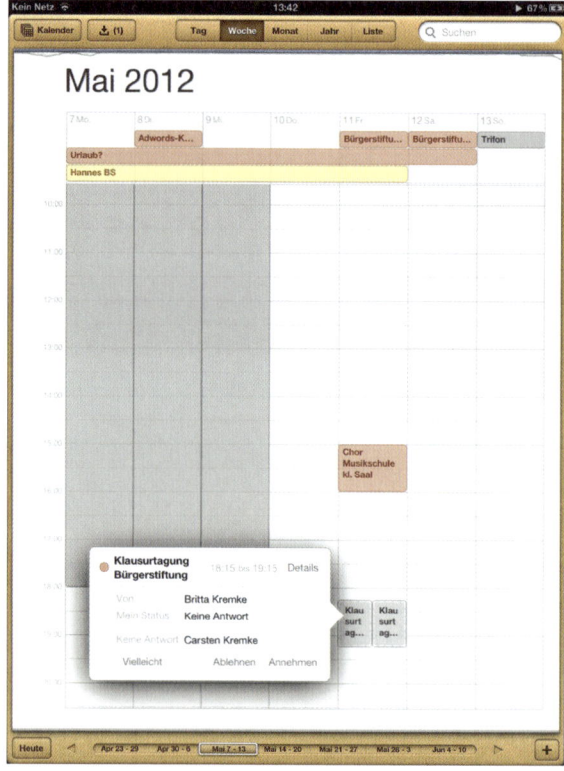

Abbildung 12.8: Eine nette Einladung, oder?

6. **(Optional) Wenn Sie an den Termin erinnert werden wollen, tippen Sie auf ERINNERUNG. Tippen Sie dann auf eine der angebotenen Optionen und danach auf FERTIG.**

Erinnerungen können so eingestellt werden, dass sie am Ereignistag, zwei Tage vorher, einen Tag vorher, zwei Stunden vorher, eine Stunde vorher, 30 Minuten vorher, 15 Minuten vorher oder fünf Minuten vorher erscheinen. Wenn dieser Zeitpunkt gekommen ist, hören Sie einen Ton, und es erscheint eine Nachricht wie die in Abbildung 12.9. Tippen Sie auf ANZEIGEN, um die Einzelheiten des Termins zu Gesicht zu bekommen, oder tippen Sie auf SCHLIESSEN, wenn Sie der Meinung sind, dass die Erinnerung, die Sie gerade erhalten haben, ausreichend ist.

Abbildung 12.9: Erinnerungen machen es schwer, einen Termin zu vergessen.

Wenn Sie zu denjenigen gehören, die ein zweites Mal angestoßen werden müssen, legen Sie eine zweite Erinnerung fest, indem Sie auf das Feld 2. ERINNERUNG tippen, das nur erscheint, wenn Sie eine Erinnerung aktiviert haben.

Übrigens sehen Erinnerungen nicht immer wie in Abbildung 12.9 dargestellt aus. Lesen Sie dazu mehr im Abschnitt *Sich mit Erinnerungen erinnern* weiter hinten in diesem Kapitel.

7. **Tippen Sie auf KALENDER, um den Eintrag einem bestimmten Kalender zuzuweisen, und tippen Sie dann auf den Kalender, der Ihnen vorschwebt (zum Beispiel PRIVAT oder ARBEIT). Das Feld KALENDER existiert nur, wenn von Anfang an mehrere Kalender vorhanden sind.**

8. **(Optional) Wenn Sie möchten, dass der Kalender diese Zeit als FREI (in der Voreinstellung ist sie als BESCHÄFTIGT dargestellt) anzeigt, tippen Sie unter BEARBEITEN auf Verfügbarkeit und dann auf FREI.**

9. **(Optional) Wenn Sie zu einem Ereignis eine Webseiten-URL oder Anmerkungen eingeben möchten, tippen Sie auf URL oder NOTIZEN. Geben Sie die URL oder Ihre Notizen über die virtuelle Tastatur ein.**

10. **Wenn alles okay ist, tippen Sie auf FERTIG.**

Nachdem Sie nun wissen, wie man Kalendereinträge erstellt, sollten Sie sich mit den folgenden Tipps für das Arbeiten mit Ihren Kalendern beschäftigen:

✔ Schalten Sie den Warnton des Kalenders aus, indem Sie auf EINSTELLUNGEN| ALLGEMEIN|TÖNE tippen. Sorgen Sie dafür, dass der Schalter KALENDERHINWEIS ausgeschaltet ist.

✔ Um einen Kalendereintrag zu ändern, tippen Sie den Eintrag an und dann tippen Sie auf BEARBEITEN. Nun erscheint das Fenster zum Bearbeiten (es sieht genauso aus wie das Fenster zum Hinzufügen von Ereignissen in Abbildung 12.6). Führen Sie die gewünschten Änderungen durch.

✔ Um einen Kalendereintrag zu entfernen, tippen Sie den Eintrag an, tippen auf BEARBEITEN und tippen auf EREIGNIS LÖSCHEN. Diese Option befindet sich ganz unten im Bearbeiten-Fenster, Sie müssen also eventuell ein wenig scrollen. Sie erhalten dann die Chance, Ihre Meinung noch zu ändern, indem Sie auf ABBRECHEN tippen; ansonsten tippen Sie erneut auf EREIGNIS LÖSCHEN. Um ein Ereignis in der Tagesansicht zu löschen, tippen Sie einfach auf das Ereignis und dann auf EREIGNIS LÖSCHEN. In diesem Fall müssen Sie nicht zuerst auf BEARBEITEN tippen.

Microsoft Exchange ActiveSync nutzen

Wenn Sie für eine Firma arbeiten, die Microsoft Exchange ActiveSync einsetzt, können Kalendereinträge und Einladungen zu Meetings von Ihren Kollegen auf Ihr Gerät *geschoben* werden, damit sie nur wenige Augenblicke, nachdem sie eingegeben worden sind, auf Ihrem Bildschirm angezeigt werden – und zwar selbst dann, wenn diese Einträge auf einem Computer am Arbeitsplatz erstellt werden. Das Einrichten eines Kontos, das dieses Schieben von Kalendereinträgen ermöglicht, ist ein Kinderspiel. Sie sollten sich aber bei der Haustechnik oder in Ihrer IT-Abteilung erkundigen, ob so ein Konto auch von Ihrem Arbeitgeber genehmigt wird. Dann folgen Sie diesen Schritten, die denen ähneln, die wir in Kapitel 5 für das Einrichten eines E-Mail-Kontos beschreiben:

1. **Tippen Sie auf EINSTELLUNGEN.**

2. **Tippen Sie auf MAIL, KONTAKTE, KALENDER.**

3. **Tippen Sie in der Liste ACCOUNT HINZUFÜGEN auf MICROSOFT EXCHANGE.**

4. **Füllen Sie die E-Mail-Adresse, den Benutzernamen, das Kennwort und das Beschreibungsfeld aus und tippen Sie dann auf WEITER.**

5. **Geben Sie im nächsten Bildschirm die Serveradresse ein.**

   Die übrigen Felder sollten bereits mit den Angaben gefüllt sein, die Sie gerade eingegeben haben: E-Mail-Adresse, Benutzername und Kennwort.

6. **Tippen Sie auf WEITER.**

   Wenn Ihr Unternehmen Microsoft Exchange 2007 einsetzt, müssen Sie die Adresse Ihres Exchange-Servers nicht eingeben. Ihr iPad kann sie automatisch herausfinden.

7. **Aktivieren Sie unter MAIL, KONTAKTE und KALENDER, was über Microsoft Exchange synchronisiert werden soll.**

   Jetzt sollte es eigentlich funktionieren. Es kann aber sein, dass einige Arbeitgeber darauf bestehen, dass Sie aus Sicherheitsgründen zusätzliche Kennwörter eingeben müssen.

Falls Ihr Firmen-iPad verloren gehen sollte – oder falls sich herausstellt, dass Sie ein Doppelagent sind, der auch für die Konkurrenz arbeitet –, können die IT-Administratoren Ihrer Firma das Gerät über einen Fernzugriff leer räumen. Auch Sie können so etwas veranlassen, wenn Sie Mitglied bei Apples 79-Euro-Mobile-Me-Dienst sind und die Vorteile der Funktion *Find My iPad* (auf Deutsch: Finde mein iPad) nutzen, die in Kapitel 13 erklärt wird.

Einen Standardkalender und die Zeitzone einrichten

Wählen Sie einen Standardkalender aus, indem Sie EINSTELLUNGEN|MAIL, KONTAKTE, KALENDER antippen und dann über den Bildschirm streichen, bis KALENDER auftaucht. Tippen Sie auf STANDARDKALENDER und wählen Sie einen Kalender für die Ereignisse aus, die keinem speziellen Kalender zugeordnet werden.

Wenn Sie in Ihrem Beruf über weite Strecken reisen, können Sie dafür sorgen, dass Ereignisse abhängig von den entsprechenden Zeitzonen erscheinen. Tippen Sie im Abschnitt der Einstellungen KALENDER auf ZEITZONEN-SUPPORT, um diese Option einzuschalten, und tippen Sie dann auf ZEITZONE. Geben Sie über die virtuelle Tastatur die Zeitzone ein.

Wenn ZEITZONEN-SUPPORT ausgeschaltet ist, werden Ereignisse so angezeigt, als wenn Sie zu Hause wären.

Auf Einladungen antworten

Mit dem Knopf EINLADUNGEN können Sie Einladungen, die Sie erhalten haben, sehen und darauf antworten. Sie können, wie bereits weiter oben beschrieben, für Ereignisse, die Sie erstellen, Einladungen verschicken und zwar im Bereich KALENDEREINTRÄGE HINZUFÜGEN.

Wenn Sie keinen Knopf EINLADUNGEN sehen, tippen Sie auf EINSTELLUNGEN|MAIL, KONTAKTE, KALENDER|EINLADUNGSMELDUNGEN, damit der blaue Ein-Knopf erscheint.

Sie benötigen eine Internetverbindung, um auf eine solche Einladung zu antworten. Die folgenden Schritte geleiten Sie durch diesen Vorgang:

1. **Tippen Sie auf die Schaltfläche EINLADUNGEN, um alle offenen Einladungen angezeigt zu bekommen.**

   Der Knopf EINLADUNGEN befindet sich neben dem Kalender-Knopf oben links auf dem Bildschirm.

2. **Tippen Sie in der Liste auf eines der Objekte, um Einzelheiten zu sehen.**

   Stellen Sie sich zum Beispiel vor, dass eine Einladung von Ihrem Chef zur Teilnahme an einem Meeting ankommt. Sie können zum Beispiel sehen, wer sonst noch eingeladen worden ist, können gegebenenfalls diesen Leuten eine E-Mail zukommen lassen und Terminkonflikte lösen.

3. **Akzeptieren Sie die Einladung durch Tippen auf die entsprechende Schaltfläche, damit der Organisator des Meetings weiß, dass Sie teilnehmen werden. Tippen Sie auf ABLEHNEN, wenn Sie etwas Besseres zu tun haben (und sich nichts daraus machen, die Person zu verärgern, die für Ihr Gehalt zuständig ist). Sie können aber auch VIELLEICHT antippen, wenn Sie noch auf ein besseres Angebot warten.**

Sie können Ereignisse auch aus einer E-Mail importieren. Öffnen Sie die Mail und tippen Sie auf die Kalender-Datei, die an die Mail angehängt ist. Wenn die Ereignisse erscheinen, tippen Sie auf ALLE HINZUFÜGEN, wählen Sie den Kalender aus, zu dem Sie das Ereignis hinzufügen möchten, und dann tippen Sie auf FERTIG.

Kalender abonnieren

Sie können Kalender abonnieren, die sich an die Standards *CalDAV* und *iCalendar* (.*ics*) halten. Diese Standards werden von Googles und Yahoo!s Kalendern und iCal auf dem Mac unterstützt. Sie können auf dem iPad zwar Einträge der abonnierten Kalender lesen, aber dort keine Einträge bearbeiten oder neu erstellen.

Um einen dieser Kalender zu abonnieren, gehen Sie so vor:

1. **Tippen Sie auf EINSTELLUNGEN|MAIL, KONTAKTE, KALENDER|ACCOUNT HINZUFÜGEN|ANDERE.**

2. **Wählen Sie entweder CALDAV-ACCOUNT HINZUFÜGEN oder KALENDERABO HINZUFÜGEN.**

3. **Geben Sie die URL des Kalenders ein, den Sie abonnieren möchten.**

4. **Wenn Sie dazu aufgefordert werden, geben Sie einen Benutzernamen, das Kennwort und eventuell eine Beschreibung ein.**

   Wenn Sie einen Kalender abonniert haben, erscheint er wie die anderen Kalender auf Ihrem iPad.

Kalender, die Sie abonnieren, können nur gelesen werden. Sie können also bestehende Ereignisse nicht bearbeiten und auch keine neuen anlegen.

Sich mit Erinnerungen erinnern

Man findet viele gute Apps mit To-Do-Listen im App Store; falls Sie uns nicht glauben, suchen Sie mal nach To-Do-Liste und Sie finden mehr als 100 Angebote für das iPad. Viele davon sind kostenlos, andere (und zwar viele) sind käuflich zu erwerben und kosten bis zu 20 Euro.

Die meisten dieser Erinnerungs-Apps von Drittanbietern haben von der neuen Erinnerungs-App in iOS 5 nichts zu befürchten. Einige freuen sich sicher über deren Einführung, aber wir möchten es hier nicht versäumen, auch auf die anderen Optionen hinzuweisen, falls Sie Funktionen benötigen, die Erinnerungen nicht bietet.

Erinnerungen ist eine einfache To-Do-Listen-App. Sie können damit Listen mit Aufgaben erstellen und organisieren und sie mit »Erinnerungen« versehen.

Wir wollen uns das mal näher anschauen. Tippen Sie auf dem Home-Bildschirm auf das Symbol ERINNERUNGEN und Sie sehen etwas Ähnliches wie in Abbildung 12.10.

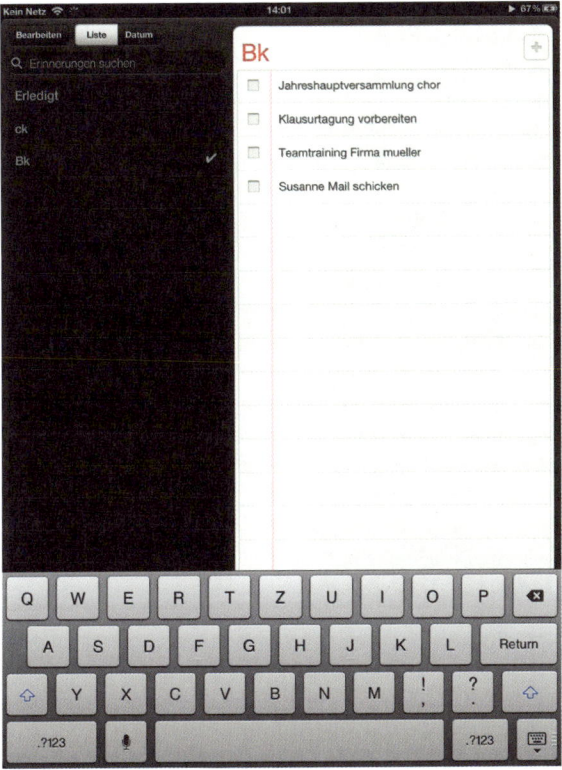

Abbildung 12.10: Die App Erinnerungen

Erinnerungen im rechten Bereich des Bildschirms in Abbildung 12.10 gehören zu einer Liste, die To Dos heißt, was durch das Häkchen links neben dem Namen signalisiert wird.

Mit Listen arbeiten

Sie können so viele oder so wenig Listen verwalten, wie Sie möchten. Egal, wofür Sie sich entscheiden, Sie müssen auf den Knopf BEARBEITEN tippen, wie in Abbildung 12.10 dargestellt, wenn Sie mit Ihren Listen arbeiten möchten. Wenn Sie das tun, verwandelt sich der linke Bereich des Bildschirms in eine Art Bearbeitungsmodus, wie in Abbildung 12.11 dargestellt.

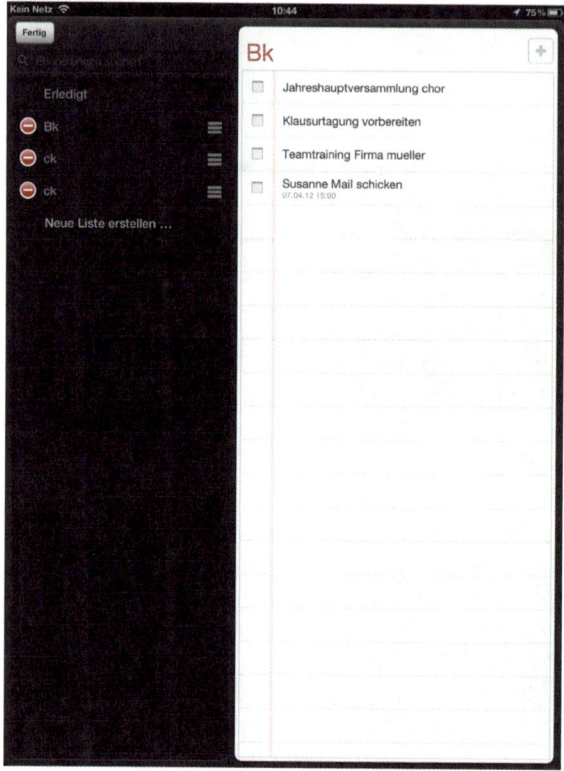

Abbildung 12.11: Tippen Sie auf den Knopf BEARBEITEN, *um Ihre Listen zu erstellen, zu löschen oder umzusortieren.*

Hier ein kurzer Überblick darüber, wie alles funktioniert:

✔ **Um eine neue Liste zu erzeugen:** Tippen Sie auf NEUE LISTE ERSTELLEN, geben Sie den Namen der Liste ein und dann tippen Sie auf FERTIG.

✔ **Um eine Liste zu löschen:** Tippen Sie auf das rote Minuszeichen. Das Zeichen dreht sich um 90 Grad und es erscheint ein Löschen-Knopf neben dem Listennamen (siehe Abbildung 12.11).

✔ **Um Listen zu verschieben (nach oben oder unten):** Halten Sie Ihren Finger auf die drei waagerechten Rechtecke (siehe Grafik) rechts neben dem Listen-Namen und ziehen Sie die Liste nach oben oder unten. Wenn die Liste sich an der gewünschten Position befindet, lassen Sie sie los.

Erinnerungen einrichten

Erinnerungen ist eine einfache App und die Schritte, um Erinnerungen zu verwalten, sind ganz einfach.

Und so erinnern Sie sich selbst mit Hilfe der App Erinnerungen an wichtige Ereignisse:

1. **Um eine neue Erinnerung zu erstellen, tippen Sie in der oberen rechten Ecke auf den +-Knopf (siehe Abbildung 12.10) oder tippen Sie auf das erste leere Objekt in der Erinnerungen-Liste (rechts unter Susanne Mail schicken in Abbildung 12.10).**

   Nun erscheint die virtuelle Tastatur.

2. **Tippen Sie für die neue Erinnerung einen Titel ein und tippen Sie dann auf die** ⌈Return⌉**-Taste.**

   Das Objekt erscheint in der aktuellen Erinnerungen-Liste.

   Zunächst ist Ihre Erinnerung noch leer und Datum, Wiederholung und Priorität wurden noch nicht aktiviert.

3. **Um eine oder alle dieser Optionen zu aktivieren, tippen Sie auf die Erinnerung und in dem dann erscheinenden Fenster** DETAILS **tippen Sie auf** MEHR ANZEIGEN**, um alle verfügbaren Optionen zu sehen, wie in Abbildung 12.12 dargestellt.**

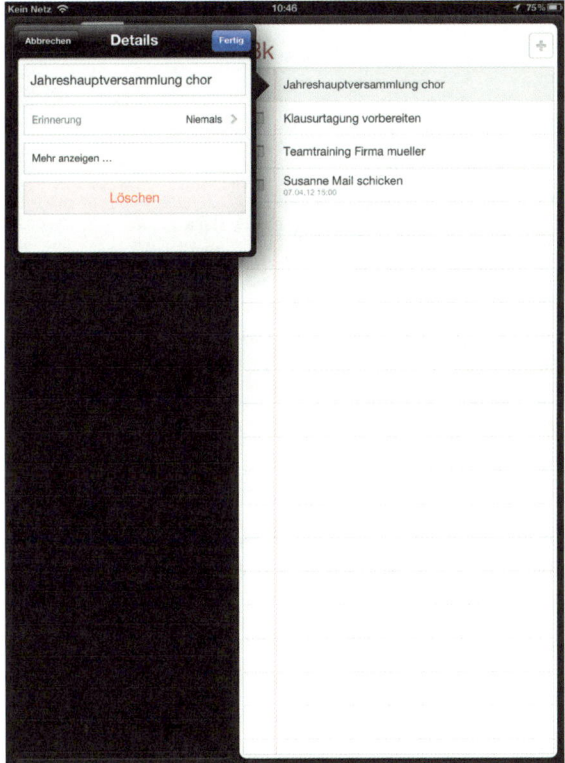

Abbildung 12.12: Die Details für unsere nagelneue Erinnerung

Sie haben nun folgende Möglichkeiten:

- Tippen Sie auf ERINNERUNG, wenn Sie einen Tag und eine Uhrzeit für diese Erinnerung festlegen möchten.

- Sie werden einen roten Wiederholungs-Knopf sehen, der vorher nicht da war. Tippen Sie darauf, falls Sie eine zweite Erinnerung an einem anderen Tag oder einer anderen Uhrzeit festlegen möchten.

- Um für diese Erinnerung eine Priorität festzulegen, tippen Sie auf PRIORITÄT. Wählen Sie OHNE, GERING, MITTEL oder HOCH.

- Wenn Sie möchten, dass diese Erinnerung in einer anderen Liste als der gerade aktuellen erscheint, tippen Sie auf LISTE. Tippen Sie auf die Liste, in der die Erinnerung erscheinen soll.

4. **Tippen Sie oben rechts auf FERTIG, sobald Sie alle Optionen eingerichtet haben.**

Wählen Sie die Liste, in der die Erinnerung stehen soll, aus, *bevor* Sie sie erstellen.

Erinnerungen lesen und abhaken

Nachdem Sie eine Erinnerung erstellt haben, hilft Ihnen die App zu sehen, was Sie erledigt haben und was nicht, und bietet ein paar nützliche Hilfen an, die Sie kennen sollten:

✔ **Erinnerungen abhaken:** Vielleicht ist Ihnen aufgefallen, dass jede Erinnerung, die Sie erstellt haben, links mit einem Kästchen versehen ist. Vielleicht haben Sie auch über den anderen die Liste gesehen, die mit `Erledigt` bezeichnet ist. Und wenn Sie noch einmal in Abbildung 12.11 nachsehen, werden Sie feststellen, dass man diese Liste, im Gegensatz zu den anderen, *nicht löschen kann*. Das liegt daran, dass Erinnerungen alle erledigten Aufgaben für Sie dokumentiert und sie von der ursprünglichen Liste in die Liste der Erledigten verschiebt.

Das ist es also, was passiert, wenn Sie ein Häkchen in das Kästchen setzen. Und wenn Sie das Häkchen wieder entfernen, springt die Erinnerung zurück auf die ursprüngliche Liste.

✔ **Nach Erinnerungen suchen:** Um in allen Erinnerungen nach einem Wort oder einer Wortgruppe zu suchen, egal ob erledigt oder nicht, tippen Sie in der oberen linken Ecke auf das Suchfeld, geben Sie das Wort oder die Wortgruppe ein und dann tippen Sie auf die Taste SUCHEN.

✔ **Zwischen der Listen- und der Tagesansicht wählen:** Wir haben uns bisher immer nur die Listenansicht angesehen. Wenn Sie lieber eine zeitbezogene Herangehensweise wünschen, tippen Sie oben über dem Suchfeld auf DATUM und das Aussehen der Erinnerungen verändert sich wie in Abbildung 12.13 dargestellt.

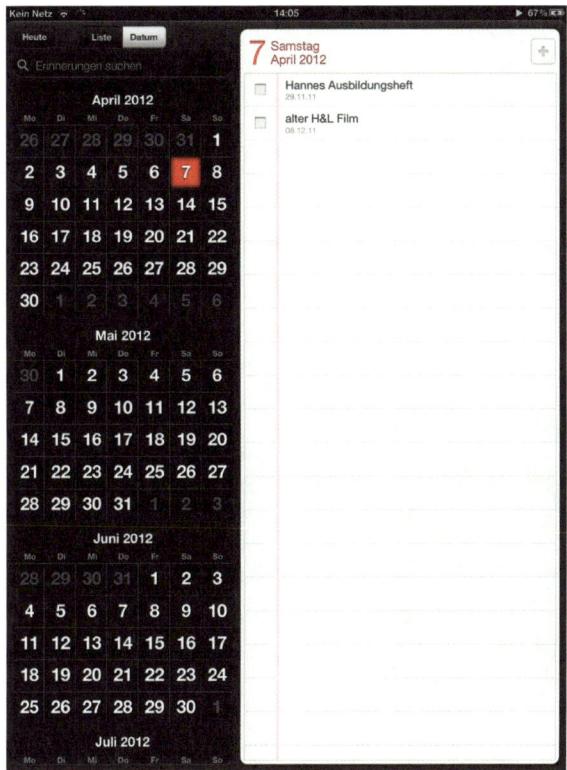

*Abbildung 12.13: In der Ansicht D*ATUM *werden Ihre Erinnerungen nach Datum angezeigt, unabhängig davon, auf welcher Liste sie stehen.*

Wenn Sie mit der Datumsansicht arbeiten, erscheinen nur Erinnerungen mit Datum rechts. Leider sehen Sie im linken Teil des Bildschirms nicht, welche Tage Erinnerungen enthalten. Um die Erinnerungen für die Zukunft sehen zu können, müssen Sie also auf jedes einzelne Datum tippen, um zu prüfen, ob es Erinnerungen enthält.

✔ **Erinnerungen auf dem Mac oder PC verwalten:** Sie können Erinnerungen auf Ihrem Mac oder PC mit iCal beziehungsweise in Outlook mit Aufgaben erstellen. Und wenn Sie iCloud nutzen, sind Ihre Erinnerungen auf all Ihren Geräten immer aktuell.

Das ist eigentlich alles. Die App Erinnerungen ist für den Anfang gar nicht schlecht. Wenn ein oder zwei Funktionen, die Sie benötigen, nicht enthalten sind, erinnern wir Sie noch einmal an die Fülle der Alternativen im App Store.

Bequeme Benachrichtigungen

Die neue Mitteilungszentrale (siehe Abbildung 12.14) überlagert alles, was Sie gerade am Rechner tun, so dass Sie ganz leicht Kalendereinträge, Erinnerungen und E Mails sehen können. Die Mitteilungszentrale funktioniert unabhängig davon, welche App Sie gerade benutzen. Um die Inhalte der Mitteilungszentrale oben auf Ihrem iPad-Bildschirm zusammenzufassen, brauchen Sie lediglich eine Zauberbewegung, nämlich ein Wischen von oben auf dem Bildschirm nach unten. Na los, probieren Sie es aus. Wir warten so lange.

iOS 5 bietet noch eine weitere Möglichkeit, die als Banner bekannt ist und die auf dem Gesperrt-Bildschirm erscheint (siehe Abbildung 12.15).

Abbildung 12.14: Die Mitteilungszentrale in voller Schönheit

Abbildung 12.15: Banner-Benachrichtigungen auf dem Gesperrt-Bildschirm; wischen Sie mit dem Finger darüber, um sie zu öffnen.

Banner-Benachrichtigungen sind ganz niedlich und vor allem finden wir es ziemlich cool, dass man einfach mit dem Finger über ein Objekt wischen kann, um es zu öffnen. Aber wir schweifen ab. Wie man Banner-Benachrichtigungen aktiviert und deaktiviert, erfahren Sie in Kapitel 13.

Folgendes müssen Sie über die Navigation in der Mitteilungszentrale wissen:

✔ **Um die Mitteilungszentrale zu schließen**, ziehen Sie entweder die drei kleinen grauen Linien (unten in der Liste) nach oben oder tippen Sie irgendwo außerhalb der Liste auf den Bildschirm.

✔ **Um eine Mitteilung zu öffnen**, tippen Sie darauf und sie wird in dem passenden Programm geöffnet.

✔ **Um alle Mitteilungen aus einem bestimmten Programm zu löschen**, tippen Sie auf das kleine × in einem Kreis rechts neben dem Namen der App (in Abbildung 12.14 sind das zum Beispiel Kalender und Mail). Durch das Tippen auf das × verwandelt es sich in einen Löschen-Knopf (siehe Mail in Abbildung 12.15).

Tippen Sie auf den Knopf LÖSCHEN und alle Mitteilungen aus dieser App werden gelöscht. Dann verschwindet der Name der App aus der Mitteilungszentrale, erscheint aber wieder, sobald die App Sie benachrichtigen muss.

So weit die Zusammenfassung zur Verwendung der Mitteilungszentrale. Es gibt da noch einiges mehr, zum Beispiel wie man die Einstellungen zu den Benachrichtigungen in bestimmten Apps verändert, aber darauf müssen Sie noch bis zum Kapitel *Einstellungen* warten (was zufällig das nächste Kapitel ist).

Kontakte sichten

Wenn Sie das Kapitel über das Synchronisieren gelesen haben (Kapitel 3), wissen Sie, wie Sie die Adressen der Schneckenpost, E-Mail-Adressen und Telefonnummern von Ihrem Mac oder PC auf das iPad bekommen. Wir unterstellen einmal, dass Sie diese Aktion schon hinter sich haben und sich Ihre Adressen und Telefonnummern an einem »verborgenen« Platz befinden. Diese nicht ganz so geheime Stelle, an der sie »versteckt« sind, wird offenbart, wenn Sie auf dem Home-Bildschirm auf das Symbol KONTAKTE tippen. Die folgenden Abschnitte führen Sie vom Haupt-Bildschirm zu den Aktivitäten, die Sie mit den Kontaktdaten durchführen können.

Kontakte hinzufügen und anschauen

Um innerhalb der App Kontakte einen neuen Eintrag hinzuzufügen, tippen Sie unten auf dem Bildschirm auf die Schaltfläche + und geben so viele Informationen zu einer Person ein, wie Sie haben. Tippen Sie auf FOTO HINZUFÜGEN, um aus Ihren Fotoalben ein Bild hinzuzufügen (oder machen Sie mit Ihrem iPad 2 oder dem neuen iPad einen Schnappschuss). Sie können die Informationen später bearbeiten, indem Sie auf BEARBEITEN tippen, wenn der Name eines Kontakts markiert ist.

Auf der linken Seite des Bildschirms erscheint eine Liste mit den Namen Ihrer Kontakte, in der ein Name blau markiert ist (im Beispiel in Abbildung 12.16 Fernando Schneider). Auf der rechten Seite sehen Sie ein Foto von Fernando und seine Telefonnummer, E-Mail-Adresse, normale Adresse und weitere Informationen, die zu dieser Person hinterlegt wurden. Es gibt auch einen Bereich, in dem Sie zu einem Kontakt Notizen eingeben können.

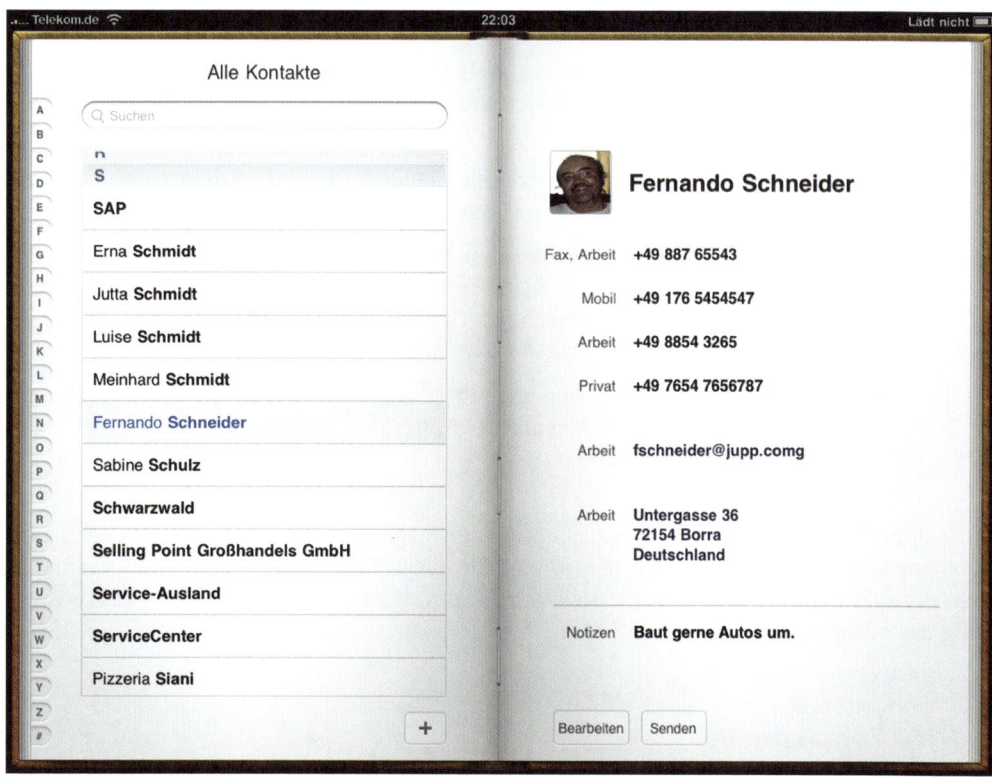

Abbildung 12.16: Ein Blick auf alle Kontakte

Sie haben drei Wege, um zu einem bestimmten Kontakt zu gelangen:

✔ **Streichen Sie mit Ihrem Finger, damit die Liste mit den Kontakten auf der linken Seite schnell nach oben oder unten scrollt.**

✔ **Gleiten Sie mit Ihrem Daumen oder einem anderen Finger über das Alphabet entlang der linken Seite der Liste oder tippen Sie auf einen der winzigen Miniaturbuchstaben,** um zu den Einträgen zu springen, deren Namen mit diesem Buchstaben beginnen.

✔ **Fangen Sie an, den Namen eines Kontakts in das Suchfeld oberhalb der Liste mit den Kontakten einzugeben. Oder tippen Sie den Namen des Ortes ein, an dem Ihr Kontakt arbeitet.** Wenn Sie damit den Namen des Kontakts erreicht haben, halten Sie das Scrollen der Liste an, indem Sie auf den Bildschirm tippen.

Beachten Sie, dass das Tippen, mit dem Sie das Scrollen beenden, kein Element der Liste auswählt. Das ist die ersten paar Mal wenig intuitiv, aber wir haben uns daran gewöhnt und mögen dieses Verfahren mittlerweile sehr.

Sie können die Art ändern, wie Ihre Kontakte angezeigt werden. Tippen Sie auf EINSTELLUNGEN|
MAIL, KONTAKTE, KALENDER. Scrollen Sie dann nach unten, bis Sie auf der rechten Seite des Bildschirms die Einstellungen KONTAKTE sehen. Tippen Sie auf SORTIERFOLGE oder ANZEIGEFOLGE und
wählen Sie jeweils die Einstellungsmöglichkeit VOR-, NACHNAME oder NACH-, VORNAME aus, um
anzugeben, ob die Einträge nach dem Vornamen oder dem Nachnamen der Kontakte sortiert
werden sollen.

Kontakte suchen

Sie können Kontakte suchen, indem Sie im Suchfeld den Vor- oder den Nachnamen einer Person oder den Namen einer Firma eingeben.

 Sie können auf Ihrem iPad Personen finden, ohne die App Kontakte öffnen zu
müssen. Geben Sie den Namen im Spotlight-Suchfeld ein (siehe Kapitel 2) und
tippen Sie dann in der Ergebnisliste auf den Namen. Wenn Sie nach Kontakten
eines Microsoft-Exchange-Anmeldekontos Ausschau halten, sollten Sie in der
Lage sein, im globalen Adressbuch der Firma zu suchen. Dazu stehen Ihnen normalerweise zwei Wege zur Verfügung:

✔ Tippen Sie in der linken oberen Ecke des Bildschirms KONTAKTE auf GRUPPEN und tippen Sie
dann auf den Namen des entsprechenden Exchange-Servers, um Personen zu finden.
Gruppen können zum Beispiel verschiedene Abteilungen Ihres Unternehmens, Arbeitskol-
legen, Schulfreunde und so weiter repräsentieren.

✔ Oder Sie können einen so genannten *LDAP*-Server durchsuchen. LDAP steht für Lig-
htweight Directory Access Protocol und beschreibt einen Server, auf dessen Benutzerver-
waltung Sie über das Protokoll zugreifen können. Ähnlich ist das bei einem CardDAV-
Konto, das Sie nach allen Kontakten durchsuchen können, die Sie mit Ihrem iPad synchronisiert haben.

Kontakte kontaktieren und mit anderen teilen

Sie können aus der App Kontakte heraus eine E-Mail beginnen, indem Sie in den Informationen eines Kontakts auf dessen E-Mail-Adresse tippen. Damit starten Sie auf dem iPad die App
Mail, und im Feld AN steht bereits der Name der Person. Wenn Sie mehr über die App Mail
wissen möchten, verweisen wir Sie auf Kapitel 5.

Sie können das Profil eines Kontakts auch an eine andere Person weitergeben. Tippen Sie auf
die Schaltfläche SENDEN (möglicherweise müssen Sie dazu wieder etwas scrollen) und wieder
startet die App Mail, um ihre Pflicht zu tun. Dieses Mal ist die *vCard* des Kontakts in den Textkörper der neuen Nachricht eingebettet. Fügen Sie der Mail nur noch die Adresse hinzu und
schicken Sie sie ab. Eine vCard ist so etwas wie eine elektronische Visitenkarte. Sie können sie
über das Dateiformat `.vcf` identifizieren.

Und dann können Sie auch noch auf die Schneckenpost-Adresse eines Kontakts tippen, um
die App Karten zu starten und zu sehen, wo auf der Welt sich diese Adresse befindet.

Kontakte verbinden

Die Personen, die Sie kennen, haben wahrscheinlich Kontakteinträge in mehr als einem Account, was bedeutet, dass Sie für ein und dieselbe Person möglicherweise redundante Einträge besitzen. Auf dem iPad heißt die Lösung für diese Problem Kontakte *verbinden*. Finden Sie den betreffenden Kontakt, tippen Sie auf BEARBEITEN und dann auf das Silhouette-Symbol mit dem + in der unteren rechten Ecke des Eintrags. Wählen Sie den entsprechenden Kontakteintrag aus und tippen Sie auf VERBINDEN. Wir sollten noch darauf hinweisen, dass die verbundenen Kontakte in jedem Account separat erhalten bleiben und nicht zusammengeführt werden.

Einen Kontakt entfernen

Das passiert: Sie möchten mit einer Person nichts mehr zu tun haben – vielleicht handelt es sich dabei um den Ex-Lover. Oder Sie sind in einen anderen Teil des Landes umgezogen und benötigen die Dienste des alten Fensterputzers nicht mehr.

Es ist einfach, einen Kontakt – sogar unabsichtlich – zu löschen. Tippen Sie auf einen Kontakt und dann auf BEARBEITEN. Scrollen Sie an das Ende des Bildschirms BEARBEITEN und tippen Sie auf KONTAKT LÖSCHEN. Sie erhalten dann noch einmal Gelegenheit, Ihre Meinung zu ändern, danach ist alles zu spät.

Teil IV

Das unentdeckte iPad

The 5th Wave   By Rich Tennant

»Was ich hier mache, sollte Ihre Nebenhöhlen frei machen, Ihre
Kopfschmerzen verschwinden lassen und Ihr iPad aufladen.«

In diesem Teil ...

Dieser Teil ist der Ort, an dem wir Ihnen zeigen, was sich unter der Haube Ihres iPads versteckt und wie Sie Ihr iPad so konfigurieren, dass es Ihnen gefällt. Danach werfen wir einen Blick auf die Dinge, die unternommen werden müssen, wenn Ihr iPad aufmüpfig wird.

Wir untersuchen in Kapitel 13 jede einzelne iPad-Einstellung, die nicht an einer anderen Stelle dieses Buches ausführlich behandelt wird. Das iPad kennt Dutzende von Vorgaben und Einstellungen, über die Sie es zu Ihrem ureigenen Instrument machen können. Wenn Sie erst einmal mit Kapitel 13 fertig sind, wissen Sie, wie Sie jeden Bereich des iPads, der sich anpassen lässt, anpassen können.

iPads sind die meiste Zeit gut erzogene kleine Biester – außer sie sind es nicht. Es ist wie bei den kleinen Mädchen mit den niedlichen Locken: Wenn sie lieb sind, sind sie sehr, sehr lieb, aber wenn sie bockig sind, sind sie der Horror. Deshalb ist Kapitel 14 Ihr umfassender Führer zu Problemlösungen. Es enthält in Einzelheiten, was unternommen werden muss, wenn fast alles schiefläuft, und bietet sowohl Schritt-für-Schritt-Anleitungen für bestimmte Situationen als auch eine Fülle von Beschreibungen mit Tipps und Techniken, die Sie im Falle eines Falles ausprobieren können. Sie werden Kapitel 14 vielleicht niemals benötigen (was wir Ihnen wirklich wünschen), aber Sie werden glücklich sein, dass es diese Informationen gibt, wenn Ihr iPad mal etwas gegen Sie hat.

Tragetaschen, echte Tastaturen – wir schauen uns in Kapitel 15 einige Zubehörteile für das iPad an, die wir empfehlen. Nein, diese Dinge gehören nicht zu dem, was Sie beim Kauf des iPads erhalten, aber wir sind der Meinung, dass sie sehr wichtig sind.

Einstellungssache

In diesem Kapitel

▶ Einen Überblick über die Einstellungen bekommen

▶ Im Flugmodus abheben

▶ Netzwerke vorbereiten

▶ Statistiken enthüllen

▶ Mitteilungen einrichten

▶ Den eigenen Standort herausfinden

▶ Nach sinnvollen Tönen und der richtigen Bildschirmhelligkeit suchen

▶ Bluetooth aufpolieren

▶ Ein verloren gegangenes iPad wiederfinden

Halten Sie sich für jemanden, der alles kontrollieren muss? Die Art von Person, bei der alles seinen geraden Weg gehen muss? In diesem Fall sind Sie in diesem Kapitel genau richtig.

Die App Einstellungen ist wie eine Umbaustation Ihres iPads. Sie öffnen den Bereich EINSTELLUNGEN, indem Sie auf dem Home-Bildschirm auf das gleichnamige Symbol tippen, und von dort aus können Sie Dinge wie das Ändern des Hintergrundbildes erledigen und festlegen, ob Google, Yahoo! oder Bing die Suchmaschine Ihrer Wahl sein soll. Weiterhin können Sie Sicherheitseinstellungen in Safari anpassen, E-Mail auf Ihre Bedürfnisse hin maßschneidern und erhalten ein Gespür dafür, wie neue Daten vom iPad abgeholt oder dorthin geschoben werden.

 Sie können den Bereich EINSTELLUNGEN des iPads grob mit der Systemsteuerung von Windows oder den Systemeinstellungen beim Mac vergleichen, nur dass zusätzlich noch eine Reihe von Einstellungen für Apps dazukommen.

Da wir einige der Einstellungen an anderer Stelle in diesem Buch behandeln, gehen wir hier nicht auf alles näher ein. Sie haben aber immer noch mehr als genug, das es zu verarbeiten gilt und Ihnen helfen soll, mit dem iPad klarzukommen.

Den Bildschirm »Einstellungen« unter die Lupe nehmen

Wenn Sie den Bereich EINSTELLUNGEN zum ersten Mal öffnen, stoßen Sie auf eine Anzeige, die aussehen könnte wie die in Abbildung 13.1: eine scrollbare Liste auf der linken Seite des Bildschirms und ein Fensterelement auf der rechten Seite, das mit der Einstellung korrespondiert, die blau markiert ist. Wir schreiben »die aussehen könnte wie«, weil sich die Einstellungen auf Ihrem iPad von denen Ihres Nachbarn unterscheiden können.

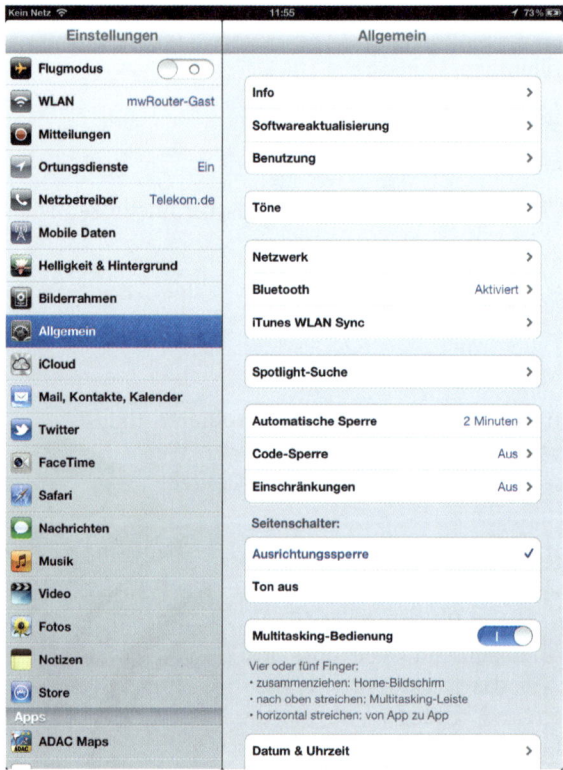

Abbildung 13.1: Die Liste mit Ihren Einstellungen

Und noch ein allgemeiner Gedanke, den Sie sich merken sollten: Wenn Sie auf der rechten Seite einer Liste ein Größer-als-Symbol (>) sehen, sagt Ihnen das, dass der Listenpunkt über eine Menge weiterer Einstellungsmöglichkeiten verfügt. (Einstellungsmöglichkeiten werden übrigens gerne auch als *Optionen* bezeichnet.) Tippen Sie auf das Symbol >, um diese Optionen herauszufinden.

Wenn Sie in der Liste links nach unten scrollen, gelangen Sie zu den Einstellungen, die zu den Apps von Drittanbietern gehören, die Sie dem iPad hinzugefügt haben (siehe Kapitel 7). Jeder besitzt auf seinem iPad eine andere Sammlung von Apps, wodurch natürlich auch die Einstellungen, die zu diesen Programmen gehören, unterschiedlich sind.

Mit himmlischen Einstellungen fliegen

Ihr iPad verfügt über Einstellungen, die Sie im Flugverkehr auf der guten Seite der Kommunikation bleiben lassen. Die Einstellungen des iPad-Modells Wi-Fi + 3G/4G unterscheiden sich hier von denen des reinen Wi-Fi-Modells. Bei Ersterem gibt es eine Option, die FLUGMODUS heißt, auf die wir im nächsten Absatz eingehen und die das Wi-Fi-Modell nicht hat.

Sie sehen den Flugmodus nur bei Geräten, die über 3G auf mobile Netzwerke zugreifen können. Es ist im Flieger verboten, solche Geräte einzusetzen, aber niemand hat etwas dagegen, wenn Sie im Flugzeug ein iPad benutzen, um Musik zu hören, sich einen Film anzuschauen und Bilder zu betrachten – zumindest nicht, nachdem die Maschine ihre Reiseflughöhe erreicht hat.

Wie können Sie also die Vorteile des in das iPad eingebauten iPods (oder anderes) in 12.000 Meter Höhe nutzen, während Sie Ihre drahtlose Schnittstelle zu E-Mail und dem Internet abschalten? Die Antwort ist: Indem Sie den Flugmodus einschalten.

Das machen Sie, indem Sie auf dem Bildschirm EINSTELLUNGEN lediglich auf FLUGMODUS tippen, um diese Option zu aktivieren.

Dies deaktiviert alle drahtlosen Sendemöglichkeiten des iPads: (abhängig vom Modell) WLAN, mobil und Bluetooth. Solange sich Ihr iPad im Flugmodus befindet, können Sie weder im Web surfen noch auf einer Karte einen Standort herausfinden, E-Mails senden und empfangen, YouTube-Filme anschauen, Kontakte synchronisieren, iTunes oder den App Store besuchen oder sonst irgendetwas machen, das eine Internetverbindung verlangt. Wenn Sie nach einem Silberstreif Ausschau halten, dann ist das der, dass die eigentlich recht langlebige Batterie noch länger vorhält – was eine gute Nachricht ist, wenn Sie der Flug um die halbe Erde führt.

In der Statusleiste oben links im Bildschirm erscheint als Symbol ein kleines Flugzeug und erinnert Sie daran, dass der Flugmodus eingeschaltet ist. Denken Sie daran, diesen Modus wieder auszuschalten, wenn die Erde Sie zurückhat.

Wenn auf Ihrem Flug WLAN verfügbar ist, können Sie das WLAN unabhängig einschalten und den Rest Ihrer iPad-Funk-Funktionen sicher deaktiviert lassen.

WLAN-Verbindungen kontrollieren

Wie wir in Kapitel 4 erwähnen, ist WLAN normalerweise das schnellste drahtlose Netzwerk, das Sie benutzen können, um im Web zu surfen, E-Mails zu versenden und mit dem iPad andere Internettricks auszuprobieren. Sie benutzen die WLAN-Einstellungen, um festzulegen, welche WLAN-Netzwerke zur Verfügung stehen und welches davon Sie am besten verwenden können.

Tippen Sie auf WLAN, um diese Einstellung einzuschalten und alle WLAN-Netzwerke anzuzeigen, die sich in Reichweite befinden (siehe Abbildung 13.2). Sie können diesen Bildschirm auch dadurch erreichen, dass Sie die Einstellung ALLGEMEIN antippen, auf NETZWERK tippen und dann WLAN antippen.

Abbildung 13.2: Überprüfen Sie Ihre WLAN-Einstellungen.

 Schalten Sie WLAN aus, wann immer Sie keinen Zugriff auf ein Netzwerk haben und vermeiden möchten, dass die Batterie leer gesaugt wird.

Ein Symbol, das die Signalstärke anzeigt, kann dabei helfen, das für eine Verbindung geeignete Netzwerk auszuwählen, wenn mehrere zur Verfügung stehen. Tippen Sie auf das Netzwerk, wenn Sie zu einer Entscheidung gekommen sind. Wenn ein Netzwerk kennwortgeschützt ist, sehen Sie das Symbol eines Schlosses (siehe Abbildung 13.2).

Sie können auch die Option AUF NETZE HINWEISEN ein- oder ausschalten. Das iPad verbindet sich automatisch mit Netzwerken, die es kennt, und zwar unabhängig davon, welches Sie ausgewählt haben. Wenn die Funktion des Nachfragens ausgeschaltet und kein bekanntes Netzwerk verfügbar ist, müssen Sie ein neues Netzwerk manuell auswählen. Wenn die Funktion des Nachfragens eingeschaltet ist, werden Sie gefragt, bevor sich das Gerät mit einem neuen Netzwerk verbindet. In beiden Fällen sehen Sie eine Liste mit allen Netzwerken, die sich in Reichweite befinden.

Wenn Sie in der Vergangenheit ein bestimmtes Netzwerk automatisch benutzt haben, mit dem sich Ihr iPad nicht mehr verbinden soll, tippen Sie (in den WLAN-Einstellungen) neben dem betreffenden Netzwerk auf das Symbol > und dann auf DIESES NETZWERK IGNORIEREN. Das iPad entwickelt sich zu einem schnellen Fall von Gedächtnisverlust.

In einigen Fällen müssen Sie bei einem Netzwerk, von dem Sie hoffen, dass Sie sich darauf stürzen können, zusätzliche technische Informationen eingeben. Sie treffen dabei auf ein Bündel unangenehm klingender Begriffe: DHCP, BOOTP, STATISCH, TEILNETZMASKE, ROUTER, DNS SUCH-DOMAINS, CLIENT-ID, HTTP-PROXY und LEASE ERNEUERN. Die Wahrscheinlichkeit ist hoch, dass Sie mit diesen Informationen niemals etwas zu tun haben. Sollten Sie diese Einstellungen jemals ausfüllen oder anpassen müssen, kann Ihnen sicherlich ein Netzwerkadministrator oder ein technisch begabter Freund aus der Patsche helfen.

Manchmal möchten Sie sich mit einem Netzwerk verbinden, das zwar in der Nähe ist, aber in der WLAN-Liste nicht angezeigt wird. Tippen Sie in diesem Fall auf ANDERES und benutzen Sie die Tastatur, um den Namen des Netzwerks einzugeben. Tippen Sie dann auf SICHERHEIT, um die Sicherheitseinstellungen auszuwählen, die dieses Netzwerk verwendet (wenn es denn welche verwendet). Sie können unter WEP, WPA, WPA2, FIRMENWEITER WPA und FIRMENWEITER WPA2 wählen. Auch hier treffen Sie nicht auf die benutzerfreundlichste Terminologie der Welt, aber wir gehen davon aus, dass Ihnen jemand zur Hand gehen kann.

Wenn kein WLAN-Netzwerk verfügbar ist, müssen Sie auf 3G oder EDGE umsteigen, wenn Sie ein Modell Wi-Fi + 3G/4G besitzen. Wenn das nicht der Fall ist oder wenn Sie kein mobiles Netzwerk erreichen können, müssen Sie so lange auf den Cyberspace verzichten, bis Sie wieder Zugriff auf ein Netzwerk haben.

In mobilen Datennetzen wandern

Sie sehen einen weiteren Satz Einstellungen nur, wenn Sie das Wi-Fi + 3G/4G-iPad besitzen. Dann können Sie auf die Einstellungsmöglichkeiten MOBILE DATEN zugreifen:

✔ **Daten-Roaming:** Sie könnten unwissentlich einen Berg Roaming-Gebühren anhäufen, wenn Sie im Ausland unterwegs sind und E-Mails austauschen, mit Safari surfen oder in andere Aktivitäten eingebunden sind, die einen hohen Datenverkehr verlangen. Schalten Sie DATEN-ROAMING aus, um Gebühren dieser Art möglichst zu vermeiden.

Mobile Daten: Wenn Sie wissen, dass Sie auf ein mobiles Datennetzwerk verzichten können, wenn Sie unterwegs sind oder sich in einem Gebiet aufhalten, in dem Sie auf ein solches Netzwerk keinen Zugriff haben, schalten Sie diese Einstellung aus. Die Batterie wird es Ihnen danken.

✔ **APN-Einstellung:** Tippen Sie hierauf, um Ihre Kontodaten zu sehen oder zu bearbeiten.

✔ **SIM-PIN:** Die winzige SIM-Karte (SIM steht für *Subscriber Identity Module*) in Ihrem iPad enthält wichtige Daten über Ihr Konto. Um eine PIN oder einen Kenncode hinzuzufügen, der Ihre SIM-Karte sperrt, tippen Sie auf SIM-PIN. Dadurch verhindern Sie, dass jemand, der auch ein iPad besitzt, diese Karte in seinem Gerät nutzt, wenn er den Code nicht kennt.

 Wenn Sie der SIM-Karte eine PIN zuweisen, müssen Sie diese eingeben, wenn Sie das iPad einschalten.

Mitteilungen verwalten

Entwickler von Apps können über den Apple-Dienst *Push Notification* Meldungen zu Programmen, die Sie installiert haben, auf Ihr iPad schicken. Solche Meldungen kommen normalerweise als Text an, können aber auch Töne enthalten. Die Idee dahinter ist die, dass Sie solche Meldungen auch dann bemerken sollen, wenn die Anwendung, die sie betreffen, nicht läuft. Diese Meldungen können aber auch auf dem Home-Bildschirm an dem entsprechenden Symbol als nummeriertes »Kennzeichen« erscheinen.

Der Nachteil der eingeschalteten Push-Mitteilungenn ist, dass dies die Lebensdauer der Batterie verkürzt (wobei wir aber ziemlich zufrieden damit sind, wie lange das iPad trotz eingeschalteter Push-Mitteilungsfunktionen unter Strom steht). Darüber hinaus empfinden manche Menschen Mitteilungen als störend.

 Es gibt für Mitteilungen keinen allgemeinen Ein/Aus-Knopf mehr; seit iOS 5 müssen Sie die Mitteilungen von App zu App einzeln verwalten. Dazu tippen Sie auf der linken Seite des Bildschirms EINSTELLUNGEN auf MITTEILUNGEN und dann auf die App, die Sie verwalten möchten, wie in Abbildung 13.3 gezeigt.

Alle installierten Apps, die die neue Mitteilungszentrale von iOS 5 nutzen können (siehe Kapitel 12), erscheinen rechts in den Mitteilungseinstellungen (siehe Abbildung 13.3). Dabei erscheinen die aktivierten Apps in dem oberen Bereich (IN DER MITTEILUNGSZENTRALE) und die deaktivierten im unteren Bereich (NICHT IN DER MITTEILUNGSZENTRALE).

Tippen Sie auf eine beliebige App, um die Einstellungen anzupassen, wie in Abbildung 13.4 dargestellt.

In Abbildung 13.4 sehen Sie die Einstellungen für die Kalender-App. Manche Apps bieten noch weitere Optionen wie akustische Signale, wieder andere Apps bieten weniger Optionen. Aber wir denken, das werden Sie schon noch herausfinden. Für den Anfang finden Sie hier eine Übersicht der in Abbildung 13.4 dargestellten Optionen (von oben beginnend):

✔ **In der Zentrale:** Tippen Sie auf diese Schaltfläche, um für die betreffende App die Mitteilungen ein- oder auszuschalten.

✔ **Anzeigen:** Wählen Sie hier die maximale Anzahl der Mitteilungen, die Sie gleichzeitig auf dem Bildschirm sehen möchten: 1, 5, 10 oder 20.

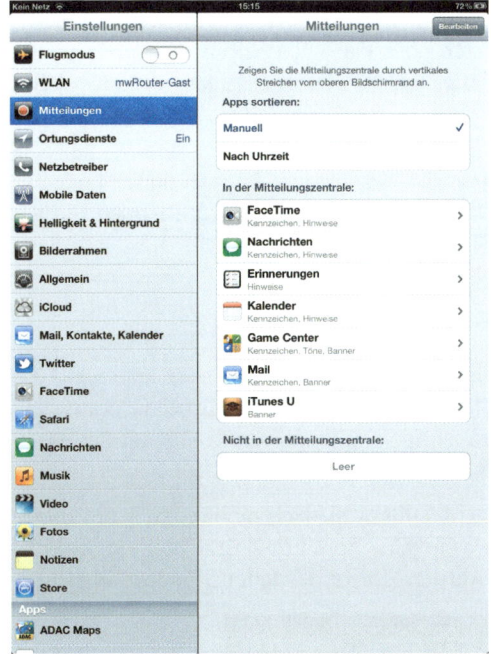

Abbildung 13.3: Informieren Sie Ihr iPad über
Ihre Informationsbedürfnisse.

Abbildung 13.4: Die Einstellungen für Mitteilungen in der Kalender-App.

✔ **Hinweisstil:** Tippen Sie auf diese Schaltfläche, um festzulegen, welche Art von Mitteilungen Sie sehen möchten:

Keine: Wählen Sie KEINE und es erscheinen keine spontanen Mitteilungen. Sie sind zwar in der Mitteilungszentrale noch sichtbar (wischen Sie oben am Bildschirm nach unten; siehe Kapitel 12), aber sie unterbrechen nicht Ihren Arbeitsfluss (oder Ihr Spiel).

Banner: Wählen Sie BANNER, wenn Sie möchten, dass Mitteilungen als Banner oben auf dem Bildschirm sichtbar sind und dann automatisch verschwinden, im Gegensatz zu ...

Hinweise: Wählen Sie HINWEISE, wenn Sie Mitteilungen sehen möchten, die zunächst eine Aktion erfordern, bevor Sie weiterarbeiten können.

✔ **Kennzeichensymbol:** Aktivieren Sie dieses, wenn Sie sehen möchten, wie viele Mitteilungen noch offen sind. Die Zahl wird in dem App-Symbol auf dem Home-Bildschirm angezeigt.

✔ **Im Sperrbildschirm:** Aktiveren Sie diese Option, wenn Sie Mitteilungen für diese App auch dann sehen möchten, wenn der Bildschirm gesperrt ist.

Apps, die die Mitteilungszentrale von iOS 5 nicht nutzen, können trotzdem Mitteilungsoptionen bieten, doch dazu müssen Sie links in den Einstellungen in den Bereich APPS scrollen und dann auf die App tippen, die Sie verwalten möchten. Beachten Sie, dass die App, deren Einstellungen Sie ändern wollen, nicht unbedingt im Abschnitt APPS von EINSTELLUNGEN erscheinen muss. Aber viele der Apps, die in der Liste erscheinen, bieten sowieso keine Mitteilungen.

Andererseits gibt es viele Apps, die welche bieten. Eine der Apps, für die es eine Reihe von Mitteilungsoptionen gibt, ist Facebook. Sie können sich über PINNWANDEINTRÄGE, FREUNDSCHAFTSANFRAGEN, FOTOMARKIERUNGEN und vieles mehr informieren lassen. Oder Sie entscheiden sich dafür, über alles oder über nichts benachrichtigt zu werden.

Eigentlich wollen wir damit nur sagen, dass Sie für alle Apps in dieser Liste zunächst die Einstellungen prüfen sollten. Wenn Sie es nicht tun, wissen Sie gar nicht, welche nützlichen Optionen diese möglicherweise bieten.

Ortungsdienste

Ortung?!? Durch den Einsatz von Karten oder einer Vielzahl von Dritthersteller-Apps weiß das iPad ziemlich genau, wo Sie gerade sind. Das iPad mit 3G wertet das eingebaute GPS aus. Das Wi-Fi-iPad kann Ihren allgemeinen Standort herausfinden (indem Signale von WLAN-Basisstationen und Antennen von Mobilfunkanbietern *trianguliert* werden).

Wenn Ihnen diese Vorstellung gegen den Strich geht, sollten Sie sich nicht allzu sehr ärgern. Um Ihr Recht auf Privatsphäre zu schützen, lassen einzelne Apps eine kurze Meldung wie die in Abbildung 13.5 erscheinen, in der Sie gefragt werden, ob Ihr aktueller Standort ausgewer-

Abbildung 13.5: Die App Free Wi-Fi möchte wissen, wo Sie sind.

tet werden darf. Sie können aber in EINSTELLUNGEN die Ortungsdienste auch ausschalten (siehe Abbildung 13.1). Damit ist nicht nur Ihre Privatsphäre geschützt, es schont gleichzeitig die Batterie, die damit länger Saft hat.

Einstellungen für Ihre Sinne

Die nächsten Einstellungen steuern, wie das iPad aussieht und klingt.

»Es werde Licht«

Wer möchte keinen hellen, dynamischen Bildschirm haben? Leider hat der hellste Bildschirm auch seine Schattenseite: Bevor Sie den Helligkeitsregler (siehe Abbildung 13.6) auf seine maximale Einstellung ziehen, sollten Sie wissen, dass ein hellerer Bildschirm Ihrer Batterie noch schneller den Saft entzieht. Das Steuerelement erscheint, wenn HELLIGKEIT & HINTERGRUND markiert ist.

Aus diesem Grund empfehlen wir, AUTO-HELLIGKEIT einzuschalten. Diese Option passt den Bildschirm an das Umgebungslicht an, in dem Sie das iPad nutzen, und denkt gleichzeitig an die Batterie.

Hintergrundbild

Mit einem Hintergrundbild können Sie Ihr iPad an Ihre ästhetischen Vorlieben anpassen. Sie können auf die schönen Muster und Bilder zugreifen, die das iPad bereits für Sie ausgewählt hat:

1. **Tippen Sie auf HELLIGKEIT & HINTERGRUND und dann auf die beiden iPads unter dem Wort HINTERGRUNDBILD (siehe Abbildung 13.6).**

   Nun erscheint eine Liste mit Fotoalben sowie oben ein Ordner HINTERGRUNDBILD, mit vielen schönen Bildern, die mit Ihrem iPad ausgeliefert werden (siehe Abbildung 13.7).

2. **Tippen Sie auf Hintergrund oder auf eines Ihrer eigenen Fotoalben in der Liste.**

   Nun erscheinen Miniaturbilder der in dem Album befindlichen Fotos wie in Abbildung 13.8 dargestellt.

3. **Tippen Sie auf eines der Miniaturbilder.**

   Das Bild füllt nun den Bildschirm.

4. **Wenn das Bild den Bildschirm füllt, erscheinen oben im Bildschirm vier Optionen:**

   - SPERRBILDSCHIRM macht das ausgewählte Bild zum Hintergrundbild Ihrer Wahl, wenn das iPad gesperrt ist.

   - HOME-BILDSCHIRM sorgt dafür, dass das gewählte Hintergrundbild nur den Home-Bildschirm schmückt.

Abbildung 13.6: Mit diesem Schieberegler können Sie die Helligkeit einstellen.

- BEIDE macht das gewählte Bild zum Hintergrundbild für den gesperrten und den Home-Bildschirm.

- ABBRUCH bringt Sie zurück zu den Miniaturbildern, ohne dass Ihr Home- oder Sperrbildschirm verändert wird.

Aus EINSTELLUNGEN heraus können Sie Ihr iPad auch zu einem animierten Bilderrahmen machen. Sie finden in Kapitel 10 mehr über diese Funktion und die Einstellungen, damit alles so funktioniert, wie Sie es sich vorstellen.

Töne

Betrachten Sie die Einstellungen TÖNE, die Sie finden, nachdem Sie in der linken Liste von EINSTELLUNGEN auf ALLGEMEIN getippt haben, als eine Art Minitonstudio des iPads. Hier können Sie für eine Reihe von Funktionen Audiomeldungen ein- oder ausschalten: neue E-Mails, gesendete E-Mails und Kalenderhinweise. Des Weiteren können Sie festlegen, ob beim Sperren des Geräts ein Ton und das Klicken der Tastatur zu hören sein sollen.

Auf dem iPad 2 und dem neuen iPad können Sie den Klingelton ändern, den Sie für FaceTime-Anrufe und iMessages hören, und auf eine Schaltfläche tippen, um weitere Töne zu kaufen, wenn Sie nicht mit denen zufrieden sind, die Apple standardmäßig zur Verfügung stellt. Um verschiedene Töne individuell für bestimmte Anrufer in den Kontakten einzurichten, tippen Sie auf die Schaltfläche BEARBEITEN und dann entweder auf die Klingelton- oder die SMS-Option.

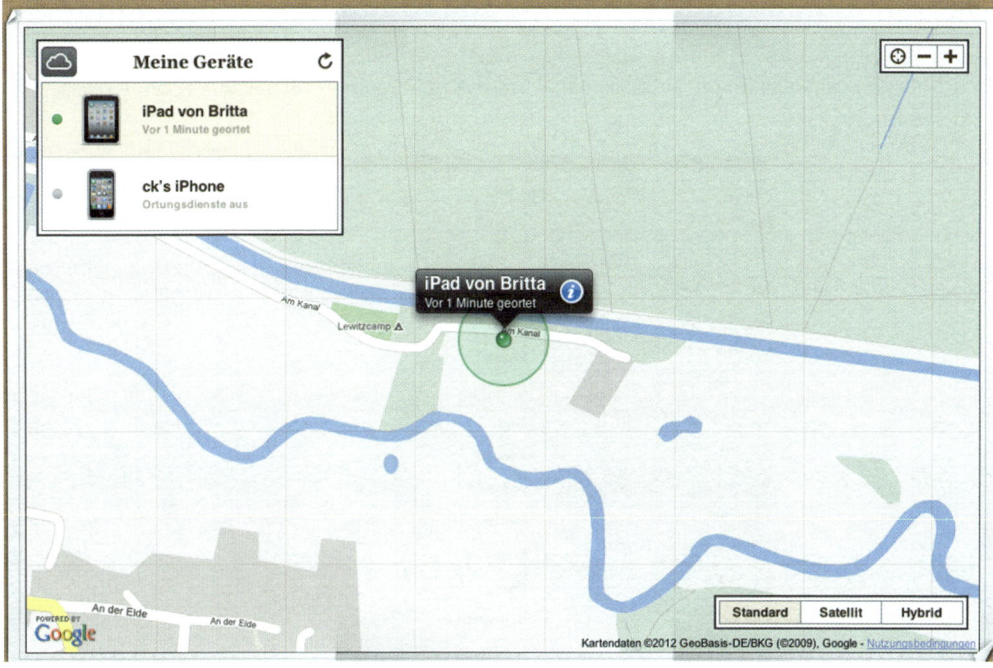

Abbildung 13.7: Eine Liste aller Alben, aus denen Hintergrundbilder ausgewählt werden können.

Abbildung 13.8: Ein Meisterwerk als Hintergrundbild auswählen.

Um den Dezibelwert von akustischen Meldungen zu erhöhen, ziehen Sie den Lautstärkeregler nach rechts. Ziehen Sie ihn in die entgegengesetzte Richtung, um die Lautstärke zu verringern. Eine Alternative zum Anpassen der Lautstärke: Sie können zu diesem Zweck die echten Lautstärketasten an der Seite des iPads benutzen, solange Sie nicht die Musik-App des iPads nutzen, um Musik zu hören, oder Filme anschauen.

Diese Funktion können Sie mit dem Schalter MIT TASTEN ÄNDERN aktivieren oder deaktivieren, der sich direkt neben dem Lautstärkeregler befindet.

Sich im Allgemeinen mit Einstellungen beschäftigen

Einige Einstellungen lassen sich nur schwer in Kategorien einordnen. Weise, wie Apple nun mal ist, wurden solche Optionen unter dem Punkt ALLGEMEIN zusammengefasst, und eine von Ihnen haben wir bereits vorgestellt, TÖNE. Hier ein kurzer Überblick über die restlichen allgemeinen Einstellungsmöglichkeiten:

Info

Dieser Abschnitt, den Abbildung 13.9 zeigt, informiert Sie über die Einstellungen von INFO. Und INFO ist vollgepackt mit banalen (und nicht so banalen) Informationen *über* das Gerät. Und das finden Sie hier:

Abbildung 13.9: In INFO finden Sie Informationen über Ihr iPad.

✔ **Das mobile Netzwerk (nur 3G), das Sie benutzen**

✔ **Anzahl der Musiktitel, die auf dem Gerät gespeichert sind**

✔ **Anzahl der Videos**

✔ **Anzahl der Fotos**

✔ **Anzahl der Anwendungen**

✔ **Speicherkapazität (gesamt und noch verfügbar):** Ihnen steht aufgrund der Art, wie das Gerät formatiert worden ist, immer etwas weniger Speicherkapazität zur Verfügung als der in der Werbung angegebene Wert.

✔ **Softwareversion:** Als dieses Buch im Original veröffentlicht wurde, war 5.1 die aktuelle Version. Da die Software aber ständig weiterentwickelt und aktualisiert wird, kann auf Ihrem iPad eine neuere Version existieren. Neben der Versionsnummer sehen Sie in

Klammern eine Folge von Ziffern und Buchstaben (zum Beispiel 9B176) Dies sagt Ihnen genauer, welche Softwareversion Sie besitzen. Diese Information ändert sich jedes Mal, wenn die Software des iPads aktualisiert wird, und wird vom technischen Support von Apple benötigt.

✔ **Netzbetreiber und mobile Datennummer (nur bei der Version Wi-Fi + 3G/4G):** Das sind in Deutschland in der Regel die Telekom oder Vodafone.

✔ **Modell und Seriennummer**

✔ **Mobile Datennummer**

✔ **WLAN-Adresse**

✔ **Bluetooth-Adresse:** Mehr zu Bluetooth gibt es weiter hinten in diesem Kapitel.

✔ **IMEI (nur bei der Version Wi-Fi + 3G/4G):** Diese Abkürzung von *International Mobile Equipment Identity* wird als eindeutige Seriennummer für das Identifizieren von GSM-oder UMTS-fähigen Endgeräten benutzt.

✔ **Diagnose und Nutzung:** Wählen Sie aus, ob automatisch Diagnose- und Nutzungsdaten an Apple geschickt werden sollen.

✔ **Lizenzhinweise und regulatorische Hinweise:** Irgendwoher müssen auch Rechtsanwälte ihr Geld bekommen. Das ganze Kleingedruckte finden Sie in diesen beiden Kategorien. Und *kleingedruckt* ist es, wobei Sie die Copyright-Vereinbarung, nicht aber das Regulatorische vergrößern können. (Wobei wir uns aber kaum vorstellen können, dass sich mehr als eine Handvoll Leser die Mühe macht, dieses rechtliche Kauderwelsch durchzulesen.)

Benutzung

Die Einstellung INFO, die wir gerade behandelt haben, versorgt Sie mit vielen Informationen über Ihr Gerät. Wenn Sie INFO wieder verlassen haben und zum Hauptbildschirm von EINSTELLUNGEN zurückgekehrt sind, stoßen Sie dort auf statistische Einstellungen zu Ihrem iPad:

✔ **Batterieladung in %:** In der rechten oberen Ecke des Bildschirms finden Sie immer eine kleine Batterie-Ladungsanzeige. Wenn Sie zusätzlich die restliche Lebensdauer der Batterie in Prozent sehen wollen, sorgen Sie dafür, dass BATTERIELADUNG IN % eingeschaltet ist.

✔ **Mobile Netzwerkdaten (nur 3G/4G-Modelle):** Das Datenvolumen, das Sie über EDGE oder 3G gesendet und empfangen haben. Diese Einstellung wirkt sich nur bei der iPad-Version Wi-Fi + 3G/4G aus. Sie können die Werte dort zurücksetzen, indem Sie auf die Schaltfläche STATISTIKEN ZURÜCKSETZEN tippen.

 Wenn Sie bei Ihrem Netzwerkanbieter ein bestimmtes monatliches Datenvolumen gekauft haben, können Sie hier sehen, ob Sie Ihr Kontingent schon ausgeschöpft haben.

✔ **iCloud:** Zeigt den gesamten und den verfügbaren Speicherplatz. Tippen Sie auf SPEICHER| SPEICHER VERWALTEN, um, welch Überraschung, den Speicher für iCloud zu verwalten.

VPN (Virtual Private Network)

Nachdem Sie auf dem Bildschirm von ALLGEMEIN auf NETZWERK getippt haben, sehen Sie zwei Bedienelemente: VPN und WLAN. Wir gehen weiter vorn in diesem Kapitel im Abschnitt *WLAN-Verbindungen kontrollieren* und in Kapitel 10 auf WLAN ein. VPN behandeln wir im Folgenden.

 Ein *Virtuelles Privates Netzwerk* (was VPN ausgeschrieben bedeutet) ist eine Möglichkeit, um sicher auf das Netzwerk Ihres Unternehmens hinter der Firewall zuzugreifen, indem eine verschlüsselte Internetverbindung benutzt wird, die als sicherer »Tunnel« für die Daten dient.

Sie können auf dem iPad ein VPN konfigurieren, indem Sie diesen Schritten folgen:

1. **Tippen Sie auf EINSTELLUNGEN|ALLGEMEIN|NETZWERK|VPN|VPN HINZUFÜGEN.**

2. **Tippen Sie auf eine der Protokolloptionen.**

   Die Software des iPads unterstützt die Protokolle *L2TP* (Layer 2 Tunneling Protocol), *PPTP* (Point-to-Point Tunneling Protocol) und Cisco *IPSec*, das wirklich für die Sicherheit sorgt, die Netzwerkadministratoren zufriedenstellt.

3. **Füllen Sie die Angaben zu SERVER, Anmeldekonto (das bei Apple ACCOUNT heißt), KENNWORT und so weiter aus. Sie erhalten diese Angaben von Ihrer Firma.**

4. **Legen Sie fest, ob RSA-SECURITYID eingeschaltet wird.**

   Bringen Sie Ihr iPad dort, wo Sie arbeiten, zu den Techniktypen und lassen Sie sie die fehlenden Informationen ergänzen.

Nachdem Sie Ihr iPad für den Gebrauch von VPN eingerichtet haben, können Sie diese Funktion ein- oder ausschalten, indem Sie den Schalter VPN ein- oder ausschalten.

Bluetooth

Bluetooth ist einer unserer Favoriten unter all den eigenartigen Begriffen, auf die man in der Welt der Technologie treffen kann. Der Name hat seinen Ursprung bei einem dänischen König des zehnten Jahrhunderts, Harald Blåtand, der, wie die Sage geht, Krieg führende Parteien versöhnen konnte. Und, wie man uns erzählte, *Blåtand* wurde im Englischen zu *Bluetooth*. (Bluetooth sorgt dafür, dass unterschiedliche Gerätetypen zusammenarbeiten können. Alles klar?)

Offensichtlich war Blåtand seiner Zeit weit voraus. Obwohl wir uns kaum vorstellen können, dass er jemals einen antiken Computer benutzt hat, gibt es heute eine drahtlose Netzwerktechnologie, die seinen Namen trägt. Sie können auf dem iPad Bluetooth benutzen, um drahtlos mit einem Bluetooth-Headset zu kommunizieren oder um eine optionale drahtlose Tastatur zu benutzen. Zubehör dieser Art gibt es von Apple und anderen Herstellern. Damit das iPad mit diesen Geräten zusammenarbeiten kann, müssen sie von ihm erkannt werden. Wenn Sie Zubehör eines Drittherstellers einsetzen, müssen Sie den Anweisungen folgen, die Sie zusammen mit dem Headset oder der Tastatur erhalten, damit es von Ihrem iPad erkannt wird. Schalten Sie dann Bluetooth ein (auf dem Bildschirm EINSTELLUNGEN unter ALLGEMEIN), damit das iPad Geräte dieser Art und diese das iPad finden können. In Abbildung 13.10 wird ein MacBook angezeigt. Um das iPad mit diesem Gerät zu koppeln, muss ein festgelegtes Passwort eingegeben werden. Bluetooth funktioniert bis zu einer Entfernung von ungefähr zehn Metern.

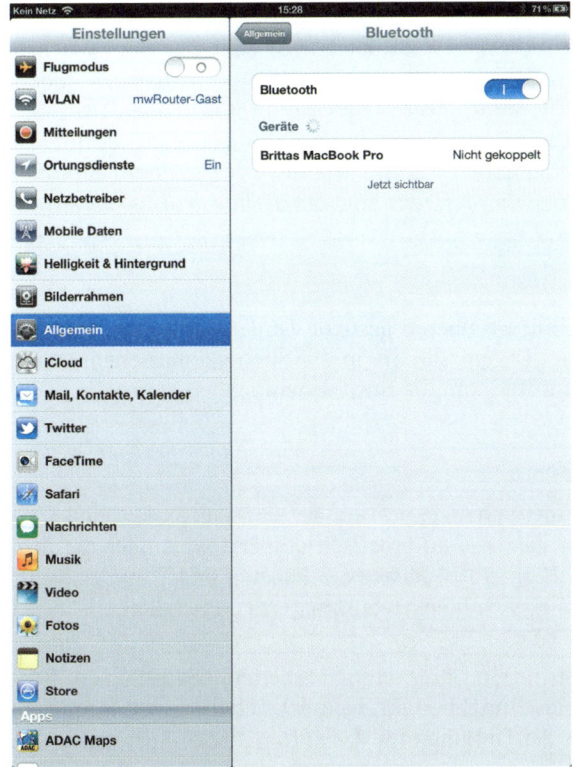

Abbildung 13.10: Geräte kabellos mit dem iPad verbinden

 Sie wissen, dass Bluetooth eingeschaltet ist, wenn Sie in der Statusleiste das Blue-
tooth-Symbol sehen. Wenn es weiß ist, kommuniziert das iPad drahtlos mit einem
verbundenen Gerät. Wenn das Symbol grau ist, ist Bluetooth zwar eingeschaltet, es
gibt aber in der Nähe kein geeignetes Gerät, mit dem sich das iPad verbinden kann.
Wenn Sie kein Bluetooth-Symbol sehen, ist die Einstellung ausgeschaltet.

Sie trennen ein Bluetooth-Gerät auf Dauer vom iPad, indem Sie es in der Geräteliste auswählen und dann die entsprechende Schaltfläche antippen.

Das iPad kann mit Stereo-Bluetooth-Kopfhörern umgehen, wodurch es möglich ist, iPad-
Sounds in Stereo zu hören.

Das iPad kann Bluetooth aber auch noch auf eine andere Art anzapfen. Es lässt sich eine so genannte *Peer-to-Peer*-Verbindung aufbauen, wodurch Sie sich in Mehrbenutzerspiele einklin-
ken können, wenn sich Benutzer anderer iPads, iPhones oder iPod touches in der Nähe aufhalten. Sie können dann auch Dinge wie das Austauschen von Visitenkarten, das Freigeben
von Bildern und das Versenden kurzer Notizen erledigen. Und Sie müssen die Geräte noch
nicht einmal offiziell so miteinander verbinden, wie das bei einem Headset oder einer drahtlosen Tastatur der Fall ist.

Sie können Bluetooth nicht dazu benutzen, um Dateien zwischen einem iPad und einem Computer zu übertragen oder Daten zu synchronisieren. Sie können auch keine Verbindung zu einem Bluetooth-Drucker aufbauen, um vom iPad aus Dokumente zu drucken. Der Grund hierfür liegt darin, dass das iPad keine der Bluetooth-Anforderungen (oder Spezifikationen) erfüllt, die drahtlose Aktionen dieser Art zuließen – zumindest nicht bis zu dem Zeitpunkt, an dem diese Zeilen geschrieben wurden. Wir sind der Meinung, dass das eine Schande ist.

Spotlight-Suche

Teilen Sie dem iPad mit, wo überall gesucht werden soll, und tippen Sie auf die drei waagerechten Linien neben der App, die Sie in die Suche einbeziehen wollen, und ziehen Sie sie nach oben oder nach unten, um die Suchreihenfolge zu ändern.

Automatische Sperre

Tippen Sie im Fensterbereich ALLGEMEIN auf AUTOMATISCHE SPERRE, und Sie sehen die Zeitspanne, die verstreicht, bevor das iPad automatisch gesperrt wird oder die Anzeige ausschaltet. Sie können zwischen 15 MINUTEN, 10 MINUTEN, 5 MINUTEN und 2 MINUTEN wählen. Oder Sie stellen das Gerät so ein, dass es sich niemals automatisch ausschaltet.

Wenn Sie für ein Unternehmen arbeiten, das auf einem Kenncode (siehe den folgenden Abschnitt) besteht, befindet sich die Einstellungsmöglichkeit NIE nicht in der Liste der Optionen für das automatische Sperren.

Machen Sie sich keine Gedanken, ob das iPad gesperrt ist. Sie können weiterhin Mitteilungen erhalten und die Lautstärke anpassen.

Code-Sperre

Wenn Sie verhindern möchten, dass andere Ihr iPad benutzen, können Sie einen Code einrichten, indem Sie auf CODE-SPERRE und dann auf CODE AKTIVIEREN tippen. Normalerweise benutzen Sie Ihre virtuelle Tastatur, um den Code einzugeben und zu bestätigen. Wenn Sie einen längeren, sichereren Code wünschen, schalten Sie EINFACHER CODE aus. Nun geben Sie Ihr aktuelles Passwort ein und dann tippen Sie auf ENTER und bestätigen Ihr neues Passwort, was praktisch jede beliebige Kombination aus Buchstaben, Zahlen und Symbolen sein kann, die Sie auf der virtuellen Standard-Tastatur finden.

Sie können außerdem festlegen, ob der Code sofort, nach fünf Minuten oder nach 15 Minuten angefordert wird. Kürzere Zeiten sind natürlich sicherer. Zu den Sicherheitseinstellungen gehört auch, dass das iPad alle Daten löschen kann, wenn der Kenncode zehnmal falsch eingegeben worden ist.

Sie können den Kenncode auch ändern oder wieder ausschalten (wenn Ihr Arbeitgeber nichts anderes verlangt), aber Sie müssen den aktuell gültigen Kenncode kennen, damit Sie etwas ändern können. Wenn Sie den Code vergessen, müssen Sie die iPad-Software so wiederherstellen, wie wir es in Kapitel 14 beschreiben.

iPad-Cover verriegeln/entriegeln

Sie haben beim iPad 2 und beim neuen iPad die Möglichkeit, es automatisch sperren und entsperren zu lassen, wenn Sie ein optional erhältliches Smart Cover besitzen. Wenn Sie diese iPad-Hülle mit einem Kenncode versehen, muss dieser beim Öffnen der Hülle eingegeben werden, damit das iPad benutzt werden kann.

Einschränkungen

Das Werkzeug EINSCHRÄNKUNGEN wird von Eltern und Chefs geliebt, während Kinder und Angestellte normalerweise etwas anders darüber denken. Sie können hart durchgreifen, äh, sich gegenüber Ihren Kindern auf Ihre elterlichen Pflichten berufen, um sie zumindest zeitweilig davon abzuhalten, Safari, YouTube, Kamera, FaceTime, iTunes, Ping oder die Ortungsdienste zu benutzen. Vielleicht möchten Sie aber auch verhindern, dass sie neue Apps installieren oder neue Apps kaufen. Wenn Sie für Einschränkungen gesorgt haben, sind die Symbole der »ausgesperrten« Apps nicht mehr sichtbar. Tippen Sie auf EINSCHRÄNKUNGEN AKTIVIEREN, legen Sie einen Kenncode fest oder geben Sie ihn ein – Sie müssen ihn zweimal eingeben, wenn Sie ihn neu einrichten – und tippen Sie in den Listen ERLAUBEN und ZULÄSSIGER INHALT auf die Schalter neben den Elementen, die Sie einschränken wollen. Die Schalter müssen in diesem Fall auf AUS stehen (also grau sein).

Für Eltern gibt es noch mehr Steuerungsmöglichkeiten, um die sie sich kümmern müssen. So darf Junior zwar Filme auf dem iPad anschauen, es soll aber verhindert werden, dass er Zugriff auf Filme erhält, die für Jugendliche nicht freigegeben sind. Sie können des Weiteren den Zugang zu bestimmten Fernsehsendungen, zu eindeutig zweideutigen Liedern und Podcasts und zu Apps einschränken, die nicht für die entsprechende Altersgruppe vorgesehen sind. Hören Sie auf, sich schuldig zu fühlen. Sie haben für Ihre Lieben nur das Beste im Sinn.

Wenn Ihre Schuldgefühle zu groß werden, können Sie EINSCHRÄNKUNGEN wieder ausschalten. Öffnen Sie EINSCHRÄNKUNGEN, indem Sie Ihren Kenncode eingeben. Dann schieben Sie die Ein/Aus-Einstellung bei allen Elementen auf EIN, die Sie freigeben möchten. Tippen Sie auf EINSCHRÄNKUNGEN DEAKTIVIEREN. Sie müssen Ihren Kenncode dann noch einmal eingeben, bevor Sie von Ihren Kindern und Ihrer schwer schuftenden Belegschaft wieder zu den Guten gezählt werden.

Seitenschalter

Sie können den Seitenschalter des iPad 2 und des neuen iPads für zwei Dinge verwenden: Sie können das Drehen sperren, damit sich die Bildschirmausrichtung nicht ändert, wenn Sie das iPad zur Seite drehen oder Sie schalten bestimmte Töne stumm. Hier können Sie festlegen, welche dies sind.

Multitasking-Bedienung

Aktivieren Sie diese Option, wenn Sie folgende Funktionen mit vier oder fünf Fingern ausführen möchten:

✔ Durch Pinchen (Zusammenziehen der Finger) zum Home-Bildschirm gelangen

✔ Durch Wischen nach oben die Multitasking-Leiste anzeigen

✔ Nach links oder rechts wischen, um zwischen Apps zu wechseln

Aktivieren Sie diese Option auf jeden Fall, falls sie nicht schon aktiviert ist. Diese neuen Gesten verbessern das Multitasking-Erlebnis erheblich und wir raten Ihnen dringend, es zumindest auszuprobieren. Wenn Sie damit aus irgendwelchen Gründen dann doch nicht zurechtkommen, wissen Sie ja, wo man die Option wieder abschalten kann.

Datum & Uhrzeit

Vermutlich wird die Uhrzeit in der Gegend, aus der Sie kommen, in der Form `14:41` (oder wie spät es auch immer ist) angegeben. In anderen Gegenden zieht man `2:41 nachmittags` vor. Wenn Sie dieses Format für Ihr iPad bevorzugen, tippen Sie (unter DATUM & UHRZEIT) auf die Einstellung 24-STUNDEN, um sie auszuschalten.

Dies ist nur eine der Einstellungen, die sich unter DATUM & UHRZEIT anpassen lassen. So können Sie auch die Uhrzeit in Ihrer Zeitzone einstellen.

Das geht so:

1. **Tippen Sie auf DATUM & UHRZEIT.**

   Sie sehen Felder, um die Zeitzone und das Datum und die Uhrzeit einzustellen.

2. **Tippen Sie auf das Feld ZEITZONE.**

   Die aktuelle Zeitzone und die virtuelle Tastatur werden angezeigt.

3. **Tippen Sie auf die Anfangsbuchstaben der Stadt oder des Landes, dessen Zeitzone Sie festlegen wollen, bis die Region erscheint, an die Sie denken. Tippen Sie dann auf den Namen der Stadt oder des Landes.**

   Das Feld ZEITZONE wird automatisch mit dem Namen der Stadt gefüllt.

4. **Tippen Sie auf das Feld DATUM & UHRZEIT EINSTELLEN, damit die Uhrzeit angezeigt wird. Rollen Sie dann die Räder des Bedienelements, das wie ein Nummernschloss aussieht, bis die richtige Uhrzeit angezeigt wird.**

5. **Tippen Sie auf das angezeigte Datum, damit das Bedienelement erscheint, das wie ein Nummernschloss aussieht und Sie das Datum einstellen lässt. Rollen Sie die Räder für Tag, Monat und Jahr, bis das richtige Datum angezeigt wird.**

6. **Tippen Sie neben das Fenster** Datum **&** Uhrzeit**, damit die Änderungen übernommen werden und Sie zum Hauptbildschirm von** Datum **&** Uhrzeit **zurückkehren.**

Sie können auf diese Einstellungen verzichten; das iPad kann sie dann automatisch anhand seiner Kenntnis davon vornehmen, wo Sie sich gerade aufhalten.

Tastatur

Die Einstellungen für Tastatur bieten folgende Möglichkeiten:

✔ **Auto-Korrektur:** Wenn dies eingeschaltet ist, schlägt das iPad das vor, von dem es glaubt, dass Sie es schreiben wollen.

✔ **Auto-Großschreibung:** Diese Einstellung ist standardmäßig eingeschaltet und bedeutet, dass das erste Wort, das Sie nach einem Punkt, einem Fragezeichen oder einem Ausrufezeichen schreiben, mit einem Großbuchstaben beginnt.

✔ **Korrektur:** Wenn diese Option eingeschaltet ist, versucht das iPad zu erahnen, was Sie zu schreiben gedenken.

✔ **Feststelltaste:** Wenn Feststelltaste eingeschaltet ist, werden alle Buchstaben großgeschrieben WIE DIESE, wenn Sie die Feststelltaste noch einmal antippen. (Die Feststelltaste ist die Taste mit dem nach oben zeigenden Pfeil.)

✔ **».«-Kurzbefehl:** Des Weiteren können Sie diese Tastatureinstellung einschalten, die einen Punkt mit einem nachfolgenden Leerzeichen einfügt, wenn Sie die Leertaste doppelt antippen. Diese Option ist standardmäßig eingeschaltet, wenn Sie es also nie ausprobiert haben, sollten Sie es jetzt einmal tun.

Zusätzlich können Sie hier (wie wir in Kapitel 2 beschreiben) über Internationale Tastatur eine internationale Tastatur auswählen. Diese Auswahl ist auch über Landeseinstellungen möglich, die wir im nächsten Abschnitt beschreiben.

Landeseinstellungen

Das iPad ist sicherlich auch international die Sensation, die es in den USA ist. Apple hat mit seinem Tablet-PC globale Ambitionen, deshalb können Sie unter Landeseinstellungen die Sprache auswählen, in der Sie schreiben möchten (indem Sie eine entsprechende benutzerdefinierte virtuelle Tastatur benutzen), die Sprache einstellen, in der das iPad Text ausgibt, und über Region das Format für Datum, Uhrzeit und Telefonnummern vorgeben.

Bedienungshilfen

Die Bedienungshilfen Ihres iPads zielen darauf, Personen mit körperlichen Einschränkungen zu helfen. Die folgenden Abschnitte erklären die einzelnen Hilfen.

VoiceOver

Dieser Vorleser beschreibt laut, was es auf dem Bildschirm gibt. Er kann E-Mails, Webseiten und mehr vorlesen. Wenn VoiceOver aktiviert ist, tippen Sie ein Element des Bildschirms an, um es auszuwählen. VoiceOver platziert ein schwarzes Rechteck darum und spricht entweder den Namen des Objekts aus oder beschreibt es. Wenn Sie zum Beispiel auf HELLIGKEIT & HINTERGRUND tippen, sagt VoiceOver »Helligkeit und Hintergrund Taste« (da Apple Schaltflächen auch als Tasten bezeichnet). VoiceOver lässt es Sie sogar wissen, ob Sie das iPad senkrecht oder waagerecht halten oder wenn der Bildschirm gesperrt oder entsperrt ist.

Innerhalb der Einstellung VOICEOVER haben Sie weitere Einstellungsmöglichkeiten. Wenn Sie zum Beispiel VORSCHLÄGE VORLESEN einschalten, versorgt Sie VoiceOver mit Anleitungen, was als Nächstes zu machen ist (wie »doppeltippen, um zu öffnen«). Sie können einen Regler verschieben, um die Sprechgeschwindigkeit einzustellen. Sie können einstellen, welche Informationen Sie beim Schreiben erhalten: ZEICHEN, WÖRTER, ZEICHEN UND WÖRTER oder NICHTS. Weitere Bedienelemente lassen Sie ein Buchstabieralphabet und eine Änderung der Tonhöhe einschalten.

 Die Stimme, die Sie hören, spricht in der Sprache, die Sie unter LANDESEINSTELLUNGEN festgelegt haben. Wir beschreiben LANDESEINSTELLUNGEN im vorherigen Abschnitt.

Wenn VoiceOver eingeschaltet ist, müssen Sie vollständig neue Fingergesten lernen, was besonders dann nicht ganz einfach ist, wenn Sie VoiceOver zum ersten Mal benutzen. Aber wenn Sie sich daran gewöhnt haben, ist das sehr nützlich. Sie möchten das, was auf dem Bildschirm ist, beschrieben haben, bevor sie es wirklich aktivieren. Die verschiedenen Gesten bei VoiceOver benötigen eine unterschiedliche Anzahl Finger. Hier kommt eine Auflistung:

✔ **Tippen:** Das Element wird angesagt.

✔ **Nach links oder rechts streichen:** Wählt das vorherige beziehungsweise nächste Element aus.

✔ **Nach oben oder unten streichen:** Diese Geste hat mehrere Bedeutungen, die von der Einstellung der so genannten *Rotorsteuerung* (Steuerung der Sprachenliste) abhängen. Stellen Sie sich die Rotorsteuerung wie eine Wählscheibe vor. Sie kreisen mit zwei Fingern auf dem Bildschirm. Der Sinn ist, zu einem anderen Befehlssatz oder zu anderen Funktionen zu wechseln. Das führt uns wieder zum Streichen nach oben oder unten. Stellen Sie sich vor, Sie lesen den Text einer E-Mail. Indem Sie abwechselnd »den Rotor drehen«, können Sie sich den Text der Nachricht entweder Wort für Wort oder Buchstabe für Buchstabe vorlesen lassen. Die Gesten des Streichens nach oben oder unten dienen einem ganz anderen Zweck, wenn Sie eine E-Mail schreiben: Die Gesten bewegen die Zeigemarke im Text nach links oder rechts.

✔ **Mit zwei Fingern tippen:** Das Sprechen anhalten.

✔ **Mit zwei Fingern nach oben streichen:** Alles vom Anfang des Bildschirms an lesen.

✔ **Mit zwei Fingern nach unten streichen:** Alles von der aktuellen Bildschirmposition an lesen.

- **Mit drei Fingern nach rechts oder links streichen:** Zur nächsten beziehungsweise vorherigen Seite gehen.

- **Mit drei Fingern nach oben oder unten streichen:** Eine Seite scrollen.

- **Mit drei Fingern tippen:** Lässt Sie wissen, welche Seite oder Zeilen auf dem Bildschirm sind.

- **Mit vier Fingern nach oben oder unten streichen:** Zum ersten beziehungsweise letzten Teil der Seite gehen.

- **Mit vier Fingern nach rechts oder links streichen:** Zum nächsten beziehungsweise vorherigen Abschnitt gehen.

- **Doppelt tippen:** Aktiviert ein markiertes Symbol oder eine Schaltfläche, um eine Anwendung zu starten oder einen Schalter ein- beziehungsweise auszuschalten.

- **Ein Objekt mit einem Finger berühren und mit einem anderen Finger auf den Bildschirm tippen:** Auch als »gesplittetes Tippen« bekannt. Wenn Sie ein Objekt berühren, bezeichnet eine Stimme, was Sie berührt haben (zum Beispiel »Safari«). Wenn Sie dann mit dem zweiten Finger auf den Bildschirm tippen und beide Finger wieder vom Bildschirm abheben, startet die Anwendung beziehungsweise wird die Schaltfläche ausgeführt.

- **Tippen Sie doppelt, warten Sie einen Augenblick und machen Sie dann eine Standardgeste:** Dies sagt dem iPad, dass es sich bei Ihrer nächsten Aktion um eine Standardgeste handelt. Sie können mit VoiceOver auch Standardgesten nutzen, indem Sie doppelt tippen und den Finger auf dem Bildschirm lassen. Sie hören eine Stimme, die Sie daran erinnert, dass Sie nun mit Standardgesten weitermachen. Dies geht so lange, bis Sie den Finger anheben.

- **Doppeltippen mit zwei Fingern:** Wiedergabe oder Anhalten. Sie benutzen das Doppeltippen bei den Apps Musik, YouTube und Fotos.

- **Doppeltippen mit drei Fingern:** Schaltet die Stimme aus beziehungsweise wieder ein.

- **Dreifachtippen mit drei Fingern:** Schaltet den Bildschirm ein beziehungsweise aus.

Jetzt denken Sie vielleicht: »Himmel, da muss ich mir aber eine Menge merken.« Und da haben Sie recht. Aber Apple hilft Ihnen dabei, die VoiceOver-Gesten zu üben, indem Sie auf eine Schaltfläche VoiceOver-Gesten üben tippen können.

Zoomen

Die Funktion Zoomen vergrößert für diejenigen den Bildschirm, die sehbehindert sind. Um eine Vergrößerung von 200 Prozent zu erreichen, doppeltippen Sie auf dem Bildschirm mit *drei* Fingern, nachdem Sie Zoomen eingeschaltet haben. Ziehen Sie den Bildschirm mit drei Fingern umher. Doppeltippen Sie mit drei Fingern, um die Vergrößerung wieder zurückzusetzen.

Die Zoom-Funktion hat allerdings auch einen Nachteil: In der Vergrößerung sind die Buchstaben auf dem Bildschirm leicht unscharf, und Sie können in einer Ansicht nicht so viel wie sonst anzeigen.

Großer Text

Sie können Text in den Apps Mail und Notizen vergrößern. Sie können zusätzlich zur Standardgröße aus sechs verschiedenen Schriftgrößen (von 20 bis 56 Punkt) auswählen.

Weiß auf schwarz

Die Farben auf dem Bildschirm können vertauscht werden, um den Kontrast für Menschen zu verbessern, die Probleme mit den Augen haben. Der Bildschirm ähnelt dann einem Filmnegativ.

Mono-Audio

Wenn Sie auf einem Ohr schlecht hören, kann das iPad den rechten und den linken Audiokanal kombinieren, damit beide Kanäle mit beiden Ohrhörern der Kopfhörer zu hören sind. Mit einem Schieberegler können Sie festlegen, wie viel Audio kombiniert wird und auf welches Ohr es gelenkt wird.

 Das iPad wird nicht wie seine Cousins iPhone und iPod mit Ohr- oder Kopfhörern ausgeliefert. Sie müssen sich selbst welche besorgen.

Auswahl vorlesen

Wenn diese Einstellung eingeschaltet ist, liest das iPad jeden ausgewählten Text vor. Sie finden auch hier einen Schieberegler, mit dem Sie die Sprechgeschwindigkeit anpassen können.

Auto-Text vorlesen

Wenn diese Einstellung eingeschaltet ist, werden Auto-Korrekturen und Auto-Großschreibung automatisch vorgelesen.

Home-Dreifachklick

Stellen Sie HOME-DREIFACHKLICK ein, um Zugriffswerkzeuge aufzurufen. Das schnelle dreifache Anklicken der Home-Taste kann benutzt werden, um VOICEOVER, WEISS AUF SCHWARZ oder ZOOMEN ein- oder auszuschalten. Sie können aber auch dafür sorgen, dass Sie gefragt werden, auf welche dieser beiden Optionen Sie zugreifen wollen.

Erweiterte Untertitel

Wenn es bei einem Film oder Video die erweiterten Untertitel gibt, können Sie sie über die Einstellungen von VIDEO ein- oder ausschalten.

Zurücksetzen

Als Kinder haben wir uns beim Sport im Streitfall häufig darauf geeinigt, wieder neu anzufangen. Nun, die Einstellungen unter ZURÜCKSETZEN sind auf dem iPad ein großer Neuanfang. Nachdem wir jetzt (vermutlich) erwachsen geworden sind, sollten wir weise genug sein, um uns alle Zeit dieser Welt zu nehmen und über die Konsequenzen nachdenken, bevor wir an die Einstellung des Neuanfangs gehen. Nichtsdestotrotz kann es gute Gründe geben, um wieder von vorn zu beginnen. Einige dieser Gründe finden Sie in Kapitel 14.

Hier sind Ihre Einstellungsmöglichkeiten für ZURÜCKSETZEN:

✔ **Alle Einstellungen:** Setzt alle Einstellungen zurück, es werden aber weder Daten noch Medien gelöscht.

✔ **Inhalte & Einstellungen löschen:** Setzt alle Einstellungen zurück *und* vernichtet alle Daten.

✔ **Netzwerkeinstellungen:** Löscht die aktuellen Netzwerkeinstellungen und setzt sie auf den Auslieferungszustand zurück.

✔ **Tastaturwörterbuch:** Entfernt aus dem Wörterbuch alle hinzugefügten Wörter. Erinnern Sie sich daran, dass die iPad-Tastatur intelligent ist? Und einer der Gründe, warum sie so klug ist, ist, dass sie von Ihnen lernt. Wenn Sie Wörter abweisen, die die iPad-Tastatur vorschlägt, geht sie davon aus, dass die Begriffe, die Sie stattdessen eingeben, in das Tastaturwörterbuch aufgenommen werden sollten.

✔ **Home-Bildschirm:** Platziert alle Symbole wieder dort, wo sie sich im Auslieferungszustand des Geräts befunden haben.

✔ **Ortungswarnungen:** Setzt die entsprechenden Meldungen auf den Auslieferungszustand zurück.

Mein iPad suchen

Wir hoffen, dass Sie die Funktion des iPad-Suchens niemals nutzen müssen – obwohl wir der Meinung sind, dass sie ziemlich cool ist. Wenn Sie Ihr iPad unabsichtlich in einem Taxi oder Restaurant zurückgelassen haben, kann MEIN IPAD SUCHEN dabei helfen, es wiederzubekommen. Alles, was Sie dazu benötigen, ist ein kostenloses iCloud-Konto.

Na ja, das ist *fast* alles, was Sie benötigen. Sie müssen die Funktion auch noch einschalten. Das geschieht, indem Sie in EINSTELLUNGEN auf das iCloud-Symbol tippen.

Stellen Sie sich nun vor, dass Sie das kostbare Gerät verloren haben – und wir können nur hoffen, dass Sie nicht außer sich sind. Folgen Sie diesen Schritten, um herauszufinden, ob Ihnen die Funktion MEIN IPAD SUCHEN helfen kann:

1. **Melden Sie sich über Ihren Computer mit einem Browser bei Ihrem iCloud-Konto an.**

2. **Klicken Sie auf MEIN IPHONE SUCHEN.**

   Wenn Sie es nicht sehen, klicken Sie auf das Symbol mit der Wolke, das in der oberen linken Ecke der iCloud-Seite sichtbar ist. Sie sehen eine Leiste mit Symbolen, die mit verschiedenen iCloud-Diensten verbunden sind, unter anderem auch mit MEIN IPHONE SUCHEN. (Jawohl, es heißt MEIN IPHONE SUCHEN und nicht MEIN IPAD SUCHEN. Doch keine Angst, das iPad wird genauso gefunden wie gegebenenfalls das iPhone.)

Wenn wir davon ausgehen, dass Ihr iPad eingeschaltet ist und sich in dem Bereich befindet, der von der Suchfunktion abgedeckt wird, wird sein ungefährer Standort auf einer Karte angezeigt (siehe Abbildung 13.11). Bei unseren Tests hat MEIN IPAD SUCHEN das iPad sehr schnell gefunden.

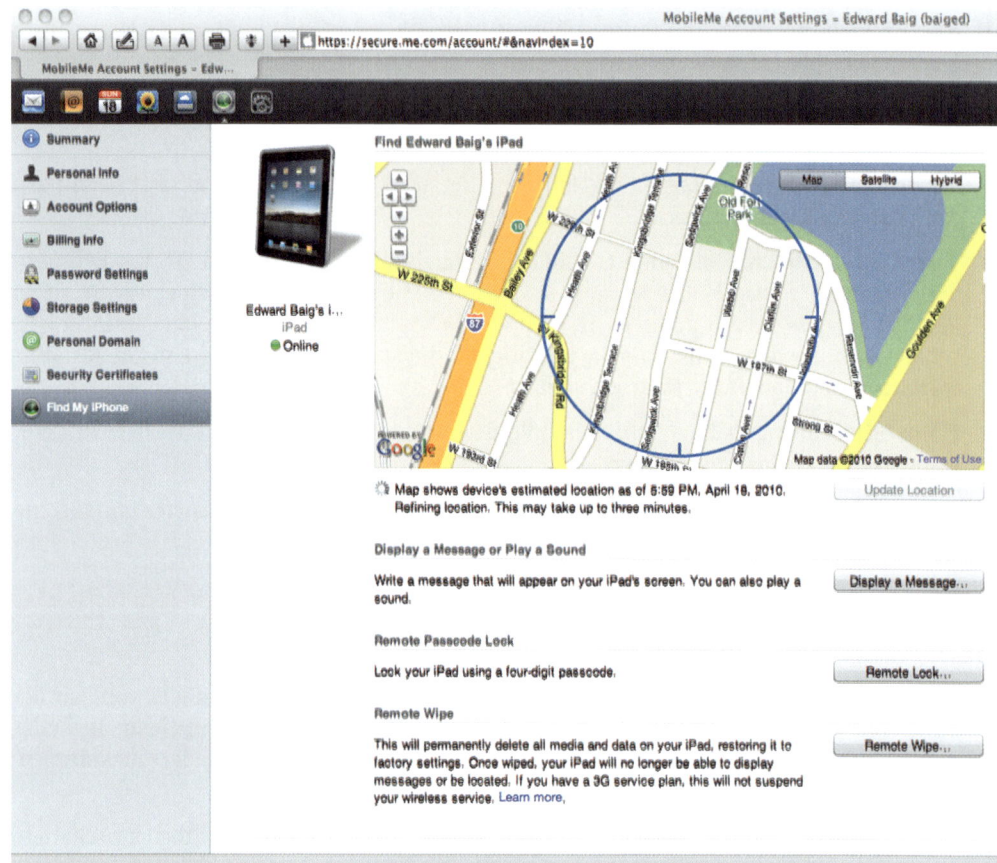

Abbildung 13.11: Ein verloren gegangenes iPad ausfindig machen

Die Wahrheit ist, dass es wenig hilft, wenn man sein iPad nur auf einer Karte sieht – besonders dann, wenn das Gerät irgendwo mitten in Manhattan verschwunden ist. Nur Mut.

3. **Klicken Sie auf der iCloud-Site auf EINE NACHRICHT ANZEIGEN.**

4. **Schicken Sie dem großherzigen Samariter, der Ihr iPad gefunden hat, einen Appell.**

Diese Nachricht erscheint auf dem Bildschirm des verloren gegangenen iPads. Vergessen Sie nicht, in die Nachricht einen Weg aufzunehmen, über den der Finder mit Ihnen in Kontakt treten kann (siehe Abbildung 13.12).

Abbildung 13.12: Ein Appell, das iPad zurückzugeben und als Belohnung eine Ausgabe von »iPad für Dummies« zu erhalten

Um die Aufmerksamkeit einer Person zu wecken, können Sie auch ein Signal ertönen lassen, das selbst dann zwei Minuten lang abgespielt wird, wenn der Ton ausgeschaltet ist. Und glauben Sie uns, dieser Alarm ist ausgesprochen praktisch, wenn sich das iPad unter Ihrer Couch versteckt hat ...

Wenn nach dieser ganzen Arbeit das iPad rettungslos verloren scheint, können Sie über die iCloud-Site alle Ihre persönlichen Daten löschen lassen und es wieder in den Auslieferungszustand zurückversetzen. (Eine weniger drastische Methode ist, das iPad aus der Ferne mit einem Kenncode zu sperren.) Und wenn Sie dann Ihr iPad irgendwann einmal zurückbekommen, können Sie alle Daten aus der Datensicherung von iTunes auf Ihrem Windows-PC oder Mac oder über iCloud wiederherstellen.

Wenn liebe iPads böse werden

In diesem Kapitel

▶ Schwierigkeiten mit dem iPad beseitigen

▶ Sich mit Netzwerkproblemen abgeben

▶ Das miese Gefühl beseitigen, wenn das Synchronisieren nicht mehr klappt

▶ Die Apple-Website und Diskussionsforen durchforsten

▶ Das iPad zu einem Apple Store senden

Nach unserer Erfahrung sind die Geräte, die auf Apples iOS basieren – das sind ganz besonders das iPad, das iPhone und der iPod touch –, ausgesprochen zuverlässig. Aber manchmal kann auch ein gutes Gerät schlechte Laune haben. Wir glauben nicht, dass das häufig vorkommt, aber es geschieht. Deshalb beschäftigen wir uns in diesem Kapitel mit den schlechten Dingen, die passieren können, und liefern gleichzeitig Lösungsvorschläge.

Über welche nicht so schönen Dinge wollen wir sprechen? Nun, es geht hier um folgende Probleme:

✔ Eingefrorene oder tote iPads

✔ Drahtlose Netzwerke

✔ Synchronisation, Computer (sowohl Mac als auch PC) und iTunes

Nachdem wir uns mit der Behandlung von Fehlern auseinandergesetzt haben, erzählen wir Ihnen, wo Sie Hilfe bekommen können, wenn unsere Vorschläge nicht greifen. Und zum Schluss, wenn Ihr iPad so hin ist, dass es zurück zum Mutterschiff muss, um repariert zu werden, zeigen wir Ihnen Wege, um diese Erfahrung mit so wenig Stress wie möglich zu überleben.

Ein problembeladenes iPad wiederbeleben

Unsere erste Kategorie der Problemlösungstechniken beschäftigt sich mit einem iPad, das eingefroren ist oder nicht mehr reagiert. Gehen Sie in solch einem Fall so vor, dass Sie die folgende Liste in der vorgegebenen Reihenfolge abarbeiten:

1. Laden Sie die Batterie neu auf.

2. Starten Sie das iPad neu.

3. Setzen Sie Ihr iPad zurück.

4. Entfernen Sie alle Inhalte.

5. Setzen Sie Einstellungen und Inhalte zurück.

6. Stellen Sie das System wieder her.

Bevor Sie aber damit anfangen, empfiehlt Apple, folgende Schritte zu unternehmen:

1. **Stellen Sie sicher, dass Sie die aktuelle Version von iTunes auf Ihrem Mac oder PC installiert haben.**

   Hier können Sie jederzeit die neueste Version herunterladen: `www.apple.de/itunes/download`.

2. **Überprüfen Sie, ob Ihr iPad wirklich über eine Schnittstelle vom Typ USB 2.0 mit Ihrem Computer verbunden ist.**

 Wenn Sie an dieser Stelle Probleme haben, empfehlen wir Ihnen dringend, den Abschnitt im nächsten Teil zu lesen, der mit »Stecken Sie *auf keinen Fall* das Dock Connector-auf-USB-Kabel in einen USB-Anschluss der Tastatur, des Monitors oder eines USB-Hubs« beginnt.

3. **Sorgen Sie dafür, dass die Software Ihres iPads aktuell ist.**

   - Um auf Ihrem Mac oder PC in iTunes nachzusehen:

     a. Verbinden Sie Ihr iPad mit Ihrem Computer, starten Sie (falls notwendig) iTunes und klicken Sie in der Seitenleiste von iTunes auf Ihr iPad.

     b. Klicken Sie dann auf die Registerkarte ÜBERSICHT und anschließend auf die Schaltfläche NACH UPDATE SUCHEN.

   - Um auf Ihrem iPad nachzusehen:

     a. Tippen Sie auf dem Home-Bildschirm auf EINSTELLUNGEN.

     b. Tippen Sie in der Liste mit den Einstellungen links im Bildschirm auf ALLGEMEIN.

     c. Tippen Sie auf SOFTWAREAKTUALISIERUNG rechts im Bildschirm.

Wenn Ihr iPad ein Update braucht, erhalten Sie dafür die Anleitungen. Falls nicht, fahren Sie fort.

Wenn diese vier einfachen Schritte nichts bringen und Ihr iPad weiterhin verrücktspielt – wenn es eingefroren ist, nicht aus dem Schlaf erwacht und nichts von dem macht, wozu es normalerweise fähig ist, oder auf andere Weise nicht einwandfrei funktioniert –, geraten Sie nicht in Panik. In den folgenden Abschnitten beschreiben wir die Dinge, die Sie in der Reihenfolge ausprobieren sollten, die wir (und Apple) empfehlen.

Wenn die erste Vorgehensweise versagt, machen Sie mit der zweiten weiter. Wenn auch diese scheitert, probieren Sie die dritte aus. Und so weiter.

Neu aufladen

Wenn Ihr iPad Theater macht, sollten Sie als Erstes versuchen, seine Batterie vollständig aufzuladen, bevor Sie weitermachen.

 Stecken Sie *auf keinen Fall* das Dock-Connector-auf-USB-Kabel in einen USB-Anschluss der Tastatur, des Monitors oder eines USB-Hubs. Sie müssen es direkt in einen USB-Anschluss Ihres Computers stecken. Der Grund dafür ist, dass die USB-Anschlüsse Ihres Computers für mehr Spannung sorgen als die übrigen Anschlüsse. Diese anderen Anschlüsse *können* ausreichen, während das in der Regel bei denen Ihres Computers der Fall ist.

 Die meisten strombetriebenen USB-Anschlüsse, also die, die Sie an eine Steckdose anschließen, laden Ihr iPad problemlos auf. Aber die »passiven« oder nicht strombetriebenen Anschlüsse – also die, die man nicht in die Steckdose in der Wand steckt – bringen es einfach nicht, wenn es um das Aufladen Ihres iPads geht.

Wenn Ihr Computer mehr als ein paar Jahre alt ist, könnten sogar die internen USB-Anschlüsse nicht genug Saft liefern, um Ihr iPad aufzuladen. Das Synchronisieren geht prima, nur das Laden funktioniert nicht. Wenn das Gerät oben im Bildschirm neben dem Batteriesymbol `Lädt nicht` anzeigt, sollten Sie das USB-Netzteil verwenden, um Ihr iPad über einen normalen Stromanschluss und nicht über den Computer zu laden.

 Wenn Sie es eilig haben, laden Sie Ihr iPad mindestens 20 Minuten lang auf. Wir sind zwar der Meinung, dass eine komplette Ladung die bessere Alternative wäre, aber 20 Minuten plus X zum Aufladen ist allemal besser als keine Aufladung. In jedem Fall sollten Sie das iPad, um es schneller aufzuladen, während des Ladevorgangs vollkommen ausschalten.

Neustart

Wenn Sie Ihr iPad aufgeladen haben und es sich immer noch weigert, wieder mitzuspielen, sollten Sie als Nächstes einen Neustart des Geräts probieren. Und so wie der Neustart eines Computers häufig die Probleme löst, kann ein Neustart des iPads Wunder bewirken.

Und so starten Sie Ihr iPad neu:

1. **Halten Sie die Taste für den Ruhezustand gedrückt.**

2. **Wenn ein roter Pfeil erscheint, ziehen Sie ihn in Pfeilrichtung, um das iPad auszuschalten, und warten Sie einige Sekunden.**

3. **Halten Sie erneut die Taste für den Ruhezustand gedrückt, bis das Apple-Logo erscheint.**

4. **Wenn Ihr iPad eingefroren ist, sich seltsam verhält oder nicht startet, halten Sie die Home-Taste sechs bis zehn Sekunden lang gedrückt, um eingefrorene Anwendungen zwangsweise zu beenden.**

5. **Wiederholen Sie noch einmal die Schritte 1 bis 3.**

Wenn auch diese Schritte nicht dazu beitragen, dass Ihr iPad wieder funktioniert, machen Sie mit dem nächsten Punkt weiter, dem Zurücksetzen Ihres iPads.

Das iPad zurücksetzen

Um Ihr iPad zurückzusetzen, halten Sie lediglich die Taste für den Ruhezustand und die Home-Taste gleichzeitig mindestens zehn Sekunden lang gedrückt. Wenn Sie das Apple-Logo sehen, lassen Sie beide Tasten los.

Das Zurücksetzen des iPads ist wie der zwangsweise Neustart eines Computers nach einem Absturz. Ihre Daten sollten von solch einem Zurücksetzen nicht berührt werden – und in vielen Fällen heilt das Zurücksetzen, was Ihr iPad krank gemacht hat. Scheuen Sie sich also nicht, diese Technik auszuprobieren. In vielen Fällen gelangt Ihr iPad anschließend in die Normalität zurück.

 Manchmal müssen Sie die Taste für den Ruhezustand gedrückt halten, *bevor* Sie die Home-Taste gedrückt halten. Wenn Sie beide Tasten gleichzeitig drücken, machen Sie vom aktuellen Bildschirm ein Foto, einen so genannten *Screenshot*, anstatt das iPad zurückzusetzen. (Nebenbei bemerkt: Bilder dieser Art werden in der App Fotos auf der Registerkarte ALBEN im Album GESICHERTE FOTOS (iPad 1) oder AUFNAHMEN (iPad 2 und neues iPad) abgelegt. Sie können am Ende von Kapitel 18 mehr über diese Funktion erfahren.) Ein Screenshot *sollte* nur erfolgen, wenn Sie beide Knöpfe gleichzeitig drücken und wieder loslassen, aber manchmal löst das Drücken und Halten der beiden Knöpfe ebenfalls den Screenshot-Mechanismus anstatt eines Neustarts aus.

Leider löst ein Zurücksetzen des iPads das Problem nicht immer. In solch einem Fall müssen Sie zu härteren Maßnahmen greifen.

Inhalte löschen

Wenn Sie dieses Kapitel von Anfang an gelesen haben, wissen Sie, dass nichts, was Sie bisher unternommen haben, mehr als ein oder zwei Minuten dauert (außer wenn Sie das 20-minütige Aufladen ausprobiert haben). Wir hassen es, Ihnen sagen zu müssen, dass sich das jetzt ändern wird. Das Nächste, das Sie ausprobieren sollten, ist das Löschen all Ihrer Daten, um zu sehen, ob diese die Probleme hervorrufen.

Sie müssen zu diesem Zweck Ihr iPad synchronisieren und vorher neu konfigurieren, damit einige oder alle Dateien *nicht* synchronisiert werden (was sie auf Ihrem iPad löscht). Das Problem könnten Kontakte, Kalenderdaten, Musiktitel, Fotos, Filme und/oder Podcasts sein. Sie können eine oder zwei Strategien einsetzen, um die Aufgabe anzugehen:

✔ **Wenn Sie einen bestimmten Datentyp verdächtigen** – zum Beispiel Ihre Fotos, weil Ihr iPad jedes Mal einfriert, wenn Sie auf dem Home-Bildschirm auf das Symbol FOTOS tippen –, versuchen Sie, zuerst diese Daten zu löschen.

✔ **Wenn Sie keine Ahnung haben, welche Daten es sein könnten,** löschen Sie alles und synchronisieren dann. Wenn Sie damit fertig sind, sollte Ihr iPad keine Daten mehr enthalten.

Wenn diese Methode Ihr iPad »repariert« hat, sollten Sie versuchen, die Daten wiederherzustellen, wobei das aber immer nur einen Datentyp gleichzeitig betreffen darf. Wenn das Problem wiederkehrt, müssen Sie ausprobieren, welcher Datentyp oder welche Datei die Schwierigkeiten verursacht.

Wenn die Probleme mit Ihrem iPad weiter bestehen, sieht der nächste Schritt so aus, dass Sie die Einstellungen und Inhalte des iPads zurücksetzen.

Einstellungen und Inhalte zurücksetzen

Zum Zurücksetzen gehören zwei Schritte: Der erste setzt die Einstellungen Ihres iPads auf die Standardwerte zurück – so wie das Gerät war, als Sie es aus der Schachtel genommen haben. Das Zurücksetzen der Einstellungen des iPads löscht keine Ihrer Daten oder Medien. Der einzige Nachteil ist, dass Sie anschließend wieder einige Einstellungen anpassen müssen. Sie können diesen Schritt also ausprobieren, ohne Sorgen haben zu müssen. Tippen Sie zu diesem Zweck auf dem Home-Bildschirm auf das Symbol EINSTELLUNGEN und dann auf ALLGEMEIN|ZURÜCKSETZEN|ALLE EINSTELLUNGEN.

 Seien Sie vorsichtig und tippen Sie *nicht* auf INHALTE & EINSTELLUNGEN LÖSCHEN – zumindest jetzt noch nicht. Es dauert wesentlich länger, sich vom Löschen aller Inhalte zu erholen (weil das nächste Synchronisieren länger dauert), weshalb Sie zunächst nur ALLE EINSTELLUNGEN ausprobieren sollten.

Falls das Zurücksetzen aller Einstellungen Ihr iPad nicht kuriert hat, müssen Sie es mit INHALTE & EINSTELLUNGEN LÖSCHEN versuchen. Sie finden dies an derselben Stelle wie ALLE EINSTELLUNGEN (tippen Sie auf EINSTELLUNGEN|ALLGEMEIN|ZURÜCKSETZEN).

 Die Strategie des Löschens aller Inhalte entfernt alles von Ihrem iPad – alle Ihre Daten, Medien und Einstellungen. Da diese Objekte aber – zumindest in der Theorie – auf Ihrem Computer gespeichert sind, sollten Sie in der Lage sein, sie im Rahmen des nächsten Synchronisierens auf Ihr iPad zurückzubringen. Sie verlieren aber auf jeden Fall alle Fotos (und ab dem iPad 2 auch alle Fotos, die Sie gemacht haben) oder Bildschirmfotos und alle Kontakte, Kalenderereignisse und Wiedergabelisten, die Sie seit dem letzten Synchronisieren auf dem iPad geändert oder neu angelegt haben.

Nachdem Sie INHALTE & EINSTELLUNGEN LÖSCHEN benutzt haben, sollten Sie prüfen, ob Ihr iPad wieder einwandfrei läuft. Wenn Ihr iPad dann immer noch nicht von all seinen Krankheiten befreit ist, kann das Wiederherstellen über iTunes helfen.

Wiederherstellen

Bevor Sie das arme, kranke iPad aufgeben, können Sie noch eine Sache ausprobieren. Verbinden Sie Ihr iPad mit Ihrem Computer, als wenn Sie es synchronisieren wollten. Wenn dann das iPad in der Geräteliste von iTunes auftaucht, klicken Sie auf der Registerkarte ÜBERSICHT auf die Schaltfläche WIEDERHERSTELLEN. Diese Aktion löscht alle Daten und Medien und setzt alle Einstellungen zurück.

 Da alle Daten und Medien noch auf Ihrem Computer existieren (außer den Fotos, die Sie gemacht haben, den Kontakten, Kalenderereignissen, Notizen und Mal-eben-schnell-erstellten-Wiedergabelisten, die Sie seit dem letzten Synchronisieren erstellt oder geändert haben), sollten Sie durch das Wiederherstellen nichts verlieren. Das nächste Synchronisieren dauert dann länger als normal, und even-

tuell müssen Sie Einstellungen manuell wiederherstellen, die Sie geändert haben. Das Wiederherstellen sollte aber außer diesen Unbequemlichkeiten keine weiteren Schwierigkeiten bereiten.

Wiederherstellungsmodus

Wenn Sie jetzt alle Schritte ausprobiert haben oder wenn Sie nicht alle oder sogar überhaupt keinen der Schritte durchspielen konnten, weil Ihr iPad zu durcheinandergebracht ist, können Sie noch eine letzte Sache versuchen – den Wiederherstellungsmodus. Und so funktioniert das:

1. **Trennen Sie das USB-Kabel von Ihrem iPad, aber belassen Sie das andere Ende im USB-Anschluss Ihres Computers.**

2. **Schalten Sie das iPad aus, indem Sie die Taste für den Ruhezustand einige Sekunden lang gedrückt halten, bis der rote Schieber auf dem Bildschirm erscheint, und dann den Schieber in Pfeilrichtung ziehen.**

   Warten Sie, bis das iPad ausgeschaltet ist.

3. **Halten Sie die Home-Taste gedrückt, während Sie das USB-Kabel wieder mit Ihrem iPad verbinden.**

   Wenn Sie das USB-Kabel wieder anschließen, sollte Ihr iPad starten.

 Wenn Sie ein Batteriesymbol mit einem dünnen roten Band und ein Symbol mit einem Stecker, einem Pfeil und einem Blitz sehen, muss Ihr iPad wenigstens 10 bis 15 Minuten lang aufgeladen werden. Wenn das Batteriesymbol verschwindet oder grün wird, gehen Sie zurück zu Schritt 2 und versuchen es erneut.

4. **Halten Sie die Home-Taste weiterhin gedrückt, bis Sie den Bildschirm MIT ITUNES VERBINDEN sehen. Lassen Sie dann die Home-Taste wieder los.**

   Wenn Sie auf Ihrem iPad den Bildschirm MIT ITUNES VERBINDEN nicht sehen, wiederholen Sie die Schritte 1 bis 4.

   Wenn iTunes nicht automatisch startet, öffnen Sie es jetzt manuell. Sie sehen auf dem Monitor Ihres Computers die Warnmeldung über den Wiederherstellungsmodus, die Ihnen sagt, dass sich Ihr iPad im Wiederherstellungsmodus befindet und dass Sie es zurücksetzen müssen, bevor es mit iTunes benutzt werden kann.

5. **Verwenden Sie iTunes, um das Gerät so zurückzusetzen, wie wir es im vorherigen Abschnitt beschreiben.**

Das ist die ganze Bandbreite der Dinge, die Sie unternehmen können, wenn sich Ihr iPad komisch benimmt. Wenn Sie das alles ausprobiert haben und nichts davon funktioniert hat, lesen Sie den Rest des Kapitels quer, um herauszufinden, ob irgendetwas von dem, was wir empfehlen, so klingt, als ob es helfen könnte. Wenn das nicht der Fall ist, muss Ihr iPad höchstwahrscheinlich zur Reparatur in den Laden.

Keine Angst, verehrte Leser. Lesen Sie unbedingt den letzten Abschnitt dieses Kapitels *Wenn nichts von dem hilft, was wir vorschlagen*. Ihr iPad mag ziemlich krank sein, aber wir helfen dabei, das Leid zu ertragen, indem wir Sie an ein paar Tipps teilhaben lassen, wie das Unbehagen so gering wie möglich werden kann.

Probleme mit Netzwerken

Wenn Sie Probleme mit WLAN oder (nur bei dem Modell Wi-Fi + 3G/4G) dem Datennetzwerk Ihres Anbieters haben, könnten die Ausführungen in diesem Abschnitt helfen. Die Techniken hier sind – mit Ausnahme der letzten, dem Wiederherstellen – kurz und knackig. Das Wiederherstellen, das wir im vorherigen Abschnitt beschreiben, ist unbequem und zeitintensiv und erfordert, dass alle Ihre Daten und Medien gelöscht werden, bevor das Gerät wiederhergestellt wird.

Aber hier kommen zunächst ein paar einfache Punkte, die helfen könnten:

✔ **Sorgen Sie dafür, dass die WLAN- oder 3G-Signalstärke ausreichend ist (siehe Abbildung 14.1).**

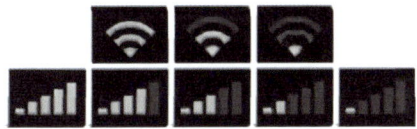

Abbildung 14.1: Von den besten (links) zu den schlechtesten (rechts) Signalstärken von WLAN (oben) und 3G (unten)

✔ **Probieren Sie einen anderen Standort aus.**

Es reicht häufig schon aus, sich ein paar Meter zu bewegen, um den Unterschied zwischen fantastischem und absolut keinem Empfang zu erkennen. Wenn Sie sich in einem Gebäude befinden, gehen Sie ein bisschen herum. Manchmal genügen schon ein, zwei Schritte. Wenn Sie sich außerhalb eines Gebäudes befinden, gehen Sie zehn oder zwanzig Schritte. Behalten Sie dabei das Netzsignal im Auge und halten Sie an, wenn Sie mehr Balken als zuvor sehen.

✔ **Starten Sie Ihr iPad neu.**

Wenn Sie vergessen haben, wie das geht, schauen Sie sich weiter vorn in diesem Kapitel den Abschnitt *Neustart* an. Häufig reicht ein Neustart aus, um das zu beheben, was nicht in Ordnung ist.

Wenn Sie ein iPad vom Typ Wi-Fi + 3G/4G besitzen, probieren Sie die folgenden beiden Punkte aus.

✔ **Prüfen Sie, ob Sie Ihr iPad im Flugmodus belassen haben, den wir in Kapitel 13 beschreiben.**

Im Flugmodus (nur die Modelle Wi-Fi + 3G/4G) sind alle netzwerkabhängigen Funktionen deaktiviert, weshalb Sie weder Nachrichten versenden noch irgendeine der Anwendungen benutzen können, die eine WLAN- oder Datennetzwerk-Verbindung benötigen (das sind die Apps Mail, Safari, Karten, YouTube, iTunes und App Store).

✔ **Schalten Sie den Flugmodus ein und aus, indem Sie auf dem Home-Bildschirm auf Ein-stellungen und dann auf den Ein/Aus-Schalter von Flugmodus tippen. Warten Sie 15 oder 20 Sekunden und schalten Sie dann diesen Modus wieder aus.**

Das Ein- und Ausschalten des Flugmodus setzt sowohl die WLAN- als auch die drahtlosen Datennetzwerk-Verbindungen zurück. Wenn Ihre Netzwerkverbindungen das Problem waren, kann das Ein- und Ausschalten des Flugmodus diese Probleme beheben.

Apple bietet zwei sehr gute Artikel an, die Ihnen bei Problemen mit WLAN helfen können. Der erste enthält allgemeine Tipps zur Fehlerbehebung; der zweite behandelt potenzielle Störquellen für drahtlose Geräte und Netzwerke. Sie können diese Artikel hier finden:

`http://support.apple.com/kb/TS3237?viewlocale=de_DE`

und:

`http://support.apple.com/kb/HT1365?viewlocale=de_DE`

Wenn keiner dieser Vorschläge Ihr Netzwerkproblem beseitigt, versuchen Sie, Ihr iPad wiederherzustellen, wie es weiter vorn im Abschnitt *Wiederherstellen* beschrieben wird.

Das Wiederherstellen löscht auf Ihrem iPad alles – alle Ihre Daten, Medien und Einstellungen. Sie *sollten* in der Lage sein, diese Dinge beim nächsten Synchronisieren wieder zurückzuholen. Wenn das aus welchem Grund auch immer nicht klappt, können Sie zumindest nicht behaupten, wir hätten Sie nicht gewarnt.

Probleme beim Synchronisieren, mit dem Computer oder durch iTunes

Die letzte Kategorie mit Techniken zur Fehlerbehebung in diesem Kapitel hat mit Problemen zu tun, bei denen es um das Synchronisieren und um Beziehungen zwischen dem iPad und dem Computer geht. Wenn das Synchronisieren nicht so klappt, wie es soll, oder wenn Ihr Computer Ihr iPad nicht erkennt, wenn Sie es mit ihm verbinden, können Sie die folgenden Dinge ausprobieren.

Wir raten Ihnen noch einmal, dass Sie unsere Vorschläge in der Reihenfolge ausprobieren, in der wir sie hier vorstellen:

1. **Laden Sie Ihr iPad neu auf.**

   Wenn Sie das noch nicht versucht haben, holen Sie es jetzt nach. Gehen Sie zurück zum Abschnitt *Ein problembeladenes iPad wiederbeleben*, den Sie weiter vorne in diesem Kapitel finden, und lesen Sie, was wir über das Aufladen eines iPads geschrieben haben. Jedes Wort dort gilt auch hier.

2. **Probieren Sie einen anderen USB-Anschluss oder ein anderes Kabel aus (wozu Sie natürlich ein zweites besitzen müssen).**

Es kommt zwar nicht oft vor, aber gelegentlich arbeiten USB-Anschlüsse und Kabel nicht so, wie sie sollen. In solch einem Fall kommt es immer zu Problemen beim Synchronisieren oder Verbinden. Achten Sie darauf, dass weder ein defekter USB-Anschluss noch ein kaputtes Kabel die Schuldigen sind.

Wenn Sie sich nicht mehr daran erinnern, was wir über USB-Anschlüsse an Ihrem Computer und an der Tastatur, dem Monitor oder einem Hub gesagt haben, schlagen wir vor, dass Sie noch einmal weiter vorn in diesem Kapitel den Abschnitt *Neu aufladen* lesen.

3. **Starten Sie Ihr iPad neu und versuchen Sie noch einmal, es zu synchronisieren.**

Wir beschreiben den Neustart in allen Einzelheiten weiter vorn in diesem Kapitel im Abschnitt *Neustart*.

4. **Installieren Sie iTunes noch einmal.**

 Selbst wenn Sie eine installierbare iTunes-Version zur Hand haben, sollten Sie Apples Website besuchen und die allerneueste Version herunterladen, die zur Verfügung steht. Sie finden diese Version immer unter `www.apple.com/de/itunes/download`.

Weitere Hilfen auf der Website von Apple

Wenn Sie unsere Vorschläge aus diesem Kapitel ausprobiert haben und die Probleme weiterhin bestehen, geben Sie nicht auf. Dieser Abschnitt beschreibt ein paar Stellen, an denen Sie Hilfe finden können. Wir empfehlen Ihnen, alle oder zumindest doch einige davon aufzusuchen, bevor Sie das Handtuch werfen und Ihr iPad aus dem Fenster schmeißen (oder an Apple zurücksenden, um es dort reparieren zu lassen – was wir im folgenden Abschnitt beschreiben).

Apple bietet auf der eigenen Website exzellente Quellen an, bei denen Sie Unterstützung finden können. Unterstützung heißt auf Englisch *Support*, und da Computer»sprech« häufig Englisch ist, sind diese Quellen auch auf der deutschen Site unter SUPPORT zu finden. Die Adresse der Supportseite von Apple für das iPad ist `www.apple.com/de/support/ipad/getstarted`. Sie können Supportthemen anhand von Kategorien durchstöbern, über Schlüsselwörter nach einem Problem suchen oder technische Handbücher herunterladen und Diskussionsforen abfragen.

Das offizielle Diskussionsforum von Apple, das Sie unter `http://discussions.apple.com` finden, enthält zwar eine Unmenge von Diskussionsbeiträgen (zum Beispiel weit mehr als 100 Seiten allein zum Synchronisieren – siehe Abbildung 14.2), die aber leider zum großen Teil in Englisch sind. Wenn Sie in Google den Suchbegriff `Diskussionsforum iPad` eingeben, erhalten Sie sehr viele Treffer mit deutschsprachigen Foren. In den Foren gibt es Fragen und Antworten von anderen iPad-Benutzern, und unsere Erfahrung ist, dass Sie hier häufig Antwort auf die Fragen finden, die vom Apple-Support nicht geklärt werden.

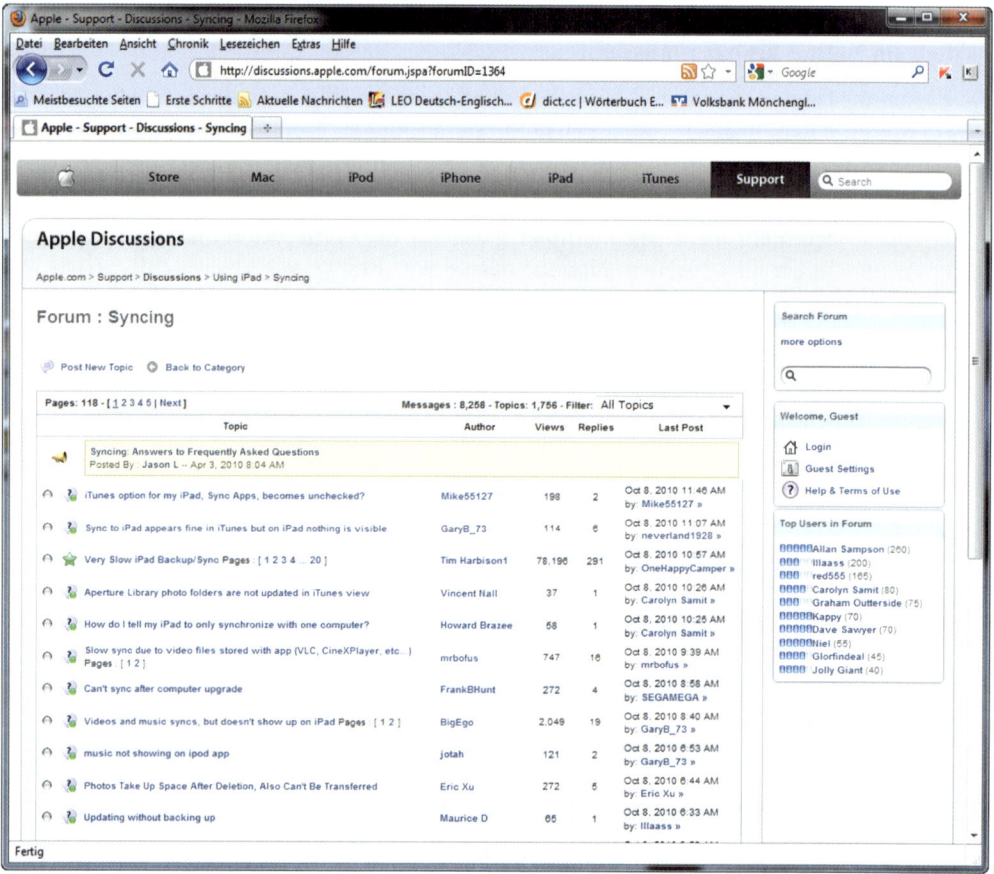

Abbildung 14.2: Seite 1 von 118 einer Diskussion über das Synchronisieren

Sie können in den Foren Ihr Problem suchen und die passende Antwort finden. Wenn Sie in einem Forum keine Lösung finden, haben Sie immer noch die Möglichkeit, Ihre Frage in das Forum zu stellen. Warten Sie ein paar Tage (manchmal reichen ein paar Stunden aus), und irgendein hilfreicher iPad-Benutzer hat eine Antwort für Sie. Wenn Sie dieses hilfreiche Werkzeug bisher noch nicht ausprobiert haben, haben Sie auf eine der größten Supportquellen verzichtet, die das Web bereithält.

Wenn das alles nicht hilft, bleibt immer noch eine sorgfältig formulierte Google-Suche. Sie tut nicht weh, und vielleicht finden Sie die Lösung, hinter der Sie schon seit Stunden her sind.

Wenn nichts von dem hilft, was wir vorschlagen

Wenn Sie jeden Trick, den Sie in diesem Buch finden, ausprobiert haben und immer noch ein iPad mit Fehlfunktionen besitzen, ist es an der Zeit, darüber nachzudenken, das Gerät an das iPad-Hospital (besser bekannt als Apple Inc.) zu senden. Die Reparatur ist kostenlos, wenn sie noch in der Garantiezeit erfolgt, die von Apple mit einem Jahr angegeben wird.

Sie können diese Garantie auf zwei Jahre vom Kaufdatum an erweitern. Dafür müssen Sie einen AppleCare Protection Plan für Ihr iPad kaufen, der für 79 Euro zu haben ist. Dies muss geschehen, bevor die einjährige Garantiezeit abgelaufen ist.

Hier kommen ein paar Dinge, die Sie wissen sollten, bevor Sie Ihr iPad reparieren lassen:

✔ *Ihr iPad könnte während der Reparatur gelöscht werden,* weshalb Sie es vorher über iTunes synchronisieren sollten – so das denn noch geht. Wenn ein Synchronisieren unmöglich ist und Sie seit dem letzten Synchronisieren Daten, zum Beispiel Kontakte oder Termine, eingegeben haben, kann es sein, dass diese Daten nach der Rückkehr des iPads nicht mehr vorhanden sind.

✔ Entfernen Sie jedes Zubehör von Drittherstellern – zum Beispiel eine Tasche oder einen Bildschirmschutz.

Auch wenn Sie Ihr iPad bei einem autorisierten Apple-Fachhändler reparieren lassen können, empfehlen wir, es aus zwei Gründen zum nächstgelegenen Apple Store (oder autorisierten Apple-Händler, wenn es in Ihrer Stadt keinen Apple Store gibt) zu bringen oder zu schicken:

✔ **Niemand kennt Ihr iPad so gut wie Apple.**

Eines der Genies im Apple Store könnte in der Lage sein, Ihr Problem zu lösen, ohne das Gerät einsenden zu müssen.

✔ **Gelegentlich kommt es vor, dass Ihr iPad im Apple Store sofort gegen ein funkelnagelneues Gerät ausgetauscht wird.**

Wenn Sie nicht spielen, können Sie nicht gewinnen. Aus diesem Grund suchen wir immer unseren Apple Store auf, wenn etwas (mit unseren iPads, iPhones, iPods und sogar mit den Laptops und iMacs) nicht stimmt.

Damit ist dieses Thema abgeschlossen. Wenn Sie alle unsere Vorschläge umgesetzt haben, sind wir ziemlich sicher, dass Sie nun ein iPad in den Händen halten, das einwandfrei funktioniert.

Zubehör für Ihr iPad

In diesem Kapitel

▶ Taschen, Tastaturen und Ladegeräte von Apple

▶ Apple-Verbindungsmöglichkeiten (Kamera, TV und Projektor)

▶ Ohrhörer, Kopfhörer und Headsets

▶ Lautsprecher

▶ Taschen von Drittherstellern

▶ Andere schützende Produkte

▶ Verschiedenes Zubehör

*J*eder, der in den letzten Jahren ein Auto gekauft hat, weiß, dass es kein Kinderspiel ist, dem Ausstellungsraum ohne den Versuch des Verkäufers zu entkommen, Ihnen ein paar zusätzlich Euros aus der Tasche zu ziehen. Sie glauben gar nicht, was Dachträger, Navigationssysteme und DVD-Player für die Rücksitze kosten können.

Wir sind davon überzeugt, dass es recht einfach ist, in einem Apple Store (oder anderswo) ein iPad 2 oder ein neues iPad zu kaufen. Aber Apple und andere Firmen macht es mehr als glücklich, wenn Sie Ihr iPad mit Extras ausstaffieren – angefangen bei der drahtlosen Tastatur und Aufstellhilfen bis hin zu Ladegeräten und Schutzhüllen. Und so wie die Angebote Ihres Händlers (oder eines Drittanbieters) Ihrem Auto zugutekommen, kann sich auch Ihr iPad über diverses Zubehör freuen.

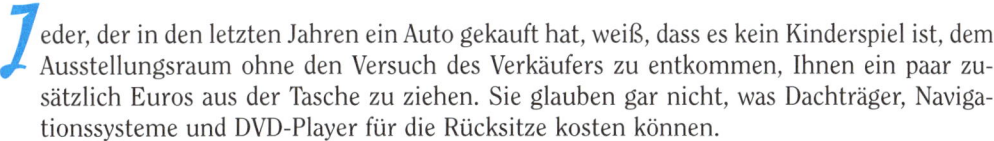

Das iPad benutzt den 30-Pin-Dock-Anschluss, den schon die Besitzer von iPhones und iPods kennen. Wenn Sie eines oder beide Produkte besitzen, wissen Sie, dass es eine Zubehörvielfalt gibt, die perfekt auf den Dock-Anschluss passt. Versuchen Sie ruhig, das Ladegerät oder anderes iPhone/iPod-Zubehör, das bei Ihnen herumliegt, an das iPad anzuschließen. Es gibt zwar keine Garantie dafür, dass es klappt, aber normalerweise müsste das funktionieren. Und Ausprobieren kostet nichts.

 Eine Sache ist sicher: Wenn Sie auf der Verpackung »Made for iPad« lesen, bescheinigt der Entwickler, dass ein elektronisches Zubehörteil so entworfen worden ist, dass es speziell für das iPad gemacht worden ist und den Leistungsstandards entspricht, die von Apple vorgegeben werden.

Wir fangen in diesem Kapitel über Zubehör mit den Dingen an, die das Apple-Logo tragen, und beenden es mit zumindest betrachtenswerten Extras von anderen Herstellern.

Zubehör von Apple

Sie erwarten ein bestimmtes Qualitätsniveau, wenn es um Hardware und Software von Apple geht. Deshalb sollten Sie auch nichts anderes erwarten, wenn es um Zubehörteile geht, die von Apple stammen. Zu einigen dieser Produkte gibt es die unterschiedlichsten Meinungen, weshalb wir Ihnen empfehlen, `http://store.apple.com/de` aufzusuchen, wo Sie sich in Minirezensionen und Beurteilungen vertiefen können, die von echten Menschen wie Ihnen stammen – und die scheuen sich nicht, die Dinge beim Namen zu nennen.

Das iPad einpacken

Das Ding mit dem Zubehör ist, dass Sie mindestens die Hälfte der Zeit wünschen, es wäre gar kein Zubehör. Sie wünschen sich, dass es in der Verpackung des iPads dabei gewesen wäre. Zu den Teilen, die wir gerne als Standard gesehen hätten, gehört eine schützende Tasche oder Hülle (was beides zukünftig einfach unter dem Begriff *Tasche* zusammengefasst wird).

Leider ist das nicht der Fall – weder das iPad noch das iPad 2 und auch nicht das neue iPad haben standardmäßig eine Schutzhülle, aber es gibt viele sich ähnelnde Taschen, und Sie können hier über die Tasche von Apple und weiter hinten in diesem Kapitel über die Taschen anderer Hersteller nachlesen.

Apples Beitrag zu dieser Kategorie, der für das ursprüngliche iPad den eindeutigen Namen Apple iPad Case trägt, ist ein schwarzes, aus Mikrofaser bestehendes Leichtgewicht und kostet 39 Euro. Wir meinen, dass diese Tasche ein klassisches Aussehen hat, auch wenn sie sich nicht mit den Krokodilledertaschen von Orbino vergleichen lässt, die sich mit 689 Dollar vielleicht ein wenig außerhalb Ihrer Preisvorstellungen bewegen.

Das, was Apple in dieser Kategorie für das iPad 2 und das neue iPad anbietet, ähnelt mehr einer Schutzhülle als einer Tasche (siehe Abbildung 15.1). Dies dürfte auch der Grund dafür sein, dass es Smart Cover und nicht Smart Case heißt (ein *Cover* ist eine Hülle, ein *Case* eine Tasche). Dieses Teil ist ausschließlich für das iPad 2 und das neue iPad hergestellt worden, ist extrem dünn und schließt magnetisch. Wenn Sie das Smart Cover (ein wenig) öffnen, wacht

Mit freundlicher Genehmigung von Apple

Abbildung 15.1: Apples Smart Cover für iPad 2 und neues iPad

Ihr iPad sofort auf. Schließen Sie es, und Ihr iPad begibt sich zur Ruhe. Das Smart Cover ist in zehn verschiedenen Farben aus Polyurethan (39 Euro) oder in Leder (69 Euro) zu haben. Bob LeVitus meint, dass sein anilingefärbtes knallrotes Smart Cover aus italienischem Leder traumhaft und weich wie Butter sei.

Sie können sowohl das iPad Case als auch das Smart Cover so aufstellen, dass das iPad in einem Winkel von ungefähr 30 Grad stehen bleibt, was das Schreiben auf seiner virtuellen Tastatur erleichtert. Und beide Taschen lassen sich umklappen und aufstellen, damit Sie das iPad in einen digitalen Bilderrahmen verwandeln oder darauf Filme ansehen können.

Das Apple iPad Case ist sehr eng an das iPad angepasst, was wir eigentlich positiv bewerten. Aber eben nur eigentlich. Wenn Sie das Keyboard Dock des iPads, auf das wir im nächsten Abschnitt eingehen, (und andere Peripheriegeräte, die den Dock Connector verwenden) nutzen wollen, müssen Sie das Apple iPad Case entfernen. Da das Case aber sehr eng angepasst ist, wird das Herausholen und später das erneute »Einpacken« des iPads zu einer mühsamen Angelegenheit.

Alternativen zur virtuellen Tastatur

Wir meinen, dass die verschiedenen virtuellen Tastaturen, die so auftauchen, wie Sie sie gerade auf dem iPad benötigen, gut sind, um kurze schriftstellerische Aufgaben zu erledigen, zum Beispiel das Verfassen von E-Mails oder das Tippen von Notizen. Aber für größere Arbeiten ist es für uns Schriftsteller bequemer, eine echte Tastatur vor sich zu haben, und wir gehen einfach einmal davon aus, dass es Ihnen ähnlich geht.

Glücklicherweise lässt sich das iPad um eine reale Tastatur erweitern. Apple verkauft zwei Alternativen, die jeweils 69 Euro kosten.

Das Apple iPad Keyboard Dock

Das Apple iPad Keyboard Dock vereint eine aluminiumeloxierte Tastatur *(Tastatur* heißt auf Englisch *Keyboard)* mit einem eingebauten Dock: Sie können sie benutzen, um zu synchronisieren, das iPad aufzuladen oder anderes Zubehör mit dem iPad zu verbinden. Aktuell weist die Tastatur zwei Dock-Anschlüsse auf: einen auf der Vorderseite, den Sie für das iPad benutzen, und einen auf der Rückseite, um anderes Zubehör anzuhängen. Des Weiteren finden Sie auf der Rückseite einen 3,5-mm-Standardstecker, um aktive Lautsprecher (über ein optionales Kabel) anzuschließen.

Diese Tastatur ist eine vernünftige Sache für diejenigen, die ohne Kopfhörer Musik in Stereo hören möchten. Denken Sie daran, dass das iPad nur einen eingebauten Monolautsprecher hat.

Diese Tastatur, auf der man gut schreiben kann, besitzt in der obersten Reihe Tasten, die auf Druck den Home-Bildschirm aufrufen, die Spotlight-Suche starten, die Helligkeit erhöhen oder verringern, im Bilderrahmen eine Diashow ausführen (siehe Kapitel 10), die virtuelle Tastatur aufrufen und den Bildschirm sperren beziehungsweise entsperren. Des Weiteren finden Sie Bedienelemente für die Wiedergabe, die Lautstärke und die Stummschaltung.

Wir haben schon auf einen Nachteil des Keyboard Docks hingewiesen: Sie müssen das optionale Apple iPad Case entfernen, bevor Sie die Tastatur an das iPad anschließen können.

Ein weiterer Nachteil: Obwohl sie ein Leichtgewicht ist, ist es durch das Design der Tastatur schwierig, sie mit auf Reisen zu nehmen, weil das Dock auf der Rückseite wie ein Dreieck von ihr absteht. Sie haben also noch etwas mehr, auf das Sie aufpassen müssen.

Und noch ein Nachteil: Wenn das iPad mit der Tastatur verbunden ist, können Sie es nur senkrecht aufstellen. Wenn Sie das iPad waagerecht aufstellen, funktioniert die Verbindung nicht.

 Sie können im Apple Store für 29 Euro ein iPad Dock ohne Tastatur kaufen. Das Dock ist bis auf die zuvor erwähnte Tastatur identisch mit dem Keyboard Dock. Es besitzt also Stecker für ein Audiokabel, Dock-Anschlüsse und dieselben Nachteile: Sie können das iPad nicht an das Dock anschließen, wenn es sich im Apple iPad Case befindet, und Sie können es nicht waagerecht aufstellen. Und wir fühlen uns verpflichtet, darauf hinzuweisen, dass frühe Rezensionen des Docks ohne die Tastatur auf Apples Website sehr gemischt waren.

Das Apple Wireless Keyboard

Die drahtlose Tastatur von Apple, die Sie unter dem Namen Apple Wireless Keyboard im Apple Store finden (siehe Abbildung 15.2), ist eine Möglichkeit, eine erstklassige aluminiumeloxierte Tastatur zu benutzen, ohne sie mit dem iPad verkabeln zu müssen. Sie funktioniert über Bluetooth bis zu einer Entfernung von ungefähr zehn Metern. Bluetooth ist die drahtlose Technologie, mit der wir uns in Kapitel 13 näher beschäftigen. Was uns dazu führt zu fragen, ob Sie in der Lage sind, aus zehn Meter Entfernung noch etwas auf dem iPad-Bildschirm zu erkennen?

Abbildung 15.2: Die drahtlose Tastatur von Apple

Wie bei allen Bluetooth-Geräten, mit denen das iPad zusammenarbeiten soll, muss auch die Tastatur erkannt werden. Auch auf diesen Punkt gehen wir in Kapitel 13 ein.

Die Bluetooth-Tastatur benötigt zwei AA-Batterien. Sie ist bei der Verwaltung ihres Strombedarfs ziemlich clever: Sie geht in einen Wartezustand mit ganz geringem Stromverbrauch, wenn Sie aufhören zu schreiben. Wenn Sie wieder anfangen auf ihr herumzutippen, wacht sie wieder auf.

Sie beherrscht keinen der speziellen Tricks mit Docks, zu denen das Apple Keyboard Dock in der Lage ist. Auf der anderen Seite ist sie sehr dünn, wodurch es viel einfacher ist, sie statt des Apple Keyboard Docks mit auf Reisen zu nehmen. Wenn Sie einen Rucksack, eine Aktentasche, eine Collegemappe oder einfach nur eine große Geldbörse haben, finden Sie sicherlich ein Plätzchen für die drahtlose Tastatur von Apple.

 Wir haben zwar keine anderen Modelle getestet, aber solange die Bluetooth-Tastatur eines Drittherstellers die Bluetooth-Technologie *2.1 + EDR* unterstützt, sollte das iPad problemlos mit ihr zusammenarbeiten können.

Eine Kamera anschließen

Zum iPad gehört weder ein USB-Anschluss noch ein Einsteckplatz für SD-Speicherkarten, die wohl die beliebtesten Methoden sind, um Bilder (und Filme) von einer digitalen Kamera auf einen Computer zu übertragen. Doch seit dem iPad 2 verfügt das iPad ja auch über zwei eingebaute Kameras.

Das iPad eignet sich aber noch viel besser zum Betrachten von Fotos als zum Aufnehmen. Wenn Sie viele Fotos mit einer externen Kamera machen, sollten Sie sich ernsthaft die Anschaffung des 29 Euro teuren Apple iPad Camera Connection Kits überlegen, auf das wir in Kapitel 10 eingehen. Zur Erinnerung: Es besteht aus den beiden Komponenten, die Abbildung 15.3 zeigt und die beide in den 30-Pin-Connector unten am iPad passen. Eine Komponente hat eine USB-Schnittstelle, an die Sie das USB-Kabel anschließen können, das Sie zusammen mit Ihrer Kamera erhalten haben, um Bilder herunterzuladen. Die andere Komponente ist ein SD-Kartenleser, in den Sie die Speicherkarte einlegen, auf der Ihre Bilder abgelegt sind.

Abbildung 15.3: Ihnen stehen zwei Wege zur Verfügung, um Bilder mit dem iPad Camera Connection Kit zu importieren.

Auch wenn laut Apple der USB-Adapter offiziell dafür gedacht ist, mit dem USB-Kabel Ihrer digitalen Kamera zusammenzuarbeiten, haben wir ein wenig herumexperimentiert und versucht, andere Geräte zu verbinden. Wir haben es geschafft, eine alte USB-Tastatur von Dell zum Laufen zu bringen. Es gibt sicherlich noch andere Geräte, bei denen das klappen kann, zum Beispiel Lesegeräte für Nicht-SD-Speicherkarten, USB-Lautsprecher und mehr. Erwarten Sie aber nicht, dass alle Ihre USB-Geräte funktionieren werden, weil sie unterschiedliche Anforderungen an die Stromstärke haben und die eventuell notwendigen Gerätetreiber nicht auf das iPad geladen werden können.

Wir hoffen, dass es Apple trotz dieses hilfreichen Hinweises bald schafft, einem zukünftigen iPad USB und einen SD-Einsteckplatz hinzuzufügen.

Ein iPad mit einem Fernsehgerät oder einem Projektor verbinden

Das iPad hat für das, was es ist, nämlich ein Tablet-Computer, einen ziemlich großen Bildschirm. Aber dieses Teil ist nicht annähernd so groß wie ein Fernsehgerät im Wohnzimmer oder ein Monitor, den Sie in einem Besprechungsraum stehen haben. Um iPad-Inhalte an einen großen Bildschirm zu senden, stehen Ihnen drei Wege zur Verfügung:

✔ **VGA-Adapter:** Der Grund für das Entwickeln des iPad-Dock-Connector-auf-VGA-Adapters, den Apple für 29 Euro verkauft, ist der Wunsch, das, was auf dem 1024×768 Pixel großen iPad-Bildschirm (beziehungsweise dem 2048×1536 Pixel beim neuen iPad) zu sehen ist, auf ein größeres Anzeigegerät zu projizieren. Sie können den Adapter benutzen, um Ihr iPad mit einem Fernsehgerät, einem Projektor oder mit VGA-Monitoren zu verbinden. Warum? Um Filme, Diashows und Präsentationen auf dem großen Bildschirm darzustellen.

VGA (Video Graphics Array) liefert nach den heutigen Standards etwas, das als niedrig auflösende Bildausgabe bezeichnet wird – und zwar ganz besonders dann, wenn man zum Vergleich das viel fortschrittlichere HDMI (High-Definition Multimedia Interface) nimmt.

✔ **AV-Kabel (Komponentenvideo):** Sie können auch anständige Ergebnisse bei der Wiedergabe von Filmen vom iPad auf dem Fernseher erzielen, wenn Sie ein anderes Kabel benutzen, das Apple verkauft. Es handelt sich dabei um das Apple-AV-Kabel, das 39 Euro kostet. Die Verbindung geht vom Dock-Anschluss des iPads zu den so genannten Component-Video-Ports Ihres Heimkinos oder Stereo-Receivers. Die Verbindungen sind rot, blau und grün, und als Teil der Einrichtung benötigen Sie noch rote und weiße Verbinder zum analogen Eingang Ihres Receivers.

Einige Käufer dieses Kabels waren stark enttäuscht, weil das Produkt den Bildschirm des iPads nicht immer sauber wiedergegeben hat. Und das geschah wirklich viel zu häufig. Dazu kommt, dass die App, die Sie projizieren wollen, die Wiedergabe von Filmen auf externen Geräten unterstützen muss – was nur wenige können. Zu diesen wenigen gehören

✔ die integrierten Apps Videos, Fotos und YouTube,

✔ das optionale Programm Keynote,

✔ Safari mit einigen Filmen, aber nicht mit allem, was Sie sich über den Browser anschauen können.

✔ **Digital-AV-Adapter:** Das jüngste Mitglied der Apple-Adapter-Familie ist der Apple Digital AV Adapter, der 39 Euro kostet. Wenn Sie ein ursprüngliches iPad besitzen, macht dieses Kabel das, was auch die anderen beiden Kabel tun, wobei es statt VGA- oder Komponentenvideoverbindungen HDMI verwendet. Wenn Sie ein iPad 2 oder das neue iPad besitzen, weist dieser Adapter einen netten Bonus auf: Sie können die Anzeige Ihres Bildschirms auf einen großformatigen Fernseher spiegeln, was für Vorführungen und Präsentationen ideal ist.

Ein Ersatzladegerät

Normalerweise müssten Sie das iPad mit den zehn Stunden Lebensdauer der Batterie problemlos über einen normalen Arbeitstag bringen. Aber warum das Risiko eingehen? Wenn Sie ein Ersatzladegerät im Büro haben, müssen Sie sich nicht länger damit abgeben, sich selbst (!) ein Gerät zu Hause und im Büro zu teilen. Das 10-W-USB-Netzteil für Apple iPad geht für 29 Euro über den Ladentisch und hat eine Kabellänge von üppigen zwei Metern.

Zuhören und sprechen mit Ohrhörern, Kopfhörern und Headsets

Ihnen ist sicherlich aufgefallen, dass zu Ihrem iPad weder Ohrhörer noch ein Headset gehören. Das ist vielleicht sogar ein Segen, denn die Ohrhörer und Headsets, die Apple seit ewigen Zeiten den iPods und iPhones beipackt, sind nicht die besten. Bob LeVitus geht sogar so weit, dass er sie in fast jedem Artikel, den er über das iPod oder das iPhone geschrieben hat, als »mittelmäßig und unbequem« bezeichnet.

Da keine Ohrhörer beigepackt sind, haben Sie die Möglichkeit, sich ein Paar Kopfhörer, Ohrhörer oder ein Headset zu kaufen, die beziehungsweise das Ihren Ansprüchen und Ihrem Geldbeutel genügen.

Ohrhörer? Kopfhörer? Headsets?

Wir haben wiederholt von Kopfhörern, Ohrhörern und Headsets gesprochen, und vielleicht fragen Sie sich, ob es da einen Unterschied gibt, und wenn dem so ist, wie der aussieht. Wenn wir über Kopfhörer oder Ohrhörer schreiben, meinen wir die Dinger, die Sie benutzen, um Musik zu hören. Ein Headset besitzt zusätzlich ein Mikrofon, damit Sie mit der Stimme chatten, Sprachnotizen aufzeichnen, FaceTime-Unterhaltungen führen und (beim iPhone oder bei VoIP-Diensten über das Internet wie Skype) telefonieren können. Kopfhörer und Ohrhörer dienen also dem Zuhören, während Sie mit Headsets sowohl zuhören als auch sprechen können.

Jetzt überlegen Sie vielleicht, ob Ohrhörer und Kopfhörer dasselbe sind. Manche Leute machen da keinen Unterschied, aber Kopfhörer haben über (oder hinter) dem Kopf einen Bügel, und das Teil, mit dem man hört, ist groß und bedeckt das ganze Ohr. Denken Sie dabei an die dicken fetten Dinger, die die Ohren eines Discjockeys bedecken. Ohrhörer passen vollständig in das Ohr und haben keinen Bügel über oder hinter dem Kopf.

Headsets können wie Ohrhörer oder – seltener – wie Kopfhörer aussehen. Der zentrale Punkt ist, dass Headsets immer ein Mikrofon haben. Und einige Headsets sind ausdrücklich für Apple-i-Produkte (iPhone, iPod, iPad) entworfen worden und verfügen über eingebaute Bedienelemente für Wiedergabe/Anhalten und die Regelung der Lautstärke.

Eine letzte Sache noch: Einige Hersteller bezeichnen ihre Ohrhörer als Kopfhörer. Wir sind der Meinung, dass das mehr als missverständlich und falsch ist. Deshalb handelt es sich in diesem Buch bei Kopfhörern um die unförmigen, über die Ohren gestülpten Dinger, während Ohrhörer die kleinen Dinger sind, die genau in den Gehörgang passen.

Drahtlose Ohrhörer, Kopfhörer und Headsets

Suchen Sie bei Amazon.de nach Ohrhörern, Kopfhörern oder Headsets, und Sie finden Tausende zu Preisen, die von 10 Euro bis 1.000 Euro gehen. Wenn Sie ein reales Geschäft, Best Buy oder den Apple Store vorziehen, finden Sie in jedem von ihnen eine umfangreiche Auswahl, bei der die Preise unter 20 Euro anfangen.

 So sehr wir die Einkaufserfahrung in den schicken Apple-Stores auch lieben, man wird dort in der Regel kein einziges Sonderangebot finden. Schnäppchenjagd spielt für Apple-Produkte so gut wie keine Rolle, weil sie nur selten rabattiert werden. Aber es ist kein Problem, überall eine Vielzahl von Nicht-Apple-Produkten wie Kopfhörer, Ohrhörer oder Headsets zu finden, die preiswerter sind.

Da es so viele unterschiedliche Kopfhörer-, Ohrhörer- und Headsetmarken zu so vielen Preisen gibt, können wir nur einen Bruchteil dessen testen, was zurzeit auf dem Markt ist. Wir haben aber mit ziemlicher Sicherheit mehr davon ausprobiert als die meisten anderen Menschen, und wir haben unsere Favoriten.

Wenn es um Kopfhörer geht, lässt Bob LeVitus nichts auf seine Gardo SR60i kommen, deren Audioqualität zu einem günstigen Preis (ab 120 Euro) legendär ist. Er hat Kopfhörer ausprobiert, die das Doppelte, Dreifache oder noch mehr kosten, von denen er meint, dass der Klang nicht annähernd so gut sei.

Ed Baig benutzt erstklassig klingende, dafür aber relativ teure (ungefähr 400 Euro) Bose-Kopfhörer QuietComfort 3, die Außenlärm ziemlich ausschalten.

Bob LeVitus zieht als Ohrhörer und als ohrhörerähnliches Headset die Ohrhörer von Klipsch Image S4 beziehungsweise die Kopfhörer Image S4i mit Mikrofon vor. Sie kosten 59 Euro beziehungsweise rund 100 Euro. Sie klingen besser als manche ähnlich teuren Produkte und besser als viele teurere Angebote.

Bluetooth-Stereo-Kopfhörer, -Ohrhörer und -Headsets

Keiner von uns hat viel Erfahrung mit Bluetooth-Stereo-Kopfhörern und -Headsets, aber der Anfang ist gemacht. Die Idee hinter Bluetooth-Kopfhörern/Ohrhörern/Headsets ist, dass Sie Musik drahtlos bis zu zehn Meter entfernt von Ihrem iPad lauschen können. Wenn sich das in Ihren Ohren gut anhört, schlagen wir vor, dass Sie sich zuerst im Web nach Beurteilungen solcher Produkte umschauen, bevor Sie eines kaufen. Allein eine Suche bei Amazon.de nach `bluetooth stereo headset` brachte mehr als 400 Ergebnisse.

Aus irgendwelchen Gründen hat sich Bob LeVitus einmal ein Stereo-Headset Cardo S2 Bluetooth zugelegt, das er gelegentlich an seinem iPhone benutzt, wenn er mit seinem Hund unterwegs ist. Er hat es an seinem iPad ausprobiert, und es funktioniert ohne Schwierigkeiten. Der einzige Nachteil ist, dass dieses Modell nicht mehr hergestellt wird. Vielleicht haben Sie Glück und finden noch eines im Web (ungefähr 90 Euro). Bob LeVitus sagt, dass es gut ist und besser klingt, als Sie vielleicht von einem drahtlosen Headset erwarten. Auf der anderen Seite ist seines mehr als drei Jahre alt, und möglicherweise finden Sie heute etwas, das besser klingt und sogar preiswerter ist.

Lautsprecher

Sie können so gut wie jede Art von Lautsprechern mit Ihrem iPad verbinden, aber wenn Sie auf einen guten Klang Wert legen, sollten Sie nach *aktiven* und nicht nach *passiven* Lautsprechern (das sind die ohne eigene Stromversorgung) Ausschau halten. Der Unterschied besteht darin, dass Lautsprecher mit einer eigenen Stromversorgung (die aktiven Lautsprecher) einen eigenen Verstärker haben und den Klang viel besser (und lauter) wiedergeben als die ohne eigene Stromversorgung.

Die Preise beginnen bei unter hundert Euro und können bis zu mehreren Hundert (oder sogar tausend) Euro gehen. Die meisten Lautsprecher, die für den Gebrauch an einem Computer, iPod oder iPhone entwickelt worden sind, funktionieren auch am iPad gut, wenn sie einen Aux-Eingang oder einen Dock-Anschluss haben, mit dem das iPad umgehen kann. (Wir haben bisher noch keine Lautsprecher mit Dock-Anschluss gesehen, aber es dürfte nur eine Frage der Zeit sein, bis so etwas auf dem Markt auftaucht.)

Desktop-Lautsprecher

Logitech (`www.logitech.de`) stellt ein breites Spektrum von Desktop-Lautsprechersystemen her, die es von unter 25 Euro bis gut 400 Euro gibt. Bei diesem 400-Euro-System handelt es sich um das digitale Surround-System Z5500 THX, das mit seinen 505 Watt der absolute Overkill ist, wenn es um das Hören von Musik und Ansehen von Filmen auf dem iPad geht. Wir wollen damit ausdrücken, dass Logitech ein breites Spektrum hochwertiger Systeme zu einem breiten Preisspektrum anbietet. Wenn Sie nach etwas Ausschau halten, das nicht allzu teuer ist, machen Sie mit den meisten aktiven Systemen von Logitech keinen Fehler.

Bob LeVitus ist ein großer Fan der Desktop-Lautsprecher von Audioengine (`www.audio engine.com`), die Sie in Deutschland unter anderem über Amazon.de beziehen können. Audioengine produziert erstklassige Lautsprecher zu Preisen, die für die angebotene Qualität nicht zu hoch sind. Audioengine 5 ist das Premiumprodukt. Ein Paar Lautsprecher kostet unter 300 Euro. Audioengine 2 ist der kleine Bruder, der ebenfalls sehr gut klingt und als Paar ungefähr 190 Euro kostet.

Bluetooth-Lautsprecher

Die Reichweite von Bluetooth-Lautsprechern ist wie die Reichweite von Bluetooth-Headsets auf ungefähr 10 Meter begrenzt. Sie sind großartig, wenn Sie Musik am Pool, in der Badewanne oder irgendwo sonst hören wollen, wohin Sie Ihr iPad nicht mitnehmen möchten.

Ed Baig hat eine positive Besprechung über die drahtlose JAMBOX von Jawbone geschrieben, einen aufladbaren Lautsprecher, der für rund 160 Euro erhältlich ist und obwohl er auf eine Handfläche passt, einen sehr guten Klang bietet. Sie können ihn über Bluetooth oder über die Auxiliary-Stereo-Verbindung anschließen. Ein weiterer Vorteil: JAMBOX lässt sich auch als recht ordentliches Lautsprechertelefon einsetzen.

Bob LeVitus hat vor Kurzem für den *Mac Observer* eine Rezension über die Tenqa SP-109 Stereo Bluetooth Speaker (49,99 Dollar) geschrieben und gab ihnen eine Beurteilung von vier (von fünf möglichen) Sternen. Er meinte, dass sie zu einem vernünftigen Preis leicht einzurichten und einfach zu benutzen seien. Er meinte aber auch, dass die Qualität bestenfalls in Ordnung sei. Nachdem er allerdings Eds Beurteilung gelesen hat, reist Bob nun mit einer Jawbone JAMBOX und es gefällt ihm wirklich gut.

Das iPad mit einem Kabel andocken

Sie können das iPad nicht an ein Lautsprechersystem andocken, das für die kleineren Geräte iPod oder iPhone entwickelt wurde, weil es viel größer als diese Geräte ist. Es ist noch nicht alles verloren, wenn Sie solche Lautsprecher besitzen und das iPad mit ihnen verbinden möchten. Arktis.de (`www.arktis.de`) und Amazon.de vertreiben Kabel, mit denen Sie Ihr iPad über eine gewisse Entfernung andocken können. Es handelt sich dabei um ein 30-Pin-Erweiterungskabel mit Stecker und Buchse. Der Preis liegt je nach Länge zwischen ungefähr 15 Euro und 35 Euro.

 Diese Art von Kabel funktioniert nicht bei der Ausgabe von S-Video und Component-Video und kann nicht für den Eingang von Tonaufzeichnungen benutzt werden.

Taschen von Drittherstellern für Ihr iPad

So sehr wir die Tasche von Apple, das iPad Case, auch lieben, so müssen wir doch zugestehen, dass auch andere Hersteller ausgezeichnete Alternativen bieten.

✔ **Targus** (www.targus.com/de) führt eine komplette Palette an iPad-Taschen aus verschiedenen Materialien und zu einer Vielzahl von Preisen, die alle nicht sonderlich hoch sind. Sie finden auf der Website von Targus auch einen Überblick über die Vertragshändler in Deutschland.

✔ **Griffin Technology** (www.griffintechnology.com) hat eine ziemlich gute Auswahl an iPad-Taschen und -Hüllen. Griffin ist auch in Deutschland über Partnerfirmen vertreten, von denen einer Arktis.de ist.

✔ **Suchen Sie im Internet** (zum Beispiel über Google oder Amazon.de) und achten Sie dabei auf Kommentare von Benutzern, die sich bereits Taschen bestimmter Hersteller gekauft haben. Nur darüber können Sie erfahren, wie praktisch ein bestimmtes Stück wirklich ist.

Warten Sie ... es gibt noch mehr

Bevor wir das Thema Zubehör verlassen, meinen wir, dass Sie etwas über weitere Produkte wissen sollten, zu denen Folien, die den Bildschirm Ihres iPads schützen, der Halter A-Frame von Griffin Technology und 2-in-1-Stereo-Adapter gehören.

Den Bildschirm durch Folie schützen

Manche Benutzer ziehen es vor, ihr iPad weder in eine Tasche noch in eine Hülle zu packen, was auch in Ordnung ist. Wenn Sie zu diesen Menschen gehören (oder auch nicht), sollten Sie über eine Schutzfolie für den Bildschirm des iPads oder das ganze Gerät nachdenken. Wir haben diese Produkte in der Vergangenheit bei unseren iPhones getestet und dabei herausgefunden, dass sie wie versprochen funktionieren. Wenn Sie sie sauber aufbringen, sind sie so gut wie unsichtbar und schützen Ihr iPad vor Kratzern und Schrammen.

Vor Kurzem hat Bob LeVitus die Vorteile des iVisor AG Screen Protectors für iPad (ab 20 Euro) von Moshi (www.moshimonde.com) kennen gelernt und behauptet, das sei die beste Bildschirmfolie, die er je getestet hätte. Man kann sie leicht aufbringen, sie schützt besser vor Fingerabdrücken als Apples oleophober Bildschirmschutz (dieser vornehme Ausdruck bedeutet nichts anderes, als dass Sie auf dem Bildschirm ganz schnell verschmierte Fettfingerabdrücke sehen) und lässt sich mit einem patentierten Verfahren jederzeit blasenfrei aufkleben. Den größten Vorteil sieht Bob darin, dass man diese Folie, wenn sie schmutzig wird, unterm Wasserhahn abspülen, mit einem Fön trocknen und wieder (natürlich blasenfrei) auftragen kann.

Eine weitere Option ist RadTech (`www.radtech.us`), die zwei verschiedene Arten von Mylar-Bildschirmschützern anbietet, nämlich transparent und entspiegelt. Diese Bildschirmschoner sind zwar steifer als die Folien, können aber ohne Funktionsverlust mehrfach gereinigt und wieder aufgesetzt werden. Sie verbergen sehr wirkungsvoll kleine Kratzer, Oberflächenfehler und Abnutzungserscheinungen und die harte Mylar-Oberfläche schützt nicht nur vor Kratzern und Abnutzung, sondern ist auch noch optisch korrekt. Und schließlich sind sie auch relativ günstig, nämlich rund 23 Euro (zum Beispiel bei Arktis `www.arktis.de`).

Bob hat auch die älteren Folien-Produkte von invisibleShield von ZAGG (`www.zagg.com`), BodyGuardz (`www.bodyguardz.com`) und Best Skins Ever (`www.bestskinsever.com`) getestet und ist der Meinung, dass sie sich mehr ähneln als unterscheiden. (Die gleiche Erfahrung hat der Übersetzer mit Produkten gemacht, die in Deutschland zu kaufen sind.)

 Alle diese »Häute« lassen sich nur mit einigen Tricks anbringen. Halten Sie sich genau an die Bedienungsanweisung, schauen Sie sich auf der Website des Verkäufers und in YouTube Videos an und lassen Sie sich Zeit. Dann werden Sie mit einem klaren Folienschutz belohnt, der fast unsichtbar ist und Ihr iPad vor Kratzern und Ähnlichem schützt.

Das iPad mit dem Griffin A-Frame aufstellen

Der Griffin A-Frame (zwischen 30 und 50 Euro) ist so ungewöhnlich, dass wir ihn in die Liste aufnehmen wollten. Wie Sie Abbildung 15.4 entnehmen können, handelt es sich dabei um einen Tischständer, der aus hoch belastbarem Aluminium besteht und zwei Zwecken dient. Sie können ihn öffnen, damit er Ihr iPad entweder senkrecht oder waagerecht aufnimmt, um Filme anzuschauen, Bilder anzuzeigen (eine großartige Möglichkeit, den Modus BILDERRAHMEN auszuprobieren, den wir in Kapitel 10 beschreiben) oder einfach nur um lesen zu können. In dieser aufrechten Position ist Ihr iPad der perfekte Partner für das Apple Wireless Keyboard

Abbildung 15.4: Der Griffin A-Frame ist ein einzigartiger, zwei Zwecken dienender Tischständer für Ihr iPad.

(oder einer beliebigen anderen Bluetooth-Tastatur). Oder Sie schließen die Ständerbeine und legen es um. Damit befindet sich Ihr iPad in der idealen Position, um die virtuelle Bildschirmtastatur zu benutzen.

Weiche Auspolsterungen aus Silikon verhindern, dass Ihr iPad verkratzt wird oder weggleitet, und der untere Rand ist so entworfen worden, dass das Ladekabel auch dann eingesteckt werden kann, wenn das Gerät senkrecht steht. Des Weiteren passt der Rahmen in viele Taschen von Drittherstellern wie zum Beispiel Griffin.

Bob LeVitus sagt: »Ich liebe dieses Teil wirklich. Dort hält sich mein iPad fast die ganze Zeit auf, wenn es nicht in meinem Rucksack ist.«

Das iPad über einen 2-in-1-Adapter mit anderen teilen

Ein 2-in-1-Stereo-Adapter ist ein kleines praktisches Gerät, mit dem zwei Leute ihre Kopfhörer/Ohrhörer/Headsets an ein iPad (oder iPhone oder iPod) anschließen können. Er ist ziemlich preiswert (unter zehn Euro) und extrem nützlich, wenn Sie nicht allein in der Luft, auf der See, mit der Bahn oder im Bus unterwegs sind. Dieser Adapter ist auch dann von unschätzbarem Wert, wenn Sie mit Ihrem allerbesten Freund einen Film anschauen und verhindern wollen, dass die gesamte Nachbarschaft oder die Mitbewohner aufgeweckt werden.

Wir nennen diese Teile »2-in-1-Adapter«, aber das ist nicht der einzige Name, unter dem Sie auf sie treffen. Diese Teile werden unter anderem auch unter folgenden Bezeichnungen angeboten:

✔ 3,5-mm-Stereo-Y-Splitter

✔ 1/8-Zoll-Stereo-Adapter Stecker auf zwei Buchsen

✔ 3,5-mm-Dual-Stereo-Kopfhörersplitter

Sie müssen eigentlich nur zwei Dinge wirklich wissen. Erstens, dass 1/8 Zoll und 3,5 mm in der Adapterwelt synonym gebraucht werden (selbst dann, wenn sie nicht wirklich dasselbe sind).

1/8 Zoll = 0,125 Zoll, aber 3,5 mm = 0,1378 Zoll – also nicht dasselbe, aber nahe dran.

Zweitens, dass Sie darauf achten müssen, dass Sie einen Stereo-Adapter erhalten. Einige monophone Adapter arbeiten so, dass sie genau die gleichen Töne in beide Ohren pumpen, anstatt die Audio-Informationen für den linken Stereokanal an das linke Ohr und den rechten Stereokanal an das rechte Ohr zu senden.

Oder mit anderen Worten: Sie benötigen einen 1/8-Zoll- oder 3,5-mm-Stereo-Adapter, der einen einzelnen Stereostecker an dem einen Ende hat (und den Sie in das iPad stecken) und an dessen anderem Ende es zwei Stereobuchsen gibt (um zwei Kopfhörer/Ohrhörer/Headsets zu bedienen).

 Probieren Sie den Adapter vor der Reise aus. Bob musste kürzlich feststellen, dass der, den er eingepackt hatte, viel lauter war als ein anderer.

Teil V

Der Top-Ten-Teil

The 5th Wave — By Rich Tennant

»Das ist ein Docking-System für das iPad. Es hat drei Schlafzimmer, zwei Badezimmer und eine Garage.«

In diesem Teil ...

Es steht irgendwo in der Zentrale von Wiley in Stein gemeißelt, dass ... *für Dummies*-Autoren bei jedem ... *für Dummies*-Buch für einen Top-Ten-Teil sorgen müssen. Das ist eine Pflicht, die wir sehr ernst nehmen. Deshalb finden Sie in diesem Teil eine Liste mit zehn unserer kostenlosen Lieblingsanwendungen aus dem App Store. Dazu gehören Programme, die Ihr iPad in ein anständiges Internetradio verwandeln, eine Reihe von süchtig machenden Spielen und eventuell sogar ein Rezept für Ihr Leibgericht. Danach bewegen wir uns zu unserer Sammlung der zehn besten Programme, die jeder Benutzer ernsthaft in seine Kaufüberlegungen einbeziehen sollte, wie zum Beispiel ein Malprogramm, eine Datenbank und ein Klavier für Ihr iPad.

Wir beenden die Show mit unseren Lieblingsthemen: Hinweise, Tipps und Kurzbefehle, die das Leben mit Ihrem iPad verbessern. Hier entdecken Sie verschiedene Wege, um sich die Kapazität Ihres neuen Schätzchens anzuschauen, wie Sie Webseiten für andere freigeben können und einen oder zwei Tricks bezüglich der Bedienung der virtuellen Tastatur des iPads.

Zehn appetitanregende (und kostenlose) Apps

16

In diesem Kapitel

▶ Pocket Legends

▶ Shazam

▶ IMDb

▶ radio.de for iPad

▶ Air Hockey Gold

▶ PDF-Notes

▶ SIMs Kultur Kiosk

▶ AppShopper

▶ ran

▶ Flipboard

Den Begriff *Killer-App* kennt jeder, der mit Computern zu tun hat. Dieser Begriff bezeichnet eine Anwendung, die so toll oder so nützlich ist, dass so gut wie jeder sie haben will oder haben muss.

Sie könnten jetzt natürlich mit dem Argument kommen, dass die unübertroffene App für das iPad die Anwendung App Store ist, die wir in Kapitel 7 ausführlich behandeln. Dieses Online-Geschäft führt eine Fülle großartiger Programme, von denen viele gratis zu haben sind – und die wir uns trauen, Killer-Apps zu nennen. Das geht vom Kochen bis zum Showgeschäft. Klar, darunter gibt es auch ein paar faule Äpfel, aber wir wollen hier und jetzt nur das Positive herausstellen.

Vor diesem Hintergrund stellen wir in diesem Kapitel unsere zehn Favoriten der Kategorie »kostenlose Apps« für das iPad vor. In Kapitel 17 berichten wir Ihnen über zehn iPad-Apps, die zwar nicht gratis zu haben sind, die aber jeden Cent wert sind.

Wir zeigen Ihnen unsere Apps und fordern Sie auf, uns von Ihren zu berichten. Wenn Sie Ihre eigenen Killer-Apps für das iPad entdecken, lassen Sie uns das wissen, damit wir sie uns einmal anschauen.

Pocket Legends

Wenn Sie ein Anhänger von Spielen der Kategorie MMORPG sind, schätzen wir uns glücklich, Sie darüber informieren zu dürfen, dass Pocket Legends for iPad ein unglaublich cooles 3D MMO-Spiel ist, das Sie keinen Cent kostet (beziehungsweise kosten muss).

 Für diejenigen, die sich noch nicht weiter mit diesem Thema auseinandergesetzt haben: MMORPG ist die Abkürzung von *Massively-Multiplayer Online Role-Playing Game*, was übersetzt so viel wie *Online-Rollenspiel mit unglaublich vielen Mitspielern* bedeutet.

Das heißt, dass Sie mit Tausenden von Mitspielern aus der ganzen Welt zusammenspielen. Sie fangen an, indem Sie aus drei Klassen einen Charakter auswählen, um als Bogenschütze, Zauberin oder Krieger zu spielen. Dann wandern Sie (und möglicherweise andere Spieler) durch Burgverliese, Wälder und Burgen und töten Zombies, Skelette, Dämonen und andere miese Typen und sammeln dabei Goldstücke ein. Gelegentlich findet Ihr Charakter Waffen, eine Rüstung und Schilde, oder Sie kaufen so etwas mit dem Gold, das Sie finden. Je länger Sie spielen, desto mächtiger wird Ihr Charakter und desto mächtigere Waffen, Rüstungen und Schilde können Sie benutzen.

Abbildung 16.1 zeigt einen Charakter, der in einem Wald mit einem Feuerball auf einen miesen Typen schießt.

Ist Ihnen aufgefallen, dass wir im ersten Absatz die Einschränkung »kosten muss« gemacht haben? Hier kommt der Grund dafür: Wenn Sie (wie wir) gerne spielen, möchten Sie vielleicht zusätzliche Kämpfe in Verliesen, Platin (zum Beispiel 30 Stück zu 3,99 Euro), zusätzliche Charaktere oder ein anderes der angebotenen Schmankerln kaufen. Sie können für lange Zeit viel Spaß haben, ohne dass es Sie etwas kostet – aber wenn Sie erst einmal gerne spielen, könnten Sie einen oder zwei Einkäufe in Erwägung ziehen.

Und noch ein Letztes: Bob LeVitus' Charakter ist ein Bogenschütze mit dem Namen Doc. Wenn Sie ihn zufällig im Wald treffen, benutzen Sie das Chatsystem und sprechen Sie ihn an.

Shazam

Haben Sie nicht auch schon im Radio oder Fernsehen, in einem Geschäft oder einem Restaurant einen Musiktitel gehört und sich überlegt, wie der heißt und wer sein Interpret ist? Mit der App Shazam müssen Sie sich das nicht mehr fragen. Starten Sie einfach Shazam und zeigen Sie mit dem Mikrofon Ihres iPads auf die Musikquelle. Innerhalb weniger Sekunden erscheinen auf magische Weise der Titel des Musikstücks und sein Interpret auf dem Bildschirm des iPads.

Abbildung 16.1: Die in das Spiel integrierte Hilfe zeigt Ihnen alles an, was Sie wissen müssen, um Pocket Legends zu spielen.

Im Sprachgebrauch von Shazam ist der Musiktitel *getagged* worden (was sich *getägt* ausspricht und vom Englischen *to tag* kommt, was hier *erkennen* bedeutet). Wenn Taggen alles wäre, was Shazam machen kann, wäre das schon eine ganze Menge. Aber da gibt es noch mehr. Nachdem Shazam einen Musiktitel erkannt hat, können Sie

✔ den Musiktitel im iTunes Store kaufen.

✔ Videos in YouTube sehen, die mit dem Titel zu tun haben.

✔ über den Musiktitel in Twitter »zwitschern«.

✔ eine Biografie, eine Diskografie oder die Schlagertexte lesen.

✔ ein Foto in Shazam an den erkannten Titel hängen.

✔ ein Tag (einen erkannten Titel) per E-Mail an einen Freund senden.

Shazam ist bei der Erkennung klassischer Musik, von Jazz- oder Opernmusik nicht sonderlich gut und ist auch kein Experte für obskure Indie-Bands. Wenn Sie es aber primär dafür benutzen, beliebte Musiktitel zu identifizieren, geht die Post ab. Es hat bei uns in lauten Flughafenterminals, überfüllten Einkaufszentren und sogar während einer Hochzeitsfeier fehlerfrei gearbeitet.

IMDb

IMDb ist die Abkürzung von *Internet Movie Database*, was auf Deutsch Internet-Filmdatenbank heißt. Und was das für eine Datenbank ist, und zwar ganz besonders für den eifrigen Kinogänger! Dieser umfangreiche Aufbewahrungsort für alle Dinge des Kinowesens (siehe Abbildung 16.2) ist die Stelle, an der Sie nach Erscheinungsdatum sortiert die vollständigen Listen aller am Film Beteiligten, Biografien von Schauspielern und Filmemachern, Inhaltsübersichten, Filmtrailer, kritische Rezensionen, Bewertungen durch Benutzer, Informationen über Altersfreigaben und jede Menge Belangloses finden können.

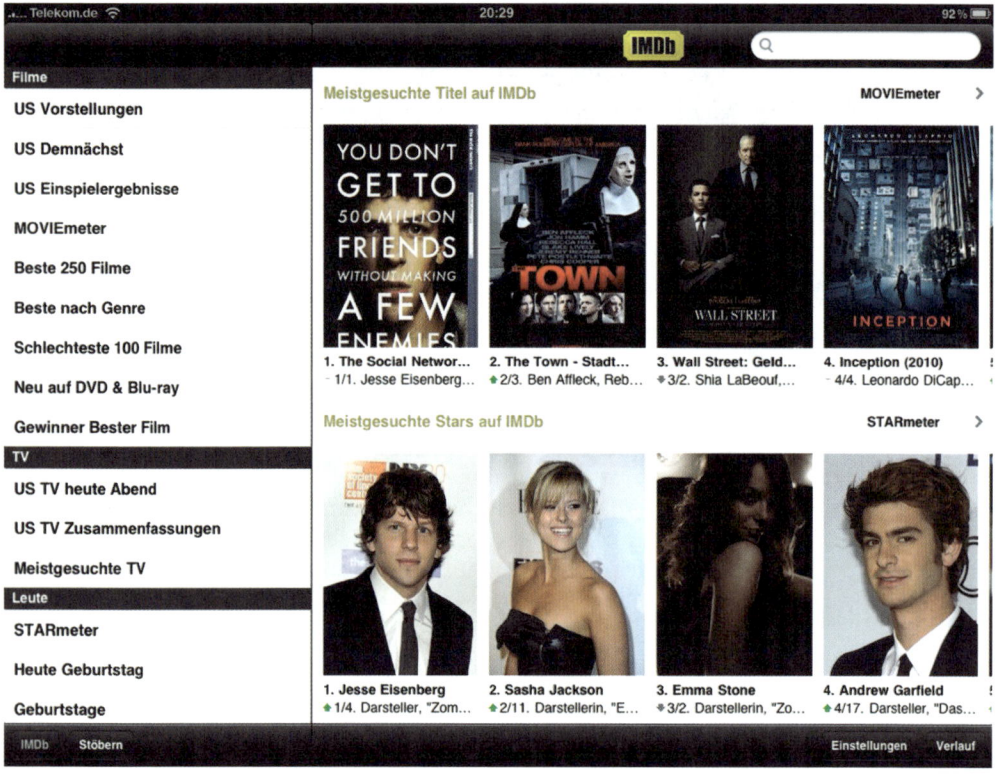

Abbildung 16.2: In IMDb finden Sie fast alles über fast alle Filme – auch in Ihrer Umgebung.

Sie können nach Filmen, Fernsehsendungen, Schauspielern und so weiter suchen, indem Sie in das Suchfeld in der rechten oberen Ecke des Bildschirms einen Namen eingeben. Oder Sie tippen in der unteren linken Ecke auf Stöbern, um Filme anzeigen zu lassen, die bald in die Kinos in Ihrer Nähe kommen werden, die dort zurzeit gespielt werden und wie deren Einspielergebnisse aussehen. Lassen Sie sich nicht davon irritieren, dass im Menü vor einigen Punkten US steht. Wenn Sie in den Programmeinstellungen festgelegt haben, dass die App Ihren Standort benutzen darf, finden Sie zum Beispiel hinter US demnächst das, was es demnächst in den Kinos in Ihrer Umgebung zu sehen gibt.

Ein Rat für die Fans von Filmen: Wenn Sie viel zu tun haben, sollten Sie die Finger von IMDb lassen. Es wird Ihnen schwerfallen, bei dieser erstklassigen App den Vorhang zu schließen.

Denken Sie an das, was wir Ihnen über das Streamen von Filmen über 3G gesagt haben, und denken Sie an Ihr monatliches Datenvolumen.

radio.de

Das iPad bietet ziemlich viel Platz für Musik und Podcasts, die Sie über iTunes oder direkt aus dem iTunes Store auf Ihr Gerät holen können. Aber vielleicht möchten Sie zwischendurch einmal Nachrichten, die neueste Filmmusik, Berichte aus der Finanzwelt oder einfach nur einen Schlager oder etwas Klassisches hören – dann sind Sie bei radio.de for iPad richtig (siehe Abbildung 16.3).

Abbildung 16.3: Mit radio.de können Sie auf Ihrem iPad Radiosender aus der ganzen Welt empfangen.

Diese App hält nicht nur deutschsprachige Sender, sondern über ein – nur im Querformat erreichbares – Menü Angebote aus der ganzen Welt bereit. Das fängt bei Albanien an und hört zu dem Zeitpunkt, als dieses Buch fertiggestellt wurde, bei Weißrussland auf.

Im Querformat ist der Bildschirm dreigeteilt. Sie sehen links das Sender-Menü mit TOP 100, ALLE SENDER, MUSIKRICHTUNG, THEMEN, LÄNDER, STÄDTE und SPRACHEN. Der mittlere Bereich ist für Informationen über den aktuell aufgerufenen Sender und den Titel/die Sendung reserviert, der beziehungsweise die gerade abgespielt wird. Im rechten Fensterbereich finden Sie Tipps der Redaktion.

Wenn Sie das iPad senkrecht halten, haben Sie keinen Zugriff mehr auf das Sender-Menü!

Mit den Symbolen unten auf dem Bildschirm stehen Ihnen (von links nach rechts) folgende Möglichkeiten zur Verfügung:

- ✔ Das Sender-Menü auswählen.

- ✔ Ein Suchfeld anzeigen. Tippen Sie auf das Symbol SUCHE und geben Sie dann oben links auf dem Bildschirm im Suchfeld zum Beispiel `Beatles` als Suchbegriff ein, um eine Liste der Sender zu erhalten, die gerade irgendetwas senden, das mit den Beatles zu tun hat – einen Titel der Beatles, einen Bericht über sie oder eine Sendung, die mit der Zeit zu tun hat, als die Beatles aktuell waren.

- ✔ Zugriff auf selbst definierte Favoritenlisten, persönliche Senderempfehlungen und zuletzt gehörte Sender erhalten.

- ✔ Ein Anmeldekonto (kostenlos) bei radio.de anlegen, um die Möglichkeiten des vorherigen Listenpunkts zu erhalten.

- ✔ Informationen über den Anbieter der App, eine Datenschutzerklärung und die allgemeinen Geschäftsbedingungen, ohne die nirgendwo etwas geht.

Wir haben die App an verschiedenen Orten und sowohl mit WLAN als auch mit 3G ausprobiert und können festhalten, dass sie wirklich schnell ist. Mit dieser App machen Sie aus Ihrem iPad einen Weltempfänger.

PDF-Notes free for iPad

PDF-Notes for iPad ist zwar ein Programm, das noch ausbaufähig ist und derzeit nur in englischer Sprache erhältlich, aber es erfüllt seinen Zweck recht ordentlich. Sie importieren in iTunes PDF-Dateien in die App (was leider nur bei einem angeschlossenen iPad klappt), und beim nächsten Synchronisieren werden diese PDFs auf Ihr iPad übertragen. Sie liegen dann in einem virtuellen Bücherregal und können von dort aus gelesen werden.

Sie haben die Möglichkeit, Textpassagen farbig zu markieren oder mit den Markierungsstiften und Ihrem Finger Anmerkungen am Text anzubringen. Durch Tippen auf die tropfenförmige Schaltfläche in der linken oberen Ecke erreichen Sie, dass Sie zum Umblättern über den Bildschirm wischen können. Ansonsten müssen Sie über zwei Pfeile unten auf dem Bildschirm umblättern oder mit Hilfe eines Schiebereglers direkt zu einer bestimmten Seite gehen.

Nachteilig ist, dass das Programm nur senkrecht benutzt werden kann, ein Zoomen nicht flexibel eingestellt und der vergrößerte Bildschirm nicht verschoben werden kann. Aber es wurde die Version 0.9.0 von uns getestet und für so gut befunden, dass die App auf dem iPad verbleiben wird.

Air Hockey Gold

Viele kennen Air Hockey vielleicht aus Jugendclubs und Spieletreffs. Wir bedanken uns für den großen Bildschirm, ruckelfreie Grafik und realistische Geräusche beim Aufeinandertreffen der Spielscheiben. Air Hockey Gold von Accleroto (in englischer Sprache) ist ein echter Hit. Sie können es allein oder zu zweit spielen, oder Sie spielen drahtlos über Bluetooth gegen jemanden, der die App auf einem iPod touch, einem iPhone oder einem anderen iPad hat. Es gibt sechs Schwierigkeitsgrade (KIDDIE, EASY, MEDIUM, HARD, EXPERT und INSANE!). Abbildung 16.4 zeigt, dass Sie sogar mit einem zweiten Puck spielen können. Damit das Spiel kostenlos ist, müssen Sie ein wenig Werbung akzeptieren.

Abbildung 16.4: Air Hockey mit zwei Pucks spielen

SIMs Kultur Kiosk

Sie wollen wissen, welche besonderen kulturellen Genüsse zurzeit in Europa auf Sie warten? Dann ist SIMs Kultur Kiosk (siehe Abbildung 16.5) genau richtig. Hier finden Sie Informationen zu Festwochen, Vernissagen, Kulturtagen, Festspielen, Spielpläne und Programmvorschauen und vieles mehr.

Abbildung 16.5: Ein Überblick über die aktuellen kulturellen Höhepunkte in Deutschland

Sie öffnen die Menüs, indem Sie auf den unteren oder oberen Bildschirmrand tippen. Oben links finden Sie dann nicht nur die Möglichkeit, die Programmseiten durch das Tippen auf Pfeile nach links oder rechts zu verschieben, sondern Sie können hier auch das Inhaltsverzeichnis der App öffnen. Unten auf dem Bildschirm können Sie die Veranstaltungen als bildschirmfüllendes Cover darstellen. Durch Tippen auf CONTENT gleitet FLIP-VIEW auf den Bildschirm. Es handelt sich dabei um einen »Balken« mit Miniaturbildern von Ereignissen, die Sie durch Gleiten nach rechts oder links verschieben können. Wenn Sie ein Ereignis interessiert, tippen Sie es an, und es erscheint mit Cover und einem erläuternden Text auf dem Bildschirm. Das dritte Symbol der unteren Reihe, CONTENTS, öffnet den Newsreader von SIMs Kultur Kiosk mit aktuellen Tipps zum Kulturleben.

AppShopper

Hier finden Sie Hilfe (in englischer Sprache) beim Durchstöbern des App Stores. Sie erhalten einen Überblick über die neuesten Apps aus dem Store (siehe Abbildung 16.6), können sich zum Beispiel nur kostenlose Apps anzeigen lassen und eine Wunschliste mit Apps zusammenstellen.

Abbildung 16.6: AppShopper informiert Sie über die neuesten Apps aus dem App Store.

Sie können sich per E-Mail über Preisänderungen und Updates informieren lassen, und da die Liste mit den Apps alle paar Minuten aktualisiert wird, wissen Sie immer, was es an neuen Apps im Store gibt. AppShopper hat einen Nachteil, den wir für nicht so gravierend halten: Preise werden nur in Dollar angezeigt.

ran

Und zum Schluss unserer Liste mit zehn kostenlosen Apps, die Sie interessieren könnten, kommt hier eine für die Fußballbegeisterten, die auch unterwegs Bescheid wissen möchten, was los: die App ran (siehe Abbildung 16.7).

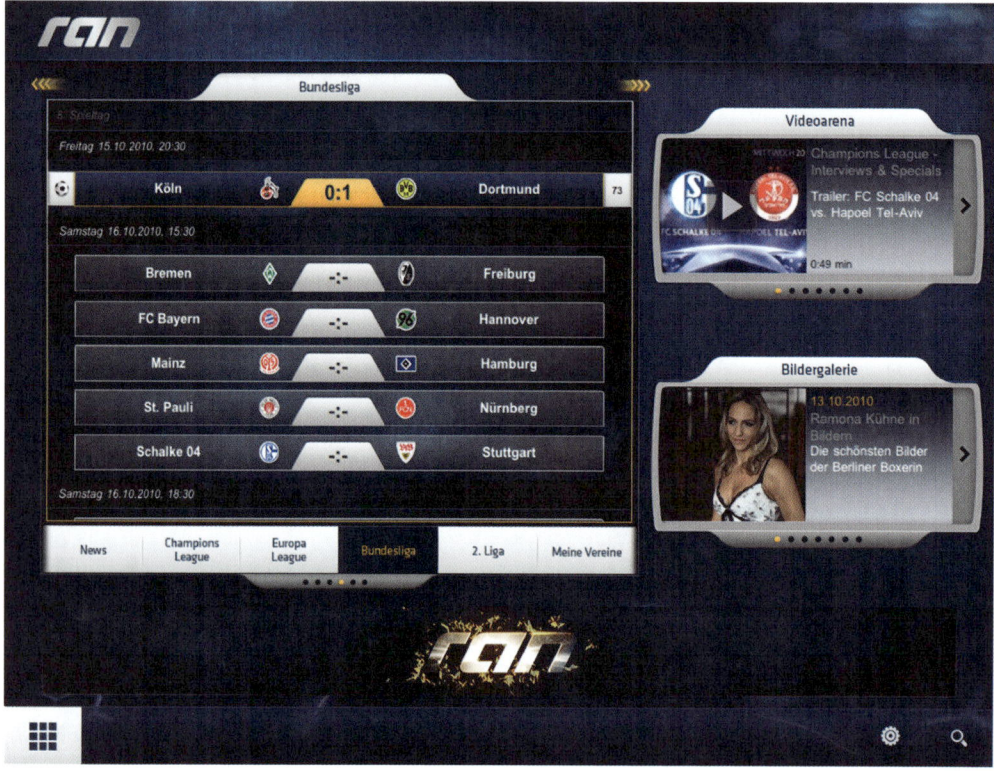

Abbildung 16.7: Der Ball rollt.

Sie finden aktuelle Spielberichte, Live-Ticker, statistische Informationen, Mannschaftsaufstellungen, Analysen vergangener Spiele, Bildergalerien und Videotrailer zu interessanten Themen. Wer schon einmal verzweifelt versucht hat, an einem Samstag an die aktuellen Ergebnisse und Spielverläufe zu kommen, wird diese App mehr als zu schätzen wissen.

Flipboard

Die Medienstars von heute sind nicht notwendigerweise diejenigen, die es »schon immer« gegeben hat. Die Stars von heute sind Sie und Ihre Freunde auf Twitter, Facebook, Flickr und an vielen anderen Orten. Flipboard wandelt das soziale Web in ein großartiges digitales Magazin um. Und Sie sind der Herausgeber, der die Inhalte festlegt. Fügen Sie Ihre Facebook-Freunde, die Leute, denen Sie auf Twitter folgen, Stoff von Ihrem Google-Reader-Konto, Instagram-Fotos und Fotos hinzu, die Sie auf Flickr hochgeladen haben.

 Bevor wir Sie in die endlose Fülle kostenloser Apps entlassen, möchten wir Sie noch einmal an die kostenlose Super-App iBooks erinnern, die so wunderbar ist, dass wir ihr sogar ein ganzes Kapitel (nämlich Kapitel 11) gewidmet haben.

Zehn Apps, deren Kauf sich lohnt

17

In diesem Kapitel

▶ Postkarte

▶ Words with Friends HD

▶ Art Studio for iPad

▶ Die Elemente

▶ Slayer Pinball Rocks HD

▶ Art Authority

▶ Magic Piano

▶ FileBrowser

▶ Instapaper

▶ Bento for iPad

▶ SpaceMap

Wenn Sie Kapitel 16 gelesen haben, wissen Sie, dass auf Sie eine Menge großartiger kostenloser Apps wartet. Aber es gilt auch das alte Klischee, dass es sich manchmal wirklich lohnt, für etwas zu bezahlen. Keine der zehn hier vorgestellten Apps, die zu unseren Favoriten gehören, ist so teuer, dass Sie dafür eine Bank überfallen müssten. Wie Sie gleich sehen werden, sind einige der Anwendungen nützlich, während andere eigentlich nichts außer Spaß machen. Das allgemeine Thema? Wir meinen, dass Sie Spaß daran haben könnten, diese Apps auf Ihr iPad zu laden.

Postkarte HD

Mit dieser App (siehe Abbildung 17.1) können Sie Ihrer Familie, Ihren Freunden oder Bekannten eine Grußkarte schicken. Senden Sie direkt von Ihrem iPad eine Postkarte – egal wo auf der Welt Sie sich befinden. Der Versand der Postkarte kostet 1,49 Euro, unabhängig davon, von wo oder wohin die Postkarte versendet wird. Sie können als Motiv entweder direkt mit der iPad-Kamera ein Foto aufnehmen oder eines aus Ihren Alben auswählen.

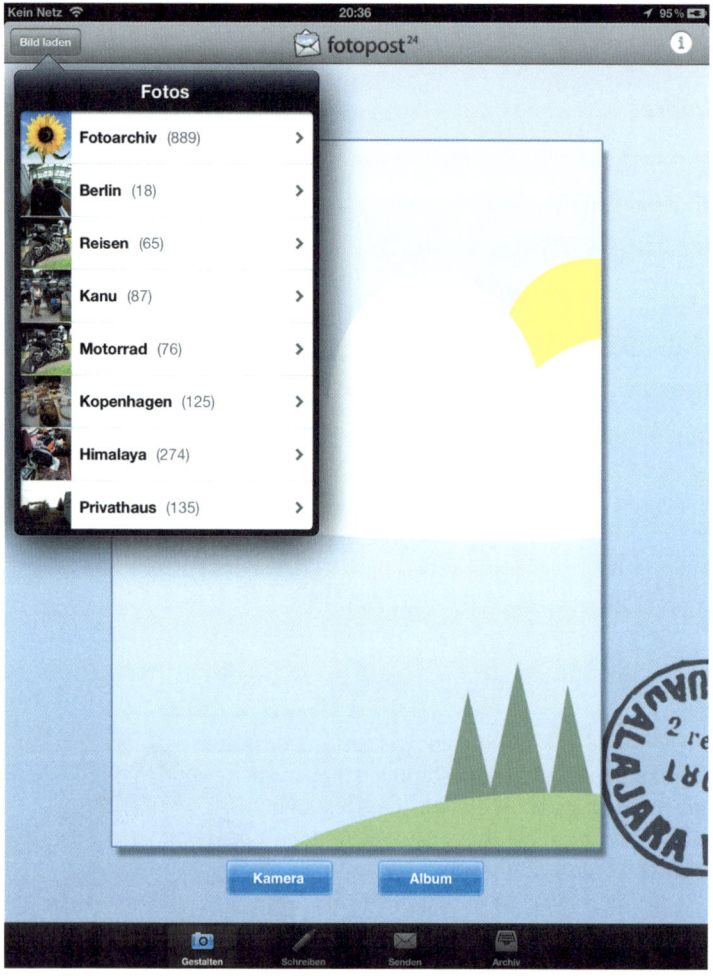

Abbildung 17.1: *Das Motiv für Ihre Postkarte wählen Sie entweder aus einem Ihrer Alben aus oder schießen ein neues Foto mit der iPad-Kamera.*

 Die erste gedruckte Postkarte wird kostenlos versandt, wodurch der effektive Preis der App auf ungefähr zwei Euro sinkt (und jeden Cent wert ist).

Words with Friends HD

Sie wollen Ihre Englischkenntnisse auffrischen? Dann sind Sie hier richtig. Beide Autoren lieben Spiele mit Buchstaben und Puzzles, aber Bob LeVitus liebt Word with Friends HD, wohingegen Ed Baig das Original, SCRABBLE, bevorzugt (das leider in seiner deutschen Version von Anwendern so schlecht beurteilt wird, dass wir hier auf eine Empfehlung verzichten).

Heutzutage spricht alles von sozialen Medien, aber die meisten iPad-Spiele für mehrere Spieler sind entweder langweilig oder nicht besonders sozial. Words with Friends HD (2,39 Euro) ist eines der »sozialsten« Spiele, die es nach Bob LeVitus' Meinung am Markt gibt, und es macht unheimlich viel Spaß. Es ist ein wenig so, als ob Sie Scrabble mit einem Freund spielen, da das Spiel aber rundenbasiert ist, können Sie einen Zug machen und dann die App verlassen und etwas anderes erledigen. Wenn Ihr Spielpartner seinen Zug gemacht hat, können Sie sich über ein akustisches Signal, eine auf dem Bildschirm erscheinende Meldung und/oder eine Zahl, die im Symbol von Words with Friends auftaucht, darüber informieren lassen, dass Sie wieder an der Reihe sind. Abbildung 17.2 zeigt ein Spiel, das Bob LeVitus gerade 299 zu 249 gewinnt, wie Sie im oberen Bereich des Bildes sehen können.

Abbildung 17.2: Das Overlay links zeigt, dass gleichzeitig in fünf Spielen gespielt wird.

Probieren Sie einmal die kostenlose iPhone-Version aus, und wir sind sicher, dass Sie hier hängen bleiben.

ArtStudio

Halten Sie sich für einen Künstler? Wir wissen, dass unsere künstlerischen Talente begrenzt sind, aber wenn wir talentiert wären, ist ArtStudio for iPad das Programm, mit dem wir unsere Meisterwerke malten. Und selbst wenn Sie nur »normale« künstlerische Fähigkeiten besitzen, können Sie erkennen, dass diese App über alles verfügt, was Sie benötigen, um beachtenswerte Kunstwerke zu kreieren.

Es würde uns mehr als verlegen machen, wenn wir Ihnen unsere Kreationen zeigen sollten, weshalb wir lieber einen Überblick zusammengebaut haben, der alle Werkzeuge und Paletten von ArtStudio zeigt (siehe Abbildung 17.3).

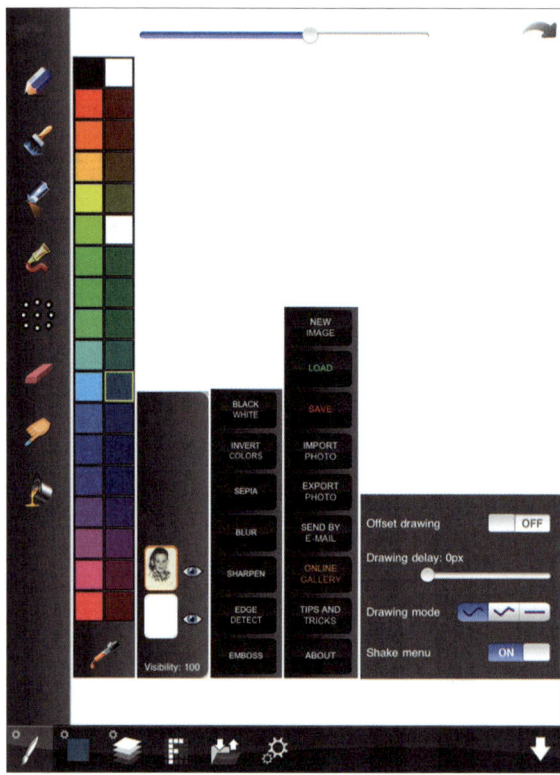

Abbildung 17.3: Die Werkzeuge von ArtStudio von links nach rechts: Pinsel, Farben, Ebenen, Spezialeffekte, Dateiverwaltung und Einstellungen

Zu den Funktionen, die ArtStudio bietet, gehören:

✔ 25 Pinsel, einschließlich Buntstifte, Wischen-Werkzeug, Füllwerkzeug, Airbrush und mehr. Pinsel lassen sich in der Größe verändern und der Pinseldruck anpassen.

✔ Erlaubt bis zu fünf Ebenen mit Einstellmöglichkeiten wie Löschen, Neu-Anordnen, Duplizieren, Zusammenfügen und Transparenz

✔ Bietet Filter wie Unschärfe, Schärfe, Stufigkeit, Sepia und mehr

Sie glauben uns nicht? `www.appsmile.com` hat die App mit fünf von fünf Sternen bewertet und meint: »Dies ist das, was Photoshop Mobile sein möchte.« Auch bei `www.slappapp.com` gab es fünf von fünf Sternen und die Bemerkung: »Ich habe mich an verschiedenen Apps zum Malen und Zeichnen versucht, und diese hat alle um Längen geschlagen.« Und wenn Sie sehen möchten, was talentierte Künstler mit ArtStudio for iPad machen, schauen Sie sich einmal `www.flickr.com/groups/artstudioimages` und `www.artistinvermont.com` an.

Und noch ein Letztes: Die App kostet ganze 2,39 Euro, und wir sind der Meinung, dass diese App fünf bis zehn Euro wert ist, wenn Sie gerne malen.

Slayer Pinball Rocks HD

Gute Flipper-Spiele *(Pinball* bedeutet auf Deutsch *Flipper)* verlangen ausgesprochen realistische Effekte, und Slayer Pinball Rocks HD von Sony (2,39 Euro) zeichnet sich genau dadurch aus. Der Ball bewegt sich über die Tische, und sein Verhalten ist so realistisch, dass Sie glauben, in einer Spielhalle zu stehen. Es ist sogar so realistisch, dass Sie den Tisch »schütteln« können, um die Bewegungen des Balls zu beeinflussen.

Ein weiteres Kennzeichen eines guten Flipper-Spiels sind großartige Soundeffekte, und auch in diesem Punkt werden Sie nicht enttäuscht. Die Geräusche, die der Ball macht, wenn er irgendwo anstößt, sind naturgetreu und wirklich authentisch.

Slayer Pinball Rocks HD lässt sich sowohl senkrecht als auch waagerecht spielen, es gibt einen Modus mit mehreren Bällen und Sie können ab der Version 1.3 des Programms auch mit mehreren Leuten spielen.

Art Authority

Wir haben schon zugegeben, dass unsere künstlerische Ader nicht gerade zu unseren Stärken zählt. Das betrifft aber nur das Erstellen von Kunst(werken). Denn wir beide mögen Kunst mindestens genauso sehr wie viele andere, wenn nicht sogar noch mehr. Deshalb finden wir Art Authority (7,99 Euro) so gut.

Art Authority ist wie ein Kunstmuseum, das Sie in Ihrer Hand halten. Die App enthält über 40.000 Bilder und Skulpturen von mehr als 1.000 der größten Künstler der Welt. Die Werke sind in acht nach Perioden aufgeteilten Räumen untergebracht, zum Beispiel Frühzeit (bis 1400), Barock, Romantik, Moderne, Impressionisten und so weiter. Die Kunstwerke sind in den Räumen nach Kunstrichtungen unterteilt. So finden Sie zum Beispiel in der Moderne Einteilungen in Surrealismus, Kubismus, Dadaismus, Skulpturen und so weiter.

Es gibt einen Überblick über Perioden, Bewegungen, Zeitachsen und Diashows und einen durchsuchbaren Index der über 1.000 Künstler sowie einen Index je Raum.

Magic Piano

Smules Magic Piano, das Sie für 79 Cent erwerben können, verwandelt Ihr iPad in genau das, ein hinreißendes magisches Klavier. Diese App gehört mittlerweile zu den beliebtesten Programmen von Drittanbietern.

Magic Piano ist eine auf seltsame Weise stark beruhigende App, die Ihnen mehrere Wege aufzeigt, damit Sie sich fühlen können, als seien Sie Mozart. Sie können auf dem Bildschirm auf spiralförmigen oder runden und auf normalen Klaviertastaturen herumhämmern oder mit Ihren Fingern Lichtblitzen folgen. Tippen, ziehen oder die Finger auseinanderdrücken: Jede Geste erzeugt echte Klänge. Der großzügig bemessene Bildschirm des iPads führt dazu, dass Sie mit allen zehn Fingern gleichzeitig spielen können. Sie können improvisieren, oder Sie wählen in einem Notenbuch die *Nussknacker Suite, Die Kleine Nachtmusik* oder ein anderes der (zum Zeitpunkt der Veröffentlichung dieses Buches) 17 existierenden Meisterwerke aus.

Des Weiteren können Sie als Solist auftreten oder zusammen mit einem Fremden, der auf der anderen Seite der Erdkugel lebt, ein Duett spielen. Geben Sie Ihrem Klavier einen Namen, damit man Sie identifizieren kann.

Sie können anderen beim Spielen zuhören, ohne mit ihnen zusammenspielen zu müssen, indem Sie für Ihre Reise etwas benutzen, das Smule *Warp Hole* (was Sie ganz frei als Wurmloch im Raum/Zeit-Kontinuum bezeichnen können) nennt. Eine 3D-Darstellung des Globus zeigt Ihnen, von welchem Ort auf dem Planeten Erde die Musik herkommt.

Wir sind sicher, dass Mozart Erstaunliches auf dem iPad geschaffen hätte.

FileBrowser

FileBrowser ist eine Anwendung, die es Ihnen ermöglicht, auf Ihren Computer wie mit einem Windows-Explorer oder Mac Finder zuzugreifen (siehe Abbildung 17.4), um Dateien zu öffnen, zu kopieren oder über Streaming abzuspielen.

Die Einrichtung der Netzwerkverbindung ist sehr einfach und funktioniert sowohl bei Macs als auch bei Windows-XP-, -Vista- und -7-Computern problemlos. Sie geben Ihrem Computer einen Namen, geben seine IP-Adresse ein, können dauerhaft einen Anmeldenamen und ein Kennwort hinterlegen (oder bei jeder Verbindung aus Sicherheitsgründen neu abfragen lassen) – und das war's. Die App ist in der Lage, eine Vielzahl von Dateitypen direkt auf Ihrem iPad anzuzeigen, ohne dass Sie dafür weitere Anwendungen herunterladen müssen.

Unser Tipp: Die App ist für Freaks eine gute Investition.

Instapaper

Ist es Ihnen schon mal passiert, dass Sie auf einer Webseite auf einen längeren, interessanten Artikel gestoßen sind, aber keine Zeit hatten, ihn zu lesen? Oder dass Sie eine bestimmte Geschichte am liebsten in die Tasche stecken und dann auf dem Weg nach Hause im Zug, im Flugzeug oder im U-Boot lesen würden?

Wenn Ihnen das schon mal passiert ist, wird Ihnen Instapaper gefallen, eine App, die Sie für 3,99 Euro bekommen und mit der Sie Webseiten von Ihrem Computer oder iPad sichern und sie dann später auf dem iPad lesen können, egal, ob Sie dann eine Internetverbindung haben oder nicht. Das klingt zwar zunächst ähnlich wie die Leseliste von Safari, aber wie gesagt, Sie benötigen in diesem Fall keine Internetverbindung, um die gespeicherten Seiten zu lesen.

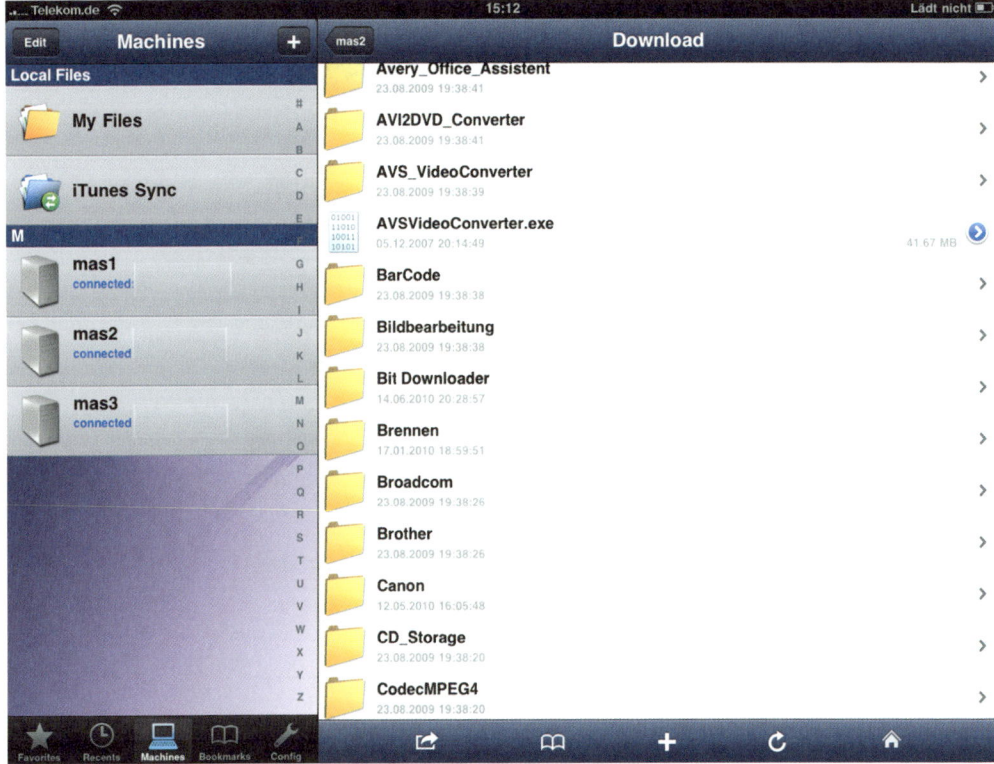

Abbildung 17.4: Greifen Sie von Ihrem iPad aus auf Ihre(n) Computer zu.

Instapaper ist eine von Bob LeVitus' Lieblings-Apps. Hier nur einige der Gründe:

✔ Mit Instapaper können Sie Artikel aus Webseiten speichern und später, wenn es Ihnen passt, mit oder ohne Internetverbindung lesen.

✔ Gespeicherte Artikel werden in einem gut lesbaren Nur Text-Format dargestellt.

✔ Sie können die Webseite, aus der Sie den Artikel gespeichert haben, mit all ihren Anzeigen, Bannern und anderen Grafiken wieder besuchen, indem Sie einfach auf IM BROWSER ÖFFNEN tippen.

✔ Instapaper verfügt über weitere Einstellungen, mit denen Sie bestimmte Funktionen an Ihre eigenen Bedürfnisse anpassen können, wie zum Beispiel Scrollen, was passiert, wenn man einen Link öffnet und wie werden die Artikel sortiert, um nur einige zu nennen.

 Eine kostenlose Variante zu Instapaper und ideal für alle, die möglichst wenige Apps auf ihr kostbares iPad laden möchten, ist die Möglichkeit, URLs auf den Home-Bildschirm zu kopieren (siehe Abbildung 17.5). Das geschieht, indem Sie auf den Aktionsknopf (das Rechteck mit dem fliehenden Pfeil) tippen. Nun werden die Inhalte der entsprechenden URL dann komplett abgelegt und können auch ohne Internet-Verbindung angesehen werden. Ihr iPad gibt dann zwar einen kleinen Warnhinweis, aber den können Sie ja einfach überspringen.

Abbildung 17.5: So können Sie die URL der FAZ auf Ihrem Home-Bildschirm speichern.

Geben Sie doch mal der Option KIPPEN ZUM SCROLLEN eine Chance. Zuerst fanden wir sie furchtbar, aber inzwischen bin ich der Meinung, jede iPad-App sollte diese Funktion bieten.

Die Elemente: Bausteine unserer Welt

Erinnern Sie sich noch an den Chemie-Unterricht in der Schule und an das Periodensystem der Elemente? Viele von Ihnen haben sich damit höchstwahrscheinlich tödlich gelangweilt. Und selbst wenn während Ihrer Schulzeit Ihr Interesse an diesem Thema geweckt worden ist, wagen wir zu behaupten, dass das nichts im Vergleich dazu ist, wie Sie die Elemente in dieser App aus purem Gold, die es für 10,99 Euro gibt, erforschen können. Eigentlich ist es nicht ganz richtig, diese Anwendung eine App zu nennen, weil sie – vergeben Sie uns das Wortspiel – mehr Elemente eines elektronischen Buches als einer traditionellen App aufweist. Sie basiert auf dem Bestseller *The Elements* von Theodore Gray und ist gerade frisch ins Deutsche übersetzt worden. Aber das Programm wird nun einmal im App Store und nicht im iBookstore verkauft.

Öffnen Sie die App, und sie startet mit einem Musiktitel von 1959 des Harvard-Mathematikers und musikalischen Humoristen Tom Lehrer über die chemischen Elemente, die damals bekannt waren. Wenn Sie eines der Elemente antippen – Kupfer im Beispiel in Abbildung 17.6 –, übernimmt eine atemberaubende Fotografie mehr als die Hälfte des Bildschirms und überlässt den Bildschirmrest statistischen Angaben wie Atomgewicht, Dichte und Schmelzpunkt. Tippen Sie nun auf den nach rechts zeigenden Pfeil, um die nächste Seite zum Thema aufzurufen. Sie sehen einen Text, der das Element erklärt, und weitere Bilder, wie zum Beispiel Werkzeuge und Schmuck aus dem Material.

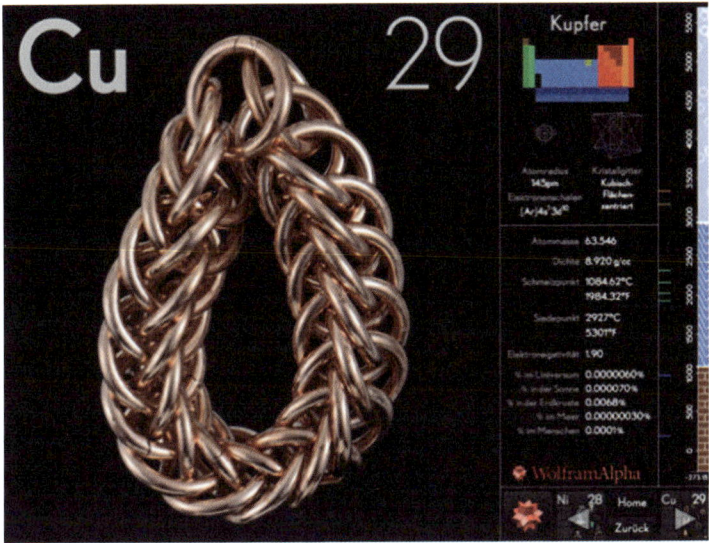

Abbildung 17.6: Ein ausgewähltes Element wird näher erläutert.

Sie zahlen zusätzlich zu den 10,99 Euro im App Store einen weiteren Preis für all die tollen Einzelheiten. Die Elemente ist mit ungefähr 1,8 Gigabyte eine ziemlich große App und damit fast so groß wie einer der hochauflösenden Filme, die Sie vielleicht auf Ihr iPad heruntergeladen haben. Die App verbraucht also viel Platz, benötigt Zeit zum Laden und stürzt hin und wieder ab.

Ehrlich gesagt, haben wir uns wenig um die Wiederentdeckung der Elemente gekümmert, aber wir benutzen diese App, um Freunden die beeindruckende Schönheit des iPads zu zeigen. Und wenn Sie oder Ihre Kinder sich ein wenig für die Naturwissenschaften interessieren, werden Sie von Die Elemente fasziniert sein.

Bento for iPad

Voll ausgestattete Datenbanken sind normalerweise die Domäne von Profis und Beschäftigten vieler Branchen. FileMakers »private Datenbank« Bento für den Mac und das iPhone hat es geschafft, auch für normale Benutzer interessant zu werden. Dasselbe gilt für die Version für das iPad, die in unseren Augen mit einem Preis von 3,99 Euro ein echtes Schnäppchen ist.

Bento sollte nicht nur Vertriebler, Marketingfachleute und Außendienstler ansprechen, sondern auch Studenten und eigentlich jeden, der Hobbys, Projekte, Listen, Ereignisse und so weiter verwalten will.

Die einfach zu bedienende App hat 25 Vorlagen für Fahrzeugverwaltung, Spenden, Rezepte, Übungen, Ergebnislisten und so weiter. Sie kennt 15 »Feldtypen«, die Dinge wie Text, Zahlen, Bewertungen, Zeiträume, Währungen und Telefonnummern aufnehmen. Und Bento ist auf dem iPad direkt mit dem Adressbuch, dem Mail-Programm, Safari (Sie können Webseiten ansehen, ohne die App verlassen zu müssen) und Google Maps verbunden. Sie können sogar Sprach-Memos aufnehmen.

Wenn Sie Bento 3 für den Mac besitzen, können Sie die beiden Programme miteinander synchronisieren, wodurch Änderungen, die Sie auf dem einen Gerät vorgenommen haben, auf das andere Gerät übertragen werden. Für dieses Synchronisieren benötigen Sie eine WLAN-Verbindung. Da das iPad nur einen begrenzten Speicher zur Verfügung hat, haben Sie keine Möglichkeit, große Datenbanken auch auf dem iPad zu verwalten. Und die Anwendung ist zu dem Zeitpunkt, an dem dieses Buch geschrieben wurde, nur in Englisch verfügbar.

Bento for iPad nutzt den großen Bildschirm des Tablet-PCs aus. Wenn Sie das Gerät senkrecht halten, können Sie die Ansicht auf einen Datensatz beschränken. Wenn Sie das iPad waagerecht halten, sehen Sie auf der linken Seite eine Liste mit Datensätzen, und rechts die Einzelheiten eines im linken Fensterbereich markierten Datensatzes. Andere Nettigkeiten sind Textfelder, die sich vergrößern und wieder zusammenziehen, wenn Sie sie antippen, Kontrollkästchen und die Möglichkeit, Fotos zu bewundern, E-Mails zu versenden und Filme anzuschauen.

Die Bedienung von Bento ist nicht schwierig. Sie fangen am besten damit an, dass Sie in der linken oberen Ecke des Bildschirms auf die Schaltfläche LIBRARIES (Bibliotheken) tippen. Libraries sind Datensatzgruppen, die Sie interessieren könnten: Adressbuch (`Address Book`), Dinge, die erledigt werden müssen (`To Do Items`), Projekte (`Projects`), Bestand (`Inventory`), Notizen (`Notes`), Ausgaben (`Expenses`) und so weiter. Tippen Sie auf +, um mit einer der zuvor erwähnten (oder anderen) Vorlagen (oder ganz ohne Vorlage nach eigenen Ideen) eine neue Bibliothek anzulegen. Sie können übrigens die Bibliotheken umbenennen und sind nicht gezwungen, die standardmäßig vergebenen englischen Namen beizubehalten.

 Bento geht mit der Bibliothek ADDRESS BOOK ziemlich clever um. Es werden automatisch alle Namen aus den Kontakten Ihres iPads übernommen (ohne sie dort zu löschen).

Sie können im Fenster LIBRARY eine Bibliothek (Library) löschen, umbenennen oder die Sortierreihenfolge der Bibliotheken ändern. Der erste Schritt ist, dass Sie im Fenster LIBRARIES auf die Schaltfläche EDIT (für Bearbeiten) tippen. Dann können Sie

✔ **eine Bibliothek entfernen,** indem Sie auf den weißen Strich im roten Kreis tippen, der sich neben dem Objekt befindet, um das es Ihnen geht. Tippen Sie dann auf die Schaltfläche DELETE (Löschen).

✔ **eine Bibliothek umbenennen,** indem Sie auf den Listeneintrag der Bibliothek tippen und einen neuen Namen eingeben. Das ist wirklich so einfach.

✔ **die Reihenfolge der Bibliotheken in der Liste ändern,** indem Sie den Finger rechts neben dem Namen der Bibliothek auf die drei waagerechten Linien gedrückt halten und dann nach oben oder unten ziehen, um die Bibliothek neu zu platzieren.

Es ist ein Kinderspiel, in der App von Datensatz zu Datensatz zu gelangen. Tippen Sie einen Datensatz auf seiner rechten Seite doppelt an, um zum nächsten Datensatz zu gelangen, oder tippen Sie ihn auf seiner linken Seite doppelt an, um den vorherigen Datensatz zu öffnen. Sie können aber auch von rechts nach links oder von links nach rechts gleiten, um sich in die betreffende Richtung zu bewegen. Und dann haben Sie noch die nach links und rechts zeigenden Pfeile, die Sie antippen können, um vorwärts- oder zurückzugelangen.

Auch das Anpassen von Datensätzen ist ein Kinderspiel. Sie können einen neuen Datensatz hinzufügen, Datensätze Sammlungen hinzufügen, Datensätze löschen und mehr.

 Wenn Sie eine voll funktionsfähige Datenbanklösung benötigen, schauen Sie sich den großen Bruder von Bento an, FileMaker Go für iPad, eine App, die Sie für 31,99 Euro kaufen können und auf der die meisten in FileMaker Pro auf einem Mac oder PC erstellten Datenbanken laufen.

SpaceMap

Stellen Sie sich vor, es ist eine laue Sommernacht, Sie liegen nicht allein im Gras und blicken zum sternenklaren Firmament hinauf. »Du, was ist das für ein Stern da, der da rechts hinten?« Jetzt schlägt die Stunde von SpaceMap (himmlische 4,99 Euro). Sie holen Ihr iPad heraus, starten die App und haben die Antwort.

Mit SpaceMap können Sie das Universum entdecken. Galaxien, Sterne, Kometen – wenn Sie sich für dieses Thema interessieren, erhalten Sie hier einen umfassenden Überblick. Schauen Sie sich das Sonnensystem im Zeitraffer an und laden Sie sich (zum Zeitpunkt der Drucklegung dieses Buches) 160 Fotos von Galaxien, Nebeln und so weiter herunter (siehe Abbildung 17.7).

Die App verfügt über eine ausgeklügelte Menüführung, die mehrsprachig ist (und die Standardsprache des iPads nutzt). Lassen Sie sich eine Animation des Sonnensystems anzeigen, tippen Sie auf einen der Planeten und schauen Sie zu, wie sich dessen Monde bewegen. Sie interessieren sich für Kometen? Wählen Sie in einer Liste die Größenklasse aus, tippen Sie auf den Kometen, der Sie interessiert, und Sie erhalten alle Angaben, um das Objekt am Himmel entdecken zu können. Weitere Objekte, die Sie suchen können, sind:

✔ Sterne

✔ Exoplaneten

✔ NEOs

✔ Deep-Sky-Objekte

Ein Katalog hilft dabei, einzelne Objekte zu finden; so können Sie zum Beispiel auch das vollständige Asteroiden-Set (ungefähr 47.000 Stück) herunterladen und darin stöbern, indem Sie die offiziellen Kennungen eingeben.

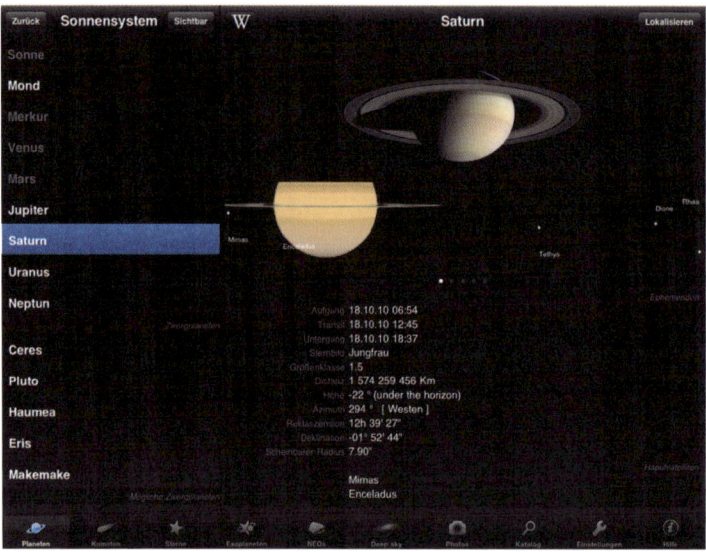

Abbildung 17.7: In SpaceMap können Sie sich mehr als nur Fotos von Galaxien wie zum Beispiel Einzelheiten zu unserem Sonnensystem ansehen.

Sie können des Weiteren diverse Standorte eingeben, um von dort aus den Sternenhimmel »zu beobachten«. Standorte werden auch benötigt, um berechnen zu können, welche Objekte zu einer bestimmten Tageszeit von einem bestimmten Punkt der Erde aus sichtbar sind.

Zehn Hinweise, Tipps und Kurzbefehle

18

In diesem Kapitel

▶ Mit Gleiten und der Autokorrektur schneller schreiben

▶ Die Kapazität des iPads anzeigen

▶ Die Geschwindigkeit des Löschens in iTunes ändern

▶ Verknüpfungen und Webseiten freigeben

▶ Eine Startseite für Safari auswählen

▶ Dateien speichern

▶ Das iPad als Telefon benutzen

▶ Bildschirmfotos machen

Nachdem wir wirklich viel Zeit mit unseren iPads verbracht haben, haben wir mehr als nur ein paar hilfreiche Hinweise, Tipps und Kurzbefehle entdeckt. In diesem Kapitel möchten wir unsere Favoriten mit Ihnen teilen.

Gleiten für die Genauigkeit und die Interpunktion

Unser erster Tipp kann Ihnen helfen, auf dem iPad schneller zu schreiben. Sie schreiben dann genauer, und Sie setzen die Interpunktion schneller als je zuvor.

Sie können im Verlauf dieses Buches herausfinden, wie man tippt, wie man doppelt tippt und wie man sogar mit zwei Fingern doppelt tippt. Jetzt möchten wir Ihnen eine neue Geste vorstellen, die wir *Gleiten* nennen wollen.

Um zu gleiten, fangen Sie damit an, dass Sie den ersten Teil des Tippens erledigen. Das bedeutet, dass Sie den Bildschirm mit Ihrem Finger berühren, den Finger aber nicht wieder anheben. Jetzt gleiten Sie mit Ihrem Finger – wie erwähnt, ohne ihn anzuheben – zu der Taste, die Sie zum Schreiben bedienen möchten. Sie erkennen die Taste, auf die Ihr Finger geglitten ist, daran, dass sie sich dunkel verfärbt.

Sie können das Gleiten natürlich auch bei der Interpunktion und den Ziffern benutzen. Wenn Sie das nächste Mal ein Satzzeichen oder eine Ziffer eingeben müssen, probieren Sie einmal Folgendes aus:

1. **Starten Sie mit Ihrem Finger eine Gleitaktion auf die Taste** `.?123` (die Sie auf der alphabetischen Tastatur links neben der Leertaste finden).

   Dies sollte ein Gleiten, kein Tippen werden.

2. **Wenn die Tastatur mit den Satzzeichen und Ziffern auf dem Bildschirm erscheint, gleiten Sie mit Ihrem Finger auf das Satzzeichen oder die Ziffer, die Sie eingeben wollen.**

3. **Heben Sie Ihren Finger an.**

Das Coole an der Sache ist, dass die Tastatur mit den Satzzeichen und Ziffern verschwindet, sobald Sie den Finger heben, und die alphabetische Tastatur wieder erscheint – und alles, ohne die Taste `.?123` oder die Taste `ABC`, die links neben der Leertaste erscheint, wenn die Tastatur mit den Satzzeichen und den Ziffern aktiv ist, separat aufrufen zu müssen.

Probieren Sie das Gleiten bei der Eingabe von Buchstaben, Satzzeichen und Ziffern aus, und wir garantieren Ihnen, dass Sie innerhalb weniger Tage schneller und sauberer schreiben.

 Wenn Sie Besitzer eines iPhones oder iPods touch sind, ist Ihnen vielleicht noch gar nicht aufgefallen, dass häufig benutzte Satzzeichen – Komma, Punkt, Ausrufezeichen und Fragezeichen – auf dem iPad in der rechten unteren Ecke der Tastatur erscheinen.

Ihr Freund heißt Autokorrektur – aber nur mit aktiver Ablehnung

Wenn der Vorschlag, den die Autokorrektur macht, nicht Ihren Vorstellungen entspricht, sollten Sie ihn ablehnen und nicht einfach nur ignorieren. Beenden Sie die Eingabe des Wortes und tippen Sie auf das *x*, um den Vorschlag abzulehnen, bevor Sie ein weiteres Wort schreiben. Dadurch wird es wahrscheinlicher, dass Ihr iPad das Wort beim nächsten Mal, wenn Sie es schreiben, akzeptiert und nicht wieder einen falschen Vorschlag unterbreitet.

 Wenn Sie eine externe, kabellose Tastatur (zum Beispiel Apples Keyboard Dock oder eine Bluetooth-Tastatur) benutzen, können Sie einen automatisch gemachten Vorschlag dadurch zurückweisen, dass Sie die Taste `Esc` drücken.

Die Kapazität des iPads anzeigen

Wenn Sie Ihr iPad in der Seitenleiste von iTunes ausgewählt haben, sehen Sie im unteren Teil des Bildschirms ein farbenprächtiges Diagramm, das Ihnen sagt, wie die Kapazität Ihres iPads von Ihren Medien und anderen Daten genutzt wird.

Standardmäßig zeigt das Diagramm in Megabyte (MB) oder Gigabyte (GB) an, wie viel Speicherplatz Ihre Audio-, Film- und Fotodateien auf Ihrem iPad belegen. Aber das ist Ihnen sicherlich bekannt. Was Sie vielleicht nicht wissen, ist, dass Sie dort noch weitere Informationen finden können, wenn Sie auf das farbige Diagramm klicken. Das erste Klicken ändert die Anzeige von der Angabe des verbrauchten Speicherplatzes zur Anzeige der Anzahl der Objekte (Audio, Filme und Fotos), die Sie gespeichert haben. Klicken Sie noch einmal, und die Anzeige ändert sich in eine Angabe über die gesamte Spieldauer der Musiktitel und Filme (siehe Abbildung 18.1).

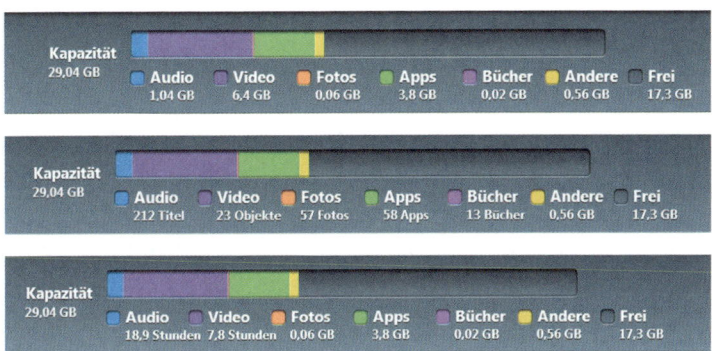

Abbildung 18.1: Klicken Sie auf das farbige Diagramm, und es wird das, was auf Ihrem iPad gespeichert ist, unterschiedlich angezeigt.

Das ist ganz besonders dann nützlich, wenn Sie auf Reisen gehen. Das Wissen, dass Sie zum Beispiel für acht Tage Musik und für 15,4 Stunden Filme auf Ihrem iPad haben, hilft Ihnen mehr als das Wissen, wie viele Gigabyte Sie mitnehmen.

Ein Angriff auf Batterien

Da dies hier ein Kapitel mit Tipps und Hinweisen ist, wäre es sehr nachlässig von uns, wenn wir nicht auch einige Wege aufzeigten, wie Sie das Leben Ihrer Batterie verlängern können. Als Wichtigstes gilt: Wenn Sie Ihr iPad in eine Schutzhülle oder Tasche gepackt haben, erzeugt der Ladevorgang mehr Hitze, als für das Gerät gesund ist. Eine Überhitzung schadet sowohl der Kapazität als auch der Lebensdauer der Batterie. Die Smart Cover, die Sie für das iPad 2 und das neue iPad erwerben können, sind keine wirklichen Taschen, weshalb sie bei einem Ladevorgang nicht gefährlich werden können.

Wenn Sie keine Strom fressenden 3G- oder WLAN-Netzwerke oder ein Bluetooth-Gerät (wie zum Beispiel ein Headset) benutzen, sollten Sie in EINSTELLUNGEN die Funktionen ausschalten, die Sie nicht benötigen. Das kann den Unterschied ausmachen, der nicht dazu führt, dass dem iPad der Saft ausgeht, bevor Sie das Ende des Films anschauen konnten.

Aktivieren Sie AUTO-HELLIGKEIT, um dafür zu sorgen, dass die Helligkeit des Bildschirms an das Umgebungslicht angepasst wird. Auch diese Einstellung kommt Ihrer Batterie zugute. Tippen Sie auf dem Home-Bildschirm auf EINSTELLUNGEN, tippen Sie auf HELLIGKEIT & HINTERGRUND und aktivieren Sie gegebenenfalls den Schalter dort.

Schalten Sie die Ortungsdienste generell oder für einige Apps aus (tippen Sie auf Einstellungen|Allgemein und dann auf den Schalter für Ortungsdienste). Die ständige Berechnung des genauen Standortes fordert ihren Tribut von der Batterie, deshalb sollten Sie diesen Dienst für Apps, die Sie nicht sehr häufig verwenden, ausschalten.

Auch Push-Benachrichtigungen sind echte Batteriefresser. Deaktivieren Sie die Benachrichtigungen (tippen Sie auf Einstellungen|Benachrichtigungen und dann auf den Schalter, um ihn zu deaktivieren) und Sie werden sehen, wie sich die Lebenszeit Ihrer Batterien deutlich verlängert. Sie können die Push-Benachrichtigung für andere Apps auch über Einstellungen|Benachrichtigungen deaktivieren.

Und dann ist da noch der Equalizer (siehe Kapitel 8). Wenn Sie Musik hören, kann der Equalizer dafür sorgen, dass sie besser klingt, aber er benötigt einfach mehr Leistung für die Verarbeitung. Wenn Sie für einen Musiktitel eine Equalizer-Voreinstellung ausgewählt haben und beim Hören des Titels nicht auf den Equalizer verzichten möchten, stellen Sie ihn auf Ihrem iPad auf schwach ein. Sie haben den Equalizer dann nicht ganz ausgeschaltet, und durch diese Einstellung geht es Ihrer Batterie natürlich nicht ganz so schlecht, aber die Musiktitel klingen fast so, wie sie klingen sollten. Sie ändern die Einstellungen des Equalizers, indem Sie auf Einstellungen|iPod|Equalizer tippen.

Die Navigationsleiste in iTunes schneller machen

Das ist die Ausgangslage: Sie lauschen einem Podcast oder einem Hörbuch und versuchen, den Anfang eines bestimmten Abschnitts zu finden, indem Sie die Navigationsleiste, die kleine rote Linie, die für die Abspielposition steht, nach links oder rechts ziehen. Das Problem ist nun, dass die Navigationsleiste nicht sonderlich genau arbeitet und von Ihrem Finger zu weit in die eine oder die andere Richtung bewegt wird. Aber ärgern Sie sich nicht, Ihr iPad kennt eine wunderbare (wenngleich irgendwie versteckte) Lösung. Drücken Sie Ihren Finger auf die Abspielposition und ziehen Sie dann den Finger nicht nach rechts oder links, sondern in Richtung auf den unteren Rand des Bildschirms (siehe Abbildung 18.2). Beim Gleiten mit dem Finger nach unten ändert sich die Geschwindigkeit, mit der sich die Abspielposition über die Navigationsleiste bewegt (die so genannte *Scrubbing-Geschwindigkeit*), auf wundersame Weise, und der Regler bewegt sich in immer kleineren Intervallen. (Wundern Sie sich nicht über das Wort »Scrubbing«, das Sie in Abbildung 18.2 finden, aber Apple hat diesen Begriff nicht wie andere Begriffe ins Deutsche übersetzt. Die Abspielposition heißt in der amerikanischen Version des Programms *Scrubber*.) Die (normale) Standardgeschwindigkeit wird Hochgeschwindigkeitsscrubbing genannt. Wenn Sie Ihren Finger ein paar Zentimeter nach unten gleiten lassen, haben Sie 100 Prozent Scrubbing-Geschwindigkeit. Lassen Sie den Finger noch weiter nach unten gleiten, ändert sich die Geschwindigkeit in ungefähr 50 Prozent Scrubbing. Und bewegen Sie Ihren Finger noch weiter nach unten, erreichen Sie eine sehr langsame Scrubbing-Geschwindigkeit, die *fein* genannt wird.

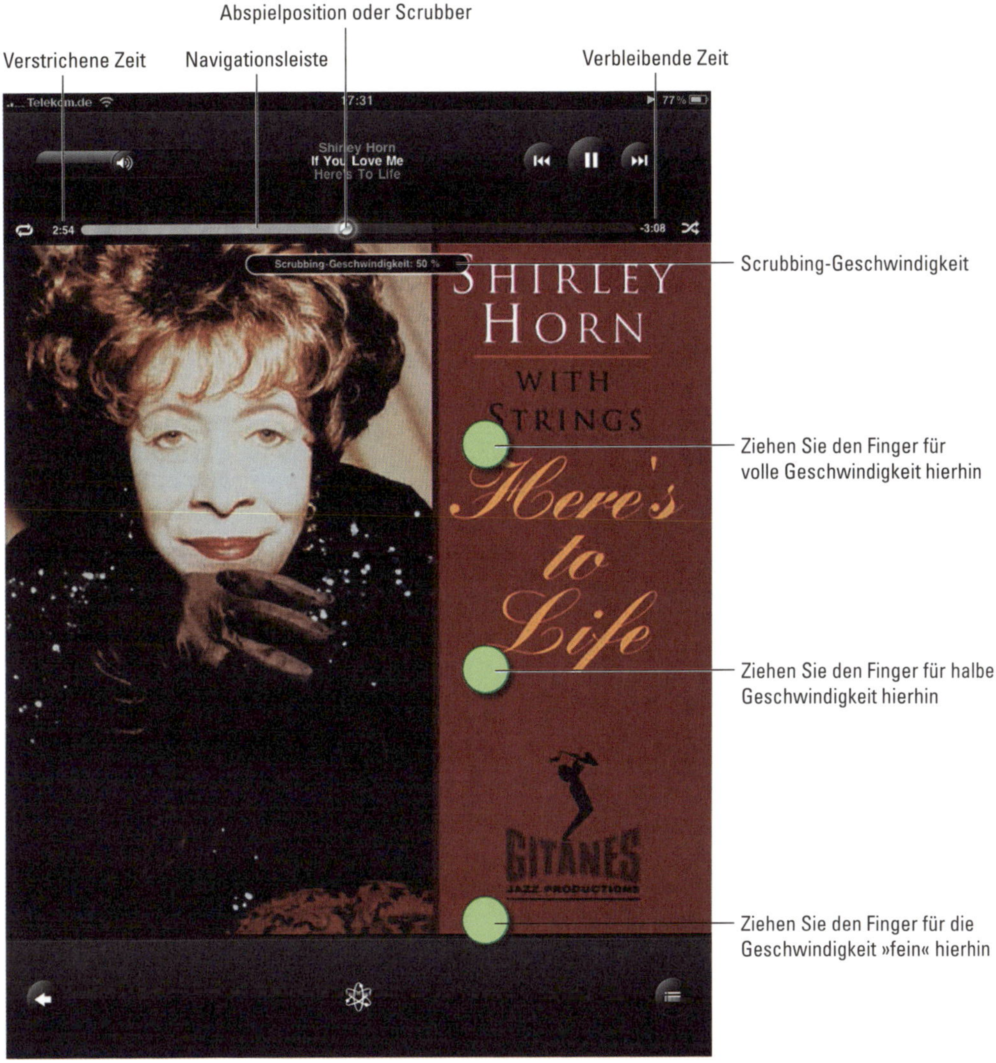

Abspielposition oder Scrubber

Verstrichene Zeit   Navigationsleiste   Verbleibende Zeit

Scrubbing-Geschwindigkeit

Ziehen Sie den Finger für volle Geschwindigkeit hierhin

Ziehen Sie den Finger für halbe Geschwindigkeit hierhin

Ziehen Sie den Finger für die Geschwindigkeit »fein« hierhin

Abbildung 18.2: Drücken Sie mit dem Finger auf die Abspielposition (den Scrubber) und gleiten Sie nach unten, um die Scrubbing-Geschwindigkeit zu ändern.

Während Sie den Finger gleiten lassen, sollten Sie ein Auge auf die Angaben über die verstrichene und die verbleibende Zeit werfen, weil auch sie nützliche Angaben über die Scrubbing-Geschwindigkeit liefern.

Der Scrubber in der iOS-5-Musik-App ist ein bisschen schwieriger zu manipulieren als die Scrubber-Blase in der iOS-4-iPod-App, die größer und somit leichter zu »greifen« war. Das Geheimnis bei iOS 5 besteht darin, dass man den Scrubber auch wirklich gegriffen haben muss, indem man mit dem Finger draufdrückt und ihn dann nach links oder rechts bewegt. Wenn die vergangene und die verbliebene Zeit sich beim Schieben verändert, kann es losgehen. Ohne den Finger zu heben, schieben Sie den Scrubber nun nach unten, um die Scrubbing-Geschwindigkeit zu verändern, und erst dann ziehen Sie nach links oder rechts, um zu einer anderen Abspielposition zu gelangen.

Der Trick mit dem Scrubber lässt sich einfacher durchführen als erklären.

Tricks mit Verknüpfungen und E-Mail-Adressen

Das iPad macht etwas Besonderes, wenn es in einer E-Mail auf eine E-Mail-Adresse oder eine URL stößt. Es wertet Zeichenfolgen aus, die wie Webadressen (URLs) – wie zum Beispiel `http://www.WebSiteName.de` oder `www.WebSiteName.de` – oder eine E-Mail-Adresse – wie zum Beispiel `IhrName@IhrMailHost.de` – aussehen. Wenn das iPad etwas sieht, von dem es meint, dass es eine URL oder eine E-Mail-Adresse ist, macht es daraus eine blaue Verknüpfung (auch *Link* genannt).

Wenn Sie eine solche URL oder E-Mail-Adresse antippen, macht das iPad gleich das Richtige. Es startet Safari und bringt Sie zur entsprechenden Webseite, oder es startet mit der E-Mail-Adresse eine neue E-Mail. Fangen Sie also gar nicht erst an, solche Adressen zu kopieren und irgendwo einzufügen. Tippen Sie diese blauen Verknüpfungen an, und es passiert das Richtige.

Hier kommt ein weiterer cooler Safari-Trick mit Verknüpfungen. Wenn Sie eine Verknüpfung gedrückt halten, anstatt sie nur anzutippen, erscheint eine kleine Textblase und zeigt die entsprechende URL an. Zusätzlich werden Ihnen die folgenden Auswahlmöglichkeiten angeboten:

✔ **Öffnen:** Öffnet die Seite.

✔ **In neuem Tab öffnen:** Öffnet die Seite und packt die aktuelle Seite in einen der neun Tabs, wie bereits in Kapitel 4 beschrieben.

✔ **Zur Leseliste hinzufügen**: Fügt die Seite, wie in Kapitel 4 beschrieben, zur Leseliste hinzu.

✔ **Kopieren:** Kopiert die URL in die Zwischenablage (damit Sie sie dann in eine E-Mail einfügen, in Notizen speichern oder sonst was damit machen können).

Sie können auch in Mail die hinter einer URL steckende Adresse sehen, wenn Sie die URL gedrückt halten. Zusätzlich tauchen hier zwei Schaltflächen auf: ÖFFNEN und KOPIEREN. Gerade in einer E-Mail kann eine solche Information sehr wichtig sein, weil Sie dadurch herausbekommen können, wer hinter einer verdächtigen Adresse steckt, ohne zu Safari wechseln und die Adresse öffnen zu müssen.

Und hier kommt ein allerletzter Trick für Safari. Beim Drücken der meisten Bilder erscheinen die Schaltfläche BILD SICHERN und KOPIEREN. Tippen Sie auf BILD SICHERN, und das Bild wird auf der Registerkarte ALBEN der App Fotos im Album GESICHERTE FOTOS beziehungsweise AUFNAHMEN abgelegt. Tippen Sie auf KOPIEREN, und das Bild wird in die Zwischenablage kopiert, von wo aus Sie es in eine E-Mail oder ein Dokument einfügen können, das Sie mit einer anderen Anwendung (wie zum Beispiel Apples Pages oder Keynote) erstellen.

Die Begeisterung – und die Links – teilen

Sind Sie schon einmal über eine Webseite gestolpert, über die Sie jemanden informieren wollten? Für das iPad ist das eine der leichtesten Aufgaben. Tippen Sie auf der betreffenden Seite oben im Bildschirm auf das kleine Rechteck mit dem fliehenden Pfeil. Tippen Sie dann auf die Schaltfläche URL DER SEITE SENDEN, die auf dem Bildschirm erscheint. Es taucht eine E-Mail auf, bei der die Betreff-Zeile den Namen der besuchten Webseite und der Nachrichtentext die URL enthalten. Schreiben Sie dann noch ein paar Zeilen Text (oder lassen Sie es bleiben), geben Sie die E-Mail-Adresse Ihres Freundes ein und tippen Sie auf die Schaltfläche SENDEN.

Eine Startseite für Safari auswählen

Vielleicht ist Ihnen aufgefallen, dass die iPad-Version von Safari keine Startseite kennt, wie das bei den Browserversionen für den Mac oder einen PC der Fall ist. Stattdessen laden Sie immer bei der zuletzt besuchten Site, wenn Sie auf das Symbol SAFARI tippen.

Der Trick besteht darin, dass Sie für die Seite, die Sie als Startseite haben möchten, ein Symbol erstellen. Bei dieser Technik wird vom Erstellen eines *Web-Clips* oder einer Webseite gesprochen. Und so geht das:

1. **Öffnen Sie die Webseite, die Sie als Ihre Startseite benutzen möchten, und tippen Sie auf die das Rechteck mit dem fliehenden Pfeil oben im Bildschirm.**

2. **Tippen Sie auf die Schaltfläche ZUM HOME-BILDSCHIRM.**

   Auf Ihrem Home-Bildschirm (oder Ihren Home-Bildschirmen, wenn Sie mehrere davon haben) erscheint ein Symbol, das diese Seite öffnet.

3. **Tippen Sie statt auf SAFARI auf das neue Web-Clip-Symbol, und Safari öffnet anstelle der zuletzt besuchten Webseite die neue Startseite.**

 Sie können die Symbole auch neu anordnen, so dass Ihr neues Symbol zusätzlich oder statt des Symbols von Safari im Dock (das ist die untere Zeile, die auf jedem Home-Bildschirm erscheint) auftaucht (siehe Abbildung 18.3).

Abbildung 18.3: Das Symbol Dummies erscheint im Dock dort, wo normalerweise Safari zu Hause ist.

Schauen Sie sich in Kapitel 1 den Tipp zum neuen Anordnen von Symbolen an, falls Sie vergessen haben, wie das geht. Und überlegen Sie sich, ob Sie das Symbol von Safari nicht auf einen ganz anderen Home-Bildschirm verschieben sollten, damit Sie es nicht aus Versehen antippen. Denken Sie zum Schluss noch daran, dass es auf dem Dock immer Platz für bis zu sechs Symbole gibt, auch wenn dort standardmäßig nur vier zu finden sind. Wenn Sie wollen, können Sie auf dem Dock also sowohl Safari als auch Ihr neues Web-Clip unterbringen, damit Sie – je nach Bedarf – das eine oder das andere Symbol antippen können.

Dateien speichern

Eine kleine Softwareschmiede in Massachusetts, die Ecamm Network heißt, verkauft eine preiswerte Mac-OS-X-Software, die es Ihnen ermöglicht, Dateien von Ihrem Mac auf das iPad und zurück zu kopieren. (Von diesem Programm gibt es keine Windows-Version, aber hier kann zumindest teilweise die App FileBrowser helfen, auf die wir in Kapitel 17 eingehen.) Das Beste ist, dass Sie dieses Programm, das 19,95 Dollar kostet und PhoneView heißt, eine Woche lang ausprobieren können, bevor Sie es kaufen müssen. Gehen Sie zu `www.ecamm.com`, um eine kostenlose Demoversion zu erhalten.

Und so arbeitet das Programm: Nachdem Sie die Software auf Ihren Mac heruntergeladen haben, führen Sie auf dem Programmsymbol einen Doppelklick aus, um es zu starten. Dann können Sie Folgendes machen:

✔ **Wenn Sie Dateien und Ordner auf Ihr iPad übertragen möchten,** klicken Sie in der Symbolleiste auf die Schaltfläche Copy to iPad. Wählen Sie dann die Dateien aus, die kopiert werden sollen. Die Dateien werden daraufhin in einen geeigneten Ordner auf dem iPad kopiert. Sie können aber auch Dateien und Ordner vom Desktop des Macs oder einen Ordner in den Browser von PhoneView ziehen.

✔ **Um den anderen Weg zu gehen und Dateien von Ihrem iPad auf Ihren Computer zu kopieren,** markieren Sie die entsprechenden Dateien und Ordner und klicken in der Symbolleiste auf die Schaltfläche Copy from iPad. Wählen Sie auf Ihrem Mac aus, wohin die Dateien kopiert werden sollen, und klicken Sie auf Save. Sie können aber auch Dateien und Ordner aus dem Browser von PhoneView auf den Desktop oder in Ordner des Macs ziehen. Oder Sie führen im Browser von PhoneView auf einer Datei einen Doppelklick aus, um sie in den Mac-Ordner Dokumente herunterzuladen.

Wenn Sie auf Ihrem iPad auf die Dateien zugreifen müssen oder wenn Sie Ihr iPad als Pseudofestplatte einsetzen wollen, ist PhoneView hierfür eine günstige Möglichkeit.

Mit dem iPad telefonieren

Viele Menschen, uns eingeschlossen, haben das iPad mit einem Turbo-iPhone verglichen. Nur dass das iPad kein Telefon ist.

Lassen Sie sich aber deshalb nicht davon abhalten, selbst mit dem iPad Telefongespräche zu führen oder dort welche zu erhalten.

Sie lesen richtig. Sie *können* mit Ihrem iPad telefonieren. Schließlich sind zwei Schlüsselkomponenten zum Führen von Gesprächen auf dem iPad vorhanden: ein Lautsprecher und ein Mikrofon. Jetzt müssen Sie sich nur noch zum App Store begeben, um eine dritte Komponente zu besorgen, eine App, die sich etwas zunutze macht, das als VoIP oder *Voice over Internet Protocol* bekannt geworden ist. Das bedeutet, dass Sie das iPad in ein gigantisches iPhone umwandeln. Und dafür gibt es mehr als nur eine App.

Wir haben uns näher mit Skype, Toktumis Line2 und Truphone beschäftigt. (Alle drei können Sie im App Store herunterladen, Line2 und Truphone gibt es allerdings nur in der amerikanischen Version.) Die Apps selbst sind kostenlos, Sie müssen aber für Anrufe bei Festnetz- oder mobilen Anschlüssen Gebühren bezahlen. Hier die Details:

✔ **Line2:** Wir lieben Line2, obwohl es monatlich 9,95 Dollar kostet. Es kann Anrufe über WLAN oder 3G/4G empfangen (wobei Netze in Europa nicht getestet worden sind). Es weist Funktionen wie Voice Mail und Telefonkonferenzen auf. Und es benutzt die Liste der Kontakte Ihres iPads.

✔ **Skype:** Skypes App erlaubt kostenlose Gespräche unter Skype-Anschlüssen. Weltweite Telefonate zu Festnetzanschlüssen kosten einige Cents pro Minute.

✔ **Truphone:** Diese App erlaubt kostenlose WLAN-Gespräche mit Benutzern von Truephone, Skype und Google Talk und sie ist ideal dafür geeignet, die Telefongebühren für Auslandstelefonate niedrig zu halten.

Der Bildschirm als Schnappschuss

Ehrlich, wir haben diesen Tipp in dieses Buch aufgenommen, weil diese Funktion Leuten wie *uns* hilft.

Lassen Sie uns das erklären. Wir hoffen, dass Ihnen die Bilder von den Bildschirmen des iPads gefallen, die wir in diesem Buch untergebracht haben. Im Geheimen hoffen wir natürlich auch, dass Sie denken, welch tolle Fotografen wir doch sind.

Tatsache ist aber, dass es uns nicht gelungen ist, mit der iPad-eigenen (und kaum bekannten) Funktion des »Einfangens« von Bildschirmfotos auch nur eine einzige unscharfe Aufnahme hinzubekommen.

Drücken Sie für einen Augenblick gleichzeitig die Taste RUHEZUSTAND und die Home-Taste. Das iPad macht einen Schnappschuss von dem, was sich gerade auf seinem Bildschirm befindet.

Das Bild landet auf der Registerkarte ALBEN der App Fotos im Album GESICHERTE FOTOS (im ersten iPad) oder AUFNAHMEN ab dem iPad 2. Sie können es von dort aus zusammen mit Ihren anderen Bildern mit Ihrem PC oder Mac synchronisieren, oder Sie senden es per E-Mail an sich selbst oder jemanden anderen. Und dann steht Ihnen die Welt offen. Ihre Bilder können überall landen – sogar in einem … *für Dummies*-Buch.

 Wenn Sie ein iPad 2 oder das neue iPad besitzen, können Sie alles, was auf dem Bildschirm Ihres iPads geschieht, in Echtzeit auf einem HD-Fernseher anzeigen. Sie benötigen dazu ein TV-Gerät, das mindestens einen freien HDMI-Anschluss hat, und den 39 Euro teuren Apple-Digital-AV-Adapter, um Ihr iPad mit dem Fernseher zu verbinden.

Nebenbei bemerkt, auch wenn das ursprüngliche iPad (oder das iPhone oder der iPod touch) seinen Bildschirm nicht mit Hilfe dieses Kabels auf einen HD-Fernseher spiegeln kann, können Sie es verwenden, um auch mit diesen Geräten Filme, die in verschiedenen Apps – wie Videos oder YouTube – wiedergegeben werden, auf einem HD-TV anzuzeigen.

Stichwortverzeichnis

MACIANER AUFGEPASST!

iPod und iTunes für Dummies
ISBN 978-3-527-70603-7

Mac für Dummies
ISBN 978-3-527-70731-7

Mac für Senioren für Dummies
ISBN 978-3-527-70588-7

Mac für Dummies, Alles in einem Band
ISBN 978-3-527-70822-2

Mac OS X Leopard für Dummies
ISBN 978-3-527-70361-6

Mac OS X Lion für Dummies
ISBN 978-3-527-70759-1

Mac OS X Snow Leopard für Dummies
ISBN 978-3-527-70566-5

Office 2008 für Mac für Dummies
ISBN 978-3-527-70511-5

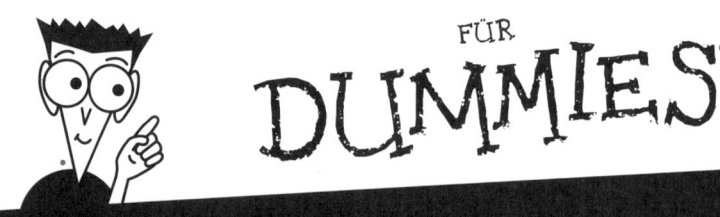

DAS NETZ DER TAUSEND MÖGLICHKEITEN ENTDECKEN

AdWords für Dummies
ISBN 978-3-527-70444-6

Blogging für Dummies
ISBN 978-3-527-70481-1

Facebook für Dummies
ISBN 978-3-527-70817-8

Facebook und Twitter
für Senioren für Dummies
ISBN 978-3-527-70836-9

Hacken für Dummies
ISBN 978-3-527-70830-7

Internet für Dummies
ISBN 978-3-527-70591-7

Internet für Senioren
für Dummies
ISBN 978-3-527-70626-6

Twitter für Dummies
ISBN 978-3-527-70812-3

FÜR EINEN ERFOLGREICHEN EINSTIEG

Business-Knigge für Dummies
ISBN 978-3-527-70651-8

Businessplan für Dummies
ISBN 978-3-527-70568-9

Erfolgreich bewerben für Dummies
ISBN 978-3-527-70325-8

Existenzgründung für Dummies
ISBN 978-3-527-70743-9

GMAT für Dummies
ISBN 978-3-527-70557-3

Journalismus für Dummies
ISBN 978-3-527-70746-1

Knigge für Dummies
ISBN 978-3-527-70540-5

Körpersprache für Dummies
ISBN 978-3-527-70449-1

Rechtschreibung für Dummies
ISBN 978-3-527-70740-9

Online bewerben für Dummies
ISBN978-3-527-70539-9

Top-Antworten im Bewerbungsgespräch
für Dummies
ISBN 978-3-527-70422-4

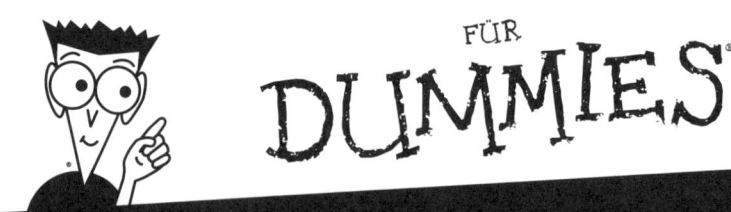

AUF IHR WOHL!

Cocktails für Dummies
ISBN 978-3-527-70394-4

Wein für Dummies
ISBN 978-3-527-70343-2

Whiskey, Whisky & Co. für Dummies
ISBN 978-3-527-70488-0